멜기세덱, 그는 누구인가?

Melchizedek, Who is he?

벽암(碧岩) 조영래(趙永來) 著

Rev. Young Rae Cho, Ph. D

| 저자 서문 I

조영래 목사 |

시작이 좋아야 끝도 좋아지는 것이다.
기초가 튼튼해야 짓고자 하는 건물을 원하는 대로 세울 수가 있을 것이 아닌가? 글을 쓰는 사람이라면 첫 인상을 좋게 보이려고 혼신의 마음을 다하여 집중한다는 것, 가장 기본적인 일일 것이다.
시편을 읽을 때마다 잠언서를 읽을 때에도 첫 장을 쓰는데 많은 심혈을 기울였다는 냄새가 톡톡 튀어나온다.
하물며 글 한번 제대로 써보지 못한 주제에 작자 서문이라니, 말도 안 되는 일이 아닌가? 무슨 재주로… 차라리 전문가의 도움을 받아볼까? 행여 그러다가도, 그런 주제에 어찌 이런 글을 내놓을 수 있을까? 서책 자체 내용을 의심받는 것은 아닐까? 두려운 고민 속을 헤매다가…
그렇다! 필력이 없는 대신 솔직하고 정직하자. 작정을 하고 나니, 조금은 껌정대로 무엇을 쓰겠거니 했는데… 막상 눈을 감고 깊은 사색의 숲을 걸어보았지만 별다른 기미가 떠오르지 않는다. 그러다 문득 내 안에서 실제 있었던 한 가지 사실이 바람처럼 지나간다.

목사인 나로서 제일 자신이 없는 분야가 기도 부분이다. 신앙생활을 하다보면 자연스럽게 기도문이 터진다고들 하는데… 내게는 전혀 그것이 통하지 않는다. 그렇다고 하여 열심히 기도한다는 것이 아니다. 비록 늦둥이 전도사, 목사가 되긴 했지만 어언 십년 세월이란 시간이 있었는데 지금까지도 기도 시간이 되면 무척 부담스러워진다.

그래도 말씀만은 부담없이 하고 있다고 주제넘게 생각하고 있었는데…

월요일을 제하고는 한 주간 내내 예배를 인도하며 말씀을 증거하고 있는데, 그것도 설교 원고 없이 말씀만 한 시간 이상씩, 처음부터 지금까지… 그렇다고 같은 말씀을 두 번 다시 한 적은 없다.

무거워지는 부담이 고통스러워 "주님! 설교는 부담없이 증거하게 해 주시면서 기도는 왜 도와주시지 않습니까? 이왕이면 기도까지도 잘할 수 있다면 더 큰 은혜가 되지 않겠습니까?"

"말씀은 내 것이니 도와주지만 기도는 네가 하는 네 것이 아니냐?" 오랜 끝에 주시는 응답 앞에 할 말을 잃어버리고 말았다.

기도조차 제대로 하지 못하는 부끄러운 목사가 그나마 이런 글을 쓸 수 있다는 것, "말씀은 내 것이니 도와주지만…" 바로 '도와주지만' 하시던 그 분의 손길을 입음으로 이루어진 결과임을 고백하며 다시 한 번 불초한 종을 통하여 이 글을 쓰게 하여

주신 하나님께 깊이 머리 숙여 감사드립니다.

　물론 훌륭하신 많은 목사 선배님들께서 이미 멜기세덱에 관하여 좋은 글을 앞서 내놓으신 것, 많이 읽고 깊이 묵상하며 기도함으로 많은 은혜를 받기도 하였지만, 그러나 너무도 아쉬움의 안타까움을 느꼈기에 끝내 이렇게 부족한 글을 쓰게 되었습니다.
　잠시 보이다가 사라지는 안개 같은 인생이 어찌 완전한 글을 쓸 수 있겠습니까마는 비록 부족하다 할지라도 구도의 길에서 나타나고 있는 과정에서 필요한 한 부분이라고 이해해 주셨으면 진심으로 고맙겠습니다.

　특히 내용상의 한 부분을 굳이 드러낸다면, 재림주는 재림 예수로 오시지 않고 멜기세덱으로 오신다는 것입니다.
　'인자가 아버지의 이름으로 왔으매 너희가 나를 영접지 아니하나 다른 사람이 내 이름으로 오면 영접하리라'
　예수는 독생하신 하나님이시고, 멜기세덱은 하나님 아들과 방불한 제사장이시다. 예수는 십자가 상의 여섯 번째 말씀처럼 오신 목적을 다 이루시고 영광을 받으시기 위해 하늘 우편 보좌로 가신 것입니다.
　물론 승천하시기 직전까지 삼일 동안에 사망의 권세를 깨시고 부활의 능력으로 하나님 아들로 인정받으신 후 하늘의 제사장 멜기세덱으로 이 땅에 40일 동안 계셨다는 것입니다. 하늘의 제사장으로 계셨기에 계시는 동안은 단 한 번도 예루살렘 성전에 가시지 않았습니다. 왜? 그 곳에는 땅의 제사장이 있었기 때문입니다.

그는 본래 말씀이 육신이 되어 오신 하나님의 신성과 인성을 가지신 사람으로 오신 하나님이시며 아들이셨습니다. 그런 그 분이 왜 사망의 권세를 깨시고 부활하셔야만 하나님 아들로 인정받으실 수 있는 것일까?

참 하나님의 아들로서 검증 받으시는 과정일까? 보고, 듣고, 생각하고, 믿는 과정에서 다양한 의견들이 충돌하게 된다. 당연한 결과적 현상이 아닐까?

초보의 신앙, 장성한 신앙이 있듯이 부활의 영광에도 해의 영광, 달의 영광, 별의 영광, 별과 별들의 다른 영광이 있는 것처럼, 믿음의 분량에 따라 깨닫고 증거하는 것도 다를 수가 있는 것 아닐까?

그런 가능성이 있는데도 불구하고 오늘날에 있어서는 내가 아는 것은 참이고 내가 모르는 것은 이단이라고 말한다는 것이다. 그것이 이단을 감별하는 기준으로 적용되어 오는 현실을 오랫동안 바라보기에는 너무나 가슴이 아팠다.

예수님의 기도 안에 '아버지께서 주신 자녀를 끝까지 지켰나이다. 멸망의 자식 가룟 유다 외에는…' 또 바울도 '이단에 속한 자를 한 두 번 훈계한 후에 멀리하라'

하나님의 구속의 역사 속에는 하나님 자신이 자기 백성을 끝까지 지키시며 보호하시며 인도하고 계신다는 것이다.

'뱀과 같이 지혜롭고 비둘기같이 순결하라' 뱀보다 뛰어난 지혜를 가져야 뱀의 정체, 이단의 실체를 드러낼 수 있지 않을까? 그러기에 오죽했으면 뱀같이 지혜로우라 하셨을까? 어린아이에게도 배울 것이 있다는 세상 소리처럼, 불초한 종의 글을 읽어주실 독자 여러분들이 지금까지 본인들이 아시고 계셨던 내용과 설사 다르다고 하여, 본 서를 짓밟아버리시기 전에 꼭 주님께 기도하여 주시는 여러분이 되시기를 간절히 부탁드립니다.

그런데 늘 한 가지 의문의 베일 속에 가려졌던 소화되지 못했던 앙금이 하나 있었습니다. 사람들은 누구나 자신을 알고 있는 자신의 마음, 즉 양심이라는 것을 가지고 있습니다. 자신이 이 땅에 태어나서 이 땅에서 영생하리라고 자신을 믿는 사람은 없을 것입니다. 이 글을 쓰고 있는 저 자신도 얼마 안 있으면 저 자신이 죽는다는 사실을 제 양심이 너무나 잘 알고 있습니다.

이렇듯 양심을 가진 사람들이라면 자기 자신이 죽는다는 사실을 너무도 잘 알고 있을 터인데…

왜? 어떤 사람들은 자신이 메시야, 또는 그리스도라고 외치며 살고 있는지, 참으로 알 수 없는 일 중의 하나입니다. 외치는 자신들이 메시야라면 그들은 자신의 양심을 통하여 나는 죽지 않고 영생불사 할 수 있는 자신과 양심에 대한 확증을 가져야 됩니다. 그런데도 메시야라고 외치는 그 모든 사람들이 이 땅에서 안개처럼 모두 사라지고 말았습니다. 그처럼 사라질 수밖에 없던 그들이 왜 메시야라고 외칠 수 있었던 근거가 무엇이겠습니까? 무엇인가 명분과 대의가 있었기에 그처럼 당당히 외친 것이 아니었겠습니까? 굳이 생각해본다면, 죽는 줄 알면서도 살아날 수 있다는 부활의 비밀과 암호를 각자 가지고 있다고 믿고 있기에, 그 믿음으로 자신을 가리켜 서슴없이 메시야로 자처하고 있는 것 아닐까!

그러나 한 가지 분명히 깨달아야 될 것이 있다. 그 누구 여하를 막론하고 주님께서 십자가 상에서 떨치신, 그 피 속에 있는 태초의 말씀, 즉 해를 입지 않고는 그 누구도 스스로 부활할 수 없다는 것이다. 그러기에 조심스럽게 감히 말합니다. 메시야, 또는 그리스도가 되고 싶은 분들에게 그런 분들이 되시기를 원한다면 정녕코 해를 입어야 할 것입니다. 해는 곧, 태초의 말씀입니다. 말씀이 육신이 되어 오신 그 말씀입니다. 그 말씀을 주님께서 성체를, 십자가를 타고 흐르시는 피 속에 이 땅에 떨치셨습니다.

물론 그러한 역사를 하시기 전 변화산에서 모세와 엘리야를 불러 장차 별세하실 것과 사후의 세계를 어떻게 역사하실 것을 재림 마당을 바라보시며 의논하셨다는 사실입니다. 그러한 역사가 있었기에 그 때에 있었던 그 순간의 비밀은 말씀하시는 주님과 모세, 엘리야 외에는 결코 그 누구도 알 수 없었던 비밀과 암호였습니다.

그러므로 그 비밀과 암호를 해독할 수 있는 필연적인 사람만이 그 말씀이 원하는 장소에서, 그 말씀과 도적인 씨름을 하여 이긴 자로서 그 말씀을 입은 자. 즉 해를 입은 사람이 될 수 있는 유일한 존재인 것입니다. 그러나 오늘까지 메시야로 큰 소리치고 사라졌던 많은 사람들 중 자신들이 주님께서 십자가 상에서 떨치신 태초의 말씀을 입은 자였다고 말한 사람이 있었는지는 잘 모르겠습니다만, 스스로 자신들의 양심들은 분명히 알고 있을 것입니다.

그리고 또 한 가지, 이 비밀과 암호를 정해(正解)하며 해독(解讀)하기 위해서는 역대의 연대를 아비와 조상들에게 물을 수 있는 영적 능력을 가져야 된다는 것입니다. 주님께서도 아버지의 왕권을 가지신 후에야 다볼산에서 모세와 엘리야를 부를 수 있었습니다. 하물며 어느 누가 모세와 엘리야를 불러 그 비밀과 암호를 물을 수 있겠습니까? '폐일언하고 낮은 자가 높은 자에게 복빎을 받는다' 하였습니다. 그들에게 묻기 위해서는 그들보다 더 큰 영광을 가져야 합니다. 그런데 지금까지 자칭 메시야라 외치던 그들 중 진정 모세와 엘리야보다 더 큰 영광과 능력의 말씀을 가지고 왔던 자가 있었는지, 아니 지금도 외치고 있는 자들 중에 모세와 엘리야를 불러 예수님만이 아셨던 그 마지막 때의 비밀을 물을 사람이 있는지, 그 누구도 알 수 없겠지만 그들 스스로의 양심은 알고 있을 것입니다.

그렇다고 하여 이 글을 쓰고 있는 본 소생이 그 비밀을 알고 있다는 것은 전혀 아니라는 것입니다. 단지 은혜와 말씀 안에서 그러한 문제점이 있다는 사실만을 조심스럽게 제기하는 것입니다. 결코 자기 부정을 통해 자신을 드러내려고 하는 그럴만한 위인이 되지 못한다는 사실, 제 양심이 너무도 잘 알고 있습니다. 목회자들이 제일 자신있게, 자랑스럽게 여기는 부분이 기도일 것입니다. 목회자로서 저 자신이 제일 부족한 부분이 기도라고 처음부터 고백하고 있었습니다. 성공한 목회자가 아니라 부족하고 부끄러운 목자였다고 죽은 저의 비문에 그렇게 쓸 것입니다.

행여, 오해의 여지가 생길까 심히 두렵습니다. 하루속히 하나님 아들과 방불한 하늘의 제사장 멜기세덱이 탄생하셔서 그 분을 통해서 부활 받기를 간절히 소망하고 있는 성도 중에 한 사람일 뿐입니다. 마치 시몬과 안나처럼 그 분이 오시기만을…

멜기세덱, 그는 누구인가?
오직 제 밭에 뿌려진 좋은 씨와 가라지들만이 알 수밖에 없었던, 천국이 이루어질 제 밭의 비밀이기에 멜기세덱은 어렵다고 하신 것이다.

아브라함의 옥토에 멜기세덱이 떡과 포도주의 씨를 뿌린 것처럼 마지막 때도 천국이 이루어 제 밭에 좋은 씨를 뿌린 사람이 멜기세덱인 것이다.

그렇다면 멜기세덱이 예수님처럼 말씀이 육신이 되어 하늘에서 내려온 것일까? 도둑같이 오신다는 입장에서 본다면 멜기세덱은 하늘에서 내려온 것이 아니고, 이 땅의 사람이 멜기세덱이 된다는 것이다. 어떻게 그런 일이 정말 가능한 것일까?

   지금까지 감추어져 있던 그 비밀을 조심스럽게 소개해 드리고자 오랜 동안 준비하고 간직했던 내용들을 필력의 전력이 전혀 없었던 불초한 종이 함께 하고 있는 성도들의 기도와 도움을 받아 이 서책을 발간하게 된 것입니다.
   특히 세 번째 암과 싸우는 가운데 기도해주고 있는 사랑하는 아내의 헌신적 희생과 미국에서 아빠를 위해 끊임없는 도움의 손길을 펼치고 있는 사랑하는 딸, 그리고 모든 형제들에게도 감사드리면서, 이 글을 쓰게 해 주신 우리 하나님, 예수님과 성령님께 모든 영광을 올립니다.

2016년 10월 3일
저자 조 영 래 목사

목 차

저자서문 ——————————————————— 3

목차 ————————————————————— 12

제 1장. 왜 멜기세덱을 알아야 하는가? ——— 17

제 2장. 멜기세덱이라는 이름의 정의 ——— 29
    1. 주석에서 본 멜기세덱의 정의 ——————— 31
    2. 사전에서 본 멜기세덱의 정의 ——————— 34
    3. 여러 신학자들의 멜기세덱에 대한 견해 ——— 35

제 3장. 아브라함이 만난 멜기세덱은 누구인가? ——— 39
    Ⅰ. 멜기세덱을 영접한 아브라함 ——————— 41
        1. 아브라함의 출생의 배경 ———————— 41
        2. 아브라함의 믿음 ——————————— 44
        3. 아브라함과 멜기세덱과의 만남 ————— 50

    Ⅱ. 떡과 포도주, 그리고 십일조의 의미 ———— 53
        1. 떡과 포도주란 무엇인가? ——————— 53
        2. 십일조 ——————————————— 59

Ⅲ. 횃불언약으로 약속받은 아브라함 —————— 70
1. 횃불언약이란 어떤 언약을 말하는 것인가? ——— 70
2. 횃불언약의 내용 ————————————— 73
3. 횃불언약의 제물 ————————————— 75
4. 횃불언약이 어떻게 이루어졌는가? ————— 81
5. 횃불언약 속에 들어있는 산 자의 비의 ———— 89

Ⅳ. 아브라함이 만난 여호와 하나님과 멜기세덱의 차이   94

제 4장. 하나님의 구속사적 입장에서 본 두 도맥 ——— 107

Ⅰ. 에덴동산의 사건 ————————————— 110
1. 인류의 첫 조상 아담 ——————————— 110
2. 말씀 원리에 의한 하나님의 '직접주관권'과 '간접주관권'이란 무엇인가? ————————— 112
3. 하나님께서 아담에게 주신 은혜 ——————— 115
4. 아담을 돕는 배필인 하와를 지으심 ————— 121
5. 아담의 타락 ——————————————— 126
6. 타락한 사람에게 보여주신 구원의 약속 ———— 140
7. 아담을 타락시킨 타락의 근원은 어디서부터 시작된 것일까? ————————————— 143
8. 죄의 결과와 죄의 속량 —————————— 144
9. 죄, 타락, 구원에 대한 하나님의 입장 ———— 156

목 차

Ⅱ. 성경 속에 산 자의 세계를 완성하기 위한 두 도맥 --- 167
   1. 산 자의 세계란 어떤 것인가? ------------------------ 167
   2. 산 자의 세계 속에 감추어진 두 도맥 --------------- 169
   3. 부활과 변화의 개념의 차이 ------------------------ 170
   4. 부활의 도맥의 대표적인 인물 --------------------- 173
   5. 변화의 도맥의 대표적인 인물 --------------------- 194

제 5장. 멜기세덱의 반차란 무엇인가? ------------- 221

  Ⅰ. 구속사적 입장으로 본 멜기세덱의 반차 ------------- 226
     1. 노아를 통해서 본 멜기세덱의 반차 --------------- 226
     2. 야곱이 본 사닥다리 ------------------------------ 229
     3. 요셉을 통해서 본 멜기세덱의 반차 --------------- 237
     4. 예수님이 가신 멜기세덱의 반차 ------------------ 242

  Ⅱ. 아론의 반차와 멜기세덱 반차의 차이 --------------- 252
     1. 아론의 반차 ------------------------------------ 252
     2. 멜기세덱의 반차 -------------------------------- 258

제 6장. 멜기세덱을 탄생시키려는
하나님의 구속사역 ------------------- 283

  Ⅰ. 멜기세덱의 근본, 본질은 무엇인가? ----------------- 285

멜기세덱, 그는 누구인가?

    1. 네 생물의 입장에서 본 멜기세덱 ---------- 285
    2. 인자의 입장에서 본 멜기세덱 ---------- 299
    3. 멜기세덱의 원형은 누구인가? ---------- 308

Ⅱ. 멜기세덱 탄생의 기준과 자격 ---------- 319
    1. 예수님께서 믿음으로 부활하심 ---------- 319
    2. 멜기세덱의 탄생의 기준, 자격은 무엇인가? ---------- 329
    3. 멜기세덱의 사역은 무엇인가? ---------- 347

Ⅲ. 멜기세덱의 반차를 따르며 이루어가는 사람들 ---------- 352
    1. 노아 ---------- 352
    2. 모세 ---------- 384
    3. 다윗 ---------- 398
    4. 엘리야 ---------- 409
    5. 엘리사 ---------- 428
    6. 다니엘 ---------- 442
    7. 요셉 ---------- 458

제 7장. 맺음말 ---------- 473
참고문헌 ---------- 492

제 1장

왜 멜기세덱을 알아야 하는가?

제 1장
왜 멜기세덱을 알아야 하는가?

성경을 표면적으로만 이해하려고 하면 난해한 부분들이 산적해 있다. 구약의 창세기와 신약의 요한계시록이 그 대표적인 사례다. 특히 창세기에 나오는 에덴동산의 배경과, 아담과 하와의 탄생과 타락, 족장시대에 등장하는 셋의 후손들의 수명 등은 마치 그리스 신화나 로마 신화에나 나올 법한 내용들이다. 또 계시록의 일곱 인이 떼어지는 상황이라든가, 일곱 나팔이 불려질 때 나타나는 현상이나, 일곱 대접이 쏟아질 때 벌어지는 재앙, 666이라는 세 짐승의 모습, 그 뿐 아니라 하늘에서 내려오는 새 예루살렘 등, 지면으로 일일이 열거하지 못할 정도로 인간의 상식과 지혜로 깨닫기 어려운 내용들이 대부분이다. 특히 해를 입은 여인과 붉은 용의 등장이야말로 참으로 난해한 부분이라 말할 수 있다.

그러나 그 많은 난해한 내용 속에서도 특히 주목할 점은 창세기 14장에 나타나 아브라함에게 떡과 포도주로 축복한 <멜기세덱>이라는 인물이다.

아브라함이 75세에 하나님의 부르심을 받고 갈대아 우르에서 떠나 하란을 거쳐 가나안 땅에 들어와 거주하던 중 사해 근방의 싯딤 골짜기에서 성경 최초로 국가 간의 전쟁이 벌어졌다. 가나안 5개국(소돔, 고모라, 아드마, 스보임, 소알)의 왕들이 12년간 섬기던 엘람 왕 그돌라오멜을 배신하자 그돌라오멜을 비롯한 동방의 4개 동맹국(시날, 엘라살, 엘람, 고임)이 전쟁을 일으켜, 반란을 도모한 가나안 5개국을 대파하였다. 그 결과 소돔 성에 살던 아브라함의 조카 롯이 포로로 사로잡혀감으로 아브라함이 집에서 기르던 가신(家臣) 318명을 데리고 추격하여 4개 동맹국을 물리치고 롯을 찾아왔다(창 14:1-16).

아브라함이 하나님의 전적인 은혜로 대승을 거두고 돌아올 때 사웨 골짜기(왕의 골짜기)에 이르자 살렘 왕 멜기세덱이 아브라함을 영접하여 떡과 포도주로 축복하고 아브라함은 그에게 전리품의 십분의 일을 바쳤다.

> 창 14:17-20 아브람이 그돌라오멜과 그와 함께한 왕들을 파하고 돌아올 때에 소돔 왕이 사웨 골짜기 곧 왕곡에 나와 그를 영접하였고 살렘 왕 멜기세덱이 떡과 포도주를 가지고 나왔으니 그는 지극히 높으신 하나님의 제사장이었더라 그가 아브람에게 축복하여 가로되 천지의 주재시요 지극히 높으신 하나님이여 아브람에게 복을 주옵소서 너희 대적을 네 손에 붙이신 지극히 높으신 하나님을 찬송할찌로다 하매 아브람이 그 얻은 것에서 십분 일을 멜기세덱에게 주었더라

그렇다면 가나안 5개국에 속하지도 않은 살렘 왕이 왜 전쟁에서 승리하고 돌아오는 아브라함을 영접하기 위해 등장했는가? 혹

자는 살렘 왕에 대해 예루살렘 근동 지역의 왕이었을 것이라고 말하기도 한다.[1] 여러 주석에도 그런 내용이 보편적으로 기록되어 있다. 얼핏 보면 소돔 왕이 전쟁에서 이기고 돌아오는 아브라함을 영접하기 위해 나온 것처럼 살렘 왕도 단순히 같은 입장에서 나온 것처럼 보일 수도 있을 것이다.

그렇다면 정말 살렘 왕은 그 당시 예루살렘 근동 지역의 왕을 말하는 것인가? 창세기 14장 전후의 내용만을 가지고는 전혀 알 길이 없다.

그런데 신약에 와서 창세기 14장의 상황을 설명한 내용이 히브리서 7장에 기록되어 있다.

> 히 7:1-4 이 멜기세덱은 살렘 왕이요 지극히 높으신 하나님의 제사장이라 여러 임금을 쳐서 죽이고 돌아오는 아브라함을 만나 복을 빈 자라 아브라함이 일체 십분의 일을 그에게 나눠주니라 그 이름을 번역한즉 첫째 의의 왕이요 또 살렘 왕이니 곧 평강의 왕이요 아비도 없고 어미도 없고 족보도 없고 시작한 날도 없고 생명의 끝도 없어 하나님 아들과 방불하여 항상 제사장으로 있느니라 이 사람의 어떻게 높은 것을 생각하라 조상 아브라함이 노략물 중 좋은 것으로 십분의 일을 저에게 주었느니라

히브리서 7:1-4에서 주목할 점은 살렘 왕 멜기세덱은 첫째, 지

---

[1] '여기서 살렘은 예루살렘을 가리킨다. 따라서 본문에 등장하는 멜기세덱은 당연히 당시 예루살렘을 다스리던 통치자다'(옥스퍼드 원어 성경대전 002권, 128쪽-제자원)

극히 높으신 하나님의 제사장이요, 둘째, 아브라함을 만나 복을 준 자요, 셋째, 의의 왕이요 살렘 왕, 즉 평강의 왕이요, 넷째, 아비도 없고 어미도 없고 족보도 없고 시작한 날도 없고 생명의 끝도 없는 존재요, 다섯째, 하나님 아들과 방불하여 항상 제사장으로 있는 자라고 했다.

여기서 '아비도 없고 어미도 없고 족보도 없고 생명의 시작과 끝도 없는 존재'란 어떤 존재를 말하는 것인가? 이 땅에 아버지, 어머니가 없이, 즉 족보가 없이 탄생하는 존재가 있는가? 그리고 '하나님 아들과 방불한 제사장'이라면 예수님과 같은 하나님의 아들을 말하는 것인가?

예수님은 분명히 말씀이 육신이 되어 오신 독생하신 하나님의 아들이시다(요 1:14). 그런데 멜기세덱은 하나님 아들과 방불한 제사장이라고 했다. '방불하다'는 말은 하나님의 아들 자체는 아니지만, 하나님의 아들과 거의 비슷한 존재라는 의미가 아닌가? 혹자는 장차 오실 예수 그리스도의 상징적 인물이라고 주장하고 있다. 그렇다면 그 당시 아브라함에게 나타난 멜기세덱은 하늘에서 등장한 천사와 같은 존재인가? 아니면 이 땅의 실존의 인물이었을까?

아브라함을 축복할 당시 그 자리에는 소돔 왕을 비롯한 많은 군사들과 백성들이 이기고 돌아오는 아브라함을 환영하기 위해 나왔을 것이다. 그 많은 사람들 앞에서 아브라함에게 떡과 포도주로 축복했다면 멜기세덱은 상징적인 인물이 아니라, 분명히 그 당시 실존적으로 역사했던 인물이었을 것이다.

그렇다면 지금 이 시대에도 그런 존재가 실존하고 있는 것인가? 아니면 장차 나타날 수도 있는 존재인가?

그리고 히브리서 7:4에 '이 사람의 어떻게 높은 것을 생각하라'고 하였다. 히브리서 7:7에서 '폐일언하고 낮은 자가 높은 자에게 복빎을 받느니라'고 했으니 분명히 멜기세덱은 믿음의 조상 아브라함보다 높은 자로서 아브라함에게 축복해준 사람임에 틀림이 없다.

그런데 성경은 왜 '이 사람의 어떻게 높은 것을 생각하라'는 문제점을 제시하고 있는가? 성경에 그 비답이 있기에 알아보라는 것은 아닐까? 신명기 32:7에 '옛날을 기억하라 역대의 연대를 생각하라 네 아비에게 물으라 그가 네게 설명할 것이요 네 어른들에게 물으라 그들이 네게 이르리로다'라고 기록되어 있다. 이처럼 우리의 믿음의 조상들의 발자취를 깊이 상고하고 고찰해보면 알 수 있기에 알아보라고 하신 것은 아닌가?

또, 아브라함이 멜기세덱에게 십일조를 바쳤다. 물론 아브라함 당시에는 모세의 율법이 등장하지 않은 때이다. 그러나 구약의 마당에서는 레위지파와 아론의 반차를 따른 제사장들만이 율법에 의해 십일조를 받을 수 있었다. 하나님께 십일조를 바친다는 의미는 '하나님은 나의 구주이시며, 나는 하나님을 창조주로 믿고 섬기는 하나님의 자녀임을 맹세합니다'라는 절대 주종관계에 대한 의식이다. 그 당시 아브라함이 멜기세덱에게 노략물 중에서 십일조를 바쳤다는 것은 아브라함의 신앙이 멜기세덱을 하늘의 대제사장으로 믿고 있었던 결과인데, 아브라함은 어떻게 멜기세덱을 그런 존재로 믿을 수 있었을까? 만일 창세기 14장에서 아브라함이 멜기세덱을 처음으로 대면하였다면 그런 관계가 이루어질 수 있는 것인가?

창세기 18장에는 소돔과 고모라 성을 심판하러 가는 여호와 하나님과 두 천사를 아브라함이 집으로 영접하여 송아지를 잡아 극진히 대접하는 내용이 기록되어 있다. 구약 때는 하나님을 보면 죽는다고 했고, 여호와 하나님은 심히 두렵고 떨리는 존재로서 감히 대면하기조차 어려운 대상인데, 아브라함과 대면한 정도가 아니라 음식까지 함께 드신 여호와 하나님은 과연 누구인가? 성경에서 여호와 하나님이 인간들과 함께 음식을 드신 경우가 단 한 번이라도 있었는가?

창세기 18장에서는 분명히 여호와 하나님과 두 천사를 세 사람으로 표현하였다. 어떻게 아브라함은 세 사람 중에서 여호와 하나님을 알아보고 달려가 절을 하며 영접하였는가?

그렇다면 창세기 14장의 멜기세덱과 창세기 18장의 여호와 하나님의 관계는 어떤 차이점이 있는 것인가?

사도행전 7장에 스데반이 순교하기 직전에 설교한 내용 중에 아브라함의 신앙노정이 기록되어 있다. 사도행전 7:2에 '우리 조상 아브라함이 하란에 있기 전 메소보다미아에 있을 때에 영광의 하나님이 그에게 보여 가라사대 네 고향과 친척을 떠나 내가 네게 보일 땅으로 가라 하시니'라고 기록되어 있다.

아브라함이 가나안 땅에 오기 전에 갈대아 우르에서 만난 영광의 하나님은 과연 누구를 말하는 것인가? 혹시 이 구절이 실마리가 되어 멜기세덱과 아브라함의 관계를 알아 볼 수 있는 것은 아닐까?

과연 그 당시 유일무이한 믿음의 조상 아브라함보다 더 높은 자로서 아브라함을 축복해준 멜기세덱이라면 그의 근본, 본질은 어떤 존재인가?

'아브라함과 같은 믿음을 가진 자는 아브라함과 같은 복을 받느니라'고 기록되어 있다(갈 3:9). 오늘날 성도들이 아브라함이 십일조를 바치며 받들어 섬긴 멜기세덱의 정체와 실상을 알지 못한다면 과연 믿음의 조상 아브라함의 후손이 될 수 있는 것인가?

> 히 5:11 멜기세덱에 관하여는 우리가 할 말이 많으나 너희의 듣는 것이 둔하므로 해석하기 어려우니라

히브리서 5:11에서 '멜기세덱에 관하여는 우리가 할 말이 많으나 너희의 듣는 것이 둔하므로 해석하기 어려우니라'고 했다. 멜기세덱은 알기 어려운 대상이라는 것이다.

> 히 5:12-14 때가 오래므로 너희가 마땅히 선생이 될 터인데 너희가 다시 하나님의 말씀의 초보가 무엇인지 누구에게 가르침을 받아야 할 것이니 젖이나 먹고 단단한 식물을 못 먹을 자가 되었도다 대저 젖을 먹는 자마다 어린아이니 의의 말씀을 경험하지 못한 자요 단단한 식물은 장성한 자의 것이니 저희는 지각을 사용하므로 연단을 받아 선악을 분변하는 자들이니라

> 히 6:1-3 그러므로 우리가 그리스도 도의 초보를 버리고 죽은 행실을 회개함과 하나님께 대한 신앙과 세례들과 안수와 죽은 자의 부활과 영원한 심판에 관한 교훈의 터를 다시 닦지 말고 완전한 데 나아갈찌니라 하나님께서 허락하시면 우리가 이것을 하리라

이처럼 멜기세덱은 초보의 신앙과 장성한 자의 신앙의 기준이 된다는 것이다. 젖먹이 신앙이 아니라 장성한 믿음으로 연단을 받은 자만이 의의 말씀을 경험한 자로서 선악을 분별할 수 있다는 것이다. '회개, 신앙, 세례, 안수, 부활, 심판에 관한 교훈의 터' 등이 초보의 신앙의 내용이라는 것이다. 하나님께서는 제발 이제는 그 초보의 신앙에만 머물지 말고 완전한 신앙으로 나아가라고 간곡히 권면하고 계신다. 따라서 우리가 초보의 신앙을 벗어나 장성한 믿음으로 나아가기 위해서라도 멜기세덱에 대한 고찰을 간과해서는 안 될 것이다.

또 히브리서 5:8-10에 '예수께서도 멜기세덱의 반차를 따른 대제사장이 되셨다'라고 기록되어 있다.

> 히 5:8-10 그가 아들이시라도 받으신 고난으로 순종함을 배워서 온전하게 되었은즉 자기를 순종하는 모든 자에게 영원한 구원의 근원이 되시고 하나님께 멜기세덱의 반차를 좇은 대제사장이라 칭하심을 받았느니라

말씀이 육신으로 이 땅에 오신 예수님도 우리를 위하여 멜기세덱 반차를 따라 영원한 대제사장이 되셨다면, 과연 예수님이 따르신 그 멜기세덱의 반차란 무엇인가? 멜기세덱 반차는 예수님이 친히 만드신 것인가? 아니면 예수님이 오실 때 이미 만들어져 있었는가? 만일 예수님이 이 땅에 오실 때 이미 멜기세덱 반차가 이루어졌다면 그 반차는 누가 만든 것이며, 멜기세덱은 언제 이 땅에 탄생한 존재가 되는 것인가?

이런 명제들이 난해하지만 결코 간과해서는 안 될 중요한 문제인 것이다.

이런 관점에서 필자는 오랜 세월 동안 멜기세덱에 관하여 자세히 알고자 고심하여 보았지만 오직 성경에 기록된 멜기세덱에 대한 내용은 창세기 14장, 시편 110편, 히브리서 5장-7장 외에는 찾을 길이 없었다.

그러나 성경에서는 '내 백성이 하나님을 아는 지식이 없어 망한다'(호 4:6), '하나님을 알되 힘써 알라'(호 6:3, 6:6)라고 강조하고 계신다.

선민으로 택함 받은 이스라엘 백성들이 율법을 달달 외우면서도 정작 하나님의 뜻을 깨닫지 못함으로 자기 땅에 오신 메시야, 예수 그리스도를 영광의 주로 알아보지 못하고 십자가에 못 박은 사실을 상기해야 한다(고전 2:8). 오늘날 영적 이스라엘이라고 자부하는 대한민국의 수많은 성도들도 하나님의 뜻을 알기를 간절히 구하기보다는 기복신앙만을 추구하는 신앙의 안일함 속에 빠져 있는 모습은 아닌가? 성도들과 목회자들이 성경 읽기에 얼마나 힘쓰며 깊은 관심을 가지고 있는지 돌아보아야 할 시점이 아닌가?

필자는 '성경은 성령의 감동으로 쓰여진 책이라'(딤후 3:16), '성경에는 짝이 있으니 너희는 성경을 자세히 읽어보라'(사 34:16), '이것을 비사로 너희에게 일렀거니와 때가 이르면 다시 비사로 너희에게 이르지 않고 아버지에 대한 것을 밝히 이르리라'(요 16:25)고 하신 말씀에 의지하여 오랜 세월 기도하며 성경을 상고

한 끝에, 멜기세덱이 과연 누구인지, 그의 정체와 실상과 비밀에 대해 성경과 여러 문헌들을 통하여 자세히 고찰하고자 한다.

제 2장

멜기세덱이라는 이름의 정의

제 2장
멜기세덱이라는 이름의 정의

1. 주석에서 본 멜기세덱의 정의

히브리서 7:1-3에서 멜기세덱에 대해 정의한 내용에 대해 <옥스퍼드 원어 성경대전>에서는 다음과 같이 기술하고 있다.[2]

① 멜기세덱은 살렘 왕이요

멜기세덱의 히브리어는 '우말르키 체데크' 또는 '말키 체데크'로 불리운다. 이는 왕(king)을 뜻하는 '멜렉'과 의(righteousness)를 뜻하는 '체데크'로부터 형성되었다. 따라서 이는 '의의 왕'이라는 뜻이다.

또 살렘 왕은 히브리어로 '멜레크 솰렘'이다. 살렘은 예루살렘의 고대 지명이므로 '고대 예루살렘'이라는 견해가 지배적이다(J. Brown). 그러나 여기서 저자는 살렘을 영적 의미로 접근했다. '살

---

1) <옥스퍼드 원어성경> 002권 128-130쪽, 125권 470-475쪽

렘'의 히브리어 '쌀렘'이 '평화'를 의미한다는 사실과 관련지어 설명하고 있는 것이다. 여기서 평강의 왕은 단지 단어의 문자적 의미만 밝힌 것이 아니라, 이 땅에 평화를 주기 위해서 오신 그리스도를 상징시키기 위한 것이다.

멜기세덱은 왕일 뿐 아니라 여호와 하나님의 제사장이었다. 그는 제정일치(祭政一致) 사회에서 왕 겸 제사장이었던 것이다. 그는 모세의 율법이 주어지기 이전의 제사장이었고, 최초의 대제사장인 아론이 있기 이전의 제사장이므로 이스라엘 종교제도 너머에 존재한 사람이었다. 그는 왕이면서 제사장이었으므로 레위계통의 제사장들과는 두드러진 차이점이 있다.

② 지극히 높으신 하나님의 제사장이라

'지극히 높으신 하나님의 제사장'은 히브리어로 '코헨 레엘 엘르욘'이다. '지극히 높으신 하나님'은 히브리어로 '엘 엘리온'으로 하나님을 지칭하는 이름들 중 하나다. '엘리온'은 '가장 높은(most high)'을 뜻하는데 구약에서 나타나는 하나님의 기본적인 개념 가운데 특히 하나님의 존귀하심과 압도적인 위엄을 드러내는 명칭이다.

또 히브리어 '코헨'은 제사장으로 구약의 선지자들과는 달리, 하나님과 인간 사이의 중보자 역할을 하는 제사장을 의미한다. 창세기에 등장하는 멜기세덱은 이방인이며 아론과 전혀 상관없는 인물이다. 그럼에도 불구하고 당시 멜기세덱은 사람들을 대표해서 하나님께 제사를 드린 인물이다. 즉 멜기세덱은 유일신 여호와 하나님의 제사장이자 평화를 뜻하는 살렘의 왕이었다.

③ 아비도 없고 어미도 없고 생명의 시작과 끝이 없는 존재

'아비도 없고'는 고대 헬라어 문헌에서 '아파토르'로 고아, 주운 아이, 사생아 등으로 사용된다. 그러나 신들의 경우에 '아비가 없다'는 것은 초자연적인 출생을 의미한다. '어미도 없고'의 '아메토르' 역시 신의 속성, 즉 신성과 영원성을 뜻하기도 한다.

그러나 구약 어디에도 멜기세덱의 혈통이라든지 부모, 출생 및 죽음에 대한 언급이 전혀 없는 점을 들어 그는 왕이자 제사장인 멜기세덱의 제사장 직분이 하늘에 기원을 두고 있으며 영원하다는 사실을 부각시킨다. 하늘의 존재로서 멜기세덱은 제사장 직을 수행하려면 반드시 제사장의 혈통을 가져야 한다는 절대적인 전제 조건을 가진 레위 계통의 제사장들보다 우월하며(F. Schrogel), 아울러 그는 레위 계통에 속하지 않는 영원한 제사장이신 그리스도의 표상이다(O. Hofius).

또한 '시작한 날도 없고, 생명의 끝도 없다'는 표현은 레위 계통의 제사장들이 30세에 시작해서 50세에 마쳐야 하는 것처럼, 제사장 직무를 시작하는 정해진 시기와 직무를 끝내는 정해진 시기가 있는 그런 반열에 속한 것이 아니라는 의미다(J. Brown, H. Hewitt).

2. 사전에서 본 멜기세덱의 정의[3]

① 구약에 등장한 멜기세덱

멜기세덱은 살렘의 왕이자, 엘 엘리욘(El Elyon)의 제사장으로 아브람이 그돌라오멜과 그와 함께 한 왕들을 파하고 돌아오자 떡과 포도주를 가지고 나와 아브람을 축복하고 그로부터 십일조를 받은 인물이다.

대다수 비평학자들은 멜기세덱을 첫째, 가나안족의 제사장으로 본다. 그러나 1956년 쿰란 동굴에서 발견된 사해사본(死海寫本)에 근거하여 볼 때 '살렘'은 예루살렘과 동일시하는 것이 가장 타당한 학설이다. 따라서 멜기세덱은 이스라엘이 가나안을 점령하기 이전의 가나안 사람 예루살렘 왕이었던 것으로 본다.

둘째, 그는 지존자이신 하나님의 제사장이다. 그렇기에 멜기세덱은 장차 이스라엘의 수도가 될 예루살렘 도성에서 왕권과 제사권을 모두 행사하는 제정일치의 제사장 겸 왕이었다. 따라서 멜기세덱은 유일무이한 직분으로 인해 창세기에서 가장 중요한 인물로 부각되고 있다.

② 신약에 기술된 멜기세덱

히브리서 7장에 유일하게 기록된 멜기세덱에 대해서 그리스도가 '멜기세덱 반차를 좇는 대제사장'으로 언급된다(히 7:17). 그는 모든 피조물보다 우월하신 그리스도와 모든 지상적 사역보

---

[3] <기독교 대백과 사전> 6권 67~69쪽

다 빼어나신 그리스도의 중보적 직분이다. 그를 '아비도 없고 어미도 없고 족보도 없고 시작과 끝이 없는 존재라'고 한 것은 믿음의 조상 아브라함이나 대제사장 아론보다 위대한 그리스도의 예표가 된다. 왜냐면 왕으로서, 신성한 대제사장으로서의 그리스도의 직분은 모든 인간적 직위와 신분을 능가하기 때문이다.

③ 외국어로 본 멜기세덱

라틴어로는 póntĭfex(폰티펙스, pont:다리 + fex:만드는 자)인데 '다리를 놓는 자'라는 의미이다. 즉 야곱이 땅에서 하늘로 연결된 사닥다리를 보았는데, 그 사닥다리의 의미를 포함한 단어라고 볼 수 있다.

한자어로는 麥基世德(맥기세덕)으로 보리 맥(麥), 터 기(基), 대 세(世), 덕 덕(德)의 의미다.

이는 맥추절의 주인공과 깊은 관계가 있음을 엿볼 수 있다.

3. 여러 신학자들의 멜기세덱에 대한 견해[4]

멜기세덱은 의의 왕, 평강의 왕 같은 호칭을 들을만큼 매우 의로웠음이 틀림없다. 멜기세덱은 지극히 높으신 하나님의 단 한 사람뿐인 제사장이었다.

·······························(C. Stanford, D. D)

---

4) <신구약 강해 설교 연구대계> 350~356쪽, 기독지혜사

멜기세덱은 제사장의 혈통을 이어받지 않음으로 그의 제사장 직은 어떠한 제사 율법에도 기반을 두고 있지 않다. 그가 축복한 아브라함보다 더 위대한 존재로서 영원한 영광의 예증만 남기고 사라졌다.
　　　　　　　　　　　　　　　　　(D. O. Mears)

　　멜기세덱은 하나님께서 정하시고 부르신 진정한 제사장이었다. 진정한 제사장은 하나님과 사람들 사이의 중보자로서 하나님을 대신하여 축복할 수 있는 권능을 갖고 있다.
　　　　　　　　　　　　　　　　　(T. H. Leale)

　　멜기세덱의 혈통은 확실치 않으나 영구적이며 널리 알려진 제사장이었다. 그의 제사장 직분은 지극히 높은 곳으로부터 받은 것이며, 하나님과의 서약에서 시작되었다.
　　　　　　　　　　　　　　　　　(T. H. Leale)

　　멜기세덱은 하나님과의 서약에서 시작된 직분으로 이후의 어떠한 제사장 직분보다 훌륭하고 영원한 것이며 고결하였다. 그는 모든 사람의 십일조를 받았다.
　　　　　　　　　　　　　　　　　(F. B. Meyer, B. A.)

　　멜기세덱은 고귀한 제사장의 성품을 소유한 사람으로 아브람에게 그리스도의 살과 피를 상징하는 떡과 포도주로 축복하였다. 아브람은 이에 조금도 지체하지 않고 십분 일을 멜기세덱에게 드렸다.
　　　　　　　　　　　　　　　　　(C. H. Spurgeon.)

멜기세덱은 창세기 14장에서 혜성처럼 나타났다 유성처럼 사라졌다. 그는 실재 역사적 인물이며 그의 이름이 제사장의 정식 명단에는 기록되지 않았다. 그는 제사장 뿐 아니라 왕으로서 그리스도의 영광스런 직분을 나타내고 있다. 그는 우리의 은혜로운 구속자의 상징과 형상으로, 유일하신 대제사장이시며 거룩한 왕이신 구세주로서 성경에 나타난 존재다.

……………………………………(J. G. Augley, M. A.)

멜기세덱은 하나님과의 서약에서 시작된 직분으로 이후의 어떠한 제사장 직분보다 훌륭하고 영원한 것이며 고결하였다. 그는 모든 사람의 십일조를 받았다.

……………………………………(W. S. plumer, D. D.)

아브라함은 멜기세덱이 특별한 존경과 영광을 받을만한 인물임을 깨달았다. 우리는 아브라함의 행동에서 겸손, 감사, 신앙적 목적의 확고한 부동함을 배워야 한다.

……………………………………(W. S. Smith, B. D.)

멜기세덱은 왕과 제사장의 직분을 동시에 가진 자로서 메시야의 상징이며, 아브람보다 더 위대한 자다. 그는 혈통에 의해서가 아니라 갑작스러운 하나님의 임명으로 제사장이 되었다고 생각된다.

……………………………………(A. Fuller.)

우리는 멜기세덱의 시작과 끝을 알 수 없다. 아무리 연구를 해도 그가 언제 태어났으며 언제 죽었는지 알아낼 수 없다. 그러나 그는 가장 거룩한 기능을 수행하고자 부름을 받은 지극히 높으신 하나님의 거룩한 제사장이었다.
....(Dean Law.)

멜기세덱은 예수님이 탄생하시기 2천년 전에 장차 오실 예수님의 예표적 인물로서, 일반적인 제사장이 아닌 특별한 제사장이었다.[5]
....(박윤선 박사)

멜기세덱이 누구인지 정확히 알 수 없지만 '살렘'이 평화라는 의미로 볼 때, 평화의 나라를 건설하고자 의로 통치한 왕으로서, 이방인 가운데서도 순수하고 올바른 신앙을 가진 가나안의 왕으로 보는 견해가 가장 타당하다.[6]
....(강병도 목사)

---

5) <박윤선 성경주석, 창세기편> 211쪽
6) <호크마 종합주석, 창세기편> 326쪽

제 3장

아브라함이 만난
멜기세덱은 누구인가?

I
멜기세덱을 영접한 아브라함

1. 아브라함의 출생의 배경

아브람의 뜻은 '높은 아버지, 존귀한 아버지'라는 뜻이지만, 99세에 개명하여 '많은 무리의 아버지, 열국의 아버지'라는 뜻의 아브라함이라는 이름을 갖게 되었다(창 17:5). 이로써 아브라함은 인류의 첫 시조인 아담, 둘째 시조인 노아에 이어서 세 번째 시조가 되었다. 아담으로부터 10대 만에 노아를 등장시키셨고, 노아 이후 10대 만에 아브라함이 등장한 것을 보면, 아브라함은 우연이 아니라 필연적으로 등장했다는 것을 깨닫게 된다.

여기서 10대 만에 부르신 10이라는 숫자는 세상사에 속한 최대수로서 구속사역을 완성하는 데 있어서 더 이상 기다릴 수 없는 '때가 차매'(갈 4:4) 부르셨다는 의미가 된다. 아담을 통해서 본래의 뜻을 이루지 못한 상황에서 노아가 등장하기까지 10대를 기다리셨고, 노아의 가정이 깨어짐으로 다시 세 번째 시조인 아브라함이 등장하기까지 10대를 기다리신 하나님의 의중을 헤아릴 줄 알아야 한다. 이처럼 성경에 기록된 숫자에는 나름대로의 의미가 있다.

아브라함의 아내인 사라 역시 89세가 되었을 때에 본래 이름인 사래에서 사라로 개명하였다. 사래는 '여주인, 나의 공주'라는 뜻으로 단순히 한 가정의 여주인이라는 의미이나, 사라는 '열국의 어미'라는 뜻으로 인류의 시조의 아내로서 합당한 이름이다(창 17:15).

아브라함의 고향인 갈대아 우르는 고대 정치, 경제, 문화의 중심지라고 할 수 있는 메소포타미아의 한 도시 성읍이었다. 이곳에는 주로 달(月)을 숭배하는 것이 유행하였으나, 상거래의 중심지라는 특수성으로 인해 주변의 많은 우상들이 수입되었다. 이런 관계로 해서 우상 숭배와 우상 제조업자들이 성행한 지역이 되었다. 아브라함의 아버지 데라는 아람 출신으로서(신 26:5) 여호와를 유일신으로 섬기지 않고, 우상의 영향권 아래 있던 인물이었다. 그 당시 부권이 강한 가족 중심의 사회적 배경에서 아들 아브라함에게 우상 숭배가 강요되었을 것이 거의 확실한 정황이다(수 24:2)[7].

아브라함이 그 갈대아 우르에서 처음에 영광의 하나님으로부터 부르심을 받았다(행 7:2-4). 하나님께서 아브라함을 믿음의 동역자로 삼으시고자 과거의 모든 것을 포기하게 하시고, 특수한 훈련장으로 이끌어내신 것이다. 하나님께서 갈대아 우르를 떠나라는 명령에 순종하여 아브라함은 아버지 데라와 함께 갈대아 우르를 떠나 하란에 정착하게 되었다(창 11:31).

하나님께서 아브라함을 갈대아 우르에서 불러내신 것은 성경적으로 어떤 의미가 있는 것인가?

---

7) <호크마 종합주석> 강병도 편저, 293쪽, 기독지혜사

창세기 2:7에 '흙으로 사람을 지으시고 생기를 코에 불어 넣으시니 사람이 생령이 된지라'라는 말씀이 있다. 이것은 하나님께서 창조 목적을 이루시는 수리성의 3단계의 과정을 보여 준다.

척박한 환경 속에서 생존에 급급했던 원시 인류 가운데 영원을 사모하는 마음(전 3:11)으로 하늘을 바라보게 된 첫 사람들 속에서 아담 한 사람을 불러내시고, 흙, 사람, 생령이라는 3단계의 수리성을 거쳐 하나님의 뜻을 이루시고자 역사하신 과정은, 우상숭배의 죄악된 환경 속에서 살던 아브라함을 불러내어 믿음의 조상으로 세우신 하나님의 구속 역사와 같은 맥락이라고 할 수 있다.

아브라함이 하나님의 말씀에 순종하여 갈대아 우르를 떠난 것은, 죄악의 도성에서 그를 분리시키시는 분리의 첫 과정이 된다. 이는 마치 아담을 먼저 '흙'의 차원에서 이끌어 내시어 사람을 만드시고자 '중생의 길'로 진입하게 하신 의미와도 같다.

> 수 24:2 여호수아가 모든 백성에게 이르되 이스라엘 하나님 여호와의 말씀에 옛적에 너희 조상들 곧 아브라함의 아비, 나홀의 아비 데라가 강 저편에 거하여 다른 신들을 섬겼으나

> 행 7:2-4 스데반이 가로되 여러분 부형들이여 들으소서 우리 조상 아브라함이 하란에 있기 전 메소보다미아에 있을 때에 영광의 하나님이 그에게 보여 가라사대 네 고향과 친척을 떠나 내가 네게 보일 땅으로 가라 하시니 아브라함이 갈대아 사람의 땅을 떠나 하란에 거하다가 그 아비가 죽으매 하나님이 그를 거기서 너희 시방 거하는 이 땅으로 옮기셨느니라

창 11:31 데라가 그 아들 아브람과 하란의 아들 그 손자 롯과 그 자부 아브람의 아내 사래를 데리고 갈대아 우르에서 떠나 가나안 땅으로 가고자 하더니 하란에 이르러 거기 거하였으며

노아 때 홍수 심판이 이루어지고 셈의 후손들이 둘로 갈라져 셈, 아르박샷, 셀라, 에벨 등은 에블라 왕국을 세웠고[8], 벨렉 이후 아브라함까지는 하란에 머물러 있었다. 그 당시 하란은 메소포타미아 북부 지역인 밧단 아람의 성읍 중 하나로 매우 화려한 도시로서, 그 곳에는 이미 셈 계열의 일가친척들이 많이 자리를 잡고 살고 있었다.

아브라함이 갈대아 우르에서 떠나 하란에 머무는 동안, 긴 여정에 지친 데라는 너무 힘들어서인지 하란에서 떠날 생각을 하지 않고 지체하게 되었다. 데라의 이름은 '지체하다, 체류하다'라는 의미다. 그 이름대로 데라는 그곳에서 머물기를 원했던 것이다.

2. 아브라함의 믿음

창 12:1-3 여호와께서 아브람에게 이르시되 너는 너의 본토 친척 아비 집을 떠나 내가 네게 지시할 땅으로 가라 내가 너로 큰 민족을 이루고 네게 복을 주어 네 이름을 창대케 하리니 너는 복의 근원이 될지라 너를 축복하는 자에게는 내가 복을 내리고 너를 저주하는 자에게는 내가 저주하리니 땅의 모든 족속이 너를 인하여 복을 얻을 것이니라 하신지라

---

[8] <한민족기원대탐사, 셈 족의 루트를 찾아서>, 김성일 저, 88-93쪽, 창조사학회

아브라함이 75세가 되었을 때 하란에서 두 번째 하나님의 명령을 받게 된다. 처음에 갈대아 우르를 떠날 때는 아버지와 함께 나왔지만, 두 번째 하란을 떠날 때는 '본토, 친척, 아비 집을 떠나라'는 강력한 명령을 하신 것이다. 아브라함은 그 말씀에 순종하여 조카 롯만 데리고 아버지 모르게 야반도주(夜半逃走)를 하여 마침내 가나안 땅에 도착했다. 하란에서 명령하신 말씀에 온전히 순종한 아브라함은 완전히 혈육의 정을 끊는 신앙의 용기를 가지고 멀고 먼 가나안 땅으로 향한 것이다.

히브리 기자는 갈 바를 알지 못하고, 말씀에 순종하여 먼 길을 떠난 그의 믿음을 크게 인정하고 있다.

> 히 11:8 믿음으로 아브라함은 부르심을 받았을 때에 순종하여 장래 기업으로 받을 땅에 나갈새 갈 바를 알지 못하고 나갔으며

아브라함이 '갈 바를 알지 못하고 나갔다'는 것은 하나님의 명령에 대한 구체적인 행선지를 알지 못하고 무조건적으로 나갔다는 것이다. '본토, 친척, 아비 집을 떠나라'(창 12:1)는 하나님의 말씀에 순종한 아브라함은 죽을 때까지 한 번도 늙은 아버지가 사는 고향 하란을 찾지 않았다. 외아들인 이삭의 며느리를 구하러 고향에 갈 때에도 늙은 종 엘리에셀을 대신 보낼망정 자신은 고향으로 발걸음을 되돌리지 않았다.

아브라함이 75세에 부르심을 받을 당시 아버지 데라는 145세였고, 205세에 죽기까지 60년이나 생존하였음에도 불구하고, 아브라함이 '아비가 죽으매' 하란을 떠난 것으로 스데반은 증거하고

있다. 아브라함의 마음 속에 아버지는 이미 죽은 사람이 된 것이다. 그만큼 아브라함은 혈과 육을 초월한 장성한 믿음의 사람이 되었던 것이다.

창 11:26 데라는 칠십세에 아브람과 나홀과 하란을 낳았더라

창 11:32 데라는 이백 오세를 향수하고 하란에서 죽었더라

행 7:2-4 스데반이 가로되 여러분 부형들이여 들으소서 우리 조상 아브라함이 하란에 있기 전 메소보다미아에 있을 때에 영광의 하나님이 그에게 보여 가라사대 네 고향과 친척을 떠나 내가 네게 보일 땅으로 가라 하시니 아브라함이 갈대아 사람의 땅을 떠나 하란에 거하다가 그 아비가 죽으매 하나님이 그를 거기서 너희 시방 거하는 이 땅으로 옮기셨느니라

아브라함이 갈 바를 알지 못하는 가운데 젖과 꿀이 흐르는 가나안 땅으로 오는 과정에서 유브라데 강을 건넘으로 '히브리인'이라는 칭호를 받았다.

창 14:13 도망한 자가 와서 히브리 사람 아브람에게 고하니 때에 아브람이 아모리 족속 마므레의 상수리 수풀 근처에 거하였더라 마므레는 에스골의 형제요 또 아넬의 형제라 이들은 아브람과 동맹한 자더라

히브리인이라는 말의 의미는 '강을 건너온 자'라는 의미가 된다. 아브라함이 유브라데 강을 건넘으로 최초의 히브리인이 된 것이다.

또 아브라함이 하란에서 젖과 꿀이 흐르는 가나안 땅으로 들어오기 전, 전적으로 하나님을 의지하며 절대적인 도우심을 구하면서 두 번째로 요단강을 건넜을 것이다. 이는 출애굽 한 이스라엘 백성들이 홍해를 건널 때 물로 세례를 받았고(고전 10:1-2), 광야를 거쳐 마지막으로 가나안 땅에 들어가기 전에 요단강을 건너야 하는 그런 의미와도 같은 것이다. 요단강은 젖과 꿀이 흐르는 가나안 땅의 경계선으로서, 요단강을 건너는 것은 약속의 땅 가나안으로의 입성을 의미한다. 이처럼 아브라함이 갈대아 우르를 떠나 유브라데 강을 건너고, 하란을 떠나 요단강을 건너 가나안, 세겜 땅에 이르렀던 신앙의 노정을 '중생의 과정'이라고 말할 수 있다.

　그렇다면 하나님은 왜 갈대아 우르에 살고 있는 데라의 아들인 아브라함을 택하실 수밖에 없었는가? 믿음의 조상으로 세우실 아브라함을 우상숭배의 땅에 끝까지 남겨 두셨다가 마지막으로 불러내신 이유가 무엇인가?

　창세기 11장에서 니므롯을 중심으로 시날 평지에 바벨탑을 세워 하나님께 도전하는 악의 세력이 결집되었다(창 11:9). 하나님께서 아브라함을 끝까지 바벨제국의 영향권에 남겨두신 것은 아합 때에 엘리야를 이방 땅 시돈으로 보내서 숨겨 놓은 것과 같은 의미도 있다. 또 광야의 지도자인 모세로 하여금 애굽의 심장부인 바로의 궁에서 공주의 아들로서 모든 학문의 수업을 받게 하신 것과도 같은 맥락이라고 할 수 있다.

　나아가 에벨이 일찍이 유브라데 강을 건너 하란에서 에블라 왕국을 세워 하나님의 등불을 이어간 것과 달리 아브라함을 끝까지 그 곳에 남게 하신 것은, 아담에서 노아까지의 10대를 노아가 마무리하고 새 시대를 연 것처럼, 아브라함으로 하여금 노아부터 아브라함까지 10대의 마지막 사람으로서 한 세대를 마감하고, 새로운 인류의 조상으로서 새 시대의 문을 열 첫 사람이 되게 하시려는 구속사의 섭리가 담겨있는 것이다.

예수님이 오신 마태 족보 42대를 14대, 14대, 14대의 3기로 나누고 있다(마 1:17). 그 1기의 끝이 다윗 왕이면서 두 번째 2기의 시작도 다윗으로부터 시작한 것도, 다윗이 왕이 되기까지 전 시대의 14대를 마감하고 새 시대를 여는 사람이라는 의미를 갖고 있다. 이렇게 구 시대를 마감하고 새 시대를 여는 새 창조의 역사는 성경에서 11수와도 연결된다.

예수님이 부활하신 후 40일 동안 이 땅에 계실 때 제자들에게 10번 나타나셨고, 11번째 승천하셨다. 이는 '너희가 본 그대로 오시리라'(행 1:11) 하신대로 다시 오실 수 있는 새 시대를 여시기 위한 의미에서 11번째로 승천하신 것이다.

이후 아브라함은 조카 롯과의 분리(창 13:8-11), 애굽 여인 하갈과의 사이에서 낳은 이스마엘과의 분리(창 21:9-21) 등 본향을 바라보는 나그네로서 세상과의 분리 과정을 겪으며 '완전하라!'(창 17:1)고 말씀하신 대로 믿음과 사랑에 점차 완전해져 간다. 이 과정이 흙 차원과 사람 차원을 지나 생령에 진입하는 '성화의 길'을 걸은 것이다.

아브라함은 결국 하나님께서 주신 7대 명령[9] 중 마지막 명령,

---

9) 아브라함이 받은 7대 명령은 다음과 같다. 첫째, 네 고향을 떠나라(창 12:1-3, 11:31, 느 9:7-8). 둘째, 제물을 드리라(창 15:9, 롬 12:1). 셋째, 완전하라(창 17:1, 마 5:48, 히 13:21). 넷째, 개명하라(창 17:5, 막 3:17). 다섯째, 언약을 지켜 할례하라(창 17:9-14, 신 10:16, 레 19:23-25). 여섯째, 여자와 그 아들을 내어 쫓으라(창 21:8-21, 갈 4:22-31). 일곱째, 독자 이삭을 바치라(창 22:2-4, 22:9-14, 히 11:17-19, 약 2:21-24).

즉 모리아 한 산에서 백세에 얻은 독자 이삭을 번제로 드리라는 명령에 순종함으로 하나님께로부터 언약의 최종 확증을 받는다 (창 22:1-18). 하나님께서 창세기 22:12에서 '그 아이에게 네 손을 대지 말라. 아무 일도 그에게 하지 말라. 네가 네 아들 독자라도 내게 아끼지 아니하였으니, 내가 이제야 네가 나를 경외하는 줄을 아노라'고 말씀하셨던 것은 아브라함의 신앙이 가장 높은 차원의 정점에 이른 것을 인정하신 것을 의미한다.

아브라함이 이삭을 바친 모리아 한 산은 훗날 예루살렘 성전을 지을 수 있는 터가 되었고, 수면 위를 운행하시던 하나님께서(창 1:2) 최초로 하늘의 발등상이 되는 지구촌 위에 첫 발걸음을 내디딜 수 있는 교두보가 되었다. 그때 이삭을 바치고자 하는 아브라함의 고통이야말로 어느 의미에서는 예수께서 '내가 고민하여 죽게 되었다'(마 26:38, 막 14:34)라고 말씀하신 것과 동일한 고통이 아니었을까?

오죽하면 이삭을 데리고 모리아 한 산으로 향하는 이틀 동안은 머리를 들지 못하다가, 삼일째에야 고개를 들었다고 기록되어 있다 (창 22:4). 고목이 된 아브라함과 경수가 끊어진 사라를 통해 만득자 이삭을 줄 수 있는 하나님이시라면, 이삭을 제물로 바치면 또 다른 자식을 주실 것을 확신한 것이다. 이 사건을 히브리 기자는 '저가 하나님이 능히 죽은 자 가운데서 다시 살리실 줄로 생각한지라 비유컨대 죽은 자 가운데서 도로 받은 것이니라'(히 11:19)고 기록했다. 다시 말하면 아브라함은 이삭을 진정으로 죽이려고 했으나, 하나님께서 멈추게 하심으로 죽은 가운데 도로 받은 것과 같다는 것이다.

이로써 아브라함은 마지막 '영화의 길'을 걸음으로써 '하나님의 벗'(대하 20:7, 사 41:8, 약 2:23)이라는 칭예를 받고, '믿음의 조상'으로서 신앙의 의를 이루게 되었다.

3. 아브라함과 멜기세덱과의 만남

아브라함이 가나안에 들어오고 난 후, 스데반이 증거한대로 갈대아 우르에서 그를 불러내신 영광의 하나님(행 7:1-2)을 찾아 간절한 마음으로 가나안 땅 동서남북을 헤매며 단을 쌓았지만 만나지 못했다. 그렇게 애타게 찾아다녀도 만나주지 않던 영광의 하나님, 멜기세덱과 언제 해후하게 되었는가?

아브라함이 가나안 땅을 쳐들어 온 동방의 4개 동맹국(창 14:1-2)과의 싸움에서 승전해서 돌아올 때, 멜기세덱이 스스로 나타나셔서 아브라함에게 떡과 포도주로 축복해주시고 또 아브라함으로부터 십일조를 받았다(창 14:18-20). 아브라함의 하나님은 관념적인 생각 속의 하나님이 아니었고, 갈 길을 지시해 주시고, 축복해 주시고, 십일조를 받으시는 이 땅의 하나님이었다.

아브라함이 가나안 땅에 들어온 이후 헤브론에 거하고 있을 때(창 13:18) 큰 전쟁이 있었다. 그 전쟁은 동방에서 온 4개 동맹국과 가나안 5개국 간의 전투로, 싯딤 골짜기에서 벌어진, 성경에 소개된 최초의 국가 간 연합전투였다(창 14:1-10).

가나안의 5대국이 뭉쳐 대항했지만, 강력한 군사력을 가진 동방 4개국의 동맹군 앞에서 맥없이 패배하였다(창 14:9-10). 아브라함은 전쟁 중에 도망해 온 한 사람으로부터 조카 롯이 사로잡혔다는 소식을 듣게 되었다. 인간적으로 생각하면, 전쟁의 규모로 미루어 볼 때 수십만 이상이 되었을 동방의 강력한 군사들을 상대로 아브라함이 승전하여 조카 롯을 찾아온다는 것은 매우 불가능한 일처럼 보였다. 그러나 아브라함은 집에서 길리고 연습한 자 318명 만을 이끌고 북쪽의 단까지 추격하여 그들을 쳐서 파하였고(창 14:14), 다메섹 좌편 호바까지 끝까지 쫓아가서 빼앗겼던 모든 재물과 조카 롯과 부녀와 사람들을 다 찾아왔다(창 14:15-16).

성경을 읽을 때 우리는 이 사건이 얼마나 엄두도 못 낼 불가능에 가까운 일을 해 낸 것인지 실감하지 못하고 읽지만, 사실상 이는 사사시대 때 기드온이 300명 용사만을 이끌고 13만 5천명의 미디안 대군을 물리친 것보다 더 큰 승리였다고 할 수 있다(삿 7:7-25, 8:10). 하나님께서 함께 하지 않으시고는 도저히 일어날 수 없는 일이었다는 것을 알아야 한다. 아브라함이 이러한 결연한 의지를 가지고 대군을 격파할 수 있었던 것은 하나님을 믿고 의지하는 장성한 믿음이 있었기 때문이다.

위 사실에서 유추해 볼 때, 갈대아 우르와 하란에서 떠나라는 명령을 하신 영광의 하나님인 멜기세덱은 감추어진 입장에서도 아브라함에게 개입해서 역사해 주셨다는 정황을 짐작할 수 있다. 하나님의 인도하심에 순종한 아브라함이 동방의 4개국과의 싸움에서 이기고, '이긴 자'가 되어 롯의 일가를 찾아서 돌아올 때, 멜기세덱이 길목에서 그를 기다리고 있었다(창 14:17-18). 멜기세덱이 기다리고 있었다는 말은 그가 승리하고 돌아올 줄 알고 있었다는 것이다.

다시 말하면 영광의 하나님, 멜기세덱이 아브라함으로 하여금 승리할 수 있는 은혜를 먼저 주시고 함께 역사해주셨다는 것을 짐작할 수 있다. 하나님은 때를 따라 모든 것을 지으시고, 때를 따라 아름답게 하시고, 때에 맞게 역사하시는 하나님이시라는 것을 알게 된다(전 3:11, 겔 34:26, 히 4:16, 잠 15:23). 아브라함이 그처럼 구하고 찾아도 대면해주지 않던 멜기세덱이, 아브라함이 막강한 네 나라의 연합군을 격파하고 승리자가 되어 돌아올 때 비로소 그를 만나 주었다는 것이다.

이 때 멜기세덱이 아브라함에게 축복한 떡과 포도주는 무엇을 의미하는 것이며, 또 아브라함이 멜기세덱에게 바친 십일조의 의미는 무엇인가? 이 크나큰 역사적 사실 속에는 하나님께서 멜기세덱을 통하여 아브라함에게 이루시고자 하시는 깊고도 오묘한 구속사의 비밀이 들어 있는 것이다.

II
떡과 포도주, 그리고 십일조의 의미

1. 떡과 포도주란 무엇인가?

성경에서 떡과 포도주가 나오는 장면은 어디에 있는가? 성경 속에는 멜기세덱이 아브라함에게 축복해 준 떡과 포도주의 비밀의 도맥이 이삭, 야곱, 요셉을 통해 면면히 흐르고 있다는 것을 알 수 있다. 야곱이 에서에게서 장자권을 빼앗을 때 떡과 팥죽을 주고 '장자의 명분'을 빼앗았고, 이삭이 야곱에게 '장자의 축복'을 할 때 곡식과 포도주로 축복하였다(창 25:29-34, 27:26-29).

야곱이 떡과 팥죽으로 에서에게서 장자권을 빼앗았다. 팥죽은 붉은 것으로 포도주와 일맥상통한다. 또 이삭이 야곱에게 축복할 때 곡식과 포도주로 축복한 것도 떡과 포도주와 같은 맥락이 된다. 또 아브라함의 3대를 통해 면면히 전해져 온 떡과 포도주의 비밀이 4대인 요셉 대에 와서 어떤 결과를 이루게 되었는가?

요셉이 형제들에게 애굽으로 팔려가 보디발의 집에 있을 때, 보디발의 아내의 모함으로 지하 감옥에 갇히게 된다. 그 때 술 맡은 관원장과 떡 굽는 관원장과의 만남을 통해서 그들의 꿈을 해몽한 내용을 보아 요셉도 떡과 포도주의 비밀을 깨달았다는 것을 짐작할 수 있다(창 40:9-13, 40:16-19).

요셉이 무덤 같은 감옥에서 나올 수 있었던 것은 생명의 씨앗인 떡과 포도주의 비밀을 깨달았기 때문이다. 떡과 포도주는 곧 부활을 상징한다. 산 자의 암호이며, 멜기세덱의 상징인 떡과 포도주의 암호를 가진 자는 결코 무덤이 그를 삼킬 수 없는 것이다. 다시 말하면 죽음을 초월하며 이길 수 있는 자, 즉 산 자가 되었다고 말할 수 있다.

아브라함 3대는 수천 년 전에 잠이 든 사람들이지만, 산 자의 도맥을 간직하고 잠이 들었기에 예수님도 친히 그들을 산 자라고 부르셨다(눅 20:37-38).

성경에서 아브라함 가(家)의 4대 이후에는 떡과 포도주의 사건이 잠시 중단된 것처럼, 그 이후에 성경에 떡과 포도주에 대해 기록된 내용을 찾아보기 힘들다. 그러나 수천 년이 흐른 뒤에 '때가 차매' 이 땅에 오신 예수께서 고난주간의 마지막 날 제자들과 함께 성만찬식을 하시면서 떡과 포도주로 축복하신 장면이 기록되어 있다(마 26:26-28, 요 6:48-51, 6:53-58).

> 마 26:26-28 저희가 먹을 때에 예수께서 떡을 가지사 축복하시고 떼어 제자들을 주시며 가라사대 받아 먹으라 이것이 내 몸이니라 하시고 또 잔을 가지사 사례하시고 저희에게 주시며 가라사대 너희가 다 이것을 마시라 이것은 죄 사함을 얻게 하려고 많은 사람을 위하여 흘리는바 나의 피 곧 언약의 피니라

예수께서 '내 살을 먹고 내 피를 마시는 자만이 영생하리라'고 하셨다. 또 '내 살과 피를 먹고 마신 자는 마지막 때 영원히 살리라'고 하셨다. 도대체 예수님의 살과 피가 무엇이기에 그 피와 살을 먹은 자는 영생하고 부활한다는 말인가?

오늘날에도 깨닫기 힘든 이 말씀을 하실 때 그 당시 많은 사람들이 예수님을 죽이지 못해 가슴을 쳤다. 율법에서 강조하기를 '짐승의 살과 피를 함께 먹는 자는 죽임을 당한다'(창 9:4-6)라고 했는데 예수께서 내 살과 피를 먹으라고 말씀하시니 이스라엘 백성들은 모두 '저 자는 틀림없는 이단이라'는 것을 확신할 뿐이었다. 심지어 예수님을 따르던 70문도까지도 그 말씀을 감당하지 못하고 다 떠나고 말았다(요 6:66).

그렇다면 이미 그 사실을 아시는 예수께서 그런 믿지 못할 말씀을 하신 이유는 무엇인가? 예수님은 율법을 폐하러 오신 분이 아니라 율법을 완전하게 이루러 오신 분이므로 레위기 19장에 기록된 예언을 이루셔야 한다(마 5:17).

> 레 19:23-25 너희가 그 땅에 들어가 각종 과목을 심거든 그 열매는 아직 할례 받지 못한 것으로 여기되 곧 삼 년 동안 너희는 그것을 할례 받지 못한 것으로 여겨 먹지 말 것이요 제사년에는 그 모든 과실이 거룩하니 여호와께 드려 찬송할 것이며 제오년에는 그 열매를 먹을찌니 그리하면 너희에게 그 소산이 풍성하리라 나는 너희 하나님 여호와니라

그렇다면 예수님의 살과 피를 먹고 마시는 것이 레위기 19장 말씀의 완성을 어떻게 이루는 것인가?

야곱이 죽기 전에 12아들들에게 분량대로 축복하면서 유다에게서 메시야가 오신다고 했고, 요셉에게서 반석이신 목자가 오신다고 두 가지 축복을 했다. 왜 야곱은 메시야에 대한 두 가지 예언을 한 것인가? 그 이유는 메시야가 오시는 길에는 두 가지 길이 있기 때문이다.

> 창 49:10 홀이 유다를 떠나지 아니하며 치리자의 지팡이가 그 발 사이에서 떠나지 아니하시기를 실로가 오시기까지 미치리니 그에게 모든 백성이 복종하리로다

여기서 홀이란 왕의 통치적 주권과 능력을 상징하고, 실로(Shiloh)란 '안식을 주는 자, 평화를 만드는 자'라는 뜻으로 메시야를 상징하는 말이다.

> 창 49:22-24 요셉은 무성한 가지 곧 샘 곁의 무성한 가지라 그 가지가 담을 넘었도다 활 쏘는 자가 그를 학대하며 그를 쏘며 그를 군박하였으나 요셉의 활이 도리어 견강하며 그의 팔이 힘이 있으니 야곱의 전능자의 손을 힘입음이라 그로부터 이스라엘의 반석인 목자가 나도다

야곱의 예언의 길을 따라 예수께서 유다 지파로 오실 때는 42대 만에 오셨으나 요셉의 후손으로, 즉 산 자의 길로 오실 때는 5

대 만에 오신 것이다. 야곱은 요셉의 두 아들인 에브라임과 므낫세를 자기 아들의 반열로 족보에 올리면서 '이후로 낳는 네 소생이 요셉의 후손이라'고 했다(창 48:5-6). 그런데 아브라함·이삭·야곱이라는 3대의 산 자의 길을 따라 4대째 열매가 된 요셉은 그이후에 후손을 보지 못했다. 그렇다면 야곱의 예언이 이루어지지 못한 결과가 되는 것인가?

성경에 예언된 말씀은 한 치의 오차도 없이 다 이루어져야 한다. 성경은 성령의 감동에 의해 기록한 하나님의 말씀이며 정확 무오한 예언서이므로 한 구절이라도 이루어지지 않고는 하나님의 뜻이 완성될 수 없다. 그런데 요셉이 후손이 없었다는 것은 예언된 말씀이 이루어지지 않았다는 것이 아닌가?

> 마 1:16 야곱은 마리아의 남편 요셉을 낳았으니 마리아에게서 그리스도라 칭하는 예수가 나시니라

마리아의 남편 요셉에게서 그리스도라 칭하는 예수님이 나시므로 야곱의 예언이 표면적으로는 성취되었다. 영적으로 요셉의 후손으로 오신 예수께서 5대째 맺힌 열매가 됨으로 5대째 부터는 사람들이 먹을 수 있도록 허락한 사실을 드러내신 것이다.

즉 예수님 자신이 인류의 죄를 해결하러 오신 메시야, 산 자의 맥을 이룩하러 오신 구원주이심을 깨닫기를 바라신 것인데, 그 당시 이 암호를 해독할 자는 아무도 없었다. '너희 조상 아브라함이 멜기세덱으로부터 떡과 포도주의 축복을 받았기에 십일조를 바쳤던 그 떡과 포도주의 실제 주인공이 바로 나다! 내가 바로 인류의 죄를 해결하러 온 구원의 주, 아브라함의 후손을 통해서 온 메

시야다!'라는 것을 암시적으로 드러내려 하신 것인데 아무도 깨닫지 못했다.

떡과 포도주에는 그런 중차대한 핵심적인 내용이 있었기에 예수께서 많은 사람들이 떠나갈 것을 감수하시며 '내 살과 내 피를 먹으라!'고 외치신 것이다.

예수께서 '내 살과 내 피를 먹어야 영생 한다'고 하신 것은 진짜 살과 피를 먹으라는 것이 아니라, 멜기세덱이 아브라함에게 전해준 떡과 포도주의 암호의 실체이며 주인공이 예수 자신임을 암시하신 것이다. 아울러 그의 말씀을 믿고 영접해야만 영원한 생명, 즉 영생을 가질 수 있다는 것을 나타내고자 비유로 말씀하신 것이다(요 3:15-16, 3:36, 4:14, 6:35, 6:40, 6:47, 6:54, 6:68, 10:28, 17:2-3, 딤전 1:16, 요일 5:11, 5:13).

> 요 6:35 예수께서 가라사대 내가 곧 생명의 떡이니 내게 오는 자는 결코 주리지 아니할 터이요 나를 믿는 자는 영원히 목마르지 아니하리라

> 요 6:54 내 살을 먹고 내 피를 마시는 자는 영생을 가졌고 마지막 날에 내가 그를 다시 살리리니

따라서 멜기세덱이 아브라함에게 떡과 포도주로 축복해 주었다는 말씀 속에는 영원히 죽지 않는 산 자의 생명을 가진 멜기세덱이 인간 구원을 위해 아브라함에게 예수라는 생명의 씨앗을 심는 큰 뜻이 담겨있다. 즉 아브라함의 후손 중에서 인류를 구원할 메시야, 하나님의 아들이 나오실 텐데(마 1:1, 요 3:35-36,

11:27, 20:31, 롬 1:4, 요일 5:5, 5:13) 그의 살과 피를 먹고 마셔야 하는 비밀이 숨겨져 있는 것이다.

> 요일 5:13 내가 하나님의 아들의 이름을 믿는 너희에게 이것을 쓴 것은 너희로 하여금 너희에게 영생이 있음을 알게 하려 함이라

창세기 14장에서 멜기세덱이 아브라함에게 떡과 포도주로 축복한 것은 아브라함의 후손을 통해서 떡과 포도주의 상징인 메시야가 탄생될 것을 축복한 것이다.

결론으로 정리하면, 멜기세덱은 시작도 끝도 없는, 인간의 족보와 상관이 없는, 사망이 없는 하나님의 아들과 방불한 제사장이다. 즉 멜기세덱은 영원한 산 자의 생명을 가진 존재다. 그 멜기세덱이 아브라함에게 나타나 떡과 포도주로 축복해 주었다. 이 떡과 포도주 속에는 예수님의 살과 피의 비밀이 들어있다. 떡과 포도주의 비밀은 다름 아닌 떡과 포도주의 암호를 가지고 등장하실 예수님 자신인 것이다.

2. 십일조

성경에서 최초로 십일조에 대해 언급된 것은 창세기 14장에서 아브라함이 멜기세덱에게 십일조를 바친 사건이다(창 14:20).
아브라함이 멜기세덱에게 십일조를 바쳤다는 말은 멜기세덱과 아브라함 상호간에 절대적인 존재로서 계약을 맺었다는 것이다.

그 상호간에 계약을 맺기 위해서 하나님도 시내산에서 모세를 통해서 십계명과 율법을 주신 것이다(신 4:13, 10:4). 짐승의 피를 통해서 피의 약속, 피의 맹세, 피의 언약을 맺었다는 것이다(출 24:5-8). '나는 너희의 하나님이 되고 너희는 나의 백성, 나의 자녀, 나의 장자, 나의 소속, 나의 나라, 나의 왕 같은 제사장이 된다'는 영원한 언약을 맺는 것이다. 마치 할례를 받는 것과 같은 영속적인 관계이다(창 17:10, 17:14, 21:4, 34:22, 수 5:3, 5:8, 눅 1:59). 육신의 한 부분에 표를 내는 할례로 '나는 너희의 하나님, 너희는 나의 자녀라'는 언약, 맹세가 이루어지는 것처럼 십일조도 그렇게 이루어지는 것이다.

십일조를 바침으로 출애굽기 4:22 말씀처럼 '너희는 나의 아들, 장자, 나의 소유, 나의 소속된 나라, 왕 같은 제사장'이 된다.

> 출 4:22 너는 바로에게 이르기를 여호와의 말씀에 이스라엘은 내 아들 내 장자라

십일조를 바침으로써 정상적으로 얻을 수 있는 결과에 대해서 열 배, 백 배 축복을 해준다는 것이다. 일상생활에서 10을 얻을 때, 그 중에서 10분의 1을 바친다면 내가 얻는 10이라는 숫자가 100이 될 수도 있고, 1000이 될 수도 있다. 어떤 숫자적인 개념의 의미를 강조하려는 것이 아니라 십일조는 영원한 언약이라는 것이다(민 18:21, 18:24, 18:26, 18:28, 신 12:6, 12:17, 14:22, 26:12, 삼상 8:15, 대하 31:5, 31:12, 느 10:37-38, 13:12, 말 3:8, 눅 18:12).

> 민 18:28 너희는 이스라엘 자손에게서 받는 모든 것의 십일조 중에서 여호와께 거제로 드리고 여호와께 드린 그 거제물은 제사장 아론에게로 돌리되

십일조를 온전히 드리지 못함으로 물질의 축복을 받지 못한다고 하셨다(말 3:8-12). 십일조는 우리의 자유의지에 따라서 행하는 것이 아니다. 십일조는 절대적인 것이다. 십일조를 바치지 않는 사람은 하나님의 첫째, 둘째, 셋째, 넷째 계명을 다 범한 자이다. 따라서 십일조를 바치지 않으면 그 언약을 스스로 포기하는 사람이 되는 것이다. 포기하는 사람이 된다면 절대로 아브라함의 자녀가 아니다. 갈라디아서 3:6-9 말씀처럼 아브라함과 같은 믿음을 가지고 아브라함과 같은 축복을 받는 아브라함의 자녀가 되기 위해서는 당연히 십일조를 바쳐야 하는 것이다.

성경에는 시대의 변천에 따라 많은 언약들이 바뀌고 있다. 구약의 할례의 언약은 신약에 와서는 세례의 언약으로 바뀌었다. 그런데 소득의 10분의 1을 하나님께 바치는 십일조의 언약은 구약시대부터 지금까지 표면적으로나 기록적인 사실의 근거를 통해서 살펴보아도 영원히 변치 않는 언약이다.

십일조의 언약은 아브라함으로 시작해서 오늘에 이르기까지 변함없이 존재하고 있어 바뀌지 않았다는 특이한 점을 가지고 있다. 하나님께서 '나를 시험해보아도 좋다'고 하신 언약은 십일조 밖에 없다(말 3:10).

왜 히브리 기자는 아브라함이 멜기세덱에게 십일조를 바칠 때 그의 허리춤에 있었던 레위도 함께 바쳤다고 말하는가?

> 히 7:6-10 레위 족보에 들지 아니한 멜기세덱은 아브라함에게서 십분의 일을 취하고 그 약속 얻은 자를 위하여 복을 빌었나니 폐일언하고 낮은 자가 높은 자에게 복빎을 받느니라 또 여기는 죽을 자들이 십분의 일을 받으나 저기는 산다고 증거를 얻은 자가 받았느니라 또한 십분의 일을 받는 레위도 아브라함으로 말미암아 십분의 일을 바쳤다 할 수 있나니 이는 멜기세덱이 아브라함을 만날 때에 레위는 아직 자기 조상의 허리에 있었음이니라

레위 지파는 이스라엘의 장자 지파이다. 요셉은 영적 장자이기 때문에 열두 지파에 들어가지 않았다(대상 5:2). 두 몫을 받는 요셉이 빠지고 대신 두 손자인 므낫세와 에브라임이 아들의 반열에 올라가 열세 아들이 되었다(창 48:5). 열세 아들 중에서 하나님을 받들며 섬기는 하늘의 기업을 받는 장자 지파로 레위 지파를 세웠다. 그래서 다시 12지파가 되었다.

그런 레위 지파가 이스라엘 백성들로부터 십일조와 각종 예물을 받게 되어 있다(레 7:34-36). 그리고 이스라엘 백성들은 레위 지파를 통해서 하나님께 제사의 예물을 바치게 되어 있다(민 3:6, 8:24, 대하 31:2).

> 대하 31:2 히스기야가 제사장들과 레위 사람들의 반차를 정하고 각각 그 직임을 행하게 하되 곧 제사장들과 레위 사람들로 번제와 화목제를 드리며 여호와의 영문에서 섬기며 감사하며 찬송하게 하고

열두 지파는 땅의 기업을 받았지만, 레위 지파는 땅의 기업이 없고 하나님을 받들며 섬기는 하늘의 기업을 받게 된 것이다(수 13:33, 13:14, 신 18:1).

> 수 13:33 오직 레위 지파에게는 모세가 기업을 주지 아니하였으니 이는 그들에게 말씀하심같이 이스라엘 하나님 여호와께서 그 기업이 되심이었더라

> 신 18:1 레위 사람 제사장과 레위의 온 지파는 이스라엘 중에 분깃도 없고 기업도 없을찌니 그들은 여호와의 화제물과 그 기업을 먹을 것이라

그렇다면 왜 하나님은 열세 아들 가운데 하나님을 받들며 섬기는 지파로 레위 지파를 택하셨을까? 모세가 레위 지파 출신이기 때문에 그런 우선권을 준 것일까? 그렇게 생각할 수도 있다. 그 이유를 모르기 때문에 이스라엘 백성들이 레위 지파에 대해서 많은 불만을 갖고 있었다. '왜 너희들만 장자 지파가 되며 하나님을 받들며 섬기는 제사장직을 하느냐?'(민 16:1-3)라는 불평과 불만이 있었다.

그래서 하나님의 명령으로 각기 열두 지파 족장의 이름을 쓰고, 레위 지파의 지팡이에는 아론의 이름을 써서 지성소 안에 두었다가 다음날 아침에 꺼내보니, 아론의 이름을 썼던 그 살구나무 지팡이에는 싹이 나고 꽃이 피고 열매가 맺었다(민 17:1-8).

이 사건으로 말미암아 이스라엘 백성들은 하나님께서 레위 지파를 선택하셨다는 것을 분명히 알게 되었다. 그 이후로는 아무도 레위 지파의 권위에 도전하는 사람이 없었다(민 17:10).

> 민 17:10 여호와께서 또 모세에게 이르시되 아론의 지팡이는 증거궤 앞으로 도로 가져다가 거기 간직하여 패역한 자에 대한 표징이 되게 하여 그들로 내게 대한 원망을 그치고 죽지 않게 할찌니라

그렇다면 모세가 개인적인 신앙으로 레위 지파를 십일조를 받는 장자 지파로 결정한 것인가?

레위 지파를 장자 지파로 세운 것은 멜기세덱이다.
아브라함의 허리춤에는 이삭, 야곱, 그리고 야곱의 열두 아들들이 있었다. 그러나 아브라함이 멜기세덱에게 십일조를 바칠 때, 열두 아들들 중에서 레위만이 십일조를 바쳤다는 것이다. 열두 아들이 다 아브라함의 허리춤에 있었기 때문에 모두가 다 바쳤다는 의미가 아니다(히 7:9-10).

> 히 7:9-10 또한 십분의 일을 받는 레위도 아브라함으로 말미암아 십분의 일을 바쳤다 할 수 있나니 이는 멜기세덱이 아브라함을 만날 때에 레위는 아직 자기 조상의 허리에 있었음이니라

하나님께서 가인과 아벨이 제사를 드릴 때 아벨의 제사의 제물만 받으신 것처럼, 하나님께서 아브라함이 바치는 십일조 가운데 레위의 것만을 받으셨다는 것이다. 그것은 잠정적으로 멜기세덱이 이스라엘의 장자 지파로 레위 지파를 명한 것이라고 할 수 있다. 제사에 관한 모든 권한은 하늘의 제사장인 멜기세덱의 고유적인 권한이기 때문에 그가 모든 것을 결정하고 있는 것이다.

이처럼 십일조에 대한 비밀을 깨달은 아브라함이 이삭과 야곱에게 십일조의 비밀을 전해주었다는 것은 자명한 일이 아닌가? 그 내용을 성경에서 찾아보기로 하자.

야곱도 외삼촌 라반의 집으로 도망갈 때, 돌베개를 베고 자다가 땅에서 만들어진 사닥다리가 하늘에 닿은 것을 보았다. 천사들이 오르락내리락 하는 모습을 보고 '이곳이 하나님의 전이구나' 생각하며, 베고 자던 돌에 기름을 붓고 '나를 평안히 돌아가게 해 주신다면 내가 당신에게 십일조를 바치겠나이다'라고 서원했다 (창 28:20-22).

> 창 28:20-22 야곱이 서원하여 가로되 하나님이 나와 함께 계시사 내가 가는 이 길에서 나를 지키시고 먹을 양식과 입을 옷을 주사 나로 평안히 아비 집으로 돌아가게 하시오면 여호와께서 나의 하나님이 되실 것이요 내가 기둥으로 세운 이 돌이 하나님의 전이 될 것이요 하나님께서 내게 주신 모든 것에서 십분 일을 내가 반드시 하나님께 드리겠나이다 하였더라

이 말씀을 깊이 궁구해보면 야곱도 십일조의 비밀과 암호를 알고 있었기에 그렇게 서원을 할 수 있었던 것이라고 짐작할 수 있다.

그런데 야곱도 자칫했으면 순종하지 못할 뻔했다. 위급했을 때는 서원으로 약속해놓고, 돌아올 때는 야곱이 잊어버리고 말았다. 야곱이 에서의 사건으로 몹시 근심하고 있다가 하나님의 주권적인 은혜로 에서와 극적인 화해를 하고 마음이 편안해지자, 하나

님께 서원한 것을 잊어버린 것 같다(창 33:3-4). 그래서 하나님께서 십일조의 서원을 깨닫게 하기 위해서 야곱의 딸 디나로 하여금 히위 족속의 세겜 사건을 일으키셨다(창 34:1-31). 그리고 야곱에게 '벧엘로 올라가서 네 형 에서의 낯을 피하여 도망하던 때에 네게 나타났던 하나님께 단을 쌓으라'(창 35:6-7)고 하시며 직접 명령하셨다(창 35:1). 그 말에 순종하여 야곱은 벧엘에 이르러 단을 쌓고 그 곳을 '엘벧엘'이라고 불렀다.

  만약 야곱이 십일조의 서원을 잊지 않고 지켰더라면, 디나의 사건이 일어나지 않았을 것이다. 이렇듯 잊고 있었던 십일조의 서원을 꼭 지키게 하기 위하여 디나 사건을 일으킬 만큼 십일조의 언약은 매우 중요한 언약임을 알 수 있다.

  아브라함, 이삭, 야곱의 3대 중 이삭이 십일조를 바쳤다는 내용은 성경에 표면적으로는 기록되지 않았으나 뜻으로는 분명하고 확실한 십일조를 드렸음을 알 수 있다.

  창세기 22:1-2에서 아브라함이 하나님께서 주시는 7대 명령[10]의 마지막 일곱번 째 명령인 '네 아들 사랑하는 독자 이삭을 바치라'고 하셨을 때, 아브라함은 무척 고민하였을 것이다. 그러나 말씀에 순종하여 삼일길을 걸어 하나님께서 지시하신 곳으로 향했다.

---

10) 아브라함이 받은 7대 명령은 다음과 같다. 첫째, 네 고향을 떠나라(창 12:1-3, 11:31, 느 9:7-8). 둘째, 제물을 드리라(창 15:9, 롬 12:1). 셋째, 완전하라(창 17:1, 마 5:48, 히 13:21). 넷째, 개명하라(창 17:5, 막 3:17). 다섯째, 언약을 지켜 할례하라(창 17:9-14, 신 10:16, 레 19:23-25). 여섯째, 여자와 그 아들을 내어 쫓으라(창 21:8-21, 갈 4:22-31). 일곱째, 독자 이삭을 바치라(창 22:2-4, 22:9-14, 히 11:17-19, 약 2:21-24).

그 당시 이삭은 번제에 쓸 나무를 지고 갈 정도로 장성한 청년으로 추론된다(창 22:6). 연로한 아브라함이 청년이 된 이삭을 결박하여, 사람을 번제로 태울 정도의 많은 양의 장작더미 위에 들어서 올려놓으려면 매우 힘이 들지 않았을까 생각이 된다. 만약 이삭이 반항이라도 했다면 불가능했을 것이다. 또한 이삭이 반항을 했다면 그 제물은 온전한 제물이 되지 못하므로 하나님께서 열납하지 않으셨을 것이다. 그러나 이삭은 순종하여 스스로 온전한 제물이 된 것이다(창 22:9).

자신이 죽어 번제가 되는데 쓰일 나무를 짊어지고 묵묵히 순종하며 모리아의 한 산으로 올라가는 이삭의 모습은, 인류의 대속제물로 순종하시어 십자가를 지고 골고다 언덕을 올라가는 예수님의 모습을 예표한다고 할 수 있다(마 20:28).

아브라함이 망설임 없이 이삭을 칼로 내리치려고 했다는 것을 보면, 이삭은 하나님의 뜻을 헤아리고 순종하는 차원에서 스스로 제물이 되고자 장작더미 위로 올라간 것을 알 수 있다. 칼로 내리치려는 순간, '그 아이에게 네 손을 대지 말라 네가 네 아들 네 독자라도 아끼지 아니하였으니 내가 이제야 네가 하나님을 경외하는 줄을 아노라'고 하신 것을 보면 이삭이 온전한 제물이 되었음을 알 수 있다(창 22:10-12). 이처럼 이삭은 10분의 1만 바친 것이 아니라, 자신의 생의 전부를 바치므로 그 누구보다도 온전하고 확실한 십일조를 드렸다.

이삭이 180세를 살았던 과정을 살펴보면, 이삭의 노후는 야곱을 위해서 살았다고 말할 수 있다. 물론 처음에 이삭은 에서를 사랑했지만, 하나님의 축복이 야곱에게 있었다는 거룩한 뜻의 두려움을 가진 이후부터는(창 27:33) 전심전력을 다하여 야곱을 축복하고, 야곱으로 하여금 산 자의 도맥을 잇게 하기 위하여 최선을 다했다. 다시 말하면 아브라함·이삭·야곱은 산 자의 믿음을 가진 사람들로서 십일조의 비밀을 알고 있었다는 것이다.

따라서 야곱이 12아들 중에서 요셉을 족보에서 빼내고 요셉의 두 아들인 에브라임과 므낫세, 즉 야곱의 두 손자를 아들의 반열에 올려놓을 수 있었던 것, 유다로 하여금 육적 장자를 삼고 그 족보를 통해서 다윗을 탄생하게 한 것, 야곱이 12아들들의 믿음의 분량대로 축복과 저주를 한 것도 야곱의 개인적인 신앙의 입장을 통해서 축복과 저주를 한 것이 아니라, 멜기세덱이 아브라함에게 허락한 축복 속에 그 비밀의 맥이 들어있었다는 것이다. 따라서 멜기세덱이 아브라함에게 허락한 축복은 산자의 도맥을 따라 계속 이어져 내려오는 것이다.

십일조에 대한 결론적인 입장을 정리해 본다면 가인과 아벨의 제사 속에도 십일조의 의미가 들어 있었고, 예수님의 사생과 공생에도 십일조의 생애가 구별되어 있었다. 예수님의 30년 사생에 비추어 3년의 공생의 과정을 십일조의 생애라고 말할 수 있다. 그런 의미에서 본다면 재림의 마당에서 약속의 자녀로 부름 받은 자녀들이라면 7년 대환난 중 전 3년 반이야말로 공생의 과정이라고 말할 수 있다. 그 이유로는 '우리가 아니면 저들이 온전함을 입지 못한다'라고 약속해 주셨기 때문이다(히 11:40). 그런 차원에서 이 땅에 뿌리를 박고 살던 약속의 자녀들도 사생애 과정을 벗어버리고 공생애 과정을 선택해야하는 입장을 가리켜, 주님께서 '네 자신을 부인하고 네 십자가를 짊어지고 나를 따르라'(마 10:38, 16:21, 막 8:34, 눅 9:23, 14:27)고 말씀하신 것이다.

III
횃불언약으로 약속받은 아브라함

1. 횃불언약이란 어떤 언약을 말하는 것인가?

아브라함이 창세기 14장에서 멜기세덱으로부터 떡과 포도주의 축복을 받은 이후에, 곧 이어 창세기 15장에 횃불언약이 나온다(창 15:1-21). 이상 중에 나타나신 여호와께서는 아브라함에게 후사를 약속하셨고, 또한 가나안 땅을 아브라함에게 주시겠다고 약속하셨다(창 15:1-7).

아브라함이 '이 땅을 기업으로 주신다고 했는데 그렇다면 제가 먼저 하나님을 위해 할 일은 무엇입니까?'라고 여쭈었을 때, 여호와께서는 3년 된 암소, 3년 된 암염소, 3년 된 수양, 산비둘기와 집비둘기 새끼를 번제로 드리라고 말씀하셨다(창 15:9).

아브라함이 여호와의 말씀대로 그 모든 것을 취하여 바쳤는데, 암소와 암염소, 수양은 쪼갰으나 산비둘기와 집비둘기 새끼는 쪼개지 않았다. 아브라함은 제물을 쪼아 먹으려는 솔개를 내쫓으면서 하나님의 임재를 기다렸다. 해질 때 아브라함이 깊이 잠든 중에 여호와께서 나타나셨다. 여호와께서 아브라함에게 이르시기를 아브라함의 자손들이 400년 동안 이방 즉 애굽의 객이 되어 괴롭힘을 받다가 큰 재물을 이끌고 나오게 될 것이며(창 15:13-14), 아브라함은 장수하다가 평안히 조상에게로 돌아가 장사될 것이라고 하셨다(창 15:15). 가나안 땅에 돌아오는 것이 4대 만에 이루어질 것이라고 하셨고(창 15:16), 애굽 강부터 큰 강 유브라데까지 이르는 땅을 아브라함의 자손에게 주겠다고 약속하셨다(창 15:18).

이러한 횃불언약을 체결하실 때 '연기 나는 풀무'가 보이며, '쪼갠 고기 사이로 타는 횃불'이 지나갔다.

> 창 15:17 해가 져서 어둘 때에 연기 나는 풀무가 보이며 타는 횃불이 쪼갠 고기 사이로 지나더라

구약 시대에 사람들이 약속을 하면 그 약속을 지키겠다는 맹세 중 하나로, 쪼갠 고기 사이를 지나갔다. 그 뜻은 약속을 어길 경우 이 고기처럼 되어도 좋다는 의미를 가진다. 하나님께서는 불 가운데 강림하신다는 말씀(출 19:18)을 볼 때, 횃불은 하나님의 임재를 상징한다고 볼 수 있다. 하나님께서 아브라함에게 약속하시고 횃불이 쪼갠 고기 사이로 지나간 것은 하나님께서 그 약속을 반드시 지키겠다고 선언하신 것이다. 그래서 이 언약을 횃불언약이라고 한다.

> 렘 11:4 이 언약은 내가 너희 열조를 쇠풀무 애굽 땅에서 이끌어 내던 날에 그들에게 명한 것이라 곧 내가 이르기를 너희는 나의 목소리를 청종하고 나의 모든 명령을 좇아 행하라 그리하면 너희는 내 백성이 되겠고 나는 너희 하나님이 되리라

사 48:10 보라 내가 너를 연단하였으나 은처럼 하지 아니하고 너를 고난의 풀무에서 택하였노라

욥 23:10 나의 가는 길을 오직 그가 아시나니 그가 나를 단련하신 후에는 내가 정금같이 나오리라

풀무는 금속을 용해하고 제련하는 용광로를 일컫는다. 성경에서 풀무는 속박(신 4:20), 불 같은 심판(겔 22:20), 혹독한 시련(왕상 8:51, 시 21:9), 영적인 단련(시 12:6, 잠 17:3, 사 48:10), 최후의 불 심판과 지옥(말 4:1, 마 13:42, 계 9:2) 등을 상징한다.[11]

금속을 용해하여 제련하는 것처럼 하나님께서 자기 백성을 정금처럼 연단시킨다는 의미가 들어있다. 온갖 시련을 겪은 욥이 '그가 나를 단련하신 후에는 내가 정금같이 나오리라'(욥 23:10)고 고백했듯, 풀무를 거친다는 것은 이스라엘 백성들을 속량시키는 과정에서 반드시 거쳐야 될 신앙의 과정을 의미하기도 한다.

사 43:3 대저 나는 여호와 네 하나님이요 이스라엘의 거룩한 자요 네 구원자임이라 내가 애굽을 너의 속량물로, 구스와 스바를 너의 대신으로 주었노라

---

11) <교회용어 사전: 교회 일상> 2013년 가스펠서브, 생명의 말씀사

2. 횃불언약의 내용

횃불언약은 아브라함에게 후사 즉 '자손'과 그들이 거할 '가나안 땅'을 주시겠다는 것, 그리고 그들이 짊어지고 있는 죄와 허물을 어떻게 속량 받을 것이며, 산 자의 도맥을 통하여 횃불언약의 주인공이 되는 열매가 어떻게 탄생되는가에 관한 언약이라고 할 수 있다.

먼저 자손에 관하여 약속하셨다.

> 창 15:4-5 여호와의 말씀이 그에게 임하여 가라사대 그 사람은 너의 후사가 아니라 네 몸에서 날 자가 네 후사가 되리라 하시고 그를 이끌고 밖으로 나가 가라사대 하늘을 우러러 뭇별을 셀 수 있나 보라 또 그에게 이르시되 네 자손이 이와 같으리라

> 말 2:15 여호와는 영이 유여(有餘)하실찌라도 오직 하나를 짓지 아니하셨느냐 어찌하여 하나만 지으셨느냐 이는 경건한 자손을 얻고자 하심이니라 그러므로 네 심령을 삼가 지켜 어려서 취한 아내에게 궤사를 행치 말찌니라

> 레 19:23-24 너희가 그 땅에 들어가 각종 과목을 심거든 그 열매는 아직 할례 받지 못한 것으로 여기되 곧 삼 년 동안 너희는 그것을 할례 받지 못한 것으로 여겨 먹지 말 것이요 제사년에는 그 모든 과실이 거룩하니 여호와께 드려 찬송할 것이며

창 15:15-16 너는 장수하다가 평안히 조상에게로 돌아가 장사될 것이요 네 자손은 사대 만에 이 땅으로 돌아오리니 이는 아모리 족속의 죄악이 아직 관영치 아니함이니라 하시더니

신 18:15 네 하나님 여호와께서 너의 중 네 형제 중에서 나와 같은 선지자 하나를 너를 위하여 일으키시리니 너희는 그를 들을찌니라

창 18:16-19 그 사람들이 거기서 일어나서 소돔으로 향하고 아브라함은 그들을 전송하러 함께 나가니라 여호와께서 가라사대 나의 하려는 것을 아브라함에게 숨기겠느냐 아브라함은 강대한 나라가 되고 천하 만민은 그를 인하여 복을 받게 될 것이 아니냐 내가 그로 그 자식과 권속에게 명하여 여호와의 도를 지켜 의와 공도를 행하게 하려고 그를 택하였나니 이는 나 여호와가 아브라함에게 대하여 말한 일을 이루려 함이니라

아브라함의 자손을 통해서 하나님의 나라가 건설될 것을 말씀하고 있다. 그러므로 아브라함을 인류의 조상, 믿음의 조상이라고 하지 않는가?

마 1:1 아브라함과 다윗의 자손 예수 그리스도의 세계라

또 땅에 관하여 약속을 하셨다.

창 15:7 또 그에게 이르시되 나는 이 땅을 네게 주어 업을 삼게 하려고 너를 갈대아 우르에서 이끌어낸 여호와로라

겔 20:6 그 날에 내가 그들에게 맹세하기를 애굽 땅에서 인도하여 내어서 그들을 위하여 찾아 두었던 땅 곧 젖과 꿀이 흐르는 땅이요 모든 땅 중의 아름다운 곳에 이르게 하리라 하고

행 7:2-4 스데반이 가로되 여러분 부형들이여 들으소서 우리 조상 아브라함이 하란에 있기 전 메소보다미아에 있을 때에 영광의 하나님이 그에게 보여 가라사대 네 고향과 친척을 떠나 내가 네게 보일 땅으로 가라 하시니 아브라함이 갈대아 사람의 땅을 떠나 하란에 거하다가 그 아비가 죽으매 하나님이 그를 거기서 너희 시방 거하는 이 땅으로 옮기셨느니라

횃불언약에는 하나님의 구속사적 경륜을 담당할 경건한 자손에게 가나안 땅이 주어진다는 내용이 들어있다. 경건한 자손이란 산 자의 3대를 통하여 열매 맺은 요셉의 도맥(道脈)을 통하여 이루어질 약속의 자녀를 의미하고 있다. 그들이 '나를 믿는 자는 죽어도 살고, 살아서 믿는 자는 영원히 죽지 않고 영생을 얻으리라'(요 11:25-26)는 말씀대로 산 자의 열매를 맺기를 바라시며 맺은 언약이다.

3. 횃불언약의 제물

아브라함이 '이 땅을 기업으로 주신다고 했는데 그렇다면 제가 먼저 하나님을 위해 할 일은 무엇입니까?'라고 여쭈어보았을 때 여호와께서는 3년 된 암소, 3년 된 암염소, 3년 된 수양, 산비

둘기와 집비둘기 새끼를 번제로 드리라고 말씀하셨다(창 15:9).

> 창 15:9 여호와께서 그에게 이르시되 나를 위하여 삼 년 된 암소와 삼 년 된 암염소와 삼 년 된 수양과 산비둘기와 집비둘기 새끼를 취할찌니라

아브라함이 드린 제사에 쓰인 제물을 보면, 암소와 암염소는 구약의 마당을, 3년 된 수양은 신약의 마당을, 산비둘기와 집비둘기 새끼는 재림의 마당을 위해서 드린 제사임을 알 수 있다.

그 이유는 암소와 암염소는 암컷으로 여인을 상징한다. 이를 유추해보면 암소는 구약의 하와를, 암염소는 구약의 노아 부인을 의미한다. 왜냐하면 하와가 '선악나무 열매를 따먹고 남편에게도 주매'라는 타락의 원인제공을 하였기 때문이다(창 3:6, 3:12). 또, 노아 부인의 문제로 노아의 거룩한 성가정이 깨어졌다는 입장에서 본다면 암염소는 노아 부인을 상징한다고 볼 수 있지 않겠는가?(레 18:7, 18:8, 20:11, 창 9:21-22, 9:24-25).

> 레 18:7 네 어미의 하체는 곧 네 아비의 하체니 너는 범치 말라 그는 네 어미인즉 너는 그의 하체를 범치 말찌니라

> 창 9:21-22 포도주를 마시고 취하여 그 장막 안에서 벌거벗은지라 가나안의 아비 함이 그 아비의 하체를 보고 밖으로 나가서 두 형제에게 고하매

3년 된 수양은 신약 마당에 등장하신 예수님을 가리킨다(벧전 1:19).

벧전 1:19 오직 흠 없고 점 없는 어린 양 같은 그리스도의 보배로운 피로 한 것이니라

그러면 산비둘기와 집비둘기 새끼는 무엇을 의미하는가? 구약의 마당과 신약의 마당은 땅 차원에서 이루어진 일이다. 암소, 암염소, 수양은 땅 차원의 존재이다. 그러나 산비둘기와 집비둘기 새끼는 하늘을 비상하는 하늘 차원의 존재이기 때문에 재림의 마당의 제물이라고 할 수 있다. 재림의 마당은 요한계시록 11:8에 나오는 '영적으로', 즉 영의 시대를 의미하기도 한다.

하나님께서 아브라함에게 구약의 마당, 신약의 마당, 재림의 마당을 통해서 세 제물로 제사를 드려줄 것을 요구하셨고, 그 요구에 부응함으로 하나님께서 아브라함에게 횃불언약을 주신 것이다. 횃불언약은 젖과 꿀이 흐르는 가나안 땅을 주시고자 하는 표면적인 역사와 이면적인 역사, 즉 영적인 역사를 통합하신 언약이다. 따라서 횃불언약은 구약의 마당과 신약의 마당만을 위하여 맺은 언약이 아니라, 재림 때에 완성되는 언약임을 알아야 한다.

이처럼 아브라함이 구약, 신약, 재림의 마당을 상징하는 세 가지 종류의 제물로 제사를 드렸기 때문에 세 마당을 통틀어 믿음의 조상이 될 수 있었던 것이다.

새를 쪼개지 않은 의미

아브라함이 하나님의 말씀에 순종하여 3년 된 암소와 암염소, 3년 된 수양은 쪼갰으나 산비둘기와 집비둘기 새끼는 쪼개지 않았다.

> 창 15:10 아브람이 그 모든 것을 취하여 그 중간을 쪼개고 그 쪼갠 것을 마주 대하여 놓고 그 새는 쪼개지 아니하였으며

번제는 제물을 온전히 드리는 것이 아니라 반으로 쪼개고 가르는 것이다(레 1:6-9, 9:12-14). 번제는 피로써 제사를 드리는 의미가 있다. 율법 때는 피에 생명이 있기 때문에 인간의 죄를 피로써 해결했다(창 9:4-5, 레 17:11, 17:14, 신 12:23). 짐승의 피로 죄를 해결하고자 짐승으로 제사를 드리며 모두 쪼개도록 하였다(레 4:25, 7:2, 9:12, 17:11, 왕하 16:15, 히 9:22).

율법 때는 피가 필요한 때였다. 그러나 짐승의 피는 한 번의 죄밖에 사하지 못하는 피이므로 영원한 속죄가 이루어지지 못한다. 피로 생명을 대신해야 하기 때문에 죄를 질 때마다 살아있는 짐승을 잡아야 하고 모든 것을 피로 해결해야 하는 때였다.

새의 머리를 자르고 날개를 반 정도 찢을 때에도 피를 흘렸겠지만, 땅의 짐승의 피와 하늘을 나는 새의 피는 차원이 다르지 않겠는가? 그 한 가지 일례로 하나님께 저주받은 천형인 문둥병을 정결케 하는 방법으로는 오직 새의 피로써만 정결케 할 수 있다는 사실이다(레 14:2-7).

> 레 14:2-7 문둥 환자의 정결케 되는 날의 규례는 이러하니 곧 그 사람을 제사장에게로 데려갈 것이요 제사장은 진에서 나가서 진찰할찌니 그 환자에게 있던 문둥병 환처가 나았으면 제사장은 그를 위하여 명하여 정한 산 새 두 마리와 백향목과 홍색실과 우슬초를 가져오게 하고 제사장은 또 명하여 그 새 하나는 흐르는 물위 질그릇

안에서 잡게 하고 다른 새는 산 대로 취하여 백향목과 홍색실과 우슬초와 함께 가져다가 흐르는 물위에서 잡은 새 피를 찍어 문 둥병에서 정결함을 받을 자에게 일곱 번 뿌려 정하다 하고 그 산 새는 들에 놓을찌며

참고로 율법에는 새를 번제로 드릴 때 요구하는 기준이 있다 (레 1:14-17).

새를 잡는 방법이 있는데 아브라함은 정해진 법대로 머리는 자르고 날개는 찢되, 몸에서 아주 떨어지지 않게 찢었다. 혹자는 아브라함이 새를 쪼개지 않아서 이스라엘 민족이 애굽에서 400년간 종살이를 했다고 주장하는데, 이 주장은 타당하지 않다고 사료된다. 왜냐하면 아브라함은 레위기에 나온 법대로 새를 잡아 바르게 번제를 드렸기 때문이다.

새를 쪼개지는 않았지만 머리를 끊으라고 하여 그 법대로 머리를 끊었다. 머리를 잘라버린다면 얼굴이 없는 몸이 되는 것이다. 얼굴이 없다는 것은 비둘기는 비둘기지만 그 비둘기가 누구인지는 알 수 없다는 것이다. 이사야 6:2에 나온 스랍도 날개가 여섯 개로 첫 번째 두 날개로는 얼굴을 가린다고 했다. 얼굴을 가린다는 것은 자기의 정체와 실상과 비밀을 감춘다는 뜻이다. 새를 번제로 드릴 때에 머리를 자른다는 말은 그 새의 정체와 실상과 비밀을 모르게 감춘다는 것을 알 수 있다.

그 정황을 깊이 궁구해보면 무언가 필연적인 이유가 있기 때문에 얼굴이 없는 새로 만들었다는 것이다.

아브라함이 하나님께서 요구하시는 대로 크게는 두 가지로 번

제를 드렸다. 땅의 짐승과 공중에 나는 새를 통해서 차원이 다른 피의 제사를 드렸다.

아브라함은 두 종류의 조상이다. 첫째, 할례의 조상이다(롬 4:11-12).

> 롬 4:11-12 저가 할례의 표를 받은 것은 무할례시에 믿음으로 된 의를 인친 것이니 이는 무할례자로서 믿는 모든 자의 조상이 되어 저희로 의로 여기심을 얻게 하려 하심이라 또한 할례자의 조상이 되었나니 곧 할례 받을 자에게 뿐 아니라 우리 조상 아브라함의 무할례시에 가졌던 믿음의 자취를 좇는 자들에게도니라

할례의 조상이란 피가 필요한 조상이란 뜻이다. 왜냐하면 할례를 받으려면 피를 흘려야하기 때문이다.

둘째, 믿음의 조상이다(롬 4:16). 믿음의 조상이란 피와 상관 없는 조상이란 뜻이다.

> 롬 4:16 그러므로 후사가 되는 이것이 은혜에 속하기 위하여 믿음으로 되나니 이는 그 약속을 그 모든 후손에게 굳게 하려 하심이라 율법에 속한 자에게 뿐 아니라 아브라함의 믿음에 속한 자에게도니 아브라함은 하나님 앞에서 우리 모든 사람의 조상이라

믿음은 그리스도의 말씀을 들음으로 생기고, 그 믿음을 입으로 시인함으로 구원을 이룬다고 했다. 따라서 믿음은 피와 상관

이 없고, 하나님의 복음을 통해 하나님의 의를 얻는 것이다(롬 10:10, 10:17).

> 롬 10:17 그러므로 믿음은 들음에서 나며 들음은 그리스도의 말씀으로 말미암았느니라

아브라함은 이미 두 가지 입장을 선택해 제사를 드렸다. 땅의 짐승(암소, 암염소, 수양)과 공중에 나는 새(산비둘기, 집비둘기 새끼)를 통해 차원이 다른 제사를 드렸다.

4. 횃불언약이 어떻게 이루어졌는가?

> 창 15:13-14 여호와께서 아브람에게 이르시되 너는 정녕히 알라 네 자손이 이방에서 객이 되어 그들을 섬기겠고 그들은 사백 년 동안 네 자손을 괴롭게 하리니 그 섬기는 나라를 내가 징치할찌며 그 후에 네 자손이 큰 재물을 이끌고 나오리라

야곱의 70가족이 애굽으로 들어간 이후 430년 만에 출애굽했다. 그 중 30년은 요셉이 총리로 있던 기간이므로 이스라엘 백성들이 수난을 겪지 않았다. 따라서 이스라엘 백성들이 애굽에서 종살이한 기간은 정확하게 400년이 된다. 하나님께서 자기 백성을 종살이 시키신 이유는 '진 자는 이긴 자의 종이라'는 베드로후서 2:19 말씀대로 이스라엘 백성들이 진 자로서 애굽에 가서 빚을 갚기 위해서였다(눅 12:59).

> 눅 12:59 네게 이르노니 호리라도 남김이 없이 갚지 아니하여서는 결단코 저기서 나오지 못하리라 하시니라

왜 이스라엘 백성들이 애굽에 가서 빚을 갚아야 하는가?

아담이 마귀의 유혹에 넘어가 '선악나무 열매를 따먹으면 정녕 죽으리라'(창 2:17)는 하나님의 말씀에 불순종하여 진 자가 됨으로, 아담의 후손인 이스라엘 백성들 또한 모두 진 자가 되었다. 진 자는 이긴 자의 종이다(벧후 2:19).

> 벧후 2:19 저희에게 자유를 준다 하여도 자기는 멸망의 종들이니 누구든지 진 자는 이긴 자의 종이 됨이니라

그래서 이스라엘 백성들이 진 자로서 이긴 자인 철 풀무 같은 함의 장자인 애굽에서 빚을 갚고 죄를 해결하기 위해서, 야곱의 70가족을 애굽으로 보낸 것이다. 애굽 백성들을 속량물로 주기 위해(사 43:3) 요셉을 통해 애굽 백성들에게 은혜를 입혀주시어 7년 대기근에서 애굽 백성들이 살아남게 하셨다. 또 400년 동안 이스라엘 백성들로 하여금 애굽 백성들에게 종살이를 시켰다.

> 사 43:3 대저 나는 여호와 네 하나님이요 이스라엘의 거룩한 자요 네 구원자임이라 내가 애굽을 너의 속량물로, 구스와 스바를 너의 대신으로 주었노라

이처럼 영적으로 육적으로 빚을 다 갚은 후 하나님께서 애굽 백성들을 치셨고 애굽의 신들에게까지 복수를 하심으로 이스라엘 백성들을 출애굽 시키셨다(출 12:12, 민 33:4).

이스라엘 백성들이 두려움에 떨고 있는 애굽인들에게 금은보화를 요구하자 그들은 하루 빨리 이스라엘 백성들이 애굽에서 떠나기를 바라는 마음에서 서둘러 금은보화를 내주었다(창 15:13-14, 출 12:35-36).

> 출 12:35-36 이스라엘 자손이 모세의 말대로 하여 애굽 사람에게 은금 패물과 의복을 구하매 여호와께서 애굽 사람으로 백성에게 은혜를 입히게 하사 그들의 구하는 대로 주게 하시므로 그들이 애굽 사람의 물품을 취하였더라

> 시 105:42-43 이는 그 거룩한 말씀과 그 종 아브라함을 기억하셨음이로다 그 백성으로 즐거이 나오게 하시며 그 택한 자로 노래하며 나오게 하시고

여기에서 거룩한 말씀이란, 창세기 15:17-21에 해당되는 말씀이다. 하나님께서 이스라엘 백성들을 출애굽 시키실 때, 아브라함에게 주신 거룩한 말씀, 즉 횃불언약을 기억하고 권면해서 출애굽 시킨 것이고, 그 하나님의 은혜 안에서 이스라엘 백성들이 감사와 기쁨으로 노래하며 나왔다는 것이다.

이로써 아브라함의 자손들이 400년 동안 이방의 객이 되어 괴롭힘을 받다가 큰 재물을 이끌고 나오게 될 것이라는 약속이 이루어졌다.

> 창 15:15 너는 장수하다가 평안히 조상에게로 돌아가 장사될 것이요
>
> 창 25:7-8 아브라함의 향년이 일백칠십오세라 그가 수가 높고 나이 많아 기운이 진하여 죽어 자기 열조에게로 돌아가매

아브라함이 175세를 살다가 평안히 막벨라 굴에 장사됨으로 하나님께서 약속하신 장수의 축복이 그대로 성취되었다.

> 창 15:16 네 자손은 사 대 만에 이 땅으로 돌아오리니 이는 아모리 족속의 죄악이 아직 관영치 아니함이니라 하시더니
>
> 출 13:19 모세가 요셉의 해골을 취하였으니 이는 요셉이 이스라엘 자손으로 단단히 맹세케 하여 이르기를 하나님이 필연 너희를 권고하시리니 너희는 나의 해골을 여기서 가지고 나가라 하였음이었더라

횃불언약이 4대 만에 이루어진다는 예언은 아브라함, 이삭, 야곱, 요셉 4대의 장본인인 요셉이 애굽에서 죽음으로 이루어지지 않은 것처럼 보인다. 그러나 요셉이 죽기 전에 '내 해골을 메고 나가라'고 한 유언대로 모세가 출애굽할 때 요셉의 해골을 메고 나왔다(출 13:19).

요셉이 '내 해골을 메고 나가라'(창 50:24-25, 히 11:22)고 유언한 것은 아브라함에게 언약하신 '4대 만에 돌아오리라'(창 15:16)는 횃불언약의 위대한 성취를 예고하고 있는 중대한 내용이다.

모세는 20세부터 50세까지의 장정만 60만 3550명, 섞인 무리까지 약 200만 명이나 되는 이스라엘 백성들을 젖과 꿀이 흐르는 가나안 땅으로 인도하기 시작했다. 그러나 호렙산에서 가데스 바네아까지 11일이면 들어갈 수 있는 거리인데(신 1:2), 광야노정에서 12정탐꾼이 40일을 탐지하며 죄를 지은 날 수대로, 하루를 일 년으로 환산하여 40년 동안 광야에서 유리하는 징계를 받았다(민 14:34). 40년 광야길을 통해서 구름기둥과 불기둥의 인도를 받으며 42번 장막을 쳤으나, 모세 자신은 가나안에 입성하기 70일을 앞두고 가나안 땅을 목전에서 바라보기만 하고 들어가지는 못했다(신 34:4-6).

출애굽한지 40년이 되던 해 11월에 모세가 죽고 모세의 후계자인 여호수아가 새로운 지도자가 되었다. 출애굽한 1세대 중에서는 여호수아와 갈렙, 그리고 광야에서 태어난 출애굽 2세대들을 데리고 여호수아가 요단강을 건너 마침내 가나안 땅으로 입성하게 되었다.

여호수아가 요셉의 해골을 메고 가나안 땅에 들어가 6년 동안은 전쟁을 치르고, 10년 동안 12지파에게 땅을 분배하는 기간이 지나, 16년 만에 마침내 세겜 땅에 요셉의 해골을 묻게 되었다.

> 수 24:32 이스라엘 자손이 애굽에서 이끌어 낸 요셉의 뼈를 세겜에 장사하였으니 이곳은 야곱이 세겜의 아비 하몰의 자손에게 금 일백 개를 주고 산 땅이라 그것이 요셉 자손의 기업이 되었더라

이는 횃불언약이 체결된 지 실로 692년이라는 긴 세월이 지난

뒤였다[12].

요셉은 아브라함으로부터 4대인 자신을 통해서 횃불언약이 성취될 것을 믿음으로 바라보았기에 자신의 해골을 메고 나가라는 유언을 할 수 있었던 것이다. 또 모세는 출애굽할 때 요셉의 해골을 메고 나오는 것을 잊지 않았고, 이스라엘 백성들은 요셉의 해골을 56년 동안이나 메고 광야 길을 행진했다. 단풍나무 관에 넣고 또 그 위에 석관으로 씌운 요셉의 해골이 얼마나 무거웠겠는가? 더욱이 사막의 위험과 전쟁을 치르면서까지 요셉의 해골을 운반하며 보존했다는 것은 참으로 위대한 사건이다.

표면적으로는 아브라함으로부터 7대인 모세가 출애굽해서 8대인 여호수아가 가나안 땅에 들어갔으나, 4대인 요셉의 해골을 세겜 땅에 안장함으로, 아브라함에게 '4대 만에 돌아오리라'고 언약하신 횃불언약이 '영적으로'(계 11:8) 성취된 것이다(창 15:16, 50:25, 출 13:19, 수 21:43-45, 24:32).

횃불언약 속에 담긴 속량의 의미

횃불언약에는 이스라엘 백성들이 4대 만에 죄를 속량하고 돌아온다는 언약이 담겨있다. 죽은 자의 죄는 죽은 자가 해결할 수 없고 산 자만이 해결할 수 있다. 산 자의 열매인 영적 장자, 요셉으로 인하여 이스라엘의 모든 죄, 즉 원죄, 유전죄, 자범죄를 다 속량하고 나온 것이다. 애굽을 속량물로 주심으로 구속사의 모든

---

[12] <구속사 시리즈 제 2권 '잊어버렸던 만남'> 박윤식 저, 184쪽, 도서출판 휘선

죄의 대가를 지불했다. 즉, 요셉의 해골로 말미암아 이스라엘 백성들의 죄를 속량 받을 수 있는 표징이 된 것이다.

마지막 때는 영적인 역사로(계 11:8), 죄인이 아닌 의인, 바라는 자들이 구원을 받을 때이므로(히 9:28), 요셉이 의인을 구속하는 구심점이 될 것이다.

그렇다면 애굽에서 이스라엘 백성들이 어떻게 모든 죄를 속량 받을 수 있었는지 알아보기로 한다.

요셉이 가진 생명나무의 지혜로 함의 장자인 애굽을 기근에서 살려줌으로(창 41:54-57) 원죄를 속량 받았다. 애굽인이 이스라엘의 처음 낳은 남자아이를 죽임으로(출 1:15-16) 가인이 아벨을 죽인 유전죄를 단절시켰다. 마지막으로 애굽에서 400년간 종살이하며 육체로 고난 받음으로 육신의 죄를 갚아 자범죄를 속량 받았다.

이처럼 400년간 세 가지 죄를 호리도 남기지 않고 다 갚고 나오게 하심으로 타락을 회복할 수 있는 구속사역을 이룬 것이다(눅 12:59).

이로써 아브라함과 횃불언약을 맺으시고, 이삭에게 맹세하시고, 야곱에게 율례와 규례를 주시고, 요셉을 통해 구속사의 목적을 이루시고자 하는 청사진을 그리실 수 있었다(시 105:9-10).

횃불언약은 애굽을 속량물로 주시어 세 가지 죄를 속량 받음으로 이스라엘을 구원하기 위한 은총이었다. 횃불언약은 하나님께서 어떻게 구원하시는지 구속의 청사진을 가장 잘 보여준 언약이다.

창 15:18-21 그 날에 여호와께서 아브람으로 더불어 언약을 세워 가라사대 내가 이 땅을 애굽 강에서부터 그 큰 강 유브라데까지 네 자손에게 주노니 곧 겐 족속과 그니스 족속과 갓몬 족속과 헷 족속과 브리스 족속과 르바 족속과 아모리 족속과 가나안 족속과 기르가스 족속과 여부스 족속의 땅이니라 하셨더라

신 11:24 너희의 발바닥으로 밟는 곳은 다 너희 소유가 되리니 너희의 경계는 곧 광야에서부터 레바논까지와 유브라데 하수라 하는 하수에서 서해까지라

이스라엘 백성들이 지도자 여호수아의 영도 아래 가나안 전쟁을 할 당시에는 가나안의 모든 지역을 차지하지 못하였다. 횃불언약에서 약속하신 가나안 땅의 경계는 다윗 왕 시대를 거쳐 솔로몬 왕의 치하인 통일왕국 때에야 확장된 영토를 차지했다(창 15:18-21, 신 11:24, 수 1:3-4, 왕상 4:21, 대하 9:26). 따라서 횃불언약에서의 약속하신 땅의 언약은 이루어진 것이다.

왕상 4:21 솔로몬이 하수에서부터 블레셋 사람의 땅에 이르기까지와 애굽 지경에 미치기까지의 모든 나라를 다스리므로 그 나라들이 공을 바쳐 솔로몬의 사는 동안에 섬겼더라

대하 9:26 솔로몬이 유브라데 강에서부터 블레셋 땅과 애굽 지경까지의 열왕을 관할하였으며

시편 105:17-19에 '그 말씀이 응하기까지 요셉의 발에 착고

를 채우셨다'는 말씀이 있다. 하나님께서는 아브라함, 이삭, 야곱, 요셉, 각 사람마다 발에 착고를 채우셔서 그들을 통해서 이루시고자 한 역사의 세계를 다 이루셨다.

산 자의 믿음을 가진 아브라함, 이삭, 야곱, 요셉을 통해서 역사한 존재는 누구일까? 우리가 심층적으로 깊이 분석해 보면 산 자의 세계를 이루시고자 역사하시는 하나님을 가리켜 여호와 하나님이라고 하기보다는 멜기세덱이라고 할 수 있다. 여호와 하나님은 산 자의 세계를 주관하며 섭리할 수 없는 존재이기 때문이다.

그렇기 때문에 영광의 하나님이신 멜기세덱이 아브라함, 이삭, 야곱, 요셉을 통하여 산 자의 세계를 이루시고 역사하시고 승리하셨다. 그 산 자의 세계를 이루시고자 횃불언약을 통하여 언약을 맺으신 것이다. 이처럼 횃불언약은 죽은 자와는 상관없는 것으로 산 자와 맺은 언약이라고 할 수 있다.

5. 횃불언약 속에 들어있는 산 자의 비의

횃불언약은 천대의 언약이라 하셨다(시 105:8). 그 언약을 이루시기 위해 요셉의 발에 착고를 채워 '여호와의 말씀이 응할 때까지 저를 단련하였도다'(시 105:17-19)라고 하셨다. 한 마디로 요셉은 산 자의 3대를 통하여 이루어진 산 자의 열매가 된다(레 19:23-25). 야곱이 '네 부여조의 축복보다 크다'(창 49:26)고 예언한 대로 그는 이스라엘 영적 장자가 되었다(대상 5:2).

영적 장자의 축복을 받았기에 요셉의 두 아들인 므낫세와 에브라임, 즉 야곱의 두 손자가 야곱의 아들의 반열로 올라서지 않았는가? 그러한 요셉이었기에 횃불언약이 4대만에 이루어진다고 말씀하신 것이다. 실제적인 역사의 사실로 말한다면 7대인 모세, 8대인 여호수아에 의해 그의 해골이 가나안 땅으로 돌아왔다. 그러므로 4대인 요셉 자신에 속한 역사는 영적으로 이루어진 역사라고 말할 수 있다. 그 자신이 영적 장자인 것처럼……

마지막 재림 때에 두 감람나무 역사도 영적인 역사로서 나타나고 있다(계 11:8). 그렇다면 먼저 확실히 해둘 것이 있다. 횃불언약은 산 자들이 주축이 되어 이루어지는 하늘나라의 역사이다. 산 자들의 내성과 육신의 자녀들의 외성이 하나가 되어 합력하여 이루어지는 역사가 된다는 사실이다. 횃불언약은 산 자들을 통하여 이루어지는 회개의 역사라는 것이다. 애굽을 속량물로 구스와 스바를 대속물로!

한 마디로 이긴 자에게 진 자로서 빚을 갚아야 된다는 것이다. 한 호리라도 남기지 않고 빚을 다 갚아야 출애굽 할 수 있기 때문이다. 그러므로 산 자들로 하여금 영적인 빚을, 육신의 자녀들로 하여금 육신의 빚을 합력하여 갚게 하신 것이 횃불언약의 시작이며 근본이며 목적이 되는 것이다.

그러한 모든 책임을 짊어진 사람이 곧 요셉이며 그러한 역사의 책임을 짊어지고 행하는 사람, 즉 횃불언약의 끝을 이루어 나가고 있는 사람이 모세인 것이다. 그러한 입장에서 본다면 모세와 요셉, 두 사람은 서로 불가분의 관계다. 산 자의 가정인 아브라함 가(家)에 허락하시고 축복하셨던 횃불언약의 중심이 되고 있는 요셉, 그리고 그 언약을 이루어 나가고 있는 모세, 그리고 여호수아, 천국을 이루고 있는 역동적인 하늘의 역사가 아니던가!

 천국은 제 밭에 좋은 씨를 뿌린 것이라고 하셨다(마 11:24-30). 마지막 때 하늘나라가 이루어지는 절대적인 장소가 있다는 것이 아닌가! 마치 아브라함이 이삭을 바친 그 장소에 세 성전이 지어진 것처럼, 재림의 마당에서도 동일한 역사의 그런 장소, 즉 밭이 있다는 것이다. 그러기에 성전 밖 마당은 측량치 말고 성전 안만을 측량하라고 하신 것이 아닐까?(계 11:1-2)
 영의 때이기에 그런 장소가 영적으로 있다는 것이다. 그 밭에 뿌려지는 좋은 씨, 물론 마귀가 밤중에 가라지를 뿌리기는 했지만…
 그러나 그러한 역사가 남아있기에 주님께서 친히 말씀하신 것이 아니겠는가? 그러기에 율법의 때 62이레, 주님 자신의 때 7이레, 그리고 70이레 중 남은 한 이레, 그 남은 한 이레를 통하여 재림의 마당에서 천국을 이루시겠다는 것이 아닐까?(단 9:24-27) 주님 자신이 7이레의 주인공이 되신 것처럼…

 횃불언약의 주인공, 산 자의 열매이며 이스라엘의 영적 장자인 요셉, 그 자신 또한 완전한 산 자의 열매로서 영광을 얻기 위해서는 땅의 4수와 하늘의 3수인 7수의 주인공이 되어야 한다. 그러나 구약의 마당에서 이루어진 횃불언약은 692년 만에 산 자의 열매가 탄생되었고, 산 자의 열매로서 사역을 마쳤던 역사의 전부였다.
 그러기에 횃불언약이 모두 끝난 것이 아니라는 사실이다. 산 자의 열매, 즉 좋은 씨가 되어 다시 이 땅에 등장하여 산 자의 열매로서 영광을 받는 과정이 남아있다는 것이다. 그 남아있는 기간이 8년, 다시 말하면 구약의 마당에서 횃불언약이 692년 만에 마감이 되었고, 남아있는 8년을 통하여 횃불언약이 모두 마쳐진다는 것이다. 즉 700년 만에 모두 이루어진다는 것이다. 7수를 가리켜 영적인 완전수라고 한다. 영적 장자인 요셉, 영적 완전수를 통하여 영적 장자로서 영광을 입어야 당연한 것이 아닌가! 그 영광을 입기 위해 남은 8년에 좋은 씨로서 천국이 이루어질 제 밭에 뿌려지는 것이 아닐까?

마지막 인자의 역사는 노아 때라고 예수님께서 말씀하셨다(마 24:37). 노아의 가족도 8수, '세계 민족 중에 이런 일이 있으리니…' 두 감람나무 역사 속에는 본 가지에 3개, 무성한 먼 가지에 5개, 총 8수가 등장하지 않는가!(사 17:6) 이런 8수의 사건이 마지막 천국이 이루어지는 제 밭에서 이루어진다는 것이다.

마치 둘째 아담으로 오신 예수께서 첫째 아담이 상실한 모든 영광을 다 이루었다고 하신 것처럼, 첫째 하와가 상실했던 모든 영광을 두 번째 횃불언약의 열매가 된 채색옷을 입었던 요셉이 신부로서 이루어야 될 그 모든 영광을 다 이루었다고 고백하는 그 순간의 영광이 횃불영광이 다 이루어지는 마지막 순간이 아닐까?

그러기에 신랑되시는 예수님의 암호는 3일, 신랑의 갈비뼈로 만들어지는 신부의 암호는 3일 반, 그래서 두 감람나무가 죽었다가 삼일 반 만에 살아난다고 하신 것이다(계 11:11). 두 번째 광야로 도망가는 큰 독수리의 두 날개를 가진 해를 입은 여인이 광야에서 한 때, 두 때, 반 때를 양육 받는다고 한 것이 아닐까?(계 12:6, 12:14) 그러했기에 한 이레의 전 후반을 3년 반이라고 한 것이다.

생각하라! 깊이 궁구하라! 오랫동안 기도해 보라!
제 밭에 뿌려진 자들만이 제 밭의 비밀을 알 수 있는 것이다. 성전 안만을 측량하라고 하신 것은 제 밭에 있는 자들을 측량하라는 것이다. 제 밭에는 알곡과 가라지들이 있기 때문일 것이다.

IV
아브라함이 만난 여호와 하나님과 멜기세덱의 차이

창 18:1-8 여호와께서 마므레 상수리 수풀 근처에서 아브라함에게 나타나시니라 오정 즈음에 그가 장막 문에 앉았다가 눈을 들어 본즉 사람 셋이 맞은편에 섰는지라 그가 그들을 보자 곧 장막 문에서 달려나가 영접하며 몸을 땅에 굽혀 가로되 내 주여 내가 주께 은혜를 입었사오면 원컨대 종을 떠나 지나가지 마옵시고 물을 조금 가져 오게 하사 당신들의 발을 씻으시고 나무 아래서 쉬소서 내가 떡을 조금 가져 오리니 당신들의 마음을 쾌활케 하신 후에 지나가소서 당신들이 종에게 오셨음이니이다 그들이 가로되 네 말대로 그리하라 아브라함이 급히 장막에 들어가 사라에게 이르러 이르되 속히 고운 가루 세 스아를 가져다가 반죽하여 떡을 만들라 하고 아브라함이 또 짐승 떼에 달려가서 기름지고 좋은 송아지를 취하여 하인에게 주니 그가 급히 요리한지라 아브라함이 뻐터와 우유와 하인이 요리한 송아지를 가져다가 그들의 앞에 진설하고 나무 아래 모셔 서매 그들이 먹으니라

위 구절을 보면 두 천사를 데리고 소돔과 고모라를 심판하러 온 여호와 하나님에게 아브라함이 큰절을 하면서 무릎을 꿇고 '우

리 집에 들어오셔서 발을 씻고 이 종이 준비한 음식을 잡수시고 가소서'라며 간청한다. 창세기 18:17, 18:20, 18:26에는 멜기세덱이라는 말이 나오지 않고 여호와 하나님이라고 나온다.

성경 전체에서 여호와 하나님이 두 천사를 데리고 와서 한 개인의 가정에서 얼굴을 대면하며 음식을 먹은 사건은 이 사건 외에는 찾아볼 수가 없다.

구약에 등장한 여호와 하나님은 어떤 품성을 가지고 있는가?

여호와 하나님이 시내산에 강림했을 때, 바위산에 불이 붙고 산이 진동을 하고 번개와 우레가 번쩍여서 온 백성들이 두려워 떨린다고 고백했다(출 19:16, 19:18). 성경을 통하여 여호와 하나님의 품성은 진노의 하나님(출 15:7, 민 12:9, 삿 10:7, 왕하 23:26, 시 2:12, 59:13, 호 11:9, 나 1:2, 1:6, 슥 1:2), 질투의 하나님(출 20:5, 34:14, 신 4:24, 5:9, 6:15, 수 24:19, 겔 35:11, 습 1:18, 슥 8:2), 보복의 하나님(사 35:4, 렘 51:56, 나 1:2), 진멸하시는 하나님(출 32:10, 신 4:3, 7:23, 28:22, 사 34:2, 렘 8:13, 겔 25:16, 습 1:2)이라는 것을 알 수 있다.

> 나 1:2 여호와는 투기하시며 보복하시는 하나님이시니라 여호와는 보복하시며 진노하시되 자기를 거스리는 자에게 보복하시며 자기를 대적하는 자에게 진노를 품으시며

그런 진노의 신, 질투의 신, 전쟁의 신, 복수의 신의 품성을 가진 여호와 하나님이 어떻게 아브라함의 가정에 들어가서 무교병과 암송아지 고기를 먹고 소돔과 고모라를 심판할 내용을 알려주며

교류할 수 있었는가? 한 마디로 여호와 하나님의 품성으로는 그런 일을 할 수 없다는 것이 구약에 일관적으로 나타난 모습이다.

그렇다면 아브라함에게 등장한 여호와 하나님은 과연 누구인가? 창세기 14:18-19에서 아브라함에게 떡과 포도주로 축복해 준 멜기세덱이 창세기 18:17, 18:20, 18:26에서는 여호와 하나님의 모습으로 나타났다고 볼 수 있지 않겠는가?

창세기 18장의 사건은 '자기의 비밀을 그 종 선지자들에게 미리 보이지 아니하시고는 결코 행하심이 없으시리라'는 아모스 3:7 말씀처럼, 멜기세덱이 소돔성의 심판을 사전에 예고하고자 아브라함을 찾아 온 것이다. 아브라함이 멜기세덱과 구면이었고 신앙적으로 깊은 은혜의 교류가 있었기에 소돔성에 살고 있는 롯을 살리고자 '소돔성 안에 의인이 50명이 있으면 그래도 심판하시겠습니까?'라고 질문한 후, '의인 50명이 있으면 심판하지 않겠다'는 대답을 듣고, '45명이 있으면 심판하시겠습니까?', '40명이 있으면 심판하시겠습니까?', '30명이 있으면 심판하시겠습니까?', '20명이 있으면 심판하시겠습니까?', 마지막으로 '10명이 있으면 심판을 하시겠습니까?'라고 하며 6번을 간청했다(창 18:24-32). 아브라함의 심령 속에는 롯을 구원하고 싶은 강렬한 소망의 기도가 있었기 때문에 결과적으로 멜기세덱이 그 마음을 알고 '아브라함을 생각하사 롯을 구원해주셨다'는 말씀이 이루어진 것이다(창 19:29).

그렇다면 창세기 18장의 사건을 바라보면서 아브라함이 멜기세덱을 어떻게 믿고 있던 것일까 하는 점을 살펴보고자 한다.

아브라함과 멜기세덱의 인연은 창세기 14장에 앞서 창세기 11장에서 시작된다고 볼 수 있다(창 11:31). 어떻게 그렇게 말할 수 있는 것인가?

스데반이 돌로 쳐 죽임을 당하는 순교 직전에 유언적으로 고별설교를 하는 장면이 기록되어 있다. 하늘 문이 열리고 우편 보좌에 계신 주님을 바라보면서 스데반이 '저들의 죄를 용서하소서!'라고 부르짖으며 자신의 영혼을 주님께 의탁하였다(행 7:59-60, 벧전 4:19). 그 설교내용 중에 '갈대아 우르에 살고 있는 아브라함을 영광의 하나님이 불러내셨다'(행 7:2)라고 증거했다. 만일 스데반의 고별설교가 없었다면 아브라함을 갈대아 우르에서 불러내신 여호와 하나님이 영광의 하나님, 즉 멜기세덱이라는 사실을 어떻게 알 수 있었겠는가? 하나님께서는 이처럼 의인의 목숨을 귀하게 여기시어 스데반의 죽음을 통하여 성경에 감추인 큰 비밀 중의 비밀인 멜기세덱의 행적을 밝혀주신 것이다.

아브라함이 갈대아 우르에서 떠나 하란에 머물 때, 두 번째로 '여호와께서 아브람에게 이르시되 너는 너의 본토 친척 아비 집을 떠나 내가 네게 지시할 땅으로 가라'(창 12:1)고 하심으로 아버지를 버리고 떠날 수 있었던 것도 그 분이 멜기세덱, 영광의 하나님이라는 사실을 믿고 있었기에 갈 바를 알지 못하고 떠날 수 있었던 것이다.

그렇다면 갈대아 우르에 살고 있는 아브라함을 영광의 하나님이 불러낼 때는 어떤 시대였는지 생각해봐야 한다. 성경 속의 연대를 살펴보면 노아가 아브라함 58세까지 동시대에 살고 있었다.[13] 그런데 하란에서 영광의 하나님이 아브라함을 불러낼 때는 75세였다(창 12:4). 아브라함 일가가 아버지 데라를 중심으로 해서 갈대아 우르에서 가나안 땅으로 오기 이전에 중간 정착지인 하란에 머물렀다(창 11:31). 하란에는 에벨이 세운 에블라 왕국이 있었다. 데라가 긴 여정 끝에 너무 지치고 힘들었기 때문에 그의 이름의 의미처럼[14] 그곳에 지체하며 머무르게 된 것 같다. 데라는 더 이상 가기를 원치 않았다는 것이다.

그렇기 때문에 창세기 12:1은 하나님께서 아브라함에게 친히 개입하여 역사하기 시작한 말씀이다. 하란에서 아브라함이 얼마를 머물렀는지 정확히 알 수는 없지만 잠시 머물러 있었던 것만은 분명하다. 그렇기 때문에 하나님께서 개입하셔서 '본토, 친척, 아비의 집을 떠나라'(창 12:1)고 강력하게 말씀하셨다. '본토, 친척, 아비의 집을 떠나라'고 하신 것은 아버지뿐만 아니라 친척 등 모든 혈육들과의 인연을 끊고, 모든 삶의 터전을 버리고 떠나라는 것이다. 그래서 아브라함이 연로한 아버지를 하란에 남긴 채 롯과 함께 떠났다(창 12:5).

스데반은 '아브라함이 하란에 머물다가 아버지가 죽으매 떠났다'(행 7:4)고 했으나, 아브라함이 하란을 떠날 때는 75세였으므로 그 당시 아버지 데라의 나이는 145세였다(창 11:26). 아브라함이 하란에서 떠나고 데라가 205세에 죽었으니(창 11:32) 60년 동안 하란에서 혼자 살았다는 것을 알 수 있다. 그런데 사도행전 7:4에는 '아브라함이 데라가 죽고 나서 하란을 떠났다'고 기록되었다. 그만큼 아브라함의 마음에서 아버지 데라를 죽은 것으로

---

13) <구속사시리즈 제1권 '창세기의 족보'> 박윤식 저, 121쪽, 도서출판 휘선
14) 데라의 이름의 뜻 : 머뭇거리다, 지체하다

여기고 데라가 죽기까지 한 번도 뒤를 돌아보지 않고 아버지를 찾지 않았다는 것을 짐작할 수 있다.

위 사실을 유추해 보면 멜기세덱이 아브라함에게 '갈대아 우르를 떠나라', 또 '하란에서 떠나라'는 것 외에도 감춰진 입장에서 아브라함에게 개입해서 역사해 준 정황을 짐작할 수 있다. 하나님의 인도하심에 순종한 아브라함이 롯의 일가를 찾아서 돌아올 때, 소돔 왕과 멜기세덱이 길목에서 그를 기다리고 있었다(창 14:17-18). 기다리고 있었다는 말은 그가 승리하고 돌아올 줄 알고 있었다는 것이다. 다시 말하면 멜기세덱이 아브라함으로 하여금 승리할 수 있는 은혜를 먼저 주고 함께 역사해주었다고 유추할 수 있다.

아브라함과 멜기세덱의 관계에서 그러한 역사의 사건이 분명하게 이루어졌다는 사실이 표면적으로 드러나지는 않았지만, 이면적으로는 분명히 하나님의 개입이 있었다는 것을 짐작하게 된다. 그러한 개연성 속에서 지금 멜기세덱이 아브라함을 기다리고 있었던 것이다. 그래서 그가 오자마자 멜기세덱이 아브라함에게 떡과 포도주로 축복해주고, 아브라함에게 십일조를 받은 것이다(창 14:18-20). 그러므로 아브라함과 멜기세덱은 표면적인 입장뿐만 아니라, 이면적인 입장에서도 분명히 만남이 있었다는 것을 짐작할 수 있다.

그렇다면 구약에서 등장한 여호와 하나님과 멜기세덱과는 어떤 관계로 비교될 수 있는 존재일까?

여호와 하나님은 율법에 의해서 십일조를 받았지만, 멜기세덱은 인자로서 아브라함에게 십일조를 받았다. 이스라엘 백성들은 보이지 않는 무형의 하나님·여호와 하나님께 십일조를 드렸다면,

아브라함은 인성과 신성을 가지고 있는 인격적인 하나님께 십일조를 바쳤다는 것이다.

성경에 보면 그 멜기세덱이 소돔과 고모라를 심판하러 올 때, 멜기세덱이라는 이름으로 등장하지 않았다. 여호와 하나님으로 등장했다. 그러나 아브라함은 그를 멜기세덱으로 알고 영접했다는 점이다. 이렇게 역사해야만 되는 구속사의 신비, 비밀, 암호를 하나님께서 주신 말씀을 통해서 정확하게 해독하고 깨달아야 한다. 그렇게 해야만 하나님께서 주신 말씀을 통해서 하나님의 비밀의 세계를 알 수 있는 것이다.

같은 구약의 역사 안에서 아브라함 가(家)를 통해서는 멜기세덱이 역사하고 이스라엘 백성을 통해서는 여호와 하나님이 역사를 했다는 것이다. 그러면 아브라함의 믿음과 구약 때 이스라엘 백성들의 믿음과는 어떤 차이가 있는 것인가?

예수께서 아브라함의 믿음을 누가복음 20:37-38에서 산 자의 믿음이라고 말씀하셨다.

> 눅 20:37-38 죽은 자의 살아난다는 것은 모세도 가시나무 떨기에 관한 글에 보였으되 주를 아브라함의 하나님이요 이삭의 하나님이요 야곱의 하나님이시라 칭하였나니 하나님은 죽은 자의 하나님이 아니요 산 자의 하나님이시라 하나님에게는 모든 사람이 살았느니라 하시니

아브라함은 산 자의 믿음을 가진 사람이다. 하나님으로부터

친히 약속을 받은 자의 믿음을 산 자의 믿음이라고 말한다. 아브라함은 하나님께서 친히 약속해주신 약속의 말씀을 가지고 있는 자다. 그것이 바로 산 자의 믿음이다.

'저들은 믿음으로 증거를 받았으나 약속을 받지 못했다. 약속을 받은 우리가 아니면 저들이 온전함을 입지 못하리라'(히 11:39-40)는 구절에서 보듯이 죽은 자의 믿음은 약속을 받지 못한다. 하나님께서 친히 역사하시는 때에 그들을 다시 찾아 부르시고 권념해주시어 그들의 이름을 세상에 드러내주시는 사람들을 약속의 자녀라고 말씀하는 것이다.

그렇다면 왜 아브라함의 후손인 이스라엘 백성들에게는 영광의 하나님인 멜기세덱이 역사하지 않고 여호와 하나님이 역사했는가?

여호와 하나님은 이스라엘 백성들에게 모습을 보여주지 않았다. 모세가 출애굽기에서 '하나님의 선하신 형상과 영광을 보여주소서!'라고 했을 때, '나를 보고 살 자가 없다. 내가 반석 틈에 너를 두고 내 손으로 가렸다가 내 등만 보여주겠다'하였다. 그래서 모세가 하나님의 얼굴은 보지 못하고 하나님의 영광의 뒷모습을 보았다는 것을 알 수 있다(출 33:18-23).

아무도 여호와 하나님을 보지 못했지만, 시내산 정상에 강림하시는 여호와 하나님의 거룩하신 영광과 권능의 능력들은 이스라엘 백성들이 보고 들을 수 있었다(출 19:16, 19:18, 20:18-19, 히 12:21, 12:29).

여호와는 4천년 동안 약속의 자손이 오시기까지, 예수님이 여인의 후손으로 율법 아래 나시기까지 역사를 했다(갈 4:4). 여호와 하나님은 분명히 하나님의 권능과 능력을 통해서 이스라엘 백성들과 함께하여 역사는 했지만, 모세가 뒷모습을 본 외에는 아무도 본 자가 없다. 여호와 하나님은 보이지 않는 하나님이지만, 이스라엘 백성들을 통해서 어떻게 역사했는가 하는 내용이 기록되어 있다(시 104:1-5).

> 시 104:1-5 내 영혼아 여호와를 송축하라 여호와 나의 하나님이여 주는 심히 광대하시며 존귀와 권위를 입으셨나이다 주께서 옷을 입음같이 빛을 입으시며 하늘을 휘장같이 치시며 물에 자기 누각의 들보를 얹으시며 구름으로 자기 수레를 삼으시고 바람 날개로 다니시며 바람으로 자기 사자를 삼으시며 화염으로 자기 사역자를 삼으시며 땅의 기초를 두사 영원히 요동치 않게 하셨나이다

여호와 하나님이 이렇게 이스라엘 백성들을 통해서 역사했다.

그런데 놀라운 것이 하나 있다. 구약의 중심에 서있던 여호와 하나님이 말씀이 육신이 되어 오신 예수님이 등장함으로써 여호와란 이름은 신약에서 영영히 사라지고 말았다는 것이다. 왜 여호와 하나님은 예수님이 등장하심으로써 성경에서 영영히 사라진 것일까?

참고로, 성경 전체 내용의 세계를 깊이 꿰뚫어보면 구약 때 역사하셨던 여호와 하나님이 호세아서와 사도행전에는 천사로 나와 있다(호 12:3-5, 행 7:35). 시내산에서 모세에게 율법을 준 하

나님도 천사였다(행 7:35, 7:38, 7:53). 모세가 시내산에서 하나님의 이름을 물었을 때 '여호와라 하라 이는 나의 영원한 이름이요 대대로 기억할 나의 표호니라'(출 3:15)라고 했다. 즉 구약에 등장한 여호와 하나님은 하나님의 본명이 아니라 표호, 별호, 기념 칭호의 의미를 가진 이름이라는 것을 알 수 있다(호 12:5).

> 호 12:3-5 야곱은 태에서 그 형의 발뒤꿈치를 잡았고 또 장년에 하나님과 힘을 겨루되 천사와 힘을 겨루어 이기고 울며 그에게 간구하였으며 하나님은 벧엘에서 저를 만나셨고 거기서 우리에게 말씀하셨나니 저는 만군의 하나님 여호와시라 여호와는 그의 기념 칭호니라

> 행 7:35 저희 말이 누가 너를 관원과 재판장으로 세웠느냐 하며 거절하던 그 모세를 하나님은 가시나무 떨기 가운데서 보이던 천사의 손을 의탁하여 관원과 속량하는 자로 보내셨으니

즉, 여호와 하나님은 약속의 자손이신 예수님이 오시기까지 이스라엘 백성들을 다스리는 후견인, 청지기, 몽학선생이라는 것이다(갈 3:19, 3:24, 4:2-3).

> 요 1:18 본래 하나님을 본 사람이 없으되 아버지 품속에 있는 독생하신 하나님이 나타내셨느니라

> 갈 4:8-9 그러나 너희가 그때에는 하나님을 알지 못하여 본질상 하나님이 아닌 자들에게 종 노릇하였더니 이제는 너희가 하나님을 알 뿐더러 하나님의 아신 바 되었거늘 어찌하여 다시 약하고 천한 초등 학

문으로 돌아가서 다시 저희에게 종 노릇 하려 하느냐

오직 참 하나님은 독생하신 예수님 뿐이고, 구약에서 역사하신 여호와 하나님은 참 하나님이 아니라는 것이다. 그렇기 때문에 신약에 예수님이 오신 이후에는 여호와 하나님은 단 한 번도 등장한 일이 없다는 것을 알아야 한다.

우리가 후견인과 청지기 아래에 소속되어 있을 때는 초등학문에 있을 때이다. 단단한 식물을 먹지 못하고, 지각을 사용하여 선악을 분별하지 못하며, 그리스도의 영과 악령을 분별하지 못하는 신앙의 분량을 가지고 있는 사람들을 가리켜서 초등학문 아래에 있는 자라고 말한다(히 5:11-14, 요일 4:1). 율법은 죄를 깨닫게 하는 것이지 죄를 이길 수는 없는 것이다. 그러기에 율법 아래 있는 자들은 누구를 막론하고 초등학문 아래 있는 자라고 말할 수밖에 없다.

출애굽기 33장에 모세가 '하나님의 선한 영광을 보여 주소서'(출 33:18)라고 했을 때, 여호와 하나님이 '나를 보고 살 자가 없다. 내 영광이 지날 때에 내가 너를 반석 틈에 두고 내가 지나도록 내 손으로 너를 덮었다가 손을 거두리니 네가 내 등을 볼 것이요 얼굴을 보지 못하리라'(출 33:19-23)고 하셨다. 그 말씀의 의미 속에도 초등학문에 있는 사람들에게는 하나님의 선하신 형상, 영광을 보여줄 수가 없는 것이다. 초등학문의 수준에서 하나님을 본다면 그는 죽기 때문이다(히 5:13-14, 갈 4:3, 4:9).

그렇다면 여호와 하나님이 자기 모습을 드러내지 않는 이유는 어디에 있는 것일까? 출애굽기에 모세에게 주시는 말씀 가운데 '내가 아브라함·이삭·야곱에게는 전능하신 하나님인 '엘로힘'이라는 이름으로 그들과 상대를 하고 관계를 맺었다(출 6:3). 그런데 너희들에게는 아브라함의 하나님, 이삭의 하나님, 야곱의 하나님, 여호와라 하라'(출 3:6, 3:15, 4:5, 마 22:32, 막 12:26, 눅 20:37, 행 3:13, 7:32)고 기록되어 있다. 아브라함과 이삭과 야곱에게 보여준 하나님의 입장과 이스라엘 백성들에게 보여주고 있는 하나님의 입장, 하나님의 이름은 다르다는 것이다.

이와 같이 여호와 하나님을 영광의 하나님으로서 볼 수 있는, 부를 수 있는 사람은 누구인가? 종은 절대 그렇게 하지 못하고 아들, 장자만이 그렇게 부를 수 있다는 것이다. 그래서 예수님도 '내가 너희를 종이라고 하지 않고 내 친구라고 하겠다'(요 15:15)라고 말씀하셨다. 이스라엘 백성들에게 자신을 보여주기가 싫어서가 아니다. '빛이 어두움에 비치되 어둠이 깨닫지 못하더라'(요 1:5)고 하셨듯이 그들이 보아도 믿을 수 없기 때문에 보여주지 않은 것이다. 그런 여호와가 산 자의 믿음을 가진 아브라함, 이삭, 야곱, 요셉에게는 인격의 하나님으로서 자기 자신을 나타내었다. 여호와로 나타내지 않고 '엘로힘, 전능하신 하나님'으로 나타냈다는 것이다(출 6:3).

아브라함이 믿었던 멜기세덱은 아브라함에게는 감춘 것이 없었다. 하나님께서 하고자 하시는 일을 밝히 다 보여주었다. 그렇기 때문에 아브라함은 세상 사람들이 알지 못하는 영광의 하나님과 여호와 하나님을 분명히 분별해서 받들고 섬기는 산 자의 신앙을 갖고 있었다는 것을 알 수 있다.

갈라디아서 3:6-9에 '아브라함과 같은 믿음을 가진 자는 아브라함과 같은 축복을 받는다'고 했다. 아브라함은 분명히 멜기세덱에게 축복을 받은 사람이다. 따라서 아브라함과 같은 믿음의 축복을 받으려면 멜기세덱에게 축복을 받아야 한다. 멜기세덱에게 축복을 받으려면 멜기세덱을 알아야 한다. 히브리서 7:4에 '이 사람의 어떻게 높은 것을 생각하라'고 기록되어 있다. 상대적으로 멜기세덱을 모르는 사람은 아브라함과 같은 믿음이 없다고 증거할 수 있다. 아브라함이 멜기세덱을 영광의 주, 영광의 하나님으로 믿고 순종하고 따르고 행했다는 사실을 알아야 한다.

결론으로 정리하면, 여호와 하나님과 멜기세덱은 동일한 존재이지만 초등학문 수준의 믿음에 있는 자들에게는 여호와 하나님으로 역사하셨고, 장성한 믿음의 대상자들에게는 멜기세덱으로 역사하신 것이다.

제 4장

하나님의 구속사적
입장에서 본 두 도맥(道脈)

하나님의 구속사적 입장에서 본 두 도맥(道脈)

하나님께서 자기 형상과 모양대로 만드셨던 인류의 첫 시조 아담이(창 1:26-27) 에덴동산에서 타락한 사건은 인류의 구원 역사가 시작되는 첫 장, 지평을 여는 문이라고 할 수 있다. 아담이 하나님의 말씀에 불순종하게 된 원인이 무엇이며, 그로 인해 하나님의 형상을 잃어버리고 영생을 맛보지 못하는 시한부 인생과도 같은 우리에게 산 자의 세계를 이루시려는 하나님의 구속사가 어떻게 펼쳐지고 있는지, 그 맥을 짚어보자.

I
에덴동산의 사건

1. 인류의 첫 조상 아담

> 창 2:7-8 여호와 하나님이 흙으로 사람을 지으시고 생기를 그 코에 불어 넣으시니 사람이 생령이 된지라 여호와 하나님이 동방의 에덴에 동산을 창설하시고 그 지으신 사람을 거기 두시고

하나님께서 흙 차원의 존재였던 '사람', 즉 '아담'을 불러 그에게 뜻을 두시고, 창조 본연의 하나님의 형상을 만들기 위하여 그의 코에 생기를 불어넣어 생령으로 만드셨다고 말씀하고 있다.

그러나 고고학적으로도 이미 아담 전에 수십만, 수백만 년 전부터 생명체가 지구상에서 태어나 존재하고 있었음을 밝히고 있다. 그러나 그들은 구속사의 대상으로 지음을 받은 존재들은 아니다. 그런 존재들을 흙과 같은 사람들이라고 말할 수 있다. 다시 말하면 흙은 진흙이 아닌 먼지, 티끌을 말한다[15]. 하나님의 생기가 없는 사람의 존재, 그의 근원은 흙 먼지에 불과한 보잘 것 없고 멸

---

15) 히브리어 : '아파르'로 먼지, 티끌을 의미한다.

망할 수밖에 없는 존재이다(창 18:27, 욥 30:19, 33:6, 시 49:12, 49:20, 103:14).

흙 차원의 사람들이 지구촌에 거주한 역사적인 사실은 정확하게는 알 수 없지만 그들에게도 수십만, 수백만 년의 시간이 있었을 것이다. 그런 차원의 사람들도 자기들 나름대로의 오랜 시간의 역사를 기록하고 있었을 것이다. 거듭되는 역사의 시간의 변화 속에서 날로 성장해가는 변화된 한 사람, 그들 중에서 가장 앞선 사람을 택해서 코에 생기를 불어넣어 생령이 되게 하신 것이지, 보이는 흙으로 사람을 지으시고 그 사람의 코에 생기를 불어넣어서 당장 생령이 되었다는 것이 아니다. 다시 말하면 인류의 첫 사람이 아담이 아니라, 구속사의 첫 사람이 아담이라는 것이다.

흙, 사람, 생령이란 3단계의 수리성 속에는 수십만, 수백만 년이라는 각자의 고유적인 시간을 가지고 있었을 것이다. 그런 과정을 통해서 생령이 된 아담이었지만, 그렇다고 하여 생령인 아담이 하나님의 직접주관권에 소속되었다는 것은 아니다. 창조의 대상인 어느 누구라도 하나님의 수리성인 간접주관권의 과정을 거쳐야 되므로, 아담 역시 어린 생령에서 성숙한 생령으로 거듭나서, 자라나는 과정을 거쳐야 하는 것이다. 그러기에 에덴동산의 각종 나무의 열매를 임의로 먹으라고 하신 것이다. 다시 말해서 먹으라고 하신 것은 그들을 복종, 굴복시키라는 것이다.

그러므로 에덴동산 각종 나무의 열매를 모두 먹기 위해서는 많은 시간이 필요하다는 것을 알아야 한다. 에덴동산 각종나무의 열매를 임의로 먹으라고 말씀하신 후 '선악나무 열매를 먹으면 정녕 죽으리라'(창 2:17)고 하신 것이다. 이런 과정을 거쳐서 기뻐하시는 대로 순종의 결과를 이룸으로써 장성한 생령으로서 하나님의 직접주관권에 속할 수 있는 것이다. 하나님의 직접주관권에 소속된다는 것은 하나님의 후사로서의 자격을 갖추었다는 것을 의미하는 것이다.

하나님의 후사가 된다는 것은 처음부터 후사로 지으셨다는 의미보다는 하나님께서 주시는 명령에 절대 순종의 과정을 통해서만 후사가 된다는 것이다. 그러기에 아담에게도 '선악나무 열매를 따먹지 말라'는 최초의 복음을 주신 것이다. 최초의 복음을 주신 하나님의 간절한 소망은 선악나무 열매를 따 먹지 않고, 생명나무 열매를 따 먹는 최초의 인간이 에덴동산의 주인공이 되기를 바라신 것이다. 그러므로 에덴동산은 생령이 걷는 최초의 구도의 도장이며, 신령한 광야길이라고도 말할 수 있다(신 8:2).

2. 말씀 원리에 의한 하나님의 '직접주관권'과 '간접주관권'이란 무엇인가?

피조세계에서 창조원리를 떠나서 창조된 피조물은 하나도 존재하지 않는다. 이 말씀의 원리로써 피조물이 성장기간에 있을 때에는 말씀 자체의 주관성, 또는 자율성에 의하여 성장되어 간다. 따라서 하나님은 말씀의 주관자로 계시면서 피조물이 말씀에 의하여 성장하는 결과만을 보아서 간접적인 주관을 하시므로 이것을 하나님의 '말씀결과 주관권'이라고 한다.

말씀에는 원리가 있듯이, 말씀으로 창조된 피조세계의 삼라만상의 운동과 당위는 하나님께서 일일이 간섭하지 않아도 그 자체의 주관성과 자율성에 의하여 질서있게 준행되고 있는 것과 같다(롬 1:20, 막 4:28). 만물의 세계는 인간을 위하여 창조되었고 인간은 하나님을 위하여 창조되었으므로, 완성된 만물의 세계는 완성된 인간이 주관하고, 완전하신 하나님께서는 완성된 인간만을 직접 주관하시도록 창조하신 것이다. 그리하여 하나님께서는 인간만을 직접 주관하시므로 피조세계의 전체를 주관하려 하셨으나, 인간이 완성된 기준까지 성장되기 전에 타락하였으므로 인간은 창조 시에 부여된 만물을 주관할 수 있는 자격을 상실한 것이다(고전 15:27-28).

하나님께서는 인간들로 하여금 그 자신의 믿음, 순종을 책임지고, 이 기간을 경과하며 완성하도록 창조하셨다.

'먹는 날에는 정녕 죽으리라'(창 2:17)고 하신 하나님의 말씀을 보면, 인간 시조 아담이 하나님의 말씀을 믿고 순종하므로 완성되는 것이다(눅 11:27-28). 그 말씀에 불순종하여 따먹고 타락하는 것은 하나님께 달려있는 것이 아니라 아담 자신에게 달려있었던 것이다. 따라서 인간의 완성 여부는 하나님의 창조능력에만 달려있었던 것이 아니라, 인간 자신이 믿고 순종하는 여하에 따라서 결정되도록 되어 있었던 것이다.

이와 같이 하나님께서는 인간 자신이 하나님의 창조 능력을 믿고, 순종하고, 수행하는 것에 대하여 그 자신의 믿음을 다 하면서 이 성장 기간을 다 경과하여 완성되도록 창조하셨기 때문에, 그 믿음의 책임에 대하여는 하나님께서 간섭하셔서는 안 되는 것이다. 인간으로 하여금 하나님의 창조성까지도 닮게 하여 하나님의 창조세계에 가담케 하시므로, 창조주 하나님께서 인간을 주관하시듯이, 인간도 창조주가 허락하신 크신 축복으로 만물을 주관할 수 있는 주인의 권한을 가지도록 하시기 위함이었다(창 1:28). 인간이 만물과 다른 점이 바로 여기에 있는 것이다.

예수님의 십자가로 인하여 구원의 은사가 아무리 크더라도 인간 자신이 그의 영생의 말씀을 믿어야 인간을 찾아 온 구원의 섭리가 만유로 돌아가지 않는 것이다. 예수님의 십자가의 사랑의 선물을 믿지 않는 것은 어디까지나 인간 자신의 불순종의 책임인 것이다(요 3:16, 엡 2:8, 롬 5:1-2, 행 13:27).

또한 '말씀직접 주관권'이란 하나님을 중심하고 어떠한 주체의 대상이 하나가 되어, 주시는 말씀을 순종하므로 하나님의 심정과 일체를 이루어 하나님의 뜻대로 존귀와 영광을 돌리고, 또한 인간은 하나님의 사랑과 미를 완전히 받아 선의 목적을 이루는 것을 말한다. 따라서 말씀직접 주관권은 곧 완성권을 의미한다.

인간에 대한 하나님의 '말씀직접 주관권'이란 구체적으로 어떻게 되는 것인가?

하나님께서 인간에게 사단을 강제로 굴복시키지 않으시는 이유는 인간은 천사까지도 주관토록 창조하셨으므로(고전 6:3), 천사가 타락하여서 된 사단도 인간 자신이 그것을 굴복시킬 수 있는 자격을 갖게 되어야 하나님도 비로소 인간을 직접 주관할 수 있기 때문이다. 그러므로 오늘까지 6천년 섭리의 역사는 인간으로 하여금 사단을 굴복시킬 수 있는 자격을 갖도록 하시려는데 그 목적이 있는 것이다.

이와 같은 원리에 의해서 간접주관권을 통과하여 믿음, 순종하는 인간이 되면 하나님의 직접주관권 내로 들어감으로써 하나님의 직접적인 주관을 받게 되는 것이다. 직접주관권이라고 하는 것은 완전하신 주체로 계신 하나님과 하나가 되어 기뻐하시고 선하신 뜻에 순종하여, 하나님의 완전한 대상의 존재로 설 수 있는 것을 말한다. 인간이 미의 존재로서 완성되지 못하므로 완전한 하나님의 마음에 합한 사람이 되지 못하면, 하나님의 직접주관권 내로 들어갈 수 없는 것이다.

3. 하나님께서 아담에게 주신 은혜

하나님께서는 그 지으신 사람을 에덴동산에 두시고 먼저 그에게 은혜를 주셨고, 두 번째는 그가 할 일을 말씀하시고, 또 한 가지 금기령을 주셨다. 그 내용을 좀 더 자세히 살펴보자.

(1) 하나님께서 간접주관권 안에서 아담에게 은혜를 주셨다 (창 1:26-28).

성경에 아담에게 은혜를 주셨다는 확실한 표현은 없으나 여섯 째 날 사람을 지으시면서 '우리의 형상을 따라 우리의 모양대로 우리가 사람을 만들고…'라는 말씀이 그에게 간접주관권으로 주시는 은혜임을 알 수 있다(창 1:26-27).

'우리의 형상을 따라'라는 말씀은 오직 사람만이 하나님의 형상으로 지음 받았기 때문에 사람만이 만물의 영장이 될 수 있다는 것을 의미한다. 또 '우리의 모양대로 지으셨다'는 말씀은 사람의 모든 형상이 모두 하나님을 닮았음을 의미한다. 그렇기 때문에 하나님께서는 사람을 창조하신 후 생육, 번성, 충만의 복을 주신 것이다(창 1:28).

아담과 하와를 지으심에 있어 하나님의 형상과 모양 속에 담긴 은혜를 받아야 그 은혜를 통하여 말씀을 믿고 순종할 수 있는 것이다. 또한 그에게 다스리고, 생육하고, 번성하고, 충만할 수 있는 은혜를 주셔야만 에덴동산을 지키고 다스릴 수 있는 것이다(창 1:22, 1:28).

따라서 아담에게만 그러한 은혜를 주셨다는 것이 아니다. 지혜의 천사장 루시엘에게도(겔 28:13) 동일한 은혜를 주셨음을 알게 된다. 그렇다고 루시엘과 아담에게 주신 은혜가 똑같다는 것은 아니다. 각자 주어진 차원에서 각자에게 필요한 은혜를 주셨다는 것이다.

왜냐하면 사람과 천사가 처해진 차원과 사명과 직분이 다르기 때문이다. 고린도전서 6:3에 보면 '우리가 천사를 판단할 것을 너희가 알지 못하느뇨' 비록 이 땅의 입장으로 보면 오늘 우리의 형편이 천사에 비해 차원이 낮은 환경 속에 살아가고 있긴 하지만 그들은 생명의 부활의 차원에서 장차 태어날 존재이지만, 그들을 심판할 수 있는 약속의 자녀들은 의인의 부활로 탄생되는 존재들인 것이다.

생명의 부활과 의인의 부활은 천년의 차이가 있다. 비록 그들이 궁창세계에 소속된 자들로 지음을 먼저 받았으나 열매의 차원에서 보면 그들은 사람들보다 천년이라는 낮은 차원의 존재에서 열매 맺는 주종관계의 대상들인 것이다.

생령인 아담, 그가 등장한다는 그 자체, 그가 에덴동산을 지키고 다스린다는 그 자체, 동산 각종나무의 열매를 임의로 먹는다는 그 자체가 궁창 아랫물에 소속된 자들에게는 두렵고 떨리는, 하늘을 진동시키는 세미한 소리가 아니었겠는가?

아무리 아름답게, 지혜롭게, 영화롭게 지음을 받은 루시엘이었지만 그의 코에는 하나님께서 생기를 불어 넣으시지 않았다는 것이다. 아무에게나 키스해주시는 하나님이 아니시다. 오직 사랑하는 사람에게만 해주시는 것이다. 비록 궁창의 세계에서 가장 뛰어난 존재로 지음을 받았지만 흙, 사람, 생령의 과정을 통하여 이루어진 결정체가 되지 못했던 루시엘의 존재는 결코 아담보다 앞선 자라 말할 수 없다는 것이다.

아담이 얼마나 귀한 존재인가? 독생하신 하나님 예수께서 둘째 아담으로 오셨다 하지 않았는가? 궁창의 세계, 그 어느 누구를 대신해서 하나님이 사람으로 오신 일이 있었는가? 그런 차원에서 본다면 아담이야 말로 하나님께서 지으신 피조물 중 '이는 내 뼈 중의 뼈요, 살 중의 살이로다' 외치실 수 밖에 없는 작품 중에 최고 명품이라 말할 수 밖에 없다. 그러기에 아담에게 주신 은혜와 노아에게 주신 은혜는 그 차원이 다르다는 것을 알아야 한다.

노아는 하나님의 은혜를 받고 실패하지 않았는데 왜 아담은 실패하였을까? 노아가 받은 은혜가 더 크기 때문인가? 더 큰 은혜를 받았기에 당대의 의인이요, 완전한 자라 한 것인가?

그렇다면 아담이 받은 은혜는 노아가 받은 은혜보다 적은 것인가?

자칫하면 많은 오해의 소지가 생긴다. 물론 노아가 받은 은혜는 완전한 은혜라 할 수 있다. 당대 의인으로서 받은 은혜라기보다는 에녹, 므두셀라, 라멕이라는 3대 조상들이 이루어 놓은 신앙의 터 위에서 받은 은혜라 할 수 있다.

아브라함, 이삭, 야곱이라는 3대의 산 자의 신앙의 터 위에서 4대의 주인공 요셉이 탄생된 것처럼, 에녹, 므두셀라, 라멕이라는 신앙의 삼일길을 통해서 노아는 그런 완전한 은혜를 받은 것이라 말할 수 있다. 비록 그 은혜를 통해서 방주를 짓고 나아가 포도원을 만들 수는 있었지만 그렇다고 하여 노아의 은혜가 아담보다 더 큰 은혜라고는 말할 수 없다. 왜냐하면 노아의 은혜는 땅 차원에서 이루어진 역사인 반면, 아담의 역사는 하늘차원에서 이루어진 역사이기 때문이다.

(2) 에덴동산을 다스리며 지키라고 하셨다(창 2:15).

이는 에덴동산을 침범할 자가 있음을 하나님께서 이미 알고 계셨기에 다스리고 지키라고 하셨다는 것을 알 수 있다.

다스린다는 것은 자기의 지휘권 속에 예속된 모든 대상들에게 현재 및 앞으로 닥칠 모든 일에 대하여 예비하고 준비케 하는 것을 의미한다고 말할 수 있다. 한 마디로 잘라 말한다면, 하와를 올바로 다스리지 못했기에 뱀의 유혹을 뿌리치지 못한 것이라고 말할 수 있다.

그런 차원에서 다스린다는 것은 알고 믿게 만드는 것, 즉 양육이라고 말할 수 있다. '일만 스승은 있으되 아비는 많지 않다'(고전 4:15)라는 말씀의 의미처럼, 가르치고 낳는 것이 다스림이 아니겠는가? 믿는 것과 아는 일에 온전한 하나를 이룬다는 것이 다스림의 최고의 경지가 아니겠는가?(엡 4:13)

⑶ **에덴동산의 각종 나무 열매를 임의로 먹게 하셨다(창 2:16).**

레위기 19:23 말씀을 통해 생각해 볼 때, 열매는 지정의(知情意)를 가진 완성된 인격을 대표한 것이라 말할 수 있다. 그러한 열매를 '임의로 먹으라'고 하신 것은 그들을 통치하고 다스리라는 의미를 부여하신 것이라고 말할 수 있다. 다시 말하면 아론에게 레위 지파를 은혜의 선물로 주신 것과 같은 맥락이라고 말할 수 있다(민 3:9, 8:18-19, 18:6). '임의로'라고 하신 내용 속에는 에덴동산 안에 있는 모든 대상들은 너의 것이라는 절대적인 하나님의 명령이었다.

그리고 아담에게 한 가지 금지 명령을 주셨다.

⑷ **'선악을 알게 하는 나무의 실과는 먹지 말라 네가 먹는 날에는 정녕 죽으리라' 하셨다(창 2:17).**

'아버지의 명령이 영생인 줄 아노라'고 하신 말씀(요 12:50)처럼 영생을 주시기 위해 에덴동산에서 첫 원시복음, 또는 행위언약, 또는 최초의 율법을 주신 것이다. 신명기 30:15에서 '보라! 내가 오늘날 생명과 복과 사망과 화를 네 앞에 두었나니'라고 하신 말씀처럼, 아담 자신의 자율적 의지로써 영생의 길과 사망의 길을 선택하게 하신 것이다. 그러기에 영생의 길을 걷기를 바라시는 하나님께서 간곡하게 선악나무의 열매를 따먹으면 죽는다고 하신 것이다.

(5) 각 생물을 부르는 것이 곧 그 이름이 되었더라(창 2:19).

하나님께서는 흙으로 각종 들짐승과 새를 지으시고 아담에게 그들의 이름을 짓게 하셨다. 하나님께서 지으신 만물 속에는 하나님의 신성과 능력이 있다(롬 1:20). 아담이 하나님의 말씀대로 각 생물들의 이름을 지었다는 뜻은 그것들 속에 들어있는 창조주 하나님의 섭리를 깨닫고 그것들의 특성과 본질을 파악했다는 것이다.

그렇다고 하여 아담이 천지 모든 만물들의 이름을 다 지었다고 할 수는 없을 것이다. 아담이 이름을 지어준 생물은 여섯째 날 지음받은 대상, 즉 흙으로 지은 대상들의 이름을 지었다는 의미일 것이다. 고린도전서 15:39에 보면 구속사의 대상의 육체가 네 가지로 구분되어지는 것을 알게 된다. 사람의 육체, 짐승의 육체, 날짐승의 육체, 어족의 육체를 가지고 있는 대상들에 한해서만 아담이 이름을 지어준 것이라고 말할 수 있다. 그러기에 영광도 해와 같은 영광, 달과 같은 영광, 별과 같은 영광, 별과 별들의 다른 영광이 있다고 말씀하고 있지 않는가?(고전 15:41)

네 가지의 영광이 있다는 말은 구속사의 대상이 네 가지로 구분된다는 것을 의미하는 것이다. 다시 말하면, 흙 차원의 사람의 영적인 모습을 네 가지로 말하고 있는 것이다. 그러한 구속사의 비밀을 아는 자만이 그 대상들에게 맞는 이름을 지어줄 수 있는 것이 아닌가? '네가 복 중에 짓기 전에 내가 너를 알았고, 생명록에 기록되기 전에 너를 알았다'(렘 1:5, 시 139:16, 147:4)라고 말씀하시는 내용 속에도 이미 우리의 모든 것을 아시는 하나님께서 우리의 이름을 지어 가지고 계신다는 것을 알 수 있다.

그런 의미에서 흙으로 만든 짐승, 가축, 그리고 들짐승 및 하늘을 나는 새들, 이들이 자연계의 존재들이라면 어찌 그들 모두가 구속의 대상이 될 수 있겠는가? 여섯째 날 지음을 받은 모든 대상들이야말로 아담이 이름을 지어줄 수 있는 대상이라고 말할 수 있는 것이다. 여섯째 날을 제외한 모든 대상들은 이미 아담 전에 존재하고 있던 대상들로서 고유적인 자기의 이름을 가지고 있었던 존재들이었다. 이름을 지어준다는 의미는 부모가 자식의 이름을 지어주는 의미와도 같은 것이라 말할 수 있다.

4. 아담을 돕는 배필인 하와를 지으심

하나님께서는 아담이 독처하는 것, 즉 혼자 살아가는 것을 보시고 그를 위하여 아담을 깊이 잠들게 하시고, 그의 갈빗대 하나를 취하여 대신 살로 채우시고, 그 갈빗대로 여자를 만드셨다. 아담은 '이는 내 뼈 중의 뼈요, 살 중의 살'이라고 하며 '남자에게서 취하였은즉 여자'라고 이름을 지어 주었다(창 2:18-25).

(1) 아담을 깊이 잠들게 했다는 의미는 무엇인가?

첫째, 아담은 아직 하나님을 대면할 수 있는 자가 되지 못하기 때문이다.

　수리성의 과정으로 볼 때 아담이 하나님을 대면할 수 있는 과정의 시간이 길다. 모세가 하나님의 부르심을 받고 시내산 정상에 올라가는 과정에서 모세가 당일 올라갔다가 당일 내려오는 경우가 더 많이 있었지만, 계명을 받으러 갔을 때는 산에서 40일간 머물러 있었다. '모세가 더디 내려오므로'(출 32:1)에서 '더디'라는 의미도 '깊이'라는 말씀과 같은 내용이라고 보아야 할 것이다.

　아담이 구속사의 영광을 얻는 주인공이 된다면, 즉 멜기세덱이 된다면 그 때는 볼 수조차 없는 하나님의 영광을 대면할 수 있지만, 인류의 시조로 지음을 받은 아담은 아직은 그런 영광을 얻지 못했기 때문에 깊이 잠들게 하신 것이다. 그 당시의 아담이 하나님의 영광을 볼 수 있는 사람이 되려면 하나님의 벗이었던 아브라함, 변화산에서 영광의 아버지를 대면했던 모세와 엘리야와 같은 그런 분량이 되어야 하는 것이다.

　둘째, 아담의 갈비뼈로 여자를 만드시는 창조의 비밀을 아담으로 하여금 알 수 없게 하기 위해서였다.

　아담의 갈비뼈로 여자를 만드시는 과정은 창조원리 중에서 새 생명을 탄생시키고 부활시키는 하나님만이 가지고 계신 창조주의 고유적인 권한이며, 능력이며, 거룩하심이며, 영광이 되는 것이다.

　만약 하나님께서 아담에게 부분적인 마취를 하셔서 아담이 깊이 잠들지 않았다면, 자기의 갈비뼈로 여자를 만들어 내시는 창조의 비밀을 다 알게 되므로 아담도 그러한 고유적인 능력을 갖게 될 것이다. 그렇기 때문에 보아서는 안 되는 것이다. '보면 죽는다'는 의미가 더욱 더 강렬하게 적용되는 것이다. 그러므로 아담의 갈비뼈로 여자를 만드시는 창조의 비밀을 아담으로 하여금 알 수 없도록 하나님께서 아담을 깊이 잠들게 하신 것이다.

셋째, 여자가 열매를 따는 비밀을 남자가 알지 못하게 하셨다.

만약에 여자가 남자 없이 스스로 생산할 수 있는 능력을 갖게 된다면 여자가 더 우월적인 존재가 된다. 그 말은 여자가 지체가 되지 않고 여자가 머리가 된다는 것이다. 그러나 '육의 몸이 있은즉 또 신령한 몸이 있느니라'(고전 15:44)고 했다. 여자가 없으면 남자도 존재할 수 없다는 뜻이다. 신령한 몸은 영혼을 말하는 것이고, 육은 온전한 몸을 말한다. 중생된 온전한 몸이 없으면 산 자가 되지 못한다. 영육 간에 온전한 몸으로 변화 받는 사람이 산 자이다.

여자는 10달 동안에 자신의 태중에서 자라고 변화되고 있는 생명체에 대한 느낌을 몸소 체험하고, 그 생명체가 어떻게 자라는지 분만의 전 과정을 처음부터 느끼고 있기는 하지만 그 내용의 세계는 여자도 깨닫지 못하는 것이다. 그래서 '태 중의 아이가 어떻게 자라는지 너희가 알지 못한다'(전 11:5)는 말씀이 있다. 다시 말하면 아담을 깊이 잠들게 하셨다는 말씀은 어린아이인 여자 하와가 성숙한 여인으로 체형의 변화를 이루는 여인으로 자라는 과정을 남자로 하여금 모르게 했다는 것이다.

남자가 하나님께서 원하시는 신앙의 분량으로 자라기까지는 절대 하나님의 금단의 말씀을 어겨서는 안 된다는 교훈 속에는 성숙한 여자가 열매를 따는 비밀을 남자가 알지 못하게 하셨다는 것이다.

넷째, 하나님께서 부정모혈(父精母血)이 아닌 약속의 자녀를 주셔야하는 경우가 있기 때문에 남자로 하여금 열매를 따는 여자의 비밀을 모르게 하셨다.

　마리아의 남편 요셉도 마리아가 요셉과 정혼하고 동거하기 전에 잉태된 것을 알았으나, 요셉은 의로운 사람이라 저를 드러내지 아니하고 가만히 끊고자 할 때, 꿈 중의 계시 속에서 거룩한 천사가 나타나서 '네 아내 마리아 데려오기를 무서워 말라 저에게 잉태된 자는 성령으로 된 것이라'는 말씀을 해주었다(마 1:18-20). 여자가 열매를 따는 비밀을 남자가 안다면 이 땅에 여인의 후손으로 예수님이 오실 수도 없고, 약속의 자녀·성령의 자녀를 이 땅에 보내실 수 없다. 그렇기 때문에 여자가 열매를 따는 비밀을 남자들이 알지 못하게 하기 위해서 깊이 잠들게 하신 것이다. '깊이'라는 말은 짧은 시간을 말하는 것이 아니다. 오랜 구도의 과정의 시간이 들어있다고 말할 수 있다.

　정리하면, 자기 갈비뼈를 통해서 여자를 만드시는 전 역사의 과정을 아담이 모르게 하기 위해서 깊이 잠들게 하셨다는 것이다. 그렇지만 아담이 절대 몰라야만 될 그런 내용은 아니다. 아버지의 영광으로 변화 받으신 예수님이 변화산에서 모세와 엘리야와 의논하시는 그런 상대적인 존재가 된다면 아마 아담을 깊이 잠들게 하시고 갈비뼈로 여자를 만드시는 모든 창조 비밀의 원리를 알 수 있을 것이다.

　재림의 마당에서 해를 입은 여인이 철장 권세를 가진 아이를 낳는다는 것은(계 12:5) 아담을 깊이 잠들게 하시고, 그의 갈비뼈로 여자를 낳는 비밀을 통해서 해를 입은 여인이 철장 권세를 가진 아이를 낳는 것과 같다고 할 수 있지 않은가?

⑵ 남자의 갈비뼈를 취하여 여자를 만드신 하나님의 오묘한 섭리는 무엇인가?

첫째, 여자를 남자의 일부분을 취하여 만드신 것은 여자가 남자를 보필하면서 부부가 한 몸을 이루게 하시기 위해서다.

둘째, 부부의 직분은 다르지만 인격은 서로 동등하다는 것을 보여 주시기 위해서다. 하와는 아담을 이해하고 돕는 배필로서의 인격을 갖춘 존재라는 것이다.

셋째, 갈비뼈는 인체에서 가장 중요한 심장을 보호하는 기능을 하는 것처럼, 남자는 여자를 자기 몸처럼 지극히 보호하고 사랑해야 한다는 것이다. 이는 곧 자기 아내를 사랑하는 자는 자기를 사랑하는 자이다(엡 5:28, 5:33).

넷째, 결과적인 입장으로 말한다면 신부는 신랑을 통해서만 탄생된다는 것이다. 신랑을 떠나서는 신부의 존재는 스스로 탄생될 수 없다. 그러므로 '때가 차매' 말씀이 육신이 되어 은혜와 진리로 오신 신랑 되시는 예수님이 십자가를 통하여 구속사의 세계를 이루시고 승리하심으로써 재림의 마당을 통하여 신부를 탄생시킬 수 있는 것이다. 그러나 그 신부는 본방 이스라엘을 통해서 이루어지는 것이 아니고, 영적 이스라엘을 통해서 신부의 영광의 세계가 이루어지는 것이다.

이러한 관계를 재림의 마당에 등장하는 이 땅의 주와, 주 앞에 선 두 감람나무의 관계라고도 말할 수 있지 않을까? 다시 말하면, 이 땅의 주이신 해를 입은 여인이 만국을 다스릴 철장의 권세를 가진 아이를 낳아 하늘 보좌로 올리는 모습이야말로 신랑 되시는 분이 신부를 탄생시켜 하늘 보좌로 올리는 모습이라고도 말할 수

있지 않을까?(계 11:4, 12:5)

5. 아담의 타락

(1) 자유의 원리적 의의

자유에 대한 원리적 성격을 논할 때, 첫째로 우리는 원리를 벗어난 자유는 없다는 사실을 알아야 한다. 그리고 자유라고 하는 것은 자유의지와 그에 따르는 자유행동을 합하여 표현한 말이다. 전자와 후자는 형상과 모양과의 관계와 같아서(창 1:26), 이것이 합해져야만 완전한 자유가 성립된다.

그러므로 자유의지가 없는 자유행동은 있을 수 없는 것이며, 자유행동이 따르지 않는 자유의지도 완전한 것이 될 수 없는 것이다. 자유행동은 자유의지로 인하여 나타난 것이며, 자유의지는 곧 마음의 발로인 것이다. 그런데 창조 본연의 인간에 있어서는 하나님의 말씀, 곧 원리를 벗어나서 마음이 움직일 수 없기 때문에 원리를 벗어난 자유의지나 그로 인한 자유행동은 있을 수 없는 것이다.

정리하여 보면,
① 창조 본연의 인간에 있어서는 원리를 벗어난 자유관은 있을 수 없다.

② 또 책임 없는 자유는 없다.
원리에 의해 창조된 인간은 그 자신의 자유의지로써 그의 책

임을 순종하고 완수함으로써만 하나님께서 기뻐하시는 선(善)으로 완성될 수 있다. 따라서 창조 목적을 추구하여 나아가는 인간은 항상 자유의지로써 자기의 책임과 순종을 행하려 하기 때문에 책임 없는 자유는 있을 수 없는 것이다.

③ 실속 없는 자유는 없다.

자유로서 인간 자신의 책임과 순종을 행하려는 목적은 창조목적을 완성하여 하나님을 기쁘시게 해드릴 수 있는 실속을 세우려는데 있는 것이다. 따라서 자유는 항상 실속을 추구하게 되는 것이므로 실속 없는 자유는 있을 수 없는 것이다.

⑵ **자유와 인간의 타락**

자유는 원리를 벗어나서는 있을 수 없다. 따라서 스스로의 창조원리인 책임과 순종을 행하게 되며, 또 하나님을 기쁘시게 해드리는 실속을 추구하는 것이므로 자유의지에 의한 자유행동은 선(善)의 결과를 가져오게 되는 것이다. 그렇기 때문에 인간은 자유로 인하여 타락될 수는 없다. 그러므로 고린도후서 3:17에 '주의 영이 계신 곳에는 자유함이 있느니라'고 말씀하신 것이다. 우리는 이러한 자유를 '본심의 자유'라고 한다.

아담과 하와가 하나님으로부터 선악과를 따먹지 말라는 권고를 받은 이상, 그들은 마땅히 하나님의 간섭 없이 오직 본심의 자유에 의하여 그 명령을 지켜야 할 것이다. 그러므로 하와가 원리 말씀을 탈선하려고 했을 때 원리적인 말씀, 책임, 순종과 실속을 추구하는 그의 본심의 자유는 그에게 불안과 공포심을 일으키게 하여 원리적 말씀을 탈선하지 못하도록 작용하였을 것이다.

따라서 인간은 이런 작용을 하는 본심의 자유로 인하여 타락할 수 없는 것이다. 인간 타락은 어디까지나 그의 본심의 자유가 지향하는 힘보다 더 강한, 비(非)원리적인, 빛을 떠난 어둠의 말을 믿으므로 말미암아 그 자유가 구속된 것에 기인한다.

결국 인간은 타락으로 인하여 자유를 잃어버리게 된 것이다(롬 6:12-16, 벧후 2:19). 그러나 타락한 인간에게도 이 자유를 추구하는 본성만은 그대로 남아있기 때문에 하나님은 그 자유를 회복하는 말씀의 섭리를 하실 수 있는 것이다. 역사가 흐를수록 인간이 자기의 생명을 희생시켜 가면서까지 자유를 찾으려는 심정이 고조되어가는 것은 인간이 사단으로 인하여 잃어버렸던 자유를 회복해나가고 있는 증거인 것이다. 그러므로 인간이 자유를 찾는 목적은 자유의지에 의한 자유행동으로 원리적인 책임, 순종과 실속을 세워서 창조목적을 완성하려는데 있는 것이다.

인간은 타락으로 말미암아 무지에 떨어져 하나님을 모르게 되었다. 그러므로 인간의 의지는 이 무지로 말미암아 하나님께서 기뻐하시는 방향을 취할 수 없게 되었던 것이다. 그러나 타락한 인간에 있어서는 말씀 회복 섭리의 시대적 혜택에 의하여 제물, 제단, 성전, 율법시대를 지나 은혜와 진리의 시대, 성령의 시대를 지나 끝날의 인자가 역사하는 말씀의 시대(신령)가 밝혀짐에 따라 창조 목적을 지향하는 본심의 자유를 찾으려는 심령도 회복되어 왔고, 그에 따라서 하나님에 대한 심정도 점차로 회복되어 그 뜻대로 살려는 의지도 높아가는 것이다.

또 그들은 이와 같이 자유를 회복하고자 하는 의지가 고조됨에 따라서 이를 실현할 수 있는 혁신적인 새로운 교회를 요구하지 않을 수 없는 것이다. 그러나 시대의 말씀을 찾는 환경이 진정한 자유를 찾는 그 시대들의 욕망을 충족시킬 수 없을 때 필연적으로 교회 내부에서는 싸움이 일어나게 마련이다. 가인과 아벨, 에서와 야곱 같은 싸움은 창조 본연의 자유가 완전히 회복될 때까지 계속되지 않을 수 없는 것이다.

어떤 이는 '하나님은 왜 하필 선악나무를 만드셔서 인간이 따먹도록 하셨을까?'라고 말한다. 물론 선악나무 자체를 만들지 않았다면 따먹지 않았을 것이다. 그러나 한 가지 알아야 할 문제는 하나님을 대적하고 사람(아담)을 유혹한 사단이 존재하고 있었기 때문에, 선과 악을 분별하는 열매의 나무로 그 죄의 한계와 처벌 방법을 규정하신 것이다(창 2:15-17). 이 말씀이 바로 율법이요, 에덴동산의 최초의 처벌 방법인 것이다. 다시 말하면 사단의 유혹을 받고 하나님의 말씀보다 사단의 말을 더 믿고 따먹을 때 저주를 내리기로 한 법을 정하신 것이다(신 30:11-12). 하나님께 순종할 것을 택하고 사단의 말을 듣지 않았더라면 죽지도 않고 영생 복락하였을 것이나, 불행하게도 자유의지를 남용하였기 때문에 하나님께 대한 불복종이라는 죄를 짓게 되었으며, 당연한 보응을 받게 되는 것이다. 사단이 없었더라면 선악나무를 두지도 않았을 것이다. 그 악한 어둠의 권세를 가진 사단 때문에 선악나무를 두셨으며, 그 열매(하나님의 말씀과 사단의 말)로 법령을 삼으신 것이다(마 12:33). 그러기 때문에 하나님의 잘못은 추호도 없다.

'선악을 알게 하는 나무'라는 나무의 이름을 붙여주심은 하나님의 선과 사단의 악, 즉 어둠이 있음을 암시해 피조물의 창조 완성의 성장 위에 주신 하나님의 지혜로우신 교훈이었다. 하나님께서는 아담에게 사단의 존재를 알게 하여 말씀으로 승리를 가져오도록 기대하셨고, 사단한테 유혹을 받아 타락하여 공포에 떨지 않게 하기 위해서 따먹지 말라고 하신 것이다. 그것은 하나님의 극진하신 사랑 때문이요, 사랑은 언제나 상대편의 마음을 안정시켜 주는데 있다.

타락한 아담에 대한 하나님의 사랑과 자비를 보라.

범죄한 아담과 하와에게 은혜를 주어서 스스로 알아지도록 하고 결과적으로 하나님에 대한 인식을 갖도록 하나님께서는 인과법칙과 자연법칙을 따랐던 것이다. 그러므로 하나님의 극진하신 사랑은 공의의 사랑으로 섭리하여 타락 전 인간을 저주하여 법령대로 죽게 하셨다. 즉 고통스럽게 살게 하셨다(창 3:16-24).

그러나 긍휼의 하나님께서는 다시 인류에게 구원의 손길을 펴셨던 것이다(창 3:15, 요 3:16, 요일 4:9-10). 그리고 구원의 방법은 인류에게 때와 기한을 주신 것이다. 이처럼 <6일>간의 신비적인 창조를 끝내시고 하루 동안 안식하심은 후일에, 타락 전 인류에게 때와 기한을 주시고 시대적 섭리와 구원의 역사를 일으키려고 하신 것이다.

(3) 아담의 불순종

하나님의 '간접주관권'안에서 은혜로 생령이 된 아담이 하나님 말씀에 불순종하여 뱀의 유혹을 물리치지 못한 하와의 말을 들고 선악나무 열매를 먹으므로 타락하였다(창 3:1-8). 그렇다면 아담이 생령의 존재임에도 불구하고 왜 타락했느냐고 물을 수 있다. 그러나 아담은 생령이면서도 아직은 생명나무 열매를 따먹지 못한 존재였기 때문에, 죄가 침입하면 타락할 수 있는 요건을 가지고 있었다. 그래서 에덴동산에 죄가 침입하지 못하도록 지키라고 하신 것이다(창 2:15).

아담은 선악나무 열매를 따먹기 전에는 죄가 어떤 존재인지도 알지 못했다. 죄가 침입하면 죄가 어떤 것인지 아담이 알게 되기 때문에, 하나님께서 죄에 대해 설명해주시지 않고 무조건 '선악나무 열매를 따먹지 말라, 먹으면 죽는다'(창 2:17)라고 말씀하셨던 것이다.

에덴동산을 지키고 다스리고 에덴동산의 각종나무 열매를 임의로 먹을 수 있는 권한, 능력, 권위를 다 가진 존재인 아담이 하와가 준 선악과를 먹은 까닭은 무엇인가?

하나님께서는 아담에게 에덴동산을 지키라고 말씀하셨다. 지키라는 뜻은 누군가 침범할 자가 있기 때문에 사전적으로 말씀해주신 것이 아닌가?(창 2:15)

아담은 한 몸을 이룬 하와에게 '선악나무 열매를 따먹으면 정녕 죽으리라'(창 2:16-17)는 말씀과 '에덴동산을 침입할 자가 있으니 지키라'(창 2:15)고 하신 하나님의 말씀을 당연히 전달했다는 것을 전제로 이해를 해야 한다. 그의 아내인 하와에게 간접적으로 전해질 수밖에 없는 내용인 것이다. 머리격인 아담에게 말씀하셨다면 당연히 아담을 통해서 하와라는 여자도 알게 되는 것이다. 그것은 아담과 하와라는 남자와 여자만이 아는, 아무도 알 수 없는 주고받는 자만이 아는 비밀인 것이다(계 2:17). 주고받은 자만이 아는 비밀이 있을 것 같기에 뱀이 여자에게 에덴동산의 정황을 살피기 위해 먼저 유도 질문을 한 것이다.

그렇지만 뱀이 유도 질문을 하기 전에 하와가 너무 순순히 하나님께서 에덴동산을 지키라는 말씀을 저버리고, 자기를 너무 쉽게 영접해주는 여자라는 것을 이미 간파했을 것이다. 왜냐하면 사람이 하는 말과 행동을 보면, 그 사람이 어느 정도의 인성, 인격, 지식, 품격 등을 가지고 있는지 알 수 있다. 그래서 들짐승 중에서 가장 간교한 뱀이 여러 가지 방법을 통해서 비록 하나님이 택한 사람이지만, '이 여자는 하나님의 말씀을 경홀히 여기는 여자, 하나님의 말씀에 순종하지 않는 여자, 자기의 목적을 이룰 수 있는 가능성이 있는 여자'라고 판단했기 때문에 주저없이 내용의 정곡을 찔렀던 것이다. 그만큼 하와가 자기의 많은 허와 실과 약점을 사전적으로 뱀에게 보여주었다는 것이다.

물론 성경에 이런 구체적인 말씀은 없지만 단 한 말씀을 통해서 알 수 있다. 선악과를 따먹은 것은 '여자가 선악나무를 본즉 보암직하고 먹음직하고 탐스럽기도 한지라'(창 3:6). 사도 요한이 놀랍게 그것을 간파하고 그 내용의 실체를 깨닫고 육체의 정욕, 안목의 정욕, 이생의 자랑이라고 정확히 말씀했다(요일 2:16). 또한 요한일서 3:8-9에 '하나님께로서 난 자마다 죄를 짓지 아니하나니 이는 하나님의 씨가 그의 속에 거함이요 저도 범죄치 못하는 것은 하나님께로서 났음이라'는 말씀처럼, 하와는 당연히 그 말씀을 지켜야 할 본인임에도 불구하고 '그것을 먹으면 하나님처럼 된다'(창 3:5)는 교만한 생각을 들짐승 중에서 가장 간교한 뱀이 넣어주므로 그의 유혹에 넘어간 것이다(약 1:15).

만약에 들짐승 중 가장 간교한 뱀이 아담의 가정을 침범했을 때, 첫 번째는 들어오지 못하게 했으면 되는 것이다. 두 번째는 그와 대화하지 않으면 되는 것이다. 대화하지 않는다는 말은 '네가 나에게 왜 그런 것을 묻느냐? 물으려면 직접 하나님께 물어봐. 나는 너와 대화할 수 없어'라고 했다면 세 번째까지 갈 필요가 없는 것이다. 세 번째는 에덴동산의 비밀 '각종 나무의 열매는 임의로 먹되 선악을 알게 하는 나무의 실과는 먹지 말라 네가 먹는 날에는 정녕죽으리라' 최초로 주신 계명이며, 또한 언약이었다. 이 말씀을 누설하므로 간교한 뱀이 시험의 대상이 누구며 시험의 기준이 무엇인가를 알게 된 것이다.

그런데 하와는 첫 번째 두 번째 세 번째를 다 당했기 때문에, 선악나무의 본질인 먹음직하고, 보암직하고, 탐스럽기도 한 것이 마음에 와 닿은 것이다. '먹음직하고, 보암직하고, 탐스럽기도 한 지라'(창 3:6) 이미 하와의 몸과 혼과 영이 다 열린 것이다. 간교한 뱀의 유혹을 받아서 선악나무 열매를 따먹으면 하나님처럼 된다는 그의 말에 이미 그의 육체의 문만 연 것이 아니라, 혼과 영이 바라고 원하는 문을 다 열어놓은 것이다. 뱀의 유혹을 받은 여자는 하나님의 말씀을 만홀히 여기고 불순종하여 돕는 배필(창 2:20)이라는 자기 사명을 송두리째 망각함으로써 자신 뿐 아니라 남편인 아담까지 넘어지게 하였다. 그리하여 아담은 자기에게 주신 생령의 영광을 뱀에게 빼앗겨버리고 만 것이다.

왜 하나님께서는 아담이 선악과를 따먹으려 할 때 간섭하지 않으셨을까?[16)]

첫째, 창조 근본 원리의 절대성과 완전 무결성을 위하여

창조 말씀의 원리에 의하면 하나님은 인간이 하나님의 성품을 닮음으로써 하나님께서 인간을 주관하시듯, 인간도 만물 세계를 주관하도록 창조하셨다. 그런데 인간이 하나님의 창조성, 즉 하나님의 성품을 닮기 위하여는 인간 자신에게 주신 말씀을 믿음으로 책임지고 순종하면서 하나님이 원하시는 분량까지 성장하여 완성하지 않으면 안 된다. 이러한 믿음과 순종의 수행기간을 '간접결과 주관권'이라고 한다(신 8:3).

그러므로 인간이 이 간접결과 주관권 내에 있을 때는 그들 자신이 그 말씀을 믿고 순종하도록 하기 위하여 하나님은 그들을 직접적으로 주관해서는 안 되는 것이다. 그리하여 하나님께서는 인간이 말씀을 믿고 순종함의 결과로써 그들을 직접 주관하시게 되어 있다. 만일 하나님께서 그들을 직접 주관하실 수 없는 순종 기간에 그들의 행위를 간섭하시게 되면 인간 순종 기간을 무시하게 되는 것이 되며, 따라서 인간에게 창조성을 부여하시어 만물의 주인으로 세우시려는 창조 원리를 스스로 무시하는 입장에 서게 된다.

이와 같이 말씀의 원리가 무시되면 말씀 창조의 절대성과 완전 무결하신 창조주이신 하나님께서 세우신 창조 말씀의 원리 또한 절대적이며 완전무결하지 못하게 되는 것이다. 그러므로 하나님

---

16) <창조원리 중 '자유와 인간의 타락'> 휘선 박윤식 목사

께서는 말씀의 절대성과 완전무결성을 위하여 간접결과 주관권에 있는 그들의 타락 행위를 간섭하실 수 없었던 것이다.

둘째, 하나님만이 창조주로 계시기 위하여

하나님께서는 스스로 창조하신 말씀의 존재와 그 행동만을 간섭하시기 때문에 범죄 행위나 지옥과 같은 하나님께서 창조하시지 않은 비(非)원리적인 존재나 행동을 간섭하시지 않는다. 그러기 때문에 하나님께서 만일 어떠한 존재나 행동을 간섭하시게 되면, 간섭을 받는 그 존재나 행동은 벌써 창조의 가치가 부여되어 말씀 원리적인 것으로 인정된 것과 같은 결과에 이르게 되는 것이다. 이러한 논리에 입각해 볼 때 만일 하나님께서 아담의 타락 행위를 간섭하시게 된다면 그 타락 행위에도 창조의 가치가 부여되어서 그 범죄 행위는 말씀의 원리적인 것으로 인정되지 않을 수 없게 된다.

만일 그렇게 되면 하나님께서 범죄 행위도 원리적인 것으로 인정하신다는 또 하나의 새로운 원리를 세우시는 결과를 가져오게 되는 것이다. 이러한 결과를 가져오게 되는 것은 어디까지나 사단 때문이므로, 그렇게 되면 사단이 또 하나의 창조원리를 창조하는 것이 되어 그도 역시 창조주의 입장에 서게 된다. 따라서 하나님은 홀로 하나님만이 창조주로 계시기 위하여 사단을 창조주 입장에 세우지 않기 위해서, 아담의 타락 행위를 간섭하실 수 없었던 것이다.

셋째, 인간을 만물의 주관자 위치에 세우기 위하여

하나님께서는 인간을 창조하시고 만물을 주관하라고 하셨다 (창 1:28). 인간이 하나님의 말씀대로 주관하려면 만물과 동등한 입장에서는 그들을 주관할 수 없으므로 인간은 그들을 주관할 수 있는 어떤 자격을 가져야만 한다. 하나님께서 창조주이시기 때문에 인간을 주관하실 수 있는 자격을 가지고 계신 것과 같이 인간도 만물을 주관할 수 있는 자격을 가지려면 하나님의 창조성을 갖지 않으면 안 되는 것이다.

따라서 하나님께서는 인간에게 창조성을 부여하시어 만물을 주관할 수 있는 자격을 가지게 하기 위하여 말씀 순종 수행기간을 두시고, 이 기간이 다하기까지 아담이 하나님께서 명령하신 말씀을 지킴으로써 완성되도록 창조하신 것이다. 그러므로 아담은 이런 원리 과정을 통하여 완성됨으로써 만물을 주관할 수 있는 자격을 얻어서 비로소 만물을 주관할 수 있게 된다.

그런데 간접결과 주관권 미완성기에 아담을 하나님께서 직접 주관하시고 간섭하시게 되면, 명하여 보낸 일이 형통하지 않는데 (사 55:11), 이것은 아직도 말씀 순종 수행을 하지 못하여 하나님의 창조성을 갖지 못함으로써 권세와 능력, 만물을 주관할 자격이 없는 사람으로 하여금 그것을 주관하는 것이 될 뿐 아니라, 미완성한 아담을 완성한 사람과 동일하게 취급을 하신다는 모순을 초래하게 된다. 또 이 인간에게 그의 창조성을 부여하심으로써 만물을 주관하기 위하여 세우셨던 창조원리를 무시하는 결과가 되고 마는 것이다. 그러므로 말씀원리에 의하여 피조세계를 창조하시고 그 원칙을 따라서 섭리하시는 하나님께서는 인간을 만물의 주관 위치에 세우시기 위하여 아직도 간접결과 주관권내에 있었던 아담의 타락 행위를 간섭하실 수 없었던 것이다.

간교한 뱀의 정체는 무엇인가?

하와를 유혹한 뱀은 땅을 기어 다니는 파충류인 뱀을 가리키는 것이 아니라 비유이다. 뱀은 몸 전체가 땅에 붙어살므로 하늘을 바라보지 못하고 전적으로 땅의 생각만을 하는 존재를 상징한다.

예수께서 뱀, 독사의 새끼들이라고 질타한 대상이 다름 아닌 선민을 자처하고, 성도임을 자부하는 이스라엘 백성들과 그들의 종교 지도자들이었다(마 3:7, 12:34, 23:33, 계 12:9, 창 49:17).

잠언에 보면 반석 위에 지나간 뱀의 자취가 없다고 했다(잠 30:18-19). 흔적을 남기지 않는다는 것은 그만큼 철저하게 자기를 지키고 보호하면서 상대방을 호시탐탐 노리고 대적하고 삼키는 놀라운 능력을 가지고 있는 존재, 하나님의 뜻을 알지 못하고 배역하는 자들, 마귀의 하수인을 뱀으로 표현하고 있는 것이다(갈 2:4). 또 '뱀같이 물 것이며 독사같이 쏠 것이라'(잠 23:32)는 말씀이 있다. 뱀은 언제나 상대를 해치고 삼킬 수 있는 무서운 능력을 가진 기회주의적인 존재, 거짓 선지자를 뱀으로 비유한 말씀이라고 생각해 볼 수도 있다.

시편 기자는 '뱀의 입술에는 독이 있어 언제나 상대방을 대적하여 해할 수 있는 능력을 가지고 있다'(시 140:3)고 증거했고, 이사야 선지자는 '뱀은 꼬불꼬불한 리워야단'(사 27:1)이라고 했다. 꼬불꼬불하다는 것은 남의 말에 쉽게 마음이 움직이거나 동하거나 쉽게 동참하지 않고, 그의 정체와 실상을 도무지 알 수 없게 하는 무서운 존재라는 의미가 아닐까?

'여호와 하나님의 지으신 들짐승 중에 뱀이 가장 간교하더라'(창 3:1)고 했다. 하와를 유혹한 뱀은 들짐승 중에 가장 지혜가 있다고 한 것이 아니라 간교하다고 했다. 꾀가 많고 즉흥적인 처세술이 뛰어나고 교활한 것들을 간교하다고 하는 것이다. 간교한 그들을 우리가 간파할 수 있는 그런 지혜를 가져야만 한다. 예수님께서 '뱀처럼 지혜롭고 비둘기 같이 순결하라'(마 10:16)고 말씀하셨다. 우리들도 세상적인 지혜와 하늘의 지혜를 합리적으로 병용한다면 분명히 뱀의 간교함에 대처하고 싸워 이길 수 있는 입장이 될 것이다.

자신의 몸과 혼과 영을 정결케 하고 깨끗하게 지킬 수 있는 믿음의 능력을 가진 사람들만 뱀에게 대처할 수 있는 것이다. 일만 가지 율법을 다 깨달으면 '죄가 이런 내용을 갖고 있구나, 이런 능력, 간교함을 가지고 있구나' 하는 것을 깨닫고 죄가 갖고 있는 모든 것에 대처할 수 있지 않을까? 예수님은 마태복음 5:17에서 '율법을 완전하게 이루러 왔다'고 하셨다. 예수님만이 일만 가지 율법의 욕구를 40일 금식한 후 세 번 시험을 통해서 싸워 이기신 분이다.

하나님께서 뱀을 저주하신 내용 속에는 어떤 의미가 있는가?

> 창 3:14 여호와 하나님이 뱀에게 이르시되 네가 이렇게 하였으니 네가 모든 육축과 들의 모든 짐승보다 더욱 저주를 받아 배로 다니고 종신토록 흙을 먹을지니라

하나님께서 하와를 타락시킨 뱀에게 저주하시는 내용이다. 하나님께서는 죄를 간섭하실 수가 없다. 왜냐하면 죄를 간섭하시면 죄에게 새로운 창조권을 부여하는 결과를 가져오기 때문이다. 그러나 하나님께서는 죄를 간섭하실 수는 없으나 하나님의 이름을 도용하여 정당하지 못한 방법인 거짓말로 아담을 타락시킨 그 부분에 대해서만큼은 뱀을 징치하실 수가 있다(창 3:15). 그래서 이긴 자인 마귀에게 넘겨준 6천 년이 끝나지 않은 4004년 만에 뱀의 머리를 징치하시려 예수님이 이 땅에 사람으로 오실 수 있는 명분이 생긴 것이다.

하나님께서 뱀에게 '배로 기어 다니고 종신토록 흙을 먹고 살라'(창 3:14)고 저주하신 내용을 보면, 원래 뱀은 비상하는 존재였다는 것을 짐작할 수 있다. 즉 뱀은 신령한 존재로서 에덴동산에 침투하여 선악나무를 생명나무처럼 위장시켜서 하나님의 후사가 될 수 있었던 아담과 하와를 속여 타락시킨 존재였다(계 20:2).

6. 타락한 사람에게 보여주신 구원의 약속

하나님의 말씀에 불순종하여 선악을 알게 하는 나무의 실과를 먹고 죄를 범한 아담과 하와가 생명나무 열매를 따먹을까봐 에덴동산에서 쫓아내시고, 그룹들과 두루 도는 화염검을 두어 생명나무의 길을 지키게 하셨다(창 3:22-24).

그가 선악나무 열매를 따먹은 죄로 에덴동산에서 쫓겨났는데, 만약에 그 죄를 가지고 생명나무 열매를 따먹으려고 도전한다면 하나님께서 아담과 하와를 통해서 인류를 구원할 수 있는 구원의 시조로서 그를 선택할 수 없다는 뜻이다.

사실 그 당시에 그들은 이미 거룩한 몸에서 육체로 바뀐 몸이었기 때문에 생명나무 열매를 따먹을 수는 없다. 그런데 굳이 그 말씀을 하신 것은 왜 루시엘이 하나님에게 영원히 저주받은 대상이 되었는지, 죄의 원조가 되었는지를 아담을 통해서 간접적으로 다음 후세들에게 그 비밀을 가르쳐 주시기 위해서 그러한 말씀을 하시고 아담을 내어 쫓으신 것이다.

만약에 하나님께서 가죽 옷을 입혀서 긍휼을 입혀주신 상태에서 아담이 다시 생명나무 열매를 따먹으려고 도전했다면 아담도 용서받을 수 없는 영원한 죄악의 존재로 바뀌어버리는 것이다. 루시엘이 바로 그런 존재로 전락한 것이다. 그래서 교만해진 루시엘은 하나님의 성산에서 쫓겨나고 말았다(겔 28:15-18, 사 14:12). 그런데도 그가 회개하지 않고 다시 도전하므로 영원히 하나님께 용서받지 못할 죄악의 원류, 근본이 되었던 것이다.

한편, 하나님의 큰 은혜를 받았던 아담 자신도 하나님의 생기, 영원한 생명을 가질수 있는 산 자였으나, 그는 하나님의 말씀에 불순종하므로 하나님의 생기와 생령으로서 가지고 있었던 생명력을 잃고 말았다. 더 나아가 아담의 범죄로 말미암아 전 인류가 사망에 이르게 된 것이다(롬 5:12).

그러나 하나님은 타락한 사람에게 구원의 길을 열어주시므로 인류를 구원하시기 위한 무한한 하나님의 자비와 사랑을 나타내주셨다.

먼저 '여자의 후손'에 대한 약속을 주셨다. (창 3:15). 이 말씀은 장차 오실 메시야에 대한 예언이며, 여자의 후손은 십자가에서 우리를 위해 대속제물이 되신 예수 그리스도를 가리키는 것이다(갈 4:4). 마귀는 처음부터 범죄한 자로서, 여자의 후손으로 오시는 하나님의 아들이 사단의 머리를 상하게 함으로 사단 마귀의 일을 멸하실 것이라는(요일 3:8) 것을 아담은 믿었을 것이다. 그리하여 하나님께서 주신 아내의 이름을 '하와', 즉 '생명'이라고 짓고, '모든 산 자의 어미'가 될 것이라고 선포하였다(창 3:20).

또한 하나님께서 아담과 하와를 위하여 짐승의 가죽으로 옷을 지어 입혀 주셨다(창 3:21). 가죽 옷을 지어 입혀주신 것은 희생을 통한 구원의 원리를 보여 주신 것이며, 타락한 인류의 구원이 어떻게 이루어질 것인가를 암시하는 것이다.

> 약 2:13 긍휼을 행하지 아니하는 자에게는 긍휼 없는 심판이 있으리라 긍휼은 심판을 이기고 자랑하느니라

긍휼의 본질은 바로 하나님이 지어 입혀주신 가죽옷이다. 양의 옷이 긍휼이다. '너는 흙이니 흙으로 돌아가라'는 하나님의 저주를 입은 아담이었으나 하나님이 지어 입히신 가죽옷으로 긍휼을 입음으로 말미암아 흙차원으로 완전타락하지 않고 다소나마 그 저주를 벗어날 수 있었고 이겨낼 수 있었으며 아담이 다시 사람으로 회복될 수 있었다. 그리고 열심히 땀 흘려 일함으로써 연한 채소를 먹는 사람이 되었던 것이다.

다시 말하면 채소를 먹었다는 말은 다시 땀 흘려 일하는 구도의 길을 통해서 구원을 입을 수 있는 사람이 되었다. 영원히 저주 받는 입장은 되지 않았다는 것이다. 그만큼 하나님의 긍휼이 중요한 것이다.

이는 예수님이 '나를 따르려면, 나의 제자가 되려면, 영생을 얻으려면 너 자신을 부인하고 각자 자신의 십자가를 짊어지고 따르라'는 그 십자가가 한 마디로 바로 긍휼의 옷이 되는, 어린양의 가죽으로 만든 그 옷을 입고 나를 따르라는 것이다.

그 옷은 예수님이 자기를 희생시켜서 만들어주신 옷이다. 그렇기 때문에 '나의 제자가 되려면 각자 자기의 십자가, 내가 너희들에게 준 가죽옷을 입고 나를 따르라. 내가 너희를 사랑한 대로, 내가 너희에게 자비와 긍휼을 베푼대로 너희도 그 옷을 입고 나처럼 행하라'는 것이다.

그러므로 아담과 하와에게 가죽 옷을 입혀주신 데에는 하나님의 용서와 사랑이 담겨 있었던 것이다. 이는 마치 압살롬의 죽음을 알고 '내 아들 압살롬아! 압살롬아!' 통곡하는 다윗의 모습과도 같은 것이라고 말할 수 있다(삼하 18:33).

7. 아담을 타락시킨 타락의 근원은 어디서부터 시작된 것일까?

하나님께서 생명이 존재할 수 있는 세계를 지으시기 위해서 수면 위에 운행하셨는데(창 1:2), 수면 위에 하나님의 신이 운행했다는 말은 곧 생명의 세계를 지으시고자 언젠가는 수면에 개입하시려는 하나님께서 준비되어 있는 활동력을 보여주시는 것이다. 그러므로 궁창의 세계를 짓기 전 하늘을 지으시는 하나님의 역사의 세계를 잠정적으로 표현하고 있는 말씀이다. 그런 궁창의 세계를 지으시려고 천군들 중에 수장격이 되는 루시엘을 제일 먼저 지으셨다. 그가 지혜의 천사장 루시엘이었다.

지혜의 천사장 루시엘은 하나님의 영광을 덮는 그룹으로 기름부음 받은 존재였다. 그는 하나님과 임마누엘된 존재를 말하는 것이며, 지혜로 말하면 피조물 중에서 가장 뛰어난 존재였고, 가장 흠이 없는 존재였다는 뜻이다. 그러기에 그를 천사들 중에서 완전한 인(印)이라고 말한 것이다. 또한 열 가지 보석으로 단장해주시고 소고와 비파를 예비해 주셨다(겔 28:13).

천상천하에 하늘의 피조물들 중에서 가장 영화롭고 아름다운 존재라고 말할 수 있다(겔 28:12-14). 그런 궁창의 수장격인 루시엘이 타락하고 말았다(겔 28:15-18). 표면적으로는 지혜의 천사장 루시엘이 교만해져서 하나님과 비기려했다고 말하고 있다(겔 28:6). 다시 말하면 머리를 붙들지 않고(계 1:5, 골 2:19), 자기의 뜻을 행하려고 했다는 의미이다.

그러나 이면적인 타락의 원인은 무엇이었을까?

하늘의 세계에서는 지혜의 천사장 루시엘보다 뛰어난 존재가 없음을 자타가 인정하고 있었다. 그러므로 그는 하나님께서 지으신 천지 만물을 자기 자신이 하나님의 후사로서 지키고, 다스릴 수 있는 영광을 당연히 받으리라고 믿고 있었다. 그러나 하나님께서 그 영광의 자리를 하늘의 발등상이 되는 이 땅의 흙 차원의 사람 아담을(창 2:7-8) 하나님의 후사로 선택하셨다는 사실을 하와를 통해서 확인하게 되었고, 분내어 아담의 가정을 파괴하게 된 것이다.

> 사 14:12 너 아침의 아들 계명성이여 어찌 그리 하늘에서 떨어졌으며 너 열국을 엎은 자여 어찌 그리 땅에 찍혔는고

결론적으로 말하면 둘째 날 지으신 하늘의 궁창의 세계에서 이미 타락이 있었기 때문에, 하나님께서 그 세계를 회복하시고자 흙, 사람, 생령의 3단계로 아담을 지으신 것이다.

8. 죄의 결과와 죄의 속량

(1) 창조원리의 수리성

모든 피조세계는 하나님의 형상과 모양이 수리적인 원칙에 의하여 실제적으로 전개된 것이다. 여기에서 하나님께서는 수리성을 가지고 계신다는 것을 미루어 알 수 있다(창 1:28). '수리적'이란 성부·성자·성신 삼위일체 존재이기 때문에 3수적인 존재를 말한다.

따라서 하나님을 닮아 난 피조물은(창 1:27) 그 존재의 양상이나 그 운동이나 그 성장 기간 등이 모두 3수의 과정을 통하여 나타나게 된다.

하나님께서 창조하신 피조물을 들어서 우리의 신앙생활의 과정을 말씀하시기를 '땅이 스스로 열매를 맺되 처음에는 싹이요, 다음에는 이삭이요, 그 다음에는 이삭에 충실한 곡식이라'고 말씀하셨다(막 4:28). 창조의 전 과정을 보더라도 삼위일체의 신으로 역사하셨으며, 인간도 복(腹) 중의 한 기간, 지상 생활의 한 기간을 거쳐 영의 세계에 들어가야만 영원한 천국의 백성으로서 실천(實薦)되는 것이다.

자연에서 3수로 나타나고 있는 그 예를 들어보자.
자연계는 광물, 식물, 동물로 되어 있고, 물질은 기체, 액체, 고체의 3수를 보여주고, 식물은 뿌리, 줄기, 잎의 세 부분으로 이루어졌고, 동물은 머리, 몸, 사족(四足)의 세 부분으로 되어 있다.

성경에서 그 예를 찾아보자.
흙, 사람, 생령이라는 3단계를 거쳐서 완성된 아담이었지만, 타락으로 인하여 창조목적을 이루지 못하였기 때문에 이 목적을 다시 이루는데 있어서도 3단계 과정을 거치지 않으면 안 된다. 사도바울이 체험하였던 낙원세계의 삼층천(三層天)(고후 12:2), 노아 방주도 3층층(창 6:16, 신 10:14, 왕상 8:27, 대하 2:6, 6:18, 계 21:1), 야곱이 하란에서 가나안 땅으로 돌아올 때까지 7년씩 3차에 걸쳐 사역하였고, 모세 때에 어둠의 재앙이 3일간, 출애굽 노정을 위한 3

일간의 사단 분리기간(출 10:21-22), 아담을 중심으로 한 가인·아벨·셋의 세 자식, 노아를 중심한 셈·함·야벳의 세 자식, 아브라함을 중심한 이삭·야곱·요셉, 가나안 점령을 위한 3차의 40년 기간, 요단을 건너기 전 여호수아를 중심한 사단 분리의 3일간, 예수님의 30년 사생애, 3년 공생애, 3인의 동방박사, 그들의 세 가지 예물, 세 제자, 3대 시험, 겟세마네의 3번의 기도, 베드로의 예수님에 대한 3차의 부인, 예수께서 운명하시던 날 3시간의 어두움, 3일 만의 부활 등 그 예는 허다하다.

그리고 피조세계를 6일 동안에 창조하셨다는 의미는 세상 시간 6일을 말하는 것이 아니라, 여섯 기간이라고 말할 수 있다. '천년이 하루 같고 하루가 천년 같다'는 말씀과 같은 의미이다(벧후 3:8). 여기서 말하는 하루는 어떤 한정된 시간을 표시함이 아니고, 단지 성장하는 한 기간임을 표시할 뿐이다.

그러면 인간의 조상 아담과 하와는 언제 타락했는가?

그들은 자라나는 기간, 즉 순종하여 결과를 이루기 전에 타락했던 것이다. 인간이 믿음으로 순종하여 결과를 이루어 완성된 상태에서 타락했다면 우리는 하나님의 전능성을 믿을 수 없는 것이다. 만일 인간이 선(善)의 완성체가 되어 타락하였다면 선 자체도 불완전한 것이 되는 것이다. 따라서 선의 주체인 하나님도 역시 불완전한 분이시라는 결론에 이르고 마는 것이다.

창세기 2:16-17을 보면 하나님께서 아담 하와에게 '선악나무 열매를 따먹는 날에는 정녕 죽으리라'고 경고하신 말씀이 있으나 그들은 하나님의 경고를 듣지 않아서 죽을 수도 있었고, 혹은 그 경고를 받아들여서 순종했으면 죽지 않을 수도 있었던 것으로 보아, 그들은 아직 순종하여 결과를 이루지 못한 미완성기에 있었음이 분명하다. 만물의 세계는 6이라는 기간을 지나서 완성하도록 창조하셨기 때문에, 피조물의 하나인 인간도 그런 원리(수리성)를 떠나서 창조되었을 리는 없는 것이다. 그러므로 모든 피조세계의 만물들이 하나님의 아들들의 영광에 이르기를 바라며 지금까지 탄식하고 있는 것이다(롬 8:22).

(2) 죄의 열매도 수리성에 의해서 맺어진다.

레위기 19:23-25 말씀에 첫 해에 맺히는 열매, 두 번째 해에 맺히는 열매, 세 번째 해에 맺히는 열매가 열리는 3년 동안은 할례를 받지 못한 것으로 여기시고, 4년째 맺힌 열매는 사람이 먹지 못하고 하나님께서 친히 열납하시고, 5년째 맺힌 열매는 사람이 먹으라고 하셨다.

이 말씀을 예를 들어 설명하면, 아브라함·이삭·야곱의 개개인으로 보면 믿음의 조상, 순종의 조상, 행함의 조상이긴 하지만, 각 사람 개인의 믿음으로 이룬 것만 가지고는 할례 받을 수 있는 지경까지 열매 맺지 못한다는 것이다. 왜냐하면 하나님께서 4대를 통해 열매 맺도록 정해놓으셨기 때문이다. 그러므로 서로 합력하여 선을 이룬다고 하신 말씀처럼, 믿음, 순종, 행함의 3대가 합력하여 선을 이루어 4년째 맺는 열매를 하나님께서 취하시겠다는 것이다.

다시 말하면 산 자를 통해서 하나님께서 열납하시고자 하시는 열매는 3단계의 수리성을 통해 4대째 열매 맺음을 의미하는 것이다. 아브라함·이삭·야곱도 개개인으로 승리하여 믿음, 순종, 행함을 개척했지만 그 3인이 개척한 길을 통해서 4번째 열매인 사람이 믿음, 순종, 행함을 짊어지고 에덴동산에 아담의 입장으로서 도전하여 책임 준종함으로써 하나님께서 취하실 수 있는 4대째 열매를 맺는다고 말할 수 있다.

마찬가지로 죄의 열매도 동일한 말씀의 원리에 의해서 4대 만에 열매를 맺는다.

의의 열매나 죄의 열매가 4대를 통해서 이루어진다는 의미 속에는 4대가 가지고 있는 각 개인의 고유적인 인자, 특징들이 영을 통해서, 혼을 통해서, 육의 몸을 통해서 죄의 열매를 맺을 수 있다는 사실을 인정하지 않을 수 없다.

욕심이 잉태한즉 죄를 낳고, 또 죄가 장성한즉 사망을 낳는 수리성의 과정처럼(약 1:15), 4대 만에 열매를 맺는다는 창조원리에 의하면 영을 통해서, 혼을 통해서, 유전적인 몸의 경로를 통해서 죄가 전해진다는 의미는 생명 속에 있는 유전 인자(DNA)를 통해서 다음 세대에게 물려주거나 물려받고 있는 형태가 4대째에 완전한 열매가 이루어진다는 것이다. 설사 아버지가 죄를 지었어도 아버지 당대에는 죄의 열매를 맺지 못한다는 것이다.

이처럼 원죄, 유전죄, 자범죄도 창조 원리에 의해 3단계의 수리성의 과정을 통해 이루어지게 되는 것이다. 인간의 죄는 하나님의 긍휼과 보혈의 능력을 입지 않고는 그 어떠한 구도의 길을 밟을지라도 인간 스스로는 절대로 해결할 수 없고, 호리라도 갚지 않으면 거기서 나올 수 없다는 것이다(눅 12:59).

(3) 죄의 종류

죄에는 원죄, 유전죄, 자범죄가 있다. 그렇다면 하나님께서 이루시고자 하시는 그 세계에 원죄, 유전죄, 자범죄가 생기게 된 원인이 무엇이며(창 3:6), 그 결과는 어떻게 되었는가?

아담의 불순종으로 영을 빼앗김으로 원죄가 존재했다.

에덴동산에서 선악나무 열매를 따먹음으로(창 3:6) 아담과 하와가 쫓겨났다(창 3:22-23). 선악나무 열매는 곧 율법이기 때문에 선악나무 열매를 따먹으면 죽을 수밖에 없다.
'따먹으면 정녕 죽으리라'(창 2:17)는 하나님의 말씀을 불순종하므로 나타나는 죄가 원죄라고 할 수 있다. '불순종하므로'라는 의미 속에는 이미 순종할 수 있는 어느 정도의 은혜를 받았다는 것을 의미하고 있다.
뱀의 유혹을 받지 아니하였더라면 하와가 불순종할 리가 없다. 그런데 뱀이 등장한 것은 이미 아담과 하와를 불순종하게 만들 수 있는 존재가 있었기 때문이고, 그 뱀이 등장할 것을 아시고 하나님께서 아담에게 '에덴동산을 지키라'(창 2:15)고 하신 것이며, '선악나무 열매를 따먹지 말라'(창 2:17)고 하신 것이다.

그렇다면 하나님께서 왜 아담에게 금단의 말씀을 하신 것일까?
'그리스도의 말씀을 들음으로 믿음이 생기는 것이다'(롬 10:17)라는 말씀처럼, 아담이 하나님의 말씀을 듣고 지키고 순종케 하므로 아담을 믿음의 사람으로 만들어서 '믿음의 주'(히 12:2)이신 생명나무를 바라보게 하신 것이다. 그런 아담이 되었다면, 하나님께서 생명나무를 통해서 주시는 시험과 연단을 통해서 새 이름을 주셨을 것이다(계 2:17). 그러한 결과적인 상황을 깊이 인식해 본다면 원죄는 말씀을 믿지 못하는 불순종을 통해서 믿음을 저버리는 믿음의 죄, 영적인 죄를 말하는 것이다(롬 14:23). 이것이 원죄의 근본적인 모양이다. 다시 말하면 하나님의 형상과 모양을 입음으로 영화로운 존재가 되었던 인간이 불순종하므로 생령의 존재가 하나님의 영을(창 2:7, 요 6:63) 빼앗긴 것이다.

가인이 아벨을 죽임으로 혼을 빼앗겨 유전죄가 생겼다.

성경에는 많은 살인의 내용이 있다. 그들은 하와를 유혹해서 타락시켰던 뱀의 고유적인 특징을 그대로 대물림을 받은 자들이다. 유전죄의 의미는 말 그대로 조상과 부모로부터 물려받은 죄를 가지고 있는 것이다.

가인은 온유한 자가 아니었기 때문에 아벨을 쳐 죽인 것이다(창 4:3-8). 가인이나 아벨이나 아담이 선악나무 열매를 따먹은 원죄를 아담으로부터 부여받은 죄인이기도 하고, 또한 선악나무 열매를 따먹으면 죽으리라는 원시복음이 아담을 통해 그들에게 전해졌을 것이다.

그런 입장에서 아벨은 아담이 가르쳐준 '정녕 죽으리라'는 그 말씀을 듣고, 믿고, 순종해서 제사를 드린 반면, 가인은 그 말씀을 깊이 생각지 못하고 그 말씀을 만홀히 여기는 가운데 사람의 생각으로 제사를 드렸으므로 하나님께서 열납지 않으셨던 것이라고 말할 수 있다. 설사 가인이 믿음으로 제사를 드렸다고 해도 그 믿음이 하나님께서 보시기에 합당치가 않으셨을 것이다. 왜냐하면 그는 이미 악한 자에게 속하였다고 요한 일서 3:12에서 말씀하고 있다.

믿음의 주를 믿는 것이 믿음이다. 아벨은 믿음으로 제사를 드렸지만, 가인이 제사를 드리는 데는 믿음이 없었던 것이다. 그러므로 믿음이 없는 가인이 믿음이 있는 아벨을 쳐 죽인 것이다. 시기, 질투, 저주하는 행위도 유전죄의 또 다른 형성의 과정이 되는 것이다.

> 요 9:1-3 예수께서 길 가실 때에 날 때부터 소경 된 사람을 보신지라 제자들이 물어 가로되 랍비여 이 사람이 소경으로 난 것이 뉘 죄로 인함이오니이까 자기오니이까 그 부모오니이까 예수께서 대답하시되 이 사람이나 그 부모가 죄를 범한 것이 아니라 그에게서 하나님의 하시는 일을 나타내고자 하심이니라

날 때부터 소경된 사람을 만났을 때 예수님의 제자들이 예수님께 '그가 소경으로 난 것이 자기의 죄입니까? 부모의 죄입니까?'라고 물었다.

여기서 말씀한 부모의 죄, 조상의 죄로 인한 것이 유전죄인 것이다. 타락한 인간은 예수님의 태초의 말씀으로 무한한 자유의 기쁨을 누릴 수 있는 영원성을 가진, 하나님의 신성과 인성을 닮아가는 인간이 될 수 있었다. 그런 인간이 선악나무 열매를 따먹음으로 선악이라는 제한된 죄악의 속성 속에서만 살아갈 수 있는 인간으로 타락하고 말았다. 그런 자들을 아시는 예수께서 그들을 질타하셨고, 질타받은 그들이 그 분기를 참을 수 없어서 결국은 예수님을 십자가에 죽게 한 것이다. 이렇게 선악나무 열매를 따먹은 아담에게 물려받은 유전죄로 인하여 결국 믿음이 없는 가인이 아벨을 죽이게 되므로 혼을 빼앗기게 되었다(전 3:21).

셋의 후예들이 가인의 딸들로 인해 몸을 빼앗기므로 자범죄가 생겼다.

자범죄는 자신의 죄로 말미암은 것이다. 원죄, 유전죄가 아닌 자기 개인이 가진 특성을 가지고 짓는 죄이다. 자범죄의 근본을 추적해 보면, 전도서 7:29 말씀처럼 하나님께서는 본래 사람을 정직하게 지으셨지만 사람들이 자기의 생각과 꾀에 빠져서, 하나님께서 지으신 정직함을 버리고 전부 악한 사람이 되었기 때문이다.

가인도 마찬가지다. 가인이 아벨을 쳐 죽임으로 하나님께서 아벨 대신 셋을 주셨다(창 4:25). 셋은 분명히 가인과는 '다른 씨'이다. 다른 씨를 주셨다는 말씀은 가인과는 전혀 다른 상대적인 존재인 악을 모르는 선한 사람들을 주셨다는 것이다(요 15:19). 그런 그들이 자기 꾀에 빠져 가인의 후손들과 교제하여 하나가 됨으로, 선악을 아는 존재가 되고 말았다는 것이다. 그러므로 결국은 셋의 후예들의 온전한 몸이 창기와 같은 몸이 되어버린 것이다(창 6:1-4, 고전 6:16).

그들이 왜 그런 꾀에 빠진 것일까?
가인의 후손들은 셋의 후손들에 비해서 혈통적으로 월등하게 육체적으로 아름다웠고 강건했다. 그러므로 셋의 후손들, 셋의 자녀들이 가인의 후손들과 한 몸을 이룸으로 아낙 자손과 같은 네피림의 족속이 탄생되었다(창 6:4, 민 13:33).

네피림은 어떤 사람들을 말하는 것인가?
네피림은 선과 악을 공유하고 있는 종자들이다. 네피림을 '고대의 용사'라고 표현하는 '용사'라는 의미 속에는 악을 저지르는 데는 절대 하나님을 두려워하지 아니하고 하나님을 경외하지 아니하는 강한 의지와 용기를 가지고 있는 종자들이라는 것이다. 악에는 강하고 용기가 있으나, 선에 대해서는 전혀 부끄러움을 모르는 그런 악한 근성을 가지고 있는 유형의 사람들이 네피림과 같은 존재들인 것이다.

노아 때에도 하나님께서 후회하시고 한탄하신 이유가 무엇인가? 그 시대의 사람들은 왜 노아가 전하는 방주의 복음을, 심판과 구원의 복음을 믿지 못한 것일까?(창 6:5-9) 그 이유는 그 시대에도 네피림이라는 혈통적으로 선한 장점을 가지고 있는 사람들과 악의 장점을 가지고 있는 사람들이 결합함으로 말미암아 인종 자체도 더 강력한 인종들이 등장하기 시작했다고 말할 수 있다. 가라지와 같은 족속으로 변모됨으로 그들이 노아가 전하는 방주의 복음, 심판, 구원에 대한 예언의 말씀과 복음을 절대 들을 수가 없었고 믿을 수가 없었기 때문에 마귀들이 노린 노림수 중 하나는 하나님의 후손들을 타락시키는 것이다. 그래서 가인의 딸들의 아름다움을 통해서 끝내는 셋의 후예들을 전부 타락시키고 말았다.

이렇게 아담으로 인해 인간이 영을 빼앗기고, 가인으로 인해 혼을 빼앗기고, 노아 때 셋의 후손들이 가인의 딸들로 인해 마지막으로 몸까지 빼앗기므로 그 몸이 '육체가 되었더라'(창 6:3)는 말씀대로 인간은 완전타락을 하게 되었다(창 3:19). 사람의 죽음은 바로 죄로 인해서 온 것이다(약 1:15). 그러므로 아담 이후 타락한 모든 인류는 죄로 인하여 사망할 수밖에 없게 되었다(롬 5:12). 본래 사람이 범죄하지 않았다면 영생할 수 있는 존재였지만 범죄함으로 영생을 상실하게 된 것이다.

죄를 해결하지 못하면 인간은 절대 용서받을 수 없다(약 1:15). 또 원죄, 유전죄, 자범죄를 호리라도 갚지 못하면 구원받을 수 없는 것이다(눅 12:59). 죽는 자의 죄는 죽는 자가 해결할 수 없다. 산 자들이 해결해야 한다. 그러기 때문에 하나님께서는 택하신 이스라엘 백성들을 애굽으로 보내서 그들의 원죄, 유전죄, 자범죄를 다 속량시키시고 4대 만에 돌아오게 하신 것이다(창 15:16).

이스라엘 백성들은 애굽에서 원죄, 유전죄, 자범죄를 어떻게 속량 받았는가?

첫째, 요셉이 가진 생명나무의 지혜로 애굽의 신민을 살려주므로 원죄를 속량 받은 것이라고 말할 수 있다(창 50:18-21).

형제들의 미움을 사서 애굽에 팔려 간 요셉이 애굽의 총리가 되어, 요셉의 지혜로 7년 대풍년 후에 7년 대흉년으로 죽을 수밖에 없었던 애굽 백성들을 살려주었다(창 41:47-57, 47:13-26). 이것은 '내가 네 원수를 네 발의 발등상으로 둘 때까지 내 우편에 앉았으라 하셨도다 하였느니라'라는 말씀과 같은 맥락이 된다(눅 20:43, 행 2:35, 히 1:13, 시 110:1).

둘째, 이스라엘 백성들이 낳은 남자 아이들을 죽인 것이다(출 1:15-22).

애굽 왕 바로가 그 모든 신민에게 명해서 이스라엘 백성들이 남자를 낳으면 그를 하수에 던지고 여자는 살리라고 하였다. 이 사건은 가인이 아벨을 쳐 죽인 유전죄의 단면을 의미하는 것으로서 이스라엘 백성들의 계대(繼代)를 말살시킨 것이다. 이것은 이스라엘 백성들의 유전죄의 속량을 의미한다.

셋째, 그 후로 요셉이 잠들고 나서 이스라엘 백성들이 애굽에서 종살이하면서 육신적으로 심한 고통을 받았다. 이스라엘 백성들이 육체로 고난 받은 것이 그들의 자범죄의 속량을 그림자적으로 표현하고 있는 구속의 말씀이라고 할 수 있다.

이렇게 이스라엘 백성들이 애굽에서 종살이하는 과정을 통하여 죄를 회복하여 속량이 된 것이며, 이것이 바로 호리라도 남기지 않고 다 갚고 나와야만 하는 하나님의 구속사의 세계라고 말할 수 있다(눅 12:59). 이 역사를 하나님께서 아브라함을 통해 언약하시고, 이삭을 통해 맹세하시고, 야곱을 통해 율례와 규례를 정하시고, 요셉을 통해 그 목적을 이루신 것이다(시 105:9-10). 속량을 받기 전에는 절대 구원받을 수 없다는 것이다.

속량을 받았다는 것은 구속사의 대가를 지불하게 하셨다는 것이다. 하나님께서 이스라엘 백성들의 죄를 속량해주시기 위해서 애굽을 속량물로 구스와 스바를 대속물로 주셨다(사 43:3). 그러나 이스라엘 백성이 애굽에서 돌아올 때 4대의 요셉이 돌아오는 것이 아니라, 7대의 모세, 8대의 여호수아에 의해 요셉의 해골을 메고 가나안 땅에 돌아오게 된 것이다. 하나님의 계명과 요셉의 해골을 메고 들어오는 이 역사가 이스라엘 백성들이 속량 받을 수 있는 속량의 징표가 된 것이다.

이처럼 하나님께서 어떻게 인류를 구속해서 구원하시는지 가장 잘 보여주신 언약이며, 속량을 받기 위한 구원의 청사진이며, 이스라엘을 구원시키는 속죄의 은총의 역사가 바로 횃불언약이다(창 15:13-17).[17]

---

17) 70쪽 <1. 횃불언약이란 어떤 언약을 말하는 것인가?> 참조

9. 죄, 타락, 구원에 대한 하나님의 입장

죄, 그렇다!

죄 때문에 타락했다고 한다. 그놈의 죄가 무엇이기에 인류의 족속을 한 아가리로 삼킬 수 있다니! 욕심이 장성하면 죄가 되고 죄가 장성하면 사망이 된다. 한 마디로 죄는 인류를 사망으로 인도하는 앞잡이인 것이다. 그러므로 죽음 직전에 저승사자가 죽는 자를 인도하러 온다는 속설 아닌 속설도 있다.

죽은 모세의 시체를 놓고 마귀가 오지 않았는가! 왜 마귀가 죽은 모세의 시체를 자기 것이라 주장해야만 하는가? 마귀가 주장하는 당위론은 무엇인가? 왜 죄는 마귀 것이어야만 하는 것인가? 하나님은 왜 죄를 간섭하시지 않으시는가?

대군 미가엘이 마귀에게 '다만 하나님께서 너를 책망하시기를 원하노라' 대군 미가엘이 하는 말이 마귀에게 단순히 겁을 주기 위해 한 말일까? 그렇다면 언제 하나님께서 마귀를 책망하셨단 말인가? 책망한 흔적이 없기에 신학적으로 오늘에 이르기까지 마귀가 모세의 시체를 가져갔다고 가르치고 있지 않는가? 그 중차대한 때에 발설한 대군 미가엘의 소리친 그 말은 사라지는 안개같은 말이었던가! 아담 이래 이 땅에서 죽어간 그 많은 인생들, 그들의 시체를 마귀가 모두 가졌단 말인가? 그렇다면 마귀는 인간들의 시체만을 먹고 사는 존재들이란 말인가?

여호와 하나님이 뱀에게 '네가 이렇게 하였으니 네가 모든 육축과 들의 모든 짐승보다 더욱 저주를 받아 배로 다니고 종신토록 흙을 먹을지니라' 종신토록, 즉 평생토록 흙을 먹을지니라.

흙, 정말 사람들이 밟고 다니는 흙을 말하고 있는 것일까? 파충류에 속한 뱀이 흙만 먹고 사는 존재라고 믿고 사는 인생들은 아마도 오늘날은 없을 것이다.

그렇다면 흙이란 무엇일까? 흙, 사람, 생령이란 인간 존재의 3단계 과정을 생각한다면, 흙이란 인생, 즉 사람의 본질을 의미한다고 말할 수 있다. 존귀에 처하나 그것을 깨닫지 못하는 인생은 멸망하는 짐승과 같다. 사람은 사람이로되 존귀를 모르는 인생, 그들을 가르쳐 흙 같은 사람이라고 할 수 있지 않는가? 그러나 그들도 토기장이가 지으신, 즉 하나님이 지으신 존재이기에 지으신 이의 신성과 능력, 몸과 마음, 즉 혼을 가지고 있다는 것이다. 그러기에 인생의 혼은 위로 올라가고 짐승의 혼은 아래, 곧 땅으로 내려가는 줄을 누가 알랴? 땅 아래로 내려가는 짐승과 같이 된 혼을 평생 먹고 살라고 한 것이다. 왜냐하면 존귀한 인생을 존귀를 깨닫지 못한 자들로 그들이 만들었기에 진 자는 이긴 자의 종이 되는 것처럼, 마귀가 자기의 종으로 전락시킨 그들을 마음대로 소유할 수 있다는 의미적인 표현이 아니겠는가? 그런 입장에서 '너는 평생 흙을 먹고 살지니라' 하신 것이 아닐까?

그렇다면 마귀는 왜 흙을 먹는 존재가 되었을까?

들짐승 중에서 가장 간교한 뱀이 되어 하나님이 만들어 놓으신 인류의 첫 가정, 뜻의 가정을 파괴하였기 때문이었다. 그것도 하나님의 이름을 위장하여 금단의 열매를 먹으면 하나님처럼 된다는 거짓말을 통하여 끝내 그들로 하여금 그 열매를 먹게 하고 말았다.

　왜 그들은 그 열매를 먹게 하였을까? 하와를 통해 그들에게 주신 첫 계명이 '선악나무 열매를 따먹으면 정녕 죽으리라' 하셨다는 말씀을 알게 되므로 마귀의 입장에서는 수단 방법을 가리지 않고 아담에게 주신 첫 계명을 불순종하게 만들고자 최선을 다 할 수밖에 없었을 것이다. 그 결과로 말미암아 아담의 가정은 파괴되어 '보라 이 사람이 선악을 아는 일에 우리 중 하나같이 되었으니 그가 그 손을 들어 생명나무의 실과도 따먹고 영생할까 하노라' 하시고 에덴동산에서 그들을 내어 보내어 그의 근본된 토지를 갈게 하시고 말았다. 그러므로 천상의 타락에 이어 이 땅에서 지상 타락이 이루어지고 말았다. 물론 천상타락을 이루었던 그들에 의해 이 땅에서도 동일한 역사에 의해 같은 결과로 전락하고 말았다. 그렇다고 하여 아담에게 천상타락 세계를 전무하게 가르쳐주지 않은 것은 아니다. 그런 세계, 그런 존재의 대상들이 있기에 지키라고 하셨고 따먹지 말라고 하신 것이다.

　두 가지 말씀을 통하여 궁창, 천상세계의 타락을 밝히 가르쳐 주셨던 것이다. 그럼에도 불구하고 뱀의 말에 더 깊은 유혹에 빠져 하나님의 말씀을 저버리고 만 것이다. 살아있는 양심을 가진 자라면 첫 번째 죄를 질 때 얼마나 양심이 고동쳤겠는가? 숫처녀가 온전치 못한 첫 순결을 빼앗길 때 얼마나 두렵고 떨리는 두근거림을 가졌을까? 생령으로 지음 받은 그들이 흔쾌히 뱀의 말을 기쁨으로 받아들일 리가 있었겠는가? 생령으로서 죄를 모르던 그의 선한 양심이 죄의 도전 앞에 순간이나마 하나님이 주셨던 그 모든 은사들이 소리치며 항거하였을 것이다. 그러나 이미 먼저 따먹은 여자의 합세로 인하여 끝내 아담도 먹고 말았을 것이다.

그러므로 '마음이 올무와 같고 손이 포승 같은 여인은 사망보다 독한 자라'(전 7:26). '여자가 그 나무를 본즉 먹음직도 하고 보암직도 하고 탐스럽기도 한 나무인지라' 이 세 가지 표현을 가리켜 바울께서는 육체의 정욕, 안목의 정욕, 이생의 자랑이라 했다(요일 2:16). 이미 여자는 그 나무를 마음 속으로 기꺼이 받아들였기에 그 열매를 따먹었을 것이다. 특히 생명나무와 선악나무는 에덴동산 한 가운데 두었다고 했다. 한 가운데라는 의미는 성전의 입장으로 말한다면 지성소와 같은 곳인데 하와인 여자가 어찌 그 곳을 그리 쉽게 들어갈 수 있었을까? 그 만큼 뱀의 말에 깊숙이 빠져있었다고 할 수 있지 않은가?

그러기에 바울은 '여자는 교회에서 묻지 말고 집에 가서 남편에게 물으라'고 했다. 물론 여기에도 남자인 아담에게 문제점이 없는 것은 아니다. 도를 가르치는 것은 남자이며 열매를 따는 것은 여자의 몫이다. 지키라는 말씀을 통하여 침범할 자가 있다는 것을 조금만 신경썼다면 하와가 그렇게 이방인을 쉽게 받아들이지는 않았을 것이다. 그러므로 합력하여 선을 이루라 하신 것이 아닐까?

그렇다고 하여 한 번 실수로 에덴동산에서 추방하시다니, 한 번 실수는 병가지상사라고 했는데 어떻게 보면 너무 심한 경우가 아닌가? 그러나 이들이 오늘 우리들처럼 보통 인간이 아니라 생령의 존재라는 것이다. 흙, 사람, 생령이라는 3단계, 수리성, 삼일 길을 통해 완전한 자로 이루어져가는 생령의 존재들이기에 단 한 번의 실수란 존재할 수 없는 것이다.

먼저 첫 번째 주신 말씀대로 '선악나무 열매를 따먹지 말라' 하신대로 뱀과 싸워 이겼다면 생령으로, 아담이 아닌 새 이름을 받았을 것이다. 따먹으면 정녕 죽으리란 말씀 속에는 그 말씀을 시험할 사람을 보내리라 하는 의미가 들어있는 것이다. 그러기에 '사랑하는 자들아 너희를 시험하려고 오는 불시험을 이상한 일 당하는 것 같이 이상히 여기지 말고 오직 너희가 그리스도의 고난에 참예하는 것으로 즐거워하라' (벧전 4:12-13) 물론 오늘 부족한 우리의 입장과는 다르겠지만 '먹으면 정녕 죽으리라' 한 말씀 속에는 먹게 만드는 자를 꼭 보내겠다는 의미가 살아있다는 것을 잊지 말아야 할 것이다.

그렇다면 선악나무는 어떤 열매이기에 먹으면 정녕 죽는다는 것일까? 정녕이라는 말씀 속에는 완전한 죽음을 의미하고 있다는 것이다. 즉 영, 혼, 몸이 죽는 완전한 타락을 의미하는 것이다.

어떤 열매이기에 완전타락이 이루어지는 것일까? 그 열매 자체에 영, 혼, 몸을 죽일 수 있는 독이 들어있다는 것이다. 도대체 그 독이 어떤 것이기에 그런 위력을 나타내는 것일까? 그것, 즉 그 독을 알기 위해서는 선악나무, 그가 누구인지 알아야 할 것이다. 그는 천상의 타락, 그 세계 속의 주인공이다. 에스겔 26, 27, 28장 말씀을 인용한다면 그는 궁창의 세계에서 주인공과 같은 뛰어난 존재였다.

'너는 기름부음을 받은 덮는 그룹임이여 내가 너를 세우매 네가 하나님의 성산에 있어서 화광석 사이에서 왕래하였도다(겔 28:14) 10가지 보석으로 단장하여 네가 지음을 받던 날에 너를 위하여 소고와 비파가 예비되었도다'(겔 28:13) 하나님이 친히 기름부어 주신 덮는 그룹의 존재로서 그는 천상의 세계에서 가장 아름다운 존재, 지혜로운 존재로서 모든 길에 완전하더니 마침내 불의가 드러나고 말았다.

첫째, 네 무역이 풍성하므로 네 가운데 강포가 가득하여 네게 범죄하였다.
둘째, 네가 아름다우므로 마음이 교만하였으며,
셋째, 네가 영화로우므로 네 지혜를 더럽혔다.
넷째, 네가 죄악이 많고 무역이 불의하므로 네 모든 성소를 더럽혔다.

이처럼 루시엘이 둘째날 지으신 궁창의 세계의 질서를 파괴하므로 '하나님이 궁창을 만드사 궁창 아래의 물과 궁창 위의 물로 나뉘게 하시매 그대로 되니라' 하시고는 '보시기에 좋았더라' 하시지 못했다. 그리고는 루시퍼에게 '너 아침의 아들 계명성이여 어찌 그리 하늘에서 떨어졌으며 너 열국을 엎은 자여 어찌 그리 땅에 찍혔는고' 하나님의 완전 저주로 인하여 심판 받은 자이기에 무저갱에 가둔 자이기에 그는 완전한 사망의 독이란 존재가 되고 말았다. 죄의 원조, 죄의 시조가 되었다.

그렇다면 그 때, 그 즉시 그를 심판하시고 그들의 모든 행위 일체를 금지시켰더라면 더 이상 천상타락이 지상타락으로 이어지지는 않았을 것이다. 그런데 왜 하나님께서는 그들을 제재하지 아니하시고 도리어 그를 에덴동산 한 가운데로 생명나무와 함께 두시어 인류의 시조인 아담으로 하여금 시험의 도구로 삼으신 이유는 무엇이었을까?

'네 하나님 여호와께서 이 사십년 동안 너를 광야길을 걷게 하신 것은…너를 낮추시며 너를 시험하사 네 마음이 어떠한지 그 명령을 지키는지 아니 지키는지 알려 하심이라'(신 8:2) 그러나 한 가지 분명한 사실은 시험을 받는 대상에 따라 그 결과가 달라진다는 것이다. 흙, 사람, 생령이라는 차원과 입장에 따라 그 적용이 달라진다는 것이다.

얼굴에 광채가 났던 모세, 생령의 차원이었기에 그 또한 단 한 번의 죄로 말미암아(민 20:10-12, 시 106:32-33) 젖과 꿀이 흐르는 약속의 땅, 가나안으로 들어가지 못했다. 하물며 인류의 첫 사람인 아담에게 첫 계명, 첫 언약을 주셨다는 것은 그로 하여금 하나님의 후사로 삼으시며 세우시기 위한 최초의 언약이며 최고의 약속이셨다.

궁창의 세계, 즉 천상의 세계와 지상의 세계를 지키며 다스리며 생육 번성시킬 수 있는 권세와 능력을 주시어 그로 하여금 하나님을 대신할 수 있는 하나님 아들과 방불한 존재로 하나님의 후사로 세우시고자 최초의 언약, 최고의 언약을 주셨던 것이다. 그러한 입장이었기에 궁창의 핵심인물이었던 루시퍼가 선악을 동시적으로 알고 있으면서 죽지 않는 존재, 생령차원에서 지음 받았던 그가 첫 계명, 첫 언약을 주신 것에 대한 시험의 기준 대상의 표적이 되었던 것이다. 만약 아담과 하와가 뱀의 유혹을 물리치고 선악나무 열매를 따먹지 아니하였다면 아담은 이긴 자가 되어 새 이름을 받고 하나님과 더 가까운 존재가 당연히 되었을 것이다.

왜냐하면 하나님께서는 완전하지 못한 대상에게는 자기의 완전함을 보여주시지 못하는 분이기 때문이다. 그러기에 노아에게 완전한 은혜를 주시어 당대의 완전한 의인을 만드신 후 세상을 심판하실 수 있는 완전한 방주의 비밀을 가르쳐 주신 것이다.

방주의 장 300규빗, 광 50규빗, 고 30규빗, 이는 곧 성부, 성자, 성령의 암호가 아니던가! 그러기에 출 33:18-19에 모세가 '하나님의 선한 형상을 보여 주소서' 하자, '나를 보고 살 자가 없다' 하시면서 뒷모습만 보여 주시지 않았는가! 비록 얼굴에 광채가 나는 존재였지만 모세는 정죄의 직분을 가졌던 자였기에, 즉 의의 직분의 광채가 아니었기에 보면 죽는다고 한 것이다.

이처럼 하나님께서 완전한 자가 아니면 하나님의 선한 형상을 볼 수 없다는 것이다. 그러기에 아담이 선악나무와 싸워 이겼다면 생명나무 앞으로 나아가 그 열매를 따먹고 영생의 존재가 되었을 것이다.

영생의 존재, 어떤 대상을 말하는 것일까? 영원한 생명을 가진 존재, 즉 예수께서 이르시되 '내가 진실로 진실로 너희에게 이르노니 인자의 살을 먹지 아니하고 인자의 피를 마시지 아니하면 너희 속에 생명이 없느니라 내 살을 먹고 내 피를 마시는 자는 영생을 가졌고 마지막 날에 내가 그를 다시 살리리니…'

그러한 열매를 주시고자 첫 계명, 첫 언약을 주셨던 것인데 불순종으로 말미암아 그 모든 하나님의 계획이 깨어지고 만 것이다. 깨어지고 깨어진 하늘과 지상세계의 그 참혹함을 바라보시는 하나님의 심정, 정녕 하나님께서는 그렇게 될 결과의 세계를 모르시고 계셨단 말일까?

전능하신 하나님이신데, 믿음으로 세우시고 말씀으로 창조하신 자신의 작품, 자기의 세계이신데… 그러신 분이시기에 알파와 오메가, 처음과 나중, 시작과 끝이라 하시지 않았는가! 땅의 4수와 하늘의 3수의 세계를 처음부터 끝까지 동시에 보고 있는 분이신데…

왜 이처럼 비참한 타락의 결과를 보고만 계신 것일까? 세상의 소리에도 '극적인 반전'이란 말이 있다. 하나님께서도 극적인 반전을 꾀하시고 있는 것을 보게 된다. 왜 그런 선택을 하시는 것일까? 하나님께서 하시는 시종을 인생들로 하여금 알지 못하게 하시기 위해서란다(전 3:11, 전 8:17). 아무 육체라도 하나님 앞에서 자랑치 못하게 하려하사 세상의 미련한 것을 택하시고 세상의 약한 것들, 천한 것들, 멸시 받는 것들, 없는 것들을 택하신다는 것이다(고전 1:26-29).

그리고 한편 극적인 반전을 시도하신 것은 '주께서 참으로 저희를 미끄러운 곳에 두시며 파멸에 던지시니 저희가 어찌 그리 졸지에 황폐되었는가 놀람으로 전멸하였나이다'(시 73:18-19) 그 누구도 예상하지 못한 순간 졸지에 그들을 미끄러뜨리기 위해 극적인 반전을 시도하셨다는 것이다. 자신들의 죄에 대하여 변명할 기회를 주시지 않기 위하여 그렇게 하셨다는 것이다.

포괄적인 그런 의미를 짊어지시고 창세기 3:15 말씀대로 이 땅에 여인의 후손으로 오신 예수! 스스로 자신을 가리켜 말씀이 육신으로 오신 은혜와 진리, 둘째 아담으로 오셨다고, 아버지의 이름으로 오셨다고 증거하시고 계신 예수! 그렇다면 예수 전에 오신 노아, 아브라함, 그들 또한 인류의 둘째, 또는 셋째 조상, 또는 믿음의 조상이라 하지 않는가! 그들은 첫째 아담과 어떤 관계적인 사람들일까? 인류의 조상이라는 차원에서 본다면 같은 맥락의 입장이라고 말할 수도 있는 것 같은데… 왜 예수님만이 마지막 아담이라는 칭호가 붙는 것일까?(고전 15:45) 물론 노아, 아브라함, 그들은 여인의 후손으로 태어난 존재들은 아니다.

사역적인 입장으로 볼 때도 첫째 아담이 상실한 내용과는 다르다는 것을 누구나 알 수 있다. 노아에게는 전 세대를 물로 심판하고 새로운 세대, 생명나무가 아닌 포도나무의 세계를 펼치려했다는 점, 아브라함에게는 멜기세덱이 떡과 포도주로 축복해주므로 아브라함과 다윗을 통하여 예수 그리스도의 세계를 이루게 하시기 위함이었다는 점(마 1:1), 그런 점을 살펴볼 때 그들은 결코 아담의 사역과는 내용이 다르다는 것을 알 수 있다.

하물며 산 자의 축복을 받아 아이를 낳고도 믿지 못한 불신으로 빼앗긴 영광을 회복하는 과정에 있어서도 낳았던 아이를 죽였다가 다시 살리시므로 축복해주신 본래의 영광을 다시 회복할 진대, 아담의 후손 인류가 짊어지고 있는 원죄, 유전죄, 자범죄를 누가 책임지고 죽을 자가 있겠는가!

아무나 죽는다고 하여 그 죽음 자체가 모든 것을 해결할 수 있겠는가? 짐승의 피 속에도 생명이 들어 있기에 단 한 번 일회적으로 그 생명을 이용하고 있지 않은가! 하물며 아담의 후손으로 이 땅에서 태어났던 전 인류의 세 가지 죄와 허물을 그 어느 누가 어떤 죽음으로 해결할 수 있겠는가? 노아, 다니엘, 욥, 아브라함, 다윗, 그 어느 누구의 대속의 죽음인들 인간의 죄를 해결할 수 없지 않은가?

그러기에 우주 만물을 창조하신 조물주, 그 자신인 하나님(요 1: 1-3)의 죽음만이 인간의 죄를 해결하실 수 있는 유일무이하신 영원무궁한 생명인 것이다(히 9:13-15). 그러므로 인류의 죄를 해결하시기 위해 세상 끝에(히 9:26) 오시어 이제 자기를 단 번에 제사로 드려 죄를 없게 하시려고 십자가를 통하여 자기의 피를 흘리므로 죄를 해결해주시고, 피 속의 말씀을 통하여 오늘 우리로 하여금 바라는 자들이 되게 하여 주신 것이 아닐까? 그러므로 그의 피, 보혈의 능력이라 하지 않는가?

피 속에 들어 있는 그 말씀, 그 말씀을 피 속에 감추시고 이 땅에 떨치시므로 아버지에 관한 것을 비사로 이르지 아니하고 밝히 이르시리라(요 16:25) 하시지 않았는가? 그 말씀을 두고 가셨기에 이 땅에서 '작은 책'을 먹으라 하신 것이 아닐까?(계 10:7-11) 그러기에 '내 원대로 마시옵고 아버지 뜻대로 행하소서' 아버지의 뜻을 행하기 위해 모세와 엘리야를 부르시어 사후의 대책을 의논하신 것이 아닐까?

아버지의 뜻대로 십자가상의 7언의 말씀을 통하여 예수의 이름으로 오신 목적을 다 이루시고 둘째 아담으로 이루셔야 될 생명나무의 열매를 따먹고 사망의 권세를 깨고 부활의 능력으로 하나님 아들로 인정받아 멜기세덱 반차를 따라 하늘의 대제사장이 되시고자 스스로 음부의 길로 들어가시는 성자 예수, 그 분이 아니고서야 어느 누가 땅 차원이 아닌 하늘 차원의 존재로서 거듭나며 변화 받을 수 있겠는가?(고전 15:21-24) 이러한 자신에 대한 확고한 의지를 가지고 계셨기에 천상타락, 지상타락의 세계를 바라보시며 세상 끝날, 때가 차기를 기다리고 계셨던 것이다. 여인의 후손으로 오실 길을 예배하시며, 준비하시면서…

Ⅱ
성경 속에 산 자의 세계를 완성하기 위한 두 도맥

1. 산 자의 세계란 어떤 것인가?

아담이 '선악나무 열매를 따먹으면 정녕 죽으리라'(창 2:17)는 하나님의 말씀에 불순종하고 '선악을 아는 일에 너희가 하나님과 같이 된다'(창 3:4-5)는 마귀의 거짓된 속임수에 빠져서 선악나무 열매를 따먹고 죽는 자가 되었다.

성경에서의 죽음이란 인간의 수명을 다하고 죽는 죽음보다는, 죄가 개입되므로 죽는 것을 말한다(약 1:15). '살았다는 이름은 있으나 죽은 자로다'(계 3:1)라는 말씀처럼 목숨만 붙어있다고 해서 산 자라고 볼 수 없는 것이다. 아담 이후 사망을 이길 수 있는 사람은 한 사람도 없었다. 아담 이후의 사람들은 영원한 죄의 종으로 죽는 자들이 되고 말았다(벧후 2:19).

하나님께서는 죄로 인해 영원히 죽을 수밖에 없는 아담의 후예들을 산 자로 회복하시려는 인류 구속사역을 펼치셔야만 하셨다. '죽는 자'들을 '산 자'로 회복하시려는 하나님의 구속사역은 무엇인가?

'산 자'란 어떤 존재를 의미하는가?

'산 자'란 비상하는 존재, 하나님과 인격적으로 대면할 수 있는 존재, 대화할 수 있는 존재, 하나님의 영광을 친히 나타낼 수 있는 존재라고 할 수 있지 않을까?(마 17:3, 막 9:4, 눅 9:30-31)

산 자들은 믿음의 길, 뜻의 길, 영의 길을 걸은 사람이며, 중생, 성화, 영화의 3단계의 과정을 통해서 부활 및 변화를 받은 사람들을 의미한다. 중생은 몸의 부활, 성화는 혼의 부활, 영화는 영의 부활이라고 말할 수 있다. 그래서 세 번 부활함으로써 생령, 산 영, 살아있는 영의 사람이 되는 것이 아닌가? 그러므로 생령이라는 말은 몸과 혼과 영을 가진 살아 변화 받은 인격체, 즉 빛의 사람이라고 말할 수 있다. 그러므로 하나님은 죽은 자의 하나님이 아니라 산 자의 하나님이라고 말할 수 있다.

산 자들은 이 땅에 살고 있지만 동시적으로 영계, 하늘의 영광을 바라볼 수 있는 사람들이다. 비록 하늘이 빛으로 억만년을 가는 거리에 있다 할지라도 산 자는 동시적으로 그 세계를 이 땅과 하늘에서 다 보고 있는 것이다.

그렇다고 여기서 산 자라고 말하고 있는 이들은 하나님의 직접주관권에 소속된 자들이라고 할 수 없고, 간접주관권에 소속된 자들이라고 말할 수 있다. 아담도 간접주관권에 소속된 사람이었다.

> 행 7:55 스데반이 성령이 충만하여 하늘을 우러러 주목하여 하나님의 영광과 및 예수께서 하나님 우편에 서신 것을 보고

스데반이 '하나님의 영광과 예수께서 하나님 우편에 서신 것

을 보고' 외치므로 돌 탕에 맞아 죽을 때 하늘 문이 열렸다. 다시 말하면 스데반이 하늘에 가서 주님을 바라본 것이 아니라, 이 땅에 있으면서 우편 보좌에 계시는 주님을 보고 있는 것이다. 산 자들은 이 땅에서도 하늘의 영광의 세계를 동시적으로 바라볼 수 있다는 것이다. 그렇기 때문에 예수님이 다시 이 땅에 오실 필요가 없는 것이다. 땅과 하늘이 그리스도 안에서 통일되면 땅에서도 하늘을 볼 수 있고, 하늘에서도 땅을 볼 수 있는 것이다.

2. 산 자의 세계 속에 감추어진 두 도맥

> 요 11:25-26 예수께서 가라사대 나는 부활이요 생명이니 나를 믿는 자는 죽어도 살겠고 무릇 살아서 나를 믿는 자는 영원히 죽지 아니하리니 이것을 네가 믿느냐

이 구절은 성경 전체에서 부활과 변화에 대해 설명한 가장 대표적인 말씀이라고 할 수 있다. 하나님께서는 자기 백성들을 통해서 언약을 세우시는 과정에서 '나의 큰 이름으로, 나의 삶을 두고 맹세하노니'(렘 44:26, 겔 17:19, 신 32:40)라고 말씀하고 계신다. 하나님께서는 오직 자기의 생명으로만 책임지실 수 있는 분이시기 때문이다.

그러므로 믿음으로 뜻을 세우시고, 말씀으로 만유를 창조하신 태초의 말씀이신 창조주 하나님께서 산 자의 세계를 이루시기 위해 부활과 변화의 두 도맥을 통하여 타락한 세계를 회복하시고, 이 땅에 산 자의 세계를 이루시기 위해 때에 맞는 역사를 하시고,

때에 맞게 구속사의 세계를 펼치시고 계심을 알 수 있다.

그러나 부활의 도맥은 모든 사람에게 공개되어 있는 반면, 죽지 않고 살아서 변화 받는 산 자의 도맥은 모든 사람에게 공개된 것은 아니다. 즉 산 자의 믿음을 갖는 산 자들에게만 공개될 수 있는 도맥이다. 그렇기 때문에 하나님은 산 자의 하나님이 되시는 것이다(눅 20:38, 계 1:16-18).

3. 부활과 변화의 개념의 차이

부활은 육신이 완전히 훼손된 상태, 즉 흙으로 돌아간 상태에서 다시 육신이 온전한 상태로 영육 간에 살아나는 것이다. 하나님의 구속사의 세계는 누구를 막론하고 죽었다가 부활 받고 올라가야 한다. 왜냐하면 하나님의 구속사는 부활이 근본이기 때문이다.

> 겔 37:1-11 여호와께서 권능으로 내게 임하시고 그 신으로 나를 데리고 가서 골짜기 가운데 두셨는데 거기 뼈가 가득하더라 나를 그 뼈 사방으로 지나게 하시기로 본즉 그 골짜기 지면에 뼈가 심히 많고 아주 말랐더라 그가 내게 이르시되 인자야 이 뼈들이 능히 살겠느냐 하시기로 내가 대답하되 주 여호와여 주께서 아시나이다 또 내게 이르시되 너는 이 모든 뼈에게 대언하여 이르기를 너희 마른 뼈들아 여호와의 말씀을 들을찌어다 주 여호와께서 이 뼈들에게 말씀하시기를 내가 생기로 너희에게 들어가게 하리니 너희가 살리라 너희 위에 힘줄을 두고 살을 입히고 가죽으로 덮고 너희 속에 생기를 두리니 너희가 살리라 또 나를 여호

와인 줄 알리라 하셨다 하라 이에 내가 명을 좇아 대언하니 대언할 때에 소리가 나고 움직이더니 이 뼈, 저 뼈가 들어맞아서 뼈들이 서로 연락하더라 내가 또 보니 그 뼈에 힘줄이 생기고 살이 오르며 그 위에 가죽이 덮이나 그 속에 생기는 없더라 또 내게 이르시되 인자야 너는 생기를 향하여 대언하라 생기에게 대언하여 이르기를 주 여호와의 말씀에 생기야 사방에서부터 와서 이 사망을 당한 자에게 불어서 살게 하라 하셨다 하라 이에 내가 그 명대로 대언하였더니 생기가 그들에게 들어가매 그들이 곧 살아 일어나서 서는데 극히 큰 군대더라 또 내게 이르시되 인자야 이 뼈들은 이스라엘 온 족속이라 그들이 이르기를 우리의 뼈들이 말랐고 우리의 소망이 없어졌으니 우리는 다 멸절되었다 하느니라

성경에서 부활하는 모습을 가장 잘 보여주고 있는 말씀이다. 하나님께서 에스겔을 통해서 이스라엘의 많은 무리들의 죽어간 뼈들을 살려내고 있는 모습이다. 순서적으로 뼈가 맞춰지고 근육이 붙고 가죽이 붙는 이 모습이 바로 부활의 모습이다.

그러면 변화의 모습은 어떠한가?
신앙의 삼일길은 믿음의 길, 뜻의 길, 영의 길이라고 하듯이 중생, 성화, 영화의 3단계의 과정을 통해 이루어지는 육체의 변형을 변화라고 할 수 있다.
신학에서는 부활과 변화를 구분지어 말하고 있지만, 부활 속에도 변화가 있고 변화 속에도 부활이라는 의미가 들어있기도 하다. 그러므로 완전한 부활을 받기 위해서는 먼저 변화를 받아야

한다. 마지막 때 1335일까지 신앙의 정절과 순결을 지키고 살아남은 자들은 부활의 과정을 거칠 필요가 없다(단 12:12). 이 의미는 1335일이라는 과정을 통해서 이긴 자로서 승리하였기 때문에 어느 때든지 공중으로 홀연히 시간과 관계없이 끌어올림을 받을 수 있는 준비가 되어 있다는 것을 말하는 것이다(살전 4:16-17).

재림주가 오실 때 공중으로 끌어올려 재림주를 영접하는 순간 홀연히 변화 받는 것이다. 그것이 변화 받는 성도들의 모습이다. '홀연히'란 아주 짧은 시간이다. 변화 받지 못하면 공중으로 끌려 올라가지 못한다. 공중으로 끌어올림을 위한 완전한 변화가 먼저 이루어져야 한다. 그 때에는 부활과 변화가 한 몸을 이루는 것이다.

사람들은 죽지 않고 살아 올라가는 변화가 부활의 영광보다 더 크다고 생각한다. 그러나 그것이 과연 올바른 생각인가?

데살로니가전서 4:16-17 말씀에 '그리스도 안에서 죽은 자들이 먼저 일어나고 그 후에 살아남은 자들이 공중으로 끌어올려 주를 영접한다'고 했다. 이 말씀은 살아 있는 자가 죽은 자보다 앞서지 못한다는 말이 아닌가? 이 말씀에서 알 수 있듯이 변화의 영광은 부활의 영광을 앞서지 못하므로 부활의 영광이 더 크다고 할 수 있다.

그렇다면 부활을 받고 올라간 사람과 부활을 받지 않고 올라간 사람은 어떤 차이가 있는 것일까?

구약에서 죽음을 보지 않고 올라간 에녹, 엘리야는 변화 받아 올라간 사람이다. 변화 받고 올라간 사람도 안식에 들어간 것은 사실이다. 그러나 부활이라는 더 큰 영광을 받게 하기 위해서 이 땅에 다시 보내지는 것이다. 그러므로 변화 받아 낙원에 있는 의인들이 부활의 영광을 받기 위해서는 다시 이 땅에 와서 쓰임 받고 죽어서 부활을 받아야 하는 것이다(다 그런 것이 아니고 특별한 경우에 한함).

에녹과 엘리야는 변화를 받은 사람이므로 부활의 영광을 받기 위해서는 다시 이 땅에 와서 죽어야 부활이라는 더 큰 영광을 입게 되는 것이다. 그러나 이미 전 시대에 부활을 한 사람들은 다시 부활받기 위해 이 땅에 올 필요가 없는 것이다(말 4:5-6).

그러나 부활의 터 위에서 다시 변화 받는다는 것은 더 큰 영광을 입는 것과 같은 것이라고 할 수 있다.

4. 부활의 도맥의 대표적인 인물

성경에서 가장 핵심적인 것이 부활이다. 부활의 말씀보다 더 깊고 거룩하고 영광된 말씀은 존재하지 않는다. 부활은 가장 영광스럽고 거룩한 것이다.

아담이 선악나무 열매를 따먹고 죄를 지음으로 하나님께서 뜻을 이루시는 목적 가운데 그제야 부활이라는 방편을 준비하신 것은 아니다. 하나님께서는 아담이 타락할 것을 미리 아셨기에 부활과 변화의 두 도맥을 준비하고 계셨다. 곧 아담이 타락하는 순간 하나님께서는 부활이라는 방편을 짊어질 수밖에 없었고, 생명나무이신 하나님께서 고난의 주가 되시고자 인류를 구속할 십자가를 짊어지시게 되셨다. 하나님께서 창조하신 인간의 죄는 창조주가 아니면 대속할 수가 없다. 그러므로 부활은 말씀이 창조하신 만물과 사람들에게 대한 최초의 언약이며 책임이셨던 것이다(창 3:15).

영원히 죄에 종속될 수밖에 없는 인간들에게 부활을 주시고자 이 땅에 오신 예수님이 우리에게 주실 영원한 새 생명을 받는 부활의 축복을 받았기 때문에, 부활은 인간만이 누릴 수 있는 은혜요, 인간만이 받은 축복이다.

> 요 11:25-26 예수께서 가라사대 나는 부활이요, 생명이니 나를 믿는 자는 죽어도 살겠고 무릇 살아서 나를 믿는 자는 영원히 죽지 아니하리니 이것을 네가 믿느냐

성경에서는 부활에 대해 의인의 부활, 생명의 부활, 심판의 부활을 말씀하고 있다(계 20:4-5, 요 5:29).
의인의 부활, 생명의 부활, 심판의 부활의 차이점이 무엇인가?
의인의 부활은 첫째 부활, 산 자의 부활을 말씀하고 있다. 첫째 부활, 의인의 부활로 산 자가 되는 사람들은 하나님의 아들의 음성을 듣는 순서대로 부활하는 것이다.

> 요 5:25 진실로 진실로 너희에게 이르노니 죽은 자들이 하나님의 아들의 음성을 들을 때가 오나니 곧 이때라 듣는 자는 살아나리라

예수님이 '나사로야 일어나라'해서 부활시키는 것처럼, 하나님의 아들이 이름을 불러주어서 부활시키는 것이 첫째 부활이다. 하나님께서는 한 번에 다 부활시키시는 것이 아니다. 의인의 부활,

생명의 부활, 심판의 부활이 동시에 이루어지는 것이 아니다. 첫째 부활, 의인의 부활은 생명의 부활보다 일천 년 앞선 부활이라는 것을 말씀에서 알 수 있다(계 20:4-6). 첫째 부활은 스스로 부활하는 것이 아니라, 하나님의 음성이 불러주심으로 부활하는 것이다. 이 첫째 부활이 이루어지고 나서 마지막 때에 생명의 부활과 심판의 부활이 동시적으로 이루어진다. 첫째 부활에 참여하지 못하고 잠자는 자들이 천 년 동안 일어나지 못한다고 정확하게 성경에 기록되어 있다(행 24:15, 요 5:29, 계 20:5).

첫째 부활의 대상을 에스겔 14:12-20 말씀을 인용해서 소개하고 있다. 하나님께서 네 가지 벌로 심판하실 때 노아, 다니엘, 욥이 한 말을 하나님께서 다 거절하셨다. '비록 노아, 다니엘, 욥이 거기 있을지라도 그들은 자녀도 건지지 못하고 자기의 의로 자기의 생명만 건진다'고 말씀하셨다. 다시 말하면 노아, 다니엘, 욥이 아무리 의인이라 할지라도 세 의인들을 통해서 자기의 자녀를 의인의 부활, 첫째 부활에 참여시키지 못한다고 하신 것이다. 다시 말하면 자신의 믿음으로만 첫째 부활의 대상이 되는 것이지, 부모의 믿음 또는 자식의 믿음으로 첫째 부활에 참여할 수 없다는 것이다.

생명의 부활은 첫째 부활이 이루어지고 나서 천 년 후에 동시적으로 이루어지는 부활이다(요 5:29, 행 24:15). 믿음을 가지고 잠든 사람들은 마지막 때 다 생명의 부활로 구원을 받을 수 있다. 또, 의인을 통해서 생명의 부활로 구원받을 수 있는 대상이 존재할 수도 있다고 말할 수 있다.

심판의 부활은 마지막 때에 생명의 부활과 동시에 이루어져 하나님의 심판을 받게 되는 것이다(요 5:29, 행 24:15).

(1) 모세

모세는 예수께서 이룩하시는 구속사의 역사에 실존적인 주인공으로서 등장하는 상징적인 존재이다. 모세의 도행은 광야길을 통과하지 않고는 누구나 젖과 꿀이 흐르는 가나안 땅에 들어갈 수 없다는 것을 실제적인 역사의 사실로써 보여주었다. 그런 모세에 대해서 신학적으로는 사단이 모세의 시체를 가져갔을 것이라고 주장하고 있기 때문에 모세가 부활하지 못했다고 말한다(유 1:9). 즉 모세의 부활을 인정하지 않고 있는 것이다.

과연 모세는 부활하지 못했는가?

주석에 보면 '그리스도'라는 의미는 '하나님께서 기름 부으신 자'라는 뜻이다. 모세는 하나님께서 기름 부으신 자라고 말할 수 있다. 왜냐하면 성경은 하나님께서 모세에게 기름 부으시는 세 가지 내용을 설명하고 있기 때문이다. 그에게 하나님의 사람이라는 신임장을 주시는 과정에서 첫 번째 지팡이가 뱀이 되게 하시고(출 7:12), 두 번째 품 속에 넣은 손이 문둥이가 되게 하시고(출 4:6-7), 세 번째 하수에서 떠올린 물이 땅에 쏟아지므로 피가 되게 하셨다(출 7:17). 그 신임장은 사람에게 받은 것이 아니라 하나님께서 친히 주신 것이다.

시내산 떨기나무 불꽃 가운데 강림하신 하나님께서 '네가 선 곳은 거룩한 곳이니 신을 벗으라'(출 3:4-5)고 하시므로 모세가 그런 능력을 입게 되었다. 그렇기 때문에 구약의 측면에서 본다면, 모세는 율법의 차원에서 영적으로 부활의 첫 열매를 맺을 사람으로 선택받은 사람이라고 말할 수 있다(롬 8:26-30, 11:29,

9:11).

또한 모세는 하나님을 대면했고 하나님과 항상 인격적인 대화를 통해서 교제를 함으로, 결과적으로 정죄의 직분을 가진 모세가 율법의 아버지가 된다는 것은 너무나 당연한 것이다. 특히 모세의 얼굴에 광채가 나고 있다는 것은 율법을 초월할 수 있는 최고의 지혜가 얼굴을 통해 빛으로 나타나고 있다는 사실이다(전 8:1). 그러므로 이스라엘 백성들이 두려워함으로 모세가 백성들을 대면할 때는 수건으로 얼굴을 가리게 된 것이다(고후 3:7-9).

그렇다면 율법으로 정죄함을 받고 스올 속에 갇혀 있는 이스라엘 백성들에게 율법의 마침이 되시며, 율법을 완성하신 예수님이 믿음의 결국으로 그들의 영혼을 구원해주신다면(벧전 1:9) 과연 그 예수님이 모세에게는 어떻게 행하셨겠는가?

'천지는 없어지나 율법의 일점일획은 없어지지 아니함으로 내가 율법을 완전하게 이루겠다'(마 5:17-18)고 말씀하신 하나님께서 먼저 율법의 아버지로 세운 모세를 통해 어떤 역사를 하셨겠는가?

그의 얼굴에 광채가 나고 있다는 의미를 새겨본다면 모세 자신이 율법에 대해서 만큼은 모든 것을 통달하고 있다는 것을 표현하고 있는 것이 아닌가?

예수께서 십자가의 사역을 앞두고 제자들에게 '너희 중에서 인자가 아버지의 영광을 가지고 오는 것을 보는 사람이 있으리라'고 하신 말씀대로, 마태복음과 마가복음에는 6일 후(마 17:1, 막 9:1-2)에, 누가복음에는 8일 후에(눅 9:28-29) 다볼산 변화의 산에서 베드로, 야고보, 요한이 예수께서 모세와 엘리야와 함께 주님께서 어떻게 별세하실 것과 사후의 일을 상의하시는 것을 보게 되었다.

그 때에 아버지의 왕권을 가지고 오신, 변화되신 예수님의 모습은 사람의 생각으로 표현할 수 없는 빛의 옷을 입고 계셨다. 그 앞에 부르심을 입은 모세와 엘리야 또한 이미 산 자로 변화된 자들이었기에 아버지의 영광으로 변화되신 주님 앞에 부르심을 입은 존재가 된 것이 아닐까? 변화의 산에 등장한 모세와 엘리야, 그들은 분명히 산 자들이다. 그들은 하나님의 직접주관권으로 부르심을 입었기에 별세 후의 사건을 친히 예수님과 의논하였을 것이다.

유다서에 모세의 최후가 잘 나와 있다. 혹자는 모세는 이 땅에서 죽었고 그의 시체를 마귀가 가져갔다고 말한다. 그러나 거기에는 단서가 붙어있다. 대군 미가엘 천사장이 마지막으로 한 말이 있다.

> 유 1:9 천사장 미가엘이 모세의 시체에 대하여 마귀와 다투어 변론할 때에 감히 훼방하는 판결을 쓰지 못하고 다만 말하되 주께서 너를 꾸짖으시기를 원하노라 하였거늘

'주께서 너를 꾸짖으시기를 원하노라'고 한 말씀이다. 그 후에 하나님께서 모세의 시체를 가져가는 마귀에게 어떻게 책망하셨는지 어떤 말씀을 하셨는지는 오리무중이다. 더 이상 기록되어 있지 않기 때문이다. 그렇다고 하여 마귀가 모세의 시체를 가져갔다는 결과론적인 말씀도 없다는 것이다. 그렇다면 그 결과에 대하여 누가 그 진의를 말할 수 있겠는가?

구속사의 중요성에 비추어 말한다면, 이처럼 중차대한 문제를

하나님께서 외면하지 않으셨기에 대군 미가엘이 마귀에게 '주께서 너를 꾸짖으시기를 원하노라'고 외친 것이 아닐까? 그 현장에 나타난 대군 미가엘, 그를 누가 보내신 것일까? 보내신 분이 하나님이시라면 마귀를 책망하신다는 것은 너무도 타당한 일이 아니겠는가?

'기름 부으신 자를 만지지 말라'는 하나님께서 하나님의 집에서 충성하신 예수님의 그림자인 모세의 시체를 빼앗기실 리가 있겠는가?

스가랴 3장을 통해서 모세의 입장을 적용하여 설명해보고자 한다.

> 슥 3:1-3 대제사장 여호수아는 여호와의 사자 앞에 섰고 사단은 그의 우편에 서서 그를 대적하는 것을 여호와께서 내게 보이시니라 여호와께서 사단에게 이르시되 사단아 여호와가 너를 책망하노라 예루살렘을 택한 여호와가 너를 책망하노라 이는 불에서 꺼낸 그슬린 나무가 아니냐 하실 때에 여호수아가 더러운 옷을 입고 천사 앞에 섰는지라

불에서 꺼낸 그슬린 나무와 같은 여호수아가 더러운 옷을 입고 천사 앞에 서있다는 의미는 많은 죄와 허물을 짊어지고 고난을 받고 있는 모습이라고 말할 수 있다. 그런 여호수아를 위하여 여호와께서 사단에게 '너를 책망하노라 예루살렘을 택한 여호와께서 너를 책망하노라'하신 말씀의 의미 속에는 '모세를 택한 하나님께서 어찌 마귀를 책망하지 않으시겠는가?'라는 절대적인 하나님의 필연적인 역사가 이루어졌다는 분명한 사실이 나타나 있는 것이다.

그러기에 이 말씀을 유다서 1:9에 거듭 적용시켜보아도 한 생명을 천하보다 귀히 여기시는 하나님께서 광야의 지도자, 율법의 아버지로 세우셨던 모세의 생명을 어찌 마귀에게 내어줄 수 있다는 말인가?

율법의 일점일획을 천하보다 귀히 여기시는 하나님이실진대(마 5:18), 어찌 율법의 아버지격인 모세를 저버릴 수 있다는 말인가? 모세의 시체를 마귀가 가져갔다고 믿는 사람들은 하나님의 '이처럼의 사랑'(요 3:16)을 만홀히 여기는 자들이라 말할 수 있지 않은가?

그렇다면 스가랴 3장에 나오는 여호수아에 대하여 다시 한 번 언급해 보고자 한다. 대제사장 여호수아의 이름은 '여호와가 구원해 준다'는 뜻이다. 이름 그대로 여기서 말하는 여호수아는 그 당시의 대제사장을 말하는 것이 아니라, 하나님의 집에서 열심히 사환으로 충성하는 일꾼을 상징하는 이름으로, 책임져서 구원해주신다는 의미로써 여호수아라는 이름을 등장시킨 것이다(히 3:5-6). 그 여호수아는 한 마디로 모세를 상징적으로 말한다고도 볼 수 있다.

그런데 혹자는 마귀가 모세의 시체를 가져갔기 때문에 다볼산에 나타난 모세는 그의 영이 나타난 것이라고 말한다. 물론 신학적으로는 모세의 시체를 마귀가 가져갔기 때문에 다볼산에 나타난 모세는 영혼의 존재라고 주장할 수밖에 없다.

그러나 한 가지 분명한 사실은 산 자의 하나님, 영광의 하나님 앞에는 영혼의 존재가 나타날 수가 없는 것이다. 만약 영광의 하나님 앞에 산 자가 아닌 죽은 자의 영혼이 나타난다면 하나님은 산 자의 하나님이 아니라 죽은 자의 하나님, 즉 염라대왕, 귀신의 하나님이라고 말할 수밖에 없는 것이다.

성경에는 모세가 죄로 말미암아 죽었다고 기록되어 있다(시 106:32). 스가랴 3:3에 여호수아가 더러운 옷을 입고 있다. 여기서 '여호수아'라는 이름으로 이 말씀이 전개가 되고 있지만, 여호수아에게 '정결한 관을 그 머리에 씌우며 옷을 입히고'(슥 3:4)라고 한 것을 모세의 이름으로 대입하면 모세가 죄사함을 받고 정함을 받아 하나님의 특별하신 은총으로써 다시 살아날 수 있었다는 것을 말씀하고 있는 것이다.

그러면 왜 모세라고 대입해서 말하지 않고 여호수아라는 다른 이름을 이용해서 그렇게 말씀을 하셨을까?

모세를 공식적으로 부활시켰다고 말씀한다면 예수님의 영광이 가려지기 때문이다. 예수님은 부활의 첫 열매가 되시고, 산 자와 죽은 자의 주가 되시고, 하나님이 되시기 때문에 모세의 이름을 그대로 공식화시키지 못했다는 것이다.

'실체의 그림자는 율법이다'(히 10:1)라는 말씀을 기억해야 한다. 그림자와 실체는 같은 것이다. 영광, 인격, 생명력의 차이는 있지만 그림자는 실체를 닮을 수밖에 없는 것이고 실체가 행하는 대로 그림자도 따라서 똑같이 행하는 것이다. 그처럼 스가랴 3:1에 등장하는 여호수아는 그 당시에 실제로 존재했던 실존적인 인물이 아니라, 암시적이고 은혜로써 감추어져 있는 대상을 상징적으로 표현한 또 다른 모세의 감추어진 별칭이라고 말할 수 있다.

이렇게 대군 미가엘 천사장이 말한 대로 사단을 책망함으로써 모세의 시체를 마귀가 가져가지 못하게 한 것이다. 하나님께서 모세의 시체를 가져가지 못하게 지켜주셨다는 말씀은 곧 그가 부활했다는 것이다. 그가 부활했다는 사실은 신약의 마당에 변화의 산에 등장한 것으로써 알 수 있는 것이다. 모세가 부활하지 못했다면, 신약의 마당에서 변화의 산, 다볼산에서 아버지의 영광으로 변화 받으신 예수님 앞에 모세가 나타나서 장차 예수께서 예루살렘에서 별세하실 것과, 사후에 되어질 일을 말씀하셨다는 것은 있을 수도 없는 일이다(마 17:1-3, 막 9:1-4, 눅 9:28-31).

모세가 산 자가 아닌 죽은 자의 모습으로(영혼으로) 예수님 앞에 나타난다는 것은 창조원리적인 입장에서 보아도 있을 수 없는 일이다. 모세를 메시야처럼 믿고 있던 그들이 모세의 시체를 얼마나 정중하게 모셨겠는가? 그런데 왜 모세의 무덤을 아는 자가 없다고 말씀하고 있는 것인가?(신 34:6)

참으로 난해하며 신비로운 의미를 간직하고 있는 말씀이 아닌가?

만약 모세의 무덤을 이스라엘 백성들이 그 당시로부터 오늘에 이르기까지 알고 있었다면 아마도 모세의 무덤으로 말미암아 예수님의 영광이 더욱 더 가려질 수밖에 없다는 것은 너무도 타당한 일이 아니겠는가? 그러기에 하나님께서 모세의 무덤을 감추셨던 것이라고 말할 수밖에 없다. 또한 무덤이 있다는 것은 곧 부활하지 못했다는 것을 증거하고 있는 것이 되기 때문이다.

기독교는 무덤이 없는 종교이다. 그러기에 '너희들이 그처럼 자랑하던 모세가 지금도 너희를 내게 고소하고 있다'(요 5:45)

라는 말씀의 의미 속에는 모세는 산 자의 하나님 안에 함께 하고 있다는 것을 말하고 있는 것이 아닐까?(눅 20:37-38)

모세의 부활은 어떤 부활인가?

모세는 개인적인 부활을 한 사람이다. 이 부활의 의미는 모세만이 가질 수 있는 고유적인 것이다(요 5:25). 예수님의 부활은 모든 사람이 함께 하는 부활이 아니라, 예수님 자신이 사망의 권세를 깨시는 승리의 부활이다. 또한 부활의 첫 열매이시기 때문에 그 부활은 예수님의 고유적인 부활이 되기도 한다. 모세는 예수님의 그림자이기 때문에 모세의 부활도 그런 의미의 개인적인 부활이 되는 것이다.

모세의 부활은 예수님이 스올에 들어가셔서 마귀와 싸워 이기시고 승리하시는 예수님의 거룩하신 승리의 상징적인 그림자가 되는 것이라고 할 수 있다. 그 외에는 성경 전체에서 그 누구도 개인적인 부활이 없었다. 개인적인 부활은 그 부활의 영광을 통해서 볼 때 '첫째는 그리스도요, 그 다음은 강림할 때 붙은 자(고전 15:23)'라는 말씀처럼 때가 차매 예수님이 오시고, 때의 주인이 부활을 이루시는 부활의 영광을 통해서 순서에 따라 부활의 은총을 입게 되는 것이다.

그리고 재림의 마당에서 이긴 자들이 다시 모세의 노래를 부르게 되는 말씀(계 15:3)을 통해서 모세는 부활한 산 자로서 하늘의 역사에 동참하고 있다는 사실을 알게 되는 것이다.

모세의 사역은 완전히 끝난 것이 아니라, 재림 때에 다시 등장할 수 있는 사람이기 때문에 모세의 죄를 공개했고, 모세의 부활은 사단 모르게 감춰놓은 것이라고 말씀할 수 있다. 그는 예수께서 완전하게 이루신 자이기 때문에 구약의 마당 뿐만 아니라 신약의 마당에도 등장했고, 재림의 마당에도 등장하는 것이다.

성경에서 하나님의 사람이나 선지자들이 죽은 사람을 살리는 것은 부활이라고 할 수 있는 것일까?

구약 때에 엘리야가 사르밧 과부의 아들을 살렸고(왕상 17:17-24), 엘리사가 수넴 여인의 아들을 살렸다(왕하 4:32-37). 그리고 신약에 와서 예수님이 회당장 야이로의 딸과 나인성 과부의 아들을 살리셨다(눅 7:11-15). 신약 때 유두고라 하는 청년이 창에 걸터앉았다가 깊이 졸더니 바울이 강론하기를 더 오래 하매 졸음을 이기지 못하여 삼층 누에서 떨어져 죽었는데, 사도 바울이 그 위에 엎드려 그 몸을 안고 '생명이 저에게 있다' 하므로 살아난 사건이 있다(행 20:9-12).

그들이 살아난 것이 과연 부활이라고 할 수 있는가? 부활은 육신이 완전히 부패한 상태에서(고후 5:1) 다시 살아나는 것을 말한다. 위에서 소개한 사람들은 죽은 지 만 하루가 지나기 전에 그들의 영혼이 돌아와 살아난 것이다. 즉, 육신이 보전된 상태에서 잠시 떠나간 영혼을 다시 불러서 육신 속에 들어가게 한 것이므로, 그들은 부활이 아니고 소생이라고 할 수 있는 것이다. 소생은 생령이면 누구나 할 수 있는 고유적인 능력이 되는 것이다.

생령은 중생, 성화가 되고 영화의 단계에 들어가는 사람이다. 하나님의 아들로서 전환될 수 있는 전 단계의 최초의 영의 사람으로 입문한 사람이라면 누구나 소생시킬 수 있는 능력이 있는 것이다.

그렇다면 성경에서 부활의 사건은 어디에서 찾아볼 수 있는가?

> 요 11:40-44 예수께서 가라사대 내 말이 네가 믿으면 하나님의 영광을 보리라 하지 아니하였느냐 하신대 돌을 옮겨 놓으니 예수께서 눈을 들어 우러러보시고 가라사대 아버지여 내 말을 들으신 것을 감사하나이다 항상 내 말을 들으시는 줄을 내가 알았나이다 그러나 이 말씀 하옵는 것은 둘러선 무리를 위함이니 곧 아버지께서 나를 보내신 것을 저희로 믿게 하려 함이니이다 이 말씀을 하시고 큰소리로 나사로야 나오라 부르시니 죽은 자가 수족을 베로 동인채로 나오는데 그 얼굴은 수건에 싸였더라 예수께서 가라사대 풀어 놓아 다니게 하라 하시니라

나사로만이 하나님의 영광으로 부활한 것이 분명히 드러나 있다(요 11:11-45). 왜냐하면 나사로의 경우는 죽은 지 4일이 지나 육체가 다 부패해서 냄새가 나는 시신을 살려내신 것이다. 그리고 둘러선 무리를 위해 하나님의 영광을 나타내시기 위해서 4일이나 기다렸다가 살려내신 것이다. 그러므로 나사로는 생령의 능력으로 살린 소생이 아니라, 하나님의 능력으로 살리신 부활이라는 것이 확실하다고 볼 수 있다.

(2) **예수님**

아담이 선악나무 열매를 따 먹음으로써 하나님께서 자기의 형상과 모양대로 지어주신 형상과 모양의 자리가 역산의 자리가 되

었다. 바로 차자가 되는 육신이 장자가 됨으로써 하나님의 창조세계의 질서가 파괴되었다. 그것을 회복하기 위해서 예수님은 둘째 아담으로 오신 분이다. 둘째 아담은 첫째 아담이 저지른 잘못을 회복하러 다시 오신 분이라는 의미를 가지고 있다.

그러나 신학은 지금도 첫 번째 아담이 타락함으로 예수님이 두 번째 아담으로 이 땅에 오셨고, 재림주는 세 번째 아담으로 이 땅에 오실 것이라고 주장하는 자들도 있다.

그러나 예수님은 세상 끝에 오신 마지막 아담이시다. 그렇기 때문에 예수님은 세상 끝에 오시지 않으면 안 되는 분이시다. 때가 차매 세상 끝에 오셨다는 것은 더 이상 물러나려야 물러날 수 없는 마지막 결정적인 자리에 오신 분이라는 것이다. 양보할 수 없고 후퇴할 수 없는 자리, 정녕코 싸워 이겨야 되는 세상 끝에 서 계셔야 되는 분이시다. 그러기에 그는 점도 흠도 티도 없는 분으로 오셔야만 되신다는 것이다.

세상 끝에 오신다는 의미 속에는 다시는 예수의 이름으로 오시지 않겠다는 의미가 서려있는 것이 아닌가?

왜 하나님이 사람으로 오셔야 되는가?

그것은 하나님이 이 땅에 사람으로 오셔야만 사람으로 오신 하나님을 통해서 하늘의 세계를 알 수 있고, 비밀을 쥐고 계신 그 분을 통해서 흙차원의 사람들이 하늘로 올라갈 수 있기 때문이다.

그것을 가리켜서 예수님이 요한복음 14:6에서 '나는 길이요 진리요 생명이라. 나로 말미암지 않고는 아버지께 올 자가 없다'라고 하신 것이다. 그 말씀은 하나님께서 이 땅에 오셔야만 되는 이유 중 가장 큰 대목이다.

아담이 죄와 상관없다면 하나님께서 처음에 이 땅에 오실 수 있었을 것이다. 그러나 아담의 죄로 말미암아 하나님께서는 세상의 시조로 오시지 못하고 세상 끝에 오셨다.

세상 끝에 오신 것과 세상 처음에 오신 차이를 알아야 한다.
예수님은 불행하게도 세상 끝에 오시는 마지막 아담이 되셨다. 그렇기 때문에 그분이 이 땅에 오셔서 첫째 아담이 불순종함으로 저지른 죄악의 모든 세계, 깨어진 구도의 세계를 회복하시기 위해서 점도, 흠도, 티도 없는 거룩한 존재가 되어야만 하는 것이다.
그래서 첫째 아담과는 달리 마지막 아담으로 오신 예수님은 구도의 길을 통해서 구속사를 완성하실 완전한 사람, 인성과 신성을 가지셔야만 되는 분이기 때문에 하나님께서 이미 그의 생애를 점도, 흠도, 티도 없는 완전하고 거룩한 생애를 만드시기 위해서 예수님으로 하여금 그런 길을 걷게 하셨다.

이처럼 하나님께서는 인류의 타락 이후 그 역사를 이루시기 위해 쉬지 않고 구속사를 진행시키시므로 때가 차매 구속의 십자가를 짊어지시고 이 땅에 여인의 후손으로 오시게 된 것이다.

> 갈 4:4 때가 차매 하나님이 그 아들을 보내사 여자에게서 나게 하시고 율법 아래 나게 하신 것은

'때가 차매 예수님이 오셨다'고 했다. 그 때는 어떤 때인가?
다니엘 12:10 말씀처럼 악인은 점점 악해지고, 의인은 점점 의롭게 되는 두 가지의 특징적인 양상이 분명하게 나타나고 있는

두 역사의 흐름이 더 이상 흘러갈 수 없는 한계의 시점에서, 시대의 공백기에 자기 몸을 비우고 낮춰서 사람으로 오신 것이다. 예수님이 오시지 않으면 인류는 절대로 구원받지 못하는 마지막 순간, 죄악이 어둠의 세상을 삼키려는 순간에 오셨다는 것이다. 또한 때가 차매 오셨다는 말씀은 어느 의미에서는 여인의 후손으로 오시는 정확한 때가 마귀와의 계약에 분명히 제시되어 있는 때를 의미한다(창 3:15).

그러면 태초의 말씀이신 하나님께서 어떤 모습으로 이 땅에 오셨는가?
많은 사람들이 밟고 다닌 땅, 습기가 없고 바위덩이처럼 아주 단단해진 땅, 절대 곡식이 자랄 수 없는, 흙은 흙이되 바위덩이처럼 굳어진 그런 땅에서 태어난 예수님은 흠모할 만한 것이 없는 볼품없는 모습으로 오신 분이다(사 53:2).
바람도 잠재우시고 성난 파도도 잠재우시고 오병이어의 능력을 행하신 그 하나님, 그 주님께서 이 땅에 오신 것은 요한복음 3:16 말씀처럼 '이처럼'의 사랑에 대한 책임을 지시기 위해서 이 땅에 오신 것이다.
그리하여 우리의 영원한 머리가 되시는 예수님은 지체인 죄악된 인류를 구원하시기 위해서 십자가상에서 온전한 번제와 속죄제와 화목제를 드려주셨다.
예수님이 고난주간에 십자가를 지시기 전, 겟세마네 동산에서 기도하신 시간은 예수님의 입장에서 보면 3년 동안 걸으신 공생애의 전 과정을 하나님께 고하는 마지막 최후의 결산의 시간이 되었다(눅 22:39-44).

세상을 주관하는 악의 주관자들도 내일이면 예수님을 십자가에 못 박는 시간임을 알고 있고, 또 하늘에 있는 악령들의 입장에서 본다면 예수님이 이 세상에서 지금 하나님과 마지막 결산을 하고 있는 시간임을 잘 알고 있는 상황에서 벌어진 사건이다. 마귀들의 입장으로서는 이 땅을 떠나시는 예수님과 하나님 사이에 마지막 신앙의 결산을 이루시는 가장 중요한 내용이 있었다는 것을 마귀들도 짐작하고 있었다는 점이다. 마지막으로 요구하는 결산의 내용이 있었다는 것을 알아야 한다.

창세기 3:15에서 '여인의 후손이 네 머리를 상하게 할 것이요' 영적으로 말하면, 마귀가 하나님의 거룩하신 성호를 이용해서 아담을 타락시킨 그 죄로 말미암아 마귀가 하나님과 상호간에 주고받은 분명한 계약서를 썼다는 것을 알아야 한다.

그러므로 예수님이 때가 차매 오실 수 있는 내용도, 예수님이 이 땅에 오셔서 공생애 과정을 마치고 하늘로 올라가시는 시간도 이미 계약서의 내용 중에 기록되어 있었다는 것도 알아야 한다. 그러기에 마귀, 우주적인 악령들의 입장에서도 예수님의 기도를 방해하고 대적했다는 말씀은 예수님에게 그들이 방해할 수 있는 모든 것을 마지막으로 자행했다고 말할 수 있다.

예수님의 겟세마네 동산의 기도가 얼마나 짧은가? 그러나 그 기도의 이면에는 그 말씀의 역사를 이루시는 예수께서 이 세상을 떠나시기 전 마지막으로 그들이 철저하게 대적하며 방해하고 있었기에 하늘의 천사들이 예수님을 도와드림으로 피 같은 땀을 흘리시면서 그 마지막 시간을 싸워 이기실 수 있었던 것이다.

그러므로 예수님 자신이 먼저 부활의 첫 열매가 되시기 위해서 율법의 저주를 받아 예수님 자신이 십자가를 통해서 죽으시고, 사망의 권세를 깨시고 승리하심으로 부활의 첫 열매가 되신 것이다.

예수님이 부활의 첫 열매가 되셨다는 말은 예수님이 부활시킬 수 있는 능력을 첫 번째 가지신 분이 되셨다는 것이다. 그렇기 때문에 예수님만이 다른 사람을 부활시킬 수 있는 능력의 주가 되셨다는 뜻이다. 마귀도 예수님이 어떻게 부활의 능력을 가지셨는지 잘 알지만 그들이 그 길을 따르지 못하는 것은 마귀들은 죽었다가 살아날 수가 없기 때문이다.

예수님도 자기를 살리실 아버지께 통곡과 눈물로 항상 기도하셨다고 했다(히 5:7). 그러심으로 예수께서 '나는 죽을 수 있는 권세도 받았고 살 수 있는 권세도 받았다'(요 10:18)라고 말씀하셨다. 그래서 기꺼이 예수께서 인류의 모든 죄를 짊어지시고 십자가를 통해서 운명하시고 사망의 권세를 깨시고 부활하실 수 있었던 것이다.

그러므로 인류의 죄를 짊어지시고 그 죄의 권능을 깨시고 인류를 구원하시기 위해서 자기 몸을 비우고 낮추사 이 땅에 오셨기 때문에 승리하신 예수님을 하나님께서는 하늘에서 가장 귀하고 거룩한 보좌로 인도하시어 앉히시고, '네 원수가 네 발등상 앞에 무릎 꿇기까지' 영광을 돌리게 하셨다는 것이다.

그리고 3일 만에 부활하셔서 이 땅에 40일을 계시면서 제자들에게 11번 보이셨다(마 28:6-7, 막 16:6-14). 그러나 일부 종교

지도자들은 아직도 '육신을 가진 자가 어떻게 문을 열지 않고 들락거릴 수 있는가?'라고 하면서 예수님이 영적으로만 부활했다고 주장한다(통일교를 중심으로 많은 이단의 종교들이 예수님이 영적으로만 부활했다고 주장하고 있다). 그러나 성경에는 분명히 예수님이 영육 간에 부활하신 것을 말씀하고 있다(눅 24:38-43). '그러나 귀신은 살과 뼈가 없나니, 내 살과 뼈를 만져보아라. 너희들 귀신이 음식 먹는 것을 보았느냐? 못 먹지 않느냐? 너희들이 가지고 있는 음식을 가지고 와라, 내가 먹겠다'(요 21:1-19) 새벽에 디베랴 바닷가에서도 숯불에 구운 고기와 떡을 제자들과 함께 먹었던 예수님은 영육 간의 부활을 보여주신 것이다.

분명히 예수님은 세상 끝에 오셔서 영원히 부활의 첫 열매가 되시는 분이다. 부활은 믿음으로 뜻을 세우시고 말씀으로 창조하시고 아담이 불순종하는 순간, 부활이 가장 중요한 의미를 가진 뜻 중의 핵심으로 존재하고 시작되었다.

하나님이 가지고 계시는 무기 중에서 가장 최고의 무기, 최고의 권세가 부활이다. 부활의 권세를 가지면 생명이 죽음을 삼킬 수는 있어도 죽음은 영원한 생명을 삼킬 수 없기 때문에 두려움이 없다는 것이다. 그러한 부활이 존재하고 있었기 때문에 예수님이 이 땅에 오셔서 담대하게, 당당하게 하나님의 아들로서의 권위, 거룩함을 나타내신 것이다.

부활 외에는 기적이 없다.

바리새인들이 와서 예수님께 표적을 보여 달라고 했다. 그들이 말하는 표적은 일반적으로 말하면 사람이 할 수 있는 능력 밖의 일, 오직 전능자들만이 하실 수 있는 일들을 말한다. 그러나 예수님이 공생애 3년 동안에 보여주셨던 모든 것은 표적이라고 말할 수 있다. 그들은 그것을 자기들 눈앞에서 다시 보여 달라고 하는 것이다. 그러자 예수님은 '요나의 표적밖에는 표적이 없다'(마 16:1-4)고 하셨다. 즉 요나가 큰 물고기 배 속에 들어갔다 3일 만에 살아난 '요나의 표적'은 부활을 의미하는 것이다.

그러나 진정한 의미의 표적은 예수님 자신이 인류를 구원하시기 위해서 십자가를 지시는 십자가의 구속의 은총, 그 보혈을 통해 인류를 구원하시는 승리의 영광, 부활의 영광이다.

> 롬 1:4 성결의 영으로는 죽은 가운데서 부활하여 능력으로 하나님의 아들로 인정되셨으니 곧 우리 주 예수 그리스도시니라

육신으로는 다윗의 후손으로 오셨고, 성결의 영으로는 사망의 권세를 깨시고 승리하심으로 거룩하신 하나님의 아들이 되셨다. 즉, 두 가지의 양면적인 의미가 다 들어 있는 것이다.

예수님은 하나님의 아들이시다. 그런 하나님의 아들도 히브리서 5:7 말씀처럼 하나님께서 기뻐하시는 산 제물이 되시기 위해서 통곡과 눈물로 기도하셨고, 예수님 자신도 영으로서 스올에 들어가셔서 은혜와 진리의 말씀, 부활의 복음으로 그들을 스올에서, 사망에서 생명으로 이끌어 내시는 역사를 감행하셨다.

'사망아, 사망아. 너의 쏘는 것이 어디 있느냐? 사망이 이김의 삼킨 바 되리라'(고전 15:54-55)는 말씀이 어린 양의 신부가 되시는 그리스도께서 산 자의 첫 열매로 승리하셔야만, 그 시작의 첫 사람의 강림을 통해서 다음 순서가 이루어지게 되어 있는 것이다.

예수님도 자신이 스올에서 사망의 권세를 깨시고 부활의 첫 열매가 되어야 한다. 예수님 자신이 부활의 첫 열매가 되어야 다음 사람들도 순서적으로 구원의 대상의 역사가 펼쳐질 수 있는 것이다. 사람들의 대부분은 예수님이기 때문에 당연히 원리적으로 알아야 될 그 과정을 소홀히 생각하는 경우가 많이 있다.

부활의 첫 열매가 되시기 위해서는 예수님이 어떻게 하셔야 되었을까?

표면적으로 보면, 하나님이시니까 영이 들어가서 스올에 있는 영들에게 복음을 전하고, 영적으로 부활시켜서 그들을 다 구원의 길로 인도했다고 하는 것이 신학적이고 보편적인 말씀이다. 그러나 구체적으로 그 내용의 세계를 살펴보면, 예수님의 영이 스올에 들어가면, 제일 먼저 스올을 사수하고 있는 그들을 제압해야 한다. 그들을 제압한 다음 무저갱의 열쇠를 빼앗아야 한다. 자기들을 제압한 자에게 무저갱의 열쇠를 빼앗겼다는 것은 항복했다는 뜻이다. 그것을 이루어야만 4천 년 동안 그들에게 잡혀있던 모든 영혼들을 자유롭게 대면할 수 있고, 자유롭게 대화할 수 있고, 복음을 가르칠 수 있는 것이다. 그렇게 해야만 4천 년 동안 스올에 잡혀있던 영들을 구원시킬 수가 있다. 그 안에는 구원의 대상도 있고 심판의 대상도 있다. 그 안의 구원의 대상을 물로 표현하는 것은 물은 구원의 표, 세례이기 때문이다. 구원의 대상들만 예수님이 자유를 주신 것이다. 그 과정에서 3일이 걸리신 것이다.

그 안에는 첫째 부활의 대상자들인 약속의 자녀들이 있었다. 마태복음 27:52-53에 보아도 '많은 사람들이 자기 몸을 보였더라'고 했다. 몸을 보였다는 것은 영육 간의 부활이 있었다는 것이다. 영육 간의 부활이란, 산 자의 탄생을 말하는 것이다. 우편 강도에게 '네가 오늘 나와 함께 낙원에 있으리라'(눅 23:43)고 한 낙원은 부활의 자녀들이 대기하고 있는 거룩한 한 성이다.

스올에서도 첫째 부활인 의인의 부활이 이루어졌고 장차 생명의 부활과 심판의 부활도 이루어질 것이다. 그래서 예수님이 세상 끝에 오신 것이다. 세상 끝에 오셔서 예수님이 하셔야 될 일을 십자가상에서 하신 말씀처럼 다 이루신 것이다(요 19:30). 70이레 중 69이레를 예수님이 다 이루시었다는 것을 알아야 한다(단 9:24-27). 그리고 예수님이 나사로를 살리신 것은 생령, 기름 부으심을 받은 자, 메시야로서 살리신 것이 아니라 부활의 영광의 실체로서 아버지의 영광으로 나사로를 살려주신 것이다(요 11:39-44).

5. 변화의 도맥의 대표적인 인물

사람은 한 번 태어난 이상 이 땅에서 죽는 것이 필연적인 것이다(히 9:27). 그리고 후에 심판을 받는다. 만일 죽은 자의 부활이 없으면 그리스도도 다시 살지 못하는 것처럼(고전 15:13), 변화의 도맥이 없었다면 어찌 흙 차원의 인생들이 하늘 차원의 사람으로 변화 받을 수 있겠는가?(고전 15:51-52, 15:49, 살전 4:15-17, 빌 3:21)

이미 정해진 원리와 율례와 규례의 말씀이 있었기에 부활과 변화의 대상이 나타날 수 있는 것이 하나님의 뜻이었다. 그러한 하나님의 뜻을 이루기 위해서는 누군가 그 뜻을 이룰 수 있는 첫 사람이 필요한 것이다(고전 15:23). 물론 그 첫 사람을 택하기 위해서는(롬 11:29) 사전적으로, 또는 그림자의 입장에서 그 목적을 이루는 과정의 역사가 수리성을 통해서 끊임없이 진행되고 있었다는 점을 간과할 수는 없을 것이다(막 4:28, 요 2:5).

내성의 꼴로 외형이 이루어지는 것처럼, 때로는 외형을 통해 내성의 실체를 이루기도 하는 것이 구속사의 세계 속에 면면히 드러나고 있다(고전 15:44). 마치 그림자적인 모세의 부활의 터 위에서 예수님이 부활의 실체의 영광의 첫 열매가 되신 것처럼(고전 15:20), 변화의 세계도 첫 열매가 탄생되어야만 그 반차를 통해서 변화의 세계가 이루어질 수 있는 것이 아닌가?(히 7:16-17) 그러한 관점에서 모세와 엘리야는 변화의 산을 통해서(마 17:1-2, 눅 9:28-29) 아버지의 영광으로 변화 받으신 예수께 부활과 변화의 도맥을 말씀드렸던 것이 아닐까?(눅 9:30-31) 그렇게라도 모세와 엘리야는 주님을 위로해드렸을 것이라 생각이 된다.

부활과 변화라는 단어가 믿는 성도들의 입에서 얼마나 쉽고 자연스럽게 나오는 말인가? 그러나 죽음, 즉 십자가를 통해서 사망의 권세를 깨지 아니하고는 그 누구도 부활과 변화의 영광을 입을 수 없는 것이다. 그러기에 욥기 23:10, 이사야 48:10에서 고난의 풀무를 말씀하고, 애굽에서의 400년의 과정을 철 풀무, 고난의 풀무라고 외치고 있는 것이다.

그러기에 주님께서도 살기를 바라는 자는 죽으라고, 십자가를 짊어지라고, 자신을 부인하라고 권고하고 계시지 않는가?(마

10:38, 막 8:34, 눅 9:23-24, 17:33) 그러한 길이기에 주님께서도 친히 그 길을, 진리의 길을, 생명의 길을, 우리에게 보여주시지 않았는가?(요 14:6) 그 길을 걸으실 수 있도록, 승리하실 수 있도록, 산 자의 도맥을 통하여 부활과 변화의 영광의 세계를 이루실 수 있도록, 모세와 엘리야가 은혜와 진리·태초의 말씀이 육신이 되어 오신 예수님의 두 도맥의 무대가 되어드리는 것이 아닌가?

(1) 에녹

에녹은 한 가정을 가진 아버지로서, 남편으로서 현실의 삶을 충실하게 살아가는 사람으로서 하나님과 동행했다는 것이다. 에녹은 65세에 므두셀라를 낳고, 므두셀라를 낳은 후에 300년을 동행하며 자녀를 낳았다. 에녹은 므두셀라 외에도 많은 자녀를 낳았을 것이다. 따라서 에녹은 한 가정의 가장으로서 정상적인 가정생활을 영위해 가던 사람이라는 것을 알 수 있다.

과연 에녹의 신앙의 기준은 어떤 기준, 어느 단계에 머물렀기에 하나님과 동행할 수 있었는가?

> 창 5:21-24 에녹은 육십오 세에 므두셀라를 낳았고 므두셀라를 낳은 후 삼백 년을 하나님과 동행하며 자녀를 낳았으며 그가 삼백육십오 세를 향수하였더라

에녹이 하나님과 300년 동행했다는 이 말씀을 통해서 분명히 이 땅에 하나님께서 계셨다는 것을 알 수 있다. 그렇다면 에녹처럼 하나님과 동행하기 위해서는 어떤 조건을 이루어야 하는가?

히브리서 11장에는 에녹이 하나님을 기쁘시게 하는 자라는 증거를 받음으로 에녹을 데려가셨다고 증거하고 있다(히 11:5).

> 히 11:5 믿음으로 에녹은 죽음을 보지 않고 옮기웠으니 하나님이 저를 옮기심으로 다시 보이지 아니하니라 저는 옮기우기 전에 하나님을 기쁘시게 하는 자라 하는 증거를 받았느니라

에녹은 어떻게 하나님을 기쁘시게 해 드린 신앙적 삶을 살았는가? 에녹의 삶을 세 가지 의미로 소개하고자 한다.

① 하나님께서 기뻐하시는 온전한 예배를 드렸다.

구약적으로 말한다면 안식일을 철저히 지키고, 하나님께서 직접 명해주시는 모든 말씀에 순종하고 모든 계명과 율례를 통해서 드리는 모든 공적 예배에 흠이 없이 드린 사람이 되었다. 마치 아벨이 믿음으로 제사를 드린 것처럼 믿음으로 예배를 드렸다는 것이다(히 11:4-6, 창 4:26, 롬 14:23).

에녹 같은 신앙의 기준으로 말씀한다면 하나님께서 데려가는 사람은 어떤 사람인가? 예배에 있어서 절대 흠이 있어서는 안 된다(히 11:17-19). 더 열심을 가지고 더욱 애써 힘써 깨어 기도하지 않으면, 찬양 드리지 않으면, 봉사하며 헌신하며 복음을 전하지 않으면, 에녹처럼 하나님께서 데려가는 자가 될 수 없을 것이다(창 5:24, 왕하 2:11).

② 몸, 혼, 영을 온전하게 보존하고 지켜야 했다.

살전 5:23 평강의 하나님이 친히 너희로 온전히 거룩하게 하시고 또 너희 온 영과 혼과 몸이 우리 주 예수 그리스도 강림하실 때에 흠 없게 보전되기를 원하노라

몸은 어떻게 온전하게 지켜야 하는 것인가?

첫째, 몸을 거룩하게 하지 않으면 안 된다.

하나님과 동행하는 자는 몸이 더러워서는 안 된다.
성경에 변(便)에 관한 말씀을 설명하셨다. 전쟁 중에도 작은 삽을 지참하고 다니면서 대변을 볼 때 땅을 파고 대변을 흙으로 덮으라고 하셨다(신 23:13). 하나님께서 진중을 다니시다 대변 냄새가 나면 떠나신다. 사람의 몸에서도 더러운 냄새가 나면 하나님께서 절대 동행하지 않으신다. 그래서 몸을 온전하게 보존하라는 것이다. 또 몸을 온전하게 보존하려면 부정하고 불의하고 불법한 곳에 손을 대서는 절대 안 된다고 하셨다. 그러나 본질적인 입장에서는 에베소서 5:26 말씀처럼, 이는 곧 물로 씻어 말씀으로 깨끗하게 하사 거룩하게 하실 수 있다는 것이다. 인위적인 능력으로는 드러나 있는 육신의 몸은 물로 씻을 수는 있으나, 이면적인 몸은 말씀이 아니고는 씻을 수 없다는 것이다.
율법적인 입장에서도 남녀관계에 있어서 지켜야 될 율례와 규례, 즉 성적인 관계에서도 유출액이 나오면 물로 씻어야만 정결해진다는 규례가 있는 것처럼, 믿음의 입장으로 말한다면 더 더욱 물과 성령으로, 말씀과 기도로 거룩해져야 된다는 것이다. 그

래야만 온전한 몸을 지킬 수 있는 것이다(요 3:5, 딤전 4:5, 고전 15:44).

둘째, 혼을 보존해야 한다.

사람의 혼은 위로 올라가고 짐승의 혼은 아래로 내려간다고 전도서 3:21에 말씀하고 있다. 여기서 말하는 짐승은 누구를 말하는 것인가? 시편 49:12, 49:20에 '존귀함에 처하나 존귀함을 깨닫지 못하는 자는 멸망하는 짐승과 같다'고 했다. 그렇다면 사람이면서도 존귀함을 깨닫지 못하는 자를 짐승이라고 말하고 있지 않은가?

여기서 말하는 존귀함이란 무엇을 말하는 것인가?
요한계시록 13:10, 14:12 말씀 가운데 인내와 믿음으로써 신앙의 정절과 순결을 지킬 수 있다고 말하고 있다. 바꾸어 말하면 인내와 믿음이 곧 사람의 마음과 혼을 지킬 수 있는 존귀라고 말할 수 있는 것이다.

조상들이 믿었던 토속종교에 의하면 죽은 자의 혼을 모시기 위하여 집 안에 지청(상청)을 만들어 놓고 위패를 모시고 있다. 후손들의 입장에서 조상의 혼을 그처럼 귀중히 여기고 있다는 것도 가볍게 넘길 수 있는 일만은 아닌 것 같다. 하물며 하늘 하나님의 품으로 돌아가는 혼들이야말로 얼마나 귀하고 거룩한 존재라고 말할 수 있는 것인가?

믿음으로써만이 하나님을 기쁘시게 해드릴 수 있다고 했는데(히 11:6), 믿음으로 신앙의 정절과 순결을 지키지 아니한 혼이

어찌 하늘로 갈 수 있다는 말인가?(딤전 2:15, 4:12, 눅 21:19)

그렇다면 신앙의 정절과 순결을 어떻게 지키라는 것인가?
물론 인내와 믿음과 사랑으로 지키라고 했지만 종말론적인 입장에서 본다면 육체의 정욕, 안목의 정욕, 이생의 자랑(요일 2:15-17)에서 싸워 이기는 승리자가 되는 것이 아닌가? 예수께서도 '내가 믿음으로 세상을 싸워 이긴 것처럼 너희도 믿음으로 이기라'(요 16:33)고 말씀하고 계시지 않는가?
동일한 입장에서 다시 한 번 거듭 말한다면 물과 성령과 말씀과 기도로 우리의 몸을 거룩하게 보전하라고 하신 방법대로 우리의 혼도 그렇게 보전해야만 되는 것이다.
제사의 결과를 놓고 가인이 아벨을 쳐 죽이므로 혼을 빼앗겼다고 말하고 있다. 육의 몸이 있은즉 신령한 몸이 있는 것처럼, 몸이 죽임을 당하면 혼 또한 마치 죽임을 당한 것처럼 표현하고 있는 것이 아닐까? 그러기에 몸은 혼과 영을 담고 있는 살아있는 그릇이라고 말할 수 있다.

셋째, 영을 보존해야 한다.

영이란 생령에게 주신 생기와 같은 것이다. 영을 지키라는 말은 자기에게 주신 언약의 말씀을 지키라는 것이다. 그 언약의 말씀을 지킬 것인지 아니 지킬 것인지, 그것을 확인하기 위하여 아담에게 에덴동산에서 첫 언약을 주신 것이다(창 2:17). 즉 언약의 말씀, 그 말씀이 생기이며 영이 되는 것이다. 그 말씀을 지킨다는 것이 곧 자기의 영을 지키는 것이다. 그러기에 예수님도 '아버지의 명령이 유일한 영생이라'(요 12:50)고 말씀하지 않았는가? 그럼에도 불구하고 사람(아담)은 영생의 말씀에 불순종하므로 생령의 차원에서 본래의 흙 차원으로 떨어지고 말았다(창 3:19).

그렇다면 오늘날 우리들은 어떠한 생기, 어떠한 말씀을 받고 있는가?

노아에게 주신 완전한 은혜처럼, 다윗에게 주신 확실한 은혜처럼, 우리를 완전한 자로 세우시기 위하여 요한복음 16:25 말씀처럼, 비사가 아닌 일곱 날의 빛과 같은 완전한 작은 책의 말씀을 받고 있는 자들이라면 상대적인 입장에서 사단 마귀들이 이 말씀을 빼앗기 위하여 얼마나 전력투구하겠는가?(벧전 5:8, 겔 22:25)

아담이 하와의 말을 듣고 선악나무 열매를 먹어야 되는 마지막 그 기로 위에서 무엇을 생각해야만 했을까? '선악나무 열매를 먹으면 눈이 밝아 하나님처럼 된다'는 옛 뱀의 말에 귀를 기울여서도 안 되고, 마음을 빼앗겨서도 안 되고, 그의 말을 믿어서도 결코 안 되는 것이다. '먹으면 정녕 죽으리라'는 하나님의 절대적인 말씀만을 믿고 따르며 순종해야 했다.

지금 이 순간에도 옛 뱀, 마귀, 사단이 우는 사자가 되어 우리의 영혼을 삼키고자 광명한 천사로 무섭게 역사하고 있지 않는가? 그러기에 택한 자라도 그 날과 그 때를 감하여 주지 않으면 견딜 자가 없다고 하셨다. 생명록에 기록되지 않으면 그 누구라도 불 못에 던진다고 외치고 계시지 않는가?(계 21:8) 그 날과 그 때가 언제냐고 묻는 마지막 선지자 앞에 '성도의 모든 권세가 다 깨어지기까지라'(단 12:7)고 소리치고 계신다. 하나님의 직접주관권에 들어가기까지 물과 성령과 말씀과 기도와 믿음으로 몸과 혼과 영을 지키지 아니하면(요 3:5-6, 살전 5:23) 그 누구라도 불 못에 들어가지 않을 자가 없을 것이다(계 20:14).

③ 에녹은 자기의 가족들을 말씀으로 올바로 가르쳤다.

에녹이 300년 동안 하나님과 동행할 때 에녹의 길을 뒷바라지해 준 사람이 있다. 여호수아가 모세를 도와준 것처럼, 에녹을 도와준 사람은 65세에 낳은 므두셀라였다. 므두셀라가 아버지 에녹이 하나님과 동행할 때 하인처럼, 머슴처럼 아버지를 도와드렸다는 것은 에녹이 므두셀라를 말씀으로 잘 가르쳤기에 아버지 신앙에 동참한 것이라고 말할 수 있다.

그 한 예로써 이렇게 바꾸어 말해 본다. '네 부모를 공경하면 이 땅에서 네 생명이 길리라'(엡 6:1-3)해서 므두셀라가 가장 오래 산 사람이 된 것이 아닐까? 므두셀라처럼 부모에게 효도한 사람이 없었다. 300년 동안 아버지를 도우며 아버지가 하나님께 충성할 수 있도록 따라 다니며, 뒷바라지를 해 준 사람이었다. 한 가정의 남편이며 아버지로서, 300년 동안이나 가정을 돌보지 못하고 하나님의 역사에 동행하고 있었다면 아버지의 빈자리를 므두셀라인 아들이 채워드렸다고 말할 수 있지 않겠는가? 세상 소리에도 가화만사성(家和萬事成)이라는 소리가 있듯이 집안이 편안치 못하고야 어찌 하늘의 일을 행할 수 있겠는가? 그런 입장에서 므두셀라의 처지가 매우 막중하였으리라고 생각할 수 있다. 그렇게 아버지를 위해서 헌신하며 효도한 자식이기에 므두셀라가 심판에 관련된 비밀과 암호를 받을 수 있었던 것이 아닐까? 그런 자식이었기에 에녹인 아버지가 므두셀라라는 이름을 지어준 것이 아닐까?

므두셀라의 이름의 의미는 '내가 죽으면 심판이 시작되리라'이다. 그래서 므두셀라가 손자인 노아가 어려움에 처할 때마다 항상 노아를 위로해 주었을 것이다. 방주를 지으면서 '언제 물심판이 시작될 것일까?'라고 기도드리며 고민할 때마다 므두셀라가 '하나님께서 내게 분명히 심판의 날을 가르쳐주셨다' 즉 '내가 죽으면 심판이 시작된다'라는 말씀으로 노아를 위로하고 격려하였을 것이다. 실제로 므두셀라가 죽은 후에 홍수 심판이 시작되었다.

아브라함·이삭·야곱이 한 장막에서 15년 동안 동거했던 것처럼 에녹, 므두셀라, 라멕의 3대를 통해서 노아라는 걸출한 하나님의 특별한 은혜를 입은 사람이 탄생할 수 있었다. 즉 가정을 가진 사람으로 하나님과 동행하면서 에녹이 철저하게 하나님의 말씀으로 므두셀라를 가르쳤기 때문에 에녹, 므두셀라, 라멕의 가정을 통해서 노아의 가정이 탄생될 수 있었다고 말씀할 수 있다.

에녹 전까지 족장시대의 가정들은 하나님을 기쁘시게 해 드릴 수 있는 믿음의 가정이라고 내세울만한 명분이 없었지만 에녹의 가정을 통해서 므두셀라, 라멕 3대의 가정이 노아의 가정을 탄생시킬 수 있는 길, 즉 반차가 되었다.

에녹이 하나님을 기쁘시게 하는 믿음을 가진 것은 에녹 개인의 믿음을 말한 것이 아니라, 모든 가족들이 에녹을 중심으로 해서 세 가지 관점에서 모두 하나님께 인정받는 가정으로 에녹이 가르치며 순종하며 충성했다는 것을 알아야 한다. 그런 말씀의 가정을 만들었기 때문에 하나님께서 에녹의 믿음을 기뻐하셨다. 하나님께서 가족의 승리를 더없이 중요하게 여기시는 면모를 다시 한 번 깨달을 수 있다.

> 히 11:5-6 믿음으로 에녹은 죽음을 보지 않고 옮기웠으니 하나님이 저를 옮기심으로 다시 보이지 아니하니라 저는 옮기우기 전에 하나님을 기쁘시게 하는 자라 하는 증거를 받았느니라 믿음이 없이는 기쁘시게 못하나니 하나님께 나아가는 자는 반드시 그가 계신 것과 또한 그가 자기를 찾는 자들에게 상 주시는 이심을 믿어야 할찌니라

단순히 에녹 한 개인의 믿음으로 본 것은 에녹의 외형만 보고 그렇게 생각한 것이다. 에녹의 믿음 안에는 세 가지가 다 들어있다. 첫째, 하나님께서 기뻐하시는 온전한 예배를 드렸고, 둘째, 몸·혼·영을 온전하게 보존하고 지켰고, 셋째, 자기의 가족들을 올바로 말씀으로 가르쳤다. 에녹은 흠이 없는 절대적인 신앙생활을 철저하게 했다.

(2) 엘리야

혜성처럼 나타난 엘리야(왕상 17:1)

엘리야는 주전 850년 북조 이스라엘의 아합 왕 시대에 활동한 선지자이며 그의 이름의 뜻은 '나의 하나님 여호와'이다.

엘리야가 등장하기까지 모세, 여호수아, 사사시대 그 누구도

이스라엘 백성들을 이중적인 신앙에서 이끌어내지 못했던 것이다. 더구나 그 당시 아합 왕 때 시돈 왕 엣바알의 딸이며 이스라엘 왕 아합(B.C. 869-850)의 아내로서 악처로 유명한 이세벨이 이스라엘의 하나님 여호와를 믿지 못하도록 하고 바알을 국교로 삼기 위해 바알 숭배를 장려하고, 이방 종교의 부도덕한 생활을 유행시키고, 바알의 선지자 450명과 아세라 선지자 400명을 데리고 와서 제단을 쌓고 아세라 신상을 세웠다. 이렇게 신앙적 어두움의 극치에 달했을 때 엘리야가 혜성처럼 등장한 것이다.

엘리야는 성경에 그의 족보가 일체 소개되지 않았기 때문에 처음부터 그렇게 신비한 사람으로 그가 어느 출신 성분을 갖고 있는지, 어느 지파에 소속되었는지, 부모가 누구인지, 누구의 자손인지 전혀 알 수도 없는 사람이다.

사르밧 과부의 아들을 살린 엘리야

아합 왕의 낯을 피하여 까마귀의 도움을 받으면서 그릿 시냇가에 머물렀던 엘리야는 심한 가뭄으로 인하여 그릿 시내가 말라 강바닥이 균열됨을 보고 하나님의 명을 좇아 시돈 땅 사르밧에 사는 허기지고 지친 과부를 찾아갔다. 오랜 기근으로 인하여 아들과 함께 먹고 죽을 한 줌의 가루와 기름 조금 외에는 아무 것도 남아있는 것이 없는 여인에게 엘리야는 자기가 먹을 빵을 먼저 만들 것을 요구하였다. 절대 순종하는 사르밧 과부는 전 재산과 같은 가루와 기름으로 먼저 빵을 구워 엘리야를 대접했고, 자기와 아들은 굶주린 채 죽기를 기다렸다.

그러나 기적이 일어나 날마다 통 속에 일용할 가루가 생겼고, 병 속에 일용할 기름이 생겼다(왕상 17:14-16). 사르밧 과부는 3년 6개월 동안 흉년을 당하여 먹을 것과 마실 것이 없는 때에 자기 목숨과도 같은 마지막 남은 양식까지도 바쳐 엘리야를 대접하였다.

그렇다면 전쟁이 잦은 이스라엘에 많은 과부가 있음에도 불구하고 굳이 하나님께서 엘리야를 시돈 땅에 있는 사르밧 과부에게 보내신 의도가 무엇일까?(눅 4:25-26)

엘리야가 등장하기까지 이스라엘 백성들을 선악의 지혜에서 올바로 깨닫게 한 사람은 아무도 없었다. 그래서 하나님께서 엘리야로 하여금 우상을 섬기는 이스라엘 백성들을 하나님을 섬기는 백성으로 이끌어내기 위한 목적으로 기도하게 하기 위해 보낸 구도의 도장이 시돈 땅의 사르밧 과부의 집이었다.

구도의 도장에는 육신의 소욕을 제어할 수 있는 차원의 양식 외에는 주지 않으셨다는 것이다. 사르밧 과부는 평소에 마음과 뜻과 성품을 다하여 하나님을 섬기는 정숙한 믿음의 여인, 그리고 절망적인 순간에 그 뜻에 순종하여 마지막 양식까지 하나님의 사람을 위해 바칠 수 있는 여인이었다. 그것을 아시는 하나님께서 엘리야로 하여금 '어떻게 이스라엘 백성들을 바알과 아세라 우상을 섬기는 그 죄에서 구해 낼 수 있을까?'하는 문제에 대해서 집중적으로 기도하는 구도의 도장으로 가장 안전한 장소인 시돈 땅의 사르밧 과부에게 보내신 것이다. 엘리야는 약 3년 간 사르밧 과부의 집에 머물러 있었다.

엘리야의 사명은 바알과 아세라를 믿는 이스라엘 백성들을 하나님만을 섬기는 하나님의 백성으로 만드는 것이다. 엘리야가 그릿 시냇가에서 까마귀가 날라다주는 떡과 고기를 먹고 살았고, 사르밧 과부의 집에서 3년 동안 머물러 있으면서 그 문제를 기도하여 그 비답을 얻고, 결정적인 어떤 한 날을 준비하고 대비하기 위해서 때를 기다렸다. 이미 민족과 국가를 도탄에서 건질 경륜과 방법을 깊은 기도의 과정을 통해서 모색하고 얻었기 때문에 하나님께서 명하시는 한 날을 기다린 것이다.

그러던 어느 날 과부의 아들이 병들어 죽게 된다(왕상 17:17). 사르밧 과부가 굶주려 죽게 되었을 때, 엘리야가 나타나 통에는 가루가 생기고, 병에는 기름이 마르지 않아 육신의 생명이 죽지 않게 된 것을 하나님께 감사하였다. 그러나 아들이 죽었을 때 하나님의 깊은 섭리를 깨닫지 못하고 엘리야를 원망했다(왕상 17:18).

> 왕상 17:21-24 그 아이 위에 몸을 세 번 펴서 엎드리고 여호와께 부르짖어 가로되 나의 하나님 여호와여 원컨대 이 아이의 혼으로 그 몸에 돌아오게 하옵소서 하니 여호와께서 엘리야의 소리를 들으시므로 그 아이의 혼이 몸으로 돌아오고 살아난지라 엘리야가 그 아이를 안고 다락에서 방으로 내려가서 그 어미에게 주며 이르되 보라 네 아들이 살았느니라 여인이 엘리야에게 이르되 내가 이제야 당신은 하나님의 사람이시요 당신의 입에 있는 여호와의 말씀이 진실한 줄 아노라 하니라

사르밧 과부는 이스라엘 과부들보다는 경건하고 거룩한 여자

였고, 순종하므로 축복을 받은 여인이었음에도 불구하고 아직 그녀의 신앙이 초보적인 단계를 벗어나지 못하고 있었다. 사르밧 과부가 3년 동안을 하늘의 양식을 먹고도 그것을 깨닫지 못한다면 3년 동안 먹은 하늘의 양식이 아무 의미가 없다. 그렇기 때문에 3년 동안 하늘의 양식을 먹은 것에 대한 올바른 깨달음을 주기 위해서 하나님께서 사르밧 과부의 아들을 죽게 하시고, 엘리야로 하여금 사르밧 과부의 아들을 살려주신 것이다. 사르밧 과부가 '이제야 당신이 진정 참 하나님의 사람이심을 믿습니다'(왕상 17:24)라고 고백한 내용을 볼 때 부활의 참 비의를 깨닫게 되었다는 것을 알 수 있는 것이다. 다시 말하면 보내신 자를 믿으면 부활의 은총을 입을 수 있다는 점을 사르밧 과부가 깨달은 것이다.

하나님께서 사르밧 과부에게 특별히 더 좋은 부활의 약속을 주시기 위해서 하나뿐인 아들을 죽이신 것이며, 엘리야가 아들을 살려냄으로써 사르밧 과부가 부활의 약속을 받은 것이다. 참 진리의 도를 초보자가 아닌 장성한 자의 입장에서 깨닫게 된 것이다. 마치 마리아와 마르다가 부활의 약속을 받은 것처럼, 사렙다 과부도 그러한 은총을 입은 것이다(히 11:35).

승천하는 엘리야

호렙산에서 세미한 소리 가운데 하나님과 대면한 엘리야는 하나님의 명을 좇아 하산하여 엘리사를 제자로 택한다(왕상 19:19-21). 하나님께서 엘리야를 죽지 않고 살아서 승천시키시고자 계획하신 후 엘리야를 길갈과 벧엘, 여리고, 요단으로 보내셨다. 아합과 아하시야의 종말을 본 엘리야는 드디어 승천할 때가 다가옴을 직감하고 엘리사와 고별하려 했다. 엘리야는 승천하기에 앞서 엘리사에게 '너는 여기 머물러 있으라'(왕하 2:1-6)고 세 번 요구했다.

왜 엘리야는 사랑하는 제자 엘리사의 동행을 거부했을까?
에녹이 승천했을 때, 살아서 하늘에 올라가는 방법, 즉 산 자의 도맥을 인계받은 제자가 없었다. 이 때문에 살아서 올라가는 변화의 도맥은 수천 년 동안 성경 속에 은폐되었고, 엘리야에게 이르기까지 깨닫는 자가 나타나지 못하였다.

세상 말에도 천기를 누설하면 죽는다는 말이 있다. 하나님께서 엘리야를 통해서 하실 일이 공개되는 순간, 그 비밀은 생명력을 잃는 것이 되는 것이다. 그것을 허락받지 않은 사람이 알면 엘리야는 승천하지 못하기 때문에 엘리사의 동행을 거부한 것이다.

그러나 엘리사가 떨어져 나가지 않고 엘리야가 승천할 장소까지 끈질기게 따라왔다. 길갈에서부터 벧엘로, 벧엘에서 여리고로, 여리고에서 요단으로 오기까지 떼어놓으려고 했으나, 엘리사의 결심이 확고부동한 것을 안 스승 엘리야는 엘리사에게 그가 구하는 것을 묻자 엘리사는 스승의 갑절의 능력을 요구하였다. 그러자 엘리야는 '나를 네게서 취하시는 것을 네가 보면 그 일이 네게 이루려니와 그렇지 않으면 이루지 아니하리라'(왕하 2:9-11)고 예고한다. 엘리야는 성경에서 유일무이하게 우리와 똑같은 성정을 가진 사람, 육체를 가진 사람으로 스스로 남의 도움을 받지 않고 불말과 불수레를 타고 올라갔다(왕하 2:11).

엘리야는 어떤 존재이기에 불말과 불수레를 탈 수 있는 자격을 가졌을까?

에스더에 보면 '왕이 존귀케 하기를 기뻐하시는 자는 이렇게 행하리라'(에 6:9) 하고 왕복을 입히고, 머리에 왕이 쓰는 금관을 씌우고, 왕이 타는 말에 태워서 성 안을 다니게 했다. 그 사람이 모르드개였다.

세상 왕이 기뻐하는 자도 그를 인정해서 모든 백성으로부터 존귀한 자라는 명예를 부여하는데 하나님께서도 기뻐하시는 자인 엘리야를 특별한 불말이 끄는 병거와, 불수레에 태워서 이끌어 가신다는 것은 너무 당연한 일이다. '한 번 태어났다 죽는 것이 사람에게 정해진 것이라'(히 9:27)고 기록된 그 때에 엘리야가 불말과 불수레를 타고 승천한 사실은 참으로 놀라운 일이 아닐 수 없었을 것이다.

(3) 엘리사

엘리사는 아벨므홀라 사밧의 아들로 소 12겨리로 밭을 갈고 있을 때 엘리야가 지나가다가 겉옷을 벗어던지며 부르니 소의 기구를 불살라 소 한 겨리를 잡아 백성에게 먹이고 엘리야를 따라가 제자가 되었다(왕상 19:16-21).

엘리사(Elisha)의 이름의 뜻은 '하나님의 구원 소명'이다. 8년 후 엘리야가 승천하려 할 때에 세 번이나 작별 인사를 하여도 듣지 않고 따라가서 엘리야가 승천한 영광을 처음이자 마지막으로 본 사람이다.

엘리야의 영감의 2배를 받은 엘리사

엘리사는 엘리야의 승천의 목격자, 증인이 됨으로써, 자신이 구한 엘리야의 영감의 2배를 넘겨받을 수 있었다(왕하 2:9-14). 엘리야가 승천한 것을 본 사람은 그의 제자 엘리사밖에 없다. 그 당시 엘리야의 생도가 50명, 50명씩, 모두 100명이 있었지만 그들은 엘리야가 승천하는 것은 보지 못했다. 엘리야가 승천할 것은 알고 있었지만, 그들은 엘리야가 이 땅에서 할 일을 다 마쳤기 때문에 하나님의 은혜로 엘리야를 회리바람이 태워서 하나님께서 지정한 장소에 데려가서 그 곳에서 엘리야를 죽게 한다는 생각뿐이었다. 엘리야가 하늘로 올라간다는 것은 생각하지도 못하는 일이었다.

엘리사는 어떻게 엘리야의 영감의 2배를 받을 수 있었는가?

왜 엘리야는 엘리사에게 자신을 취하시는 이유를 말하지 않았을까? 엘리야의 입장에서는 하나님께서 자신을 취하시는 영광을 자기 스스로는 엘리사에게 말할 수 없다. 그러면 자기의 비밀이 드러나기 때문에, 함부로 천기를 누설할 수가 없었다. 따라서 엘리야가 그 부분을 하나님께 맡긴 것이다. '하나님! 이것은 제가 결정할 수 있는 일이 아닙니다. 그러니 하나님께서 이 문제를 알아서 해결해 주십시오'라고 의탁한 것이다.

사울이 눈에서 비늘이 떨어지고 나서야 바울이 되어서 예수님의 복음을 가지고 새 창조 새 역사의 세계를 펼칠 수 있었던 것처럼, 엘리야가 '하나님께서 나를 취하시는 것을 네가 보면'(왕하 2:10)이라고 했다. 여기서 엘리사가 무엇을 본다는 것인가?

하나님께서 엘리사에게 그것을 보여주신다는 것은 모세와 엘리야만이 아는 비밀을 엘리사에게도 가르쳐 준다는 것이다. 그 비밀을 가르쳐 주실 것인지 안 가르쳐 주실 것인지는 하나님의 고유적인 권한이시니 엘리야가 하나님께 맡겼다는 것이다. 그래서 하나님께서 엘리야의 승천을 보여주신 것이다.

성경에서 므두셀라와 라멕이 승천하는 에녹을 본 것과, 엘리사가 승천하는 엘리야를 본 것은 근본과 영광이 다른 것이다. 왜냐하면 에녹은 하나님께서 데려가셨지만 엘리야는 스스로 올라간 사람이기 때문이다.

엘리사에게 엘리야의 승천을 보여주셨다는 것은 세 가지의 측면이 있다. 하나는 모세와 엘리야밖에 모르는 비밀을 엘리사에게 가르쳐주신 것이고, 또 하나는 엘리사에게 엘리야처럼 승천할 수 있는 비밀을 가르쳐주셨고, 나머지는 생명의 비밀을 가르쳐주신 것이다.

수넴 여인의 아들을 잉태시키고 살린 엘리사

엘리사가 수넴 여인의 아들을 잉태시키고 죽였다가 살리는 두 사건은(왕하 4:16-20) 엘리사의 사건 속에 다른 어떤 능력보다 더 비중 있는 사건이라고 말할 수 있다. 성경에서 이 사건은 전무후무한 사건이다. 다시 말하면 '하나님이 리브가를 생각하신지라, 라헬을 생각하신지라, 한나를 생각하신지라'(창 25:21, 30:22, 삼상 1:19)고 하신 것처럼, 하나님께서 '생각하셔서' 잉태의 능력을 베푸신 사건은 성경에 많이 소개되어 있지만, 이 땅에 살고 있는 우리와 똑같은 성정을 가진 사람이 잉태의 능력을 행한다는 것은 엘리사의 사건이 성경에서 유일무이한 사건이 되고 있다는 것이다.

다시 말하면 사사기에 보면 마노아에게 '기묘'라고 하는 하늘에서 내리는 특별한 천사가 삼손이 태어날 것을 고지한 사실이 있지만(삿 13:2-18), 이 땅의 사람으로서 잉태의 능력을 행할 수 있다는 것은 보통 일이 아니다.

엘리사가 행한 잉태의 능력은 무엇을 의미하는가?

수넴 여인이 엘리사가 하나님의 사람인 줄 알고 지극정성으로 엘리사를 섬김으로, 무엇이든 그를 도와주고 싶었던 엘리사는 게하시를 통해 이 집에 아이가 없다는 것을 알고 '돐이 되면 네가 아들을 안으리라'(왕하 4:8-16)고 말씀함으로 그 말씀과 동시에 아이가 잉태된 것이다(왕하 4:17).

그러던 어느 날 수넴 여인의 아이가 죽었다. 수넴 여인의 아이가 죽은 이유가 무엇인가? 그 이유는 엘리사가 '돐이 되면 네가 아들을 안으리라'고 했을 때 그 여인이 '아니로소이다. 내 주 하나님의 사람이여, 당신의 계집종을 속이지 마옵소서'(왕하 4:16)라고 했다. 수넴 여인이 마리아처럼 '아멘' 했으면 얼마나 좋았겠는가? 결국은 이 아이가 본질적으로 지니고 있는 복과 은혜, 영광을 아이를 낳은 어미가 불신함으로 다 빼앗기고 말았던 것이다. 그래서 하나님께서 수넴 여인의 아이도 죽이신 것이다. 수넴 여인이 엘리사의 두 발을 안고 흐느껴 울 때에 게하시가 만류하려고 하자 '그만두어라. 저에게 심히 깊은 괴로움이 있구나. 하나님께서 이것을 내게 알리지 않고 그런 일을 행하셨구나'(왕하 4:27) 그 말을 보아도 하나님께서 수넴 여인의 아들을 치셨다는 것을 알 수 있다.

수넴 여인의 아이가 죽었을 때 엘리사가 그 아이를 살려내는 방법도 성경에서 유일무이하게 하나밖에 없는 방법이다(왕하 4:32-37). 눈과 눈을, 입과 입을, 손과 손을 대고 엎드렸다. 그러자 죽은 아이의 살이 점점 따뜻해짐으로 나중에는 아이가 일곱 번 재채기를 하고 살아났다. 이렇게 아이를 살려내는 방법도 전무후무한 사건이다.

엘리사가 아이에게 첫째 입에 입을 대었고, 두 번째 눈에 눈을 대었고, 세 번째 손과 손을 대었다. 이것은 무엇을 의미하는 것일까? 입은 말씀을 말하는 것이고, 눈은 사람의 마음·혼·영을 의미하고, 손은 창조의 신·창조의 능력을 의미하는 것이다. 또한 손은 성령을 말하는 것이다. 다시 말하면 하나님께서 흙으로 사람을 지으시고 코에 생기를 불어넣으심으로 생령이 되었더라고 했다. 이 세 부분으로 구분되어 있는 의미는 '입과 눈과 손을 대었더라'라는 의미와도 같은 맥락이라는 것을 알아야 한다.

엘리사가 자기의 고유적인 독특한 방법으로 수넴 여인에게 아이를 낳게 한 것같이 부활의 능력도 갖고 있기 때문에, 수넴 여인의 아이가 죽었을 때 엘리사만이 갖고 있는 고유적인 자기의 능력으로 죽은 아이를 살려내었던 것이다.

그 점에 있어서는 엘리야와 엘리사의 공통점이 있다. 두 사람은 각기 사르밧 과부와 수넴 여인에게 부활의 비밀을 가르쳐주었다는 점이다. 하나님께서 사르밧 과부의 아들을 죽게 하시고 엘리야로 하여금 사르밧 과부의 아들을 살려주심으로 사르밧 과부에게 부활의 참 비의를 깨닫게 해주셨던 것처럼, 수넴 여인에게도 깨닫게 하심으로 부활의 은총을 입을 수 있다는 점을 알게 한 것이다.

엘리사가 '죽을 병이 들매 죽었다'는 의미는 무엇인가?

> 왕하 13:14 엘리사가 죽을 병이 들매 이스라엘 왕 요아스가 저에게로 내려가서 그 얼굴에 눈물을 흘리며 가로되 내 아버지여 내 아버지여 이스라엘의 병거와 마병이여 하매

> 왕하 13:20-21 엘리사가 죽으매 장사하였더니 해가 바뀌매 모압 적당이 지경을 범한지라 마침 사람을 장사하는 자들이 그 적당을 보고 그 시체를 엘리사의 묘실에 들이던지매 시체가 엘리사의 뼈에 닿자 곧 회생하여 일어섰더라

위의 구절은 참 놀라운 말씀이다. 엘리사는 그냥 자연사를 한 것이 아니다. '죽을 병이 들매 죽었더라'는 말씀의 본질을 깨우쳐야 한다. 엘리사는 이 병이 자기가 죽어야 될 병이라는 것을 알았다는 것이다. 그래서 죽을 병에 들매 살려고 하지 않고 담대하게 요아스 왕을 불러서 손에 안찰을 해주고, 죽을 자리에서 마지막 모든 것을 정리함으로, 신앙의 의를 이루었다는 것이다.

다시 말하면 엘리사는 새 생명을 보장받기 위해서, 영원한 약속을 이루기 위해서 엘리야로부터 넘겨받은 영감의 비밀을 통해서 스스로 죽음을 자청한다는 의미가 있는 것이다.

예를 들면 성도들이 평생 믿음의 생활을 하다가 죽을 병에 걸

려 죽는 순간에 '하나님! 예수님이 온 인류를 구원하시기 위해서 대속의 죄를 짊어지셨지만, 저는 하찮은 인생인지라, 전 인류를 위해서 그들의 죄를 전부 짊어질 수는 없습니다. 하오나 제가 지금 어차피 암에 걸려 죽습니다. 그러면 제가 이 세상에 한 번 태어난 이상 인류에게 조금이라도 공헌하기 위해서 암으로 죽는 모든 사람들의 그 병을 제가 짊어지게 해주소서' 그렇게 기도할 수 있다면 금상첨화가 되는 것이다.

마찬가지로, 엘리사가 저주받아 죽을 수밖에 없는 모든 저주를 스스로 짊어졌다는 것이다. 그러므로 저주받아 죽을 병이 들어 죽을 수밖에 없는 많은 사람들을 엘리사가 구원했다는 뜻이다. 다시 말하면 많은 사람을 구원하기 위해서 그 질고를 짊어짐으로써 기다리는 주인이 필요한 마지막 때에 엘리사가 이 땅에 부활할 수 있다는 것이다. 그 때까지는 엘리야가 살아서 이 땅에서 승천한 것처럼, 엘리사가 깊은 스올 속에서 부활해서 살아나는 의미를 갖고 있다고 할 수 있다.

즉 마지막 때 엘리사가 엘리야처럼 죽지 않고 부활 승천할 수 있는 능력을 가지고 있음에도 불구하고, 그것을 포기하고 죽기를 바랐다는 것은 '하늘로 갔다가 다시 오지 않고 이 땅에서 기다리는 사람이 되겠다'(요 21:22)는 의미가 될 것이다.

엘리사는 하늘에 있는 천사들도 모르고, 아들들도 모르고, 예수님 자신과 모세와 엘리야만 알고 있는 그 비밀을 알았다. 따라서 그 비밀을 간직하고 지키며, 그 비밀을 행할 수 있는 능력의 사람이 되기 위해서, 죽음을 통해서 새 생명을 얻고자 자신이 죽을 병을 자청해서 죽었다는 점을 알 수 있다.

죽은 사람의 시체를 살린 엘리사의 뼈

모압 적당이 쳐들어왔을 때 시체를 장사하던 사람들이 다급하여 시체를 엘리사의 시체가 안장된 굴에 던지자, 마침 죽은 시체가 엘리사의 뼈에 닿자마자 살아났다(왕하 13:20-21). 엘리사는 살아서도 많은 능력을 행했으나, 죽어서까지도 엘리사의 뼈가 시체를 회생시키는 능력을 행한 것이다.

엘리사는 스승인 엘리야가 이 땅에서 하늘로 올라가는 거룩한 장면을 본 것으로 끝난 사람이 아니다. 엘리사의 뼈는 살아 승천하는 것을 본 것에 대한 모든 정보와 내용이 기록되어 있는 산 자의 도맥이 살아있는 뼈가 된 것이다. 그렇기 때문에 그 뼈에 닿자마자 시체가 살아난 것이다.

비록 엘리사는 죽어 살과 피는 다 썩어 없어졌지만, 죽은 그의 뼈가 시신을 다시 살아나게 한 사실을 볼 때, 엘리사가 어느 때인가는 다시 하나님께서 불러주시는 날을 고대하며 부활을 기다리는 잠을 자고 있었다는 것을 알 수 있다. 또한 그의 생전에 골수에 박힌 부활에 대한 믿음이 부활을 바라는 그의 신령한 마지막 역사가 아닐까 생각된다.

결론적으로 말하면, 엘리사는 변화의 조상인 엘리야의 시작과 끝을 유일하게 완전히 알고 있었기에 엘리야가 이 땅에 남기고 간 모든 역사의 흔적, 역사의 내용, 모든 비밀을 넘겨받은 것이다. 그러므로 구속사의 의미로 보면 지금까지 알지 못했던 새로운 역사의 내용을 엘리사를 통해서 구약적인 측면에서 보여주고 있다는 점이 놀라운 것이다(왕하 2:9-14).

또한 지금까지 산 자의 도맥이 끊어지지 않고 면면히 흘러왔다는 사실이다. 다만 산 자의 믿음을 가진 사람만이 이 도비(道秘)를 당연히 깨달을 수 있고, 산 자의 세계를 하늘에서뿐만 아니라 이 땅에서도 점진적으로 펼쳐나갈 수 있는 것이다.

공자의 어록에 '아침에 도를 듣고 저녁에 깨닫고 죽는 사람은 복 있는 사람이라'[18]고 했다. 일곱째 천사장이 부는 나팔 소리가 어떤 소리(계 10:7)이기에 '순식간에 홀연히 다 변화하리라'(고전 15:51)고 말씀하고 있는가? 속된 말에도 쓸데없는 말을 하는 사람에게 '나팔 불지 마!'라고 말하기도 한다. 진정 사람이 부는 나팔 소리를 통하여 사람이 변화 받을 수 있겠는가?

그렇다면 일곱째 천사장이 부는 나팔은 어떤 소리를 말하고 있는 것일까? 먼저 일곱째 천사장이란 말은 천상의 세계에서 마지막으로 지상세계, 즉 구속사의 세계로 들어온 마지막 천사장이라고 말할 수 있다. 물론 천사장이 일곱밖에 없다는 것은 아니다. 그런데 왜 일곱째 천사장이라고 말씀하고 있는가? 종말론적인 입장에서 마지막 때는 일곱 촛대, 일곱 별이 역사하는 때라고 요한계시록 1장을 통해 말씀하고 계신다. 촛대는 교회요, 별은 사자라고 말씀하셨다(계 1:20). 그런 차원에서 일곱째 천사장은 마지막 하늘의 뜻을 위하여 부름 받은 천사장으로서 마지막 구속사의 말씀을 전하고 있는 자라고 말할 수 있다.

요한계시록 10장을 생각해 보자.

---

18) 조문도 석사가의(朝聞道 夕死可矣)-뜻 : 아침에 도를 들어 깨달으면 저녁에 죽어도 좋다

작은 책을 먹은 사도요한에게 요한계시록 10:11에서 '많은 백성과 나라와 방언과 임금들에게 다시복음을 전하라'고 하셨다. 다시복음을 전하라고 하는 의미 속에는 지금까지의 복음이 아니고 새로운 복음이라는 의미가 들어있다.

새로운 복음이라고 해서 성경책이 아닌 다른 책으로 분류되어지는 복음이라는 것이 아니다. 이미 성경 속에 들어있는 말씀이긴 하지만 지금까지 누구에게도 허락되지 아니하였던 인봉된 말씀이라는 것이다. 마치 성경 속에 그 누구도 먹지 못했던 감추인 만나가 때에 맞게 나타나듯이(계 2:17), 작은 책의 말씀도 중간계시의 말씀으로서 일반계시 속에 삽입되어 있는 복음이라는 것을 말하고 있는 것이다.

그렇다면 다시복음은 어떤 내용으로 이루어진 것이기에 그 복음, 그 나팔 소리를 들으면 죽을 몸이 죽지 아니함을 입겠고, 썩을 몸이 썩지 아니함을 입을 수 있겠는가?(고전 15:50-54) 참으로 기이한 나팔 소리가 아닌가! 그 나팔 소리를 가리켜 주님께서는 '비사로 이르지 아니하고 밝히 이르는 아버지의 말씀'이라고 증거하셨다(요 16:25).

히브리 기자는 그 나팔 소리를 가리켜 '완전한 데 이르는 하나님의 말씀이라'고 히브리서 6:2에서 말씀하고 있다. 빌립보 기자는 빌립보서 3:21에 '그가 만물을 자기에게 복종케 하실 수 있는 자의 역사로 우리의 낮은 몸을 자기의 영광의 몸의 형체와 같이 변케하시리라'고 외치고 있다. 또한 요한계시록 2:17에서는 이 말씀을 '감추었던 만나'라고 말씀하고 있다.

그렇다고 하여 종말론적인 입장에서 누구든지 이 말씀을 받을 수 있다는 것은 아니다. 이기는 자에게(계 2:17), 깨어있는 자에게(살전 5:5-6), 바라는 자들에게(히 9:28), 약속의 자녀들에게만(히 11:40) 이 말씀이 전해지는 것이다. '천국의 비밀이 너희들에게는 허락되었으나 저들에게는 허락되지 아니하였다'(마 13:11)는 말씀처럼 변화와 순교는(계 6:10-11) 개개인의 소망에 의해 이루어지는 것이 아니라, 만세 전에 하나님께서 예비하시고 준비하신 자들을 통해서 이루어지는 것이다(롬 8:26-30, 11:29, 9:11).

    신령한 귀를 가진 자들이여, 세미한 소리를 들어보라!
    죽기를 원치 아니하고 살기를 바라는 모든 자들이여,
    일곱째 천사장이 부는 신령한 나팔 소리를 들어보라!
    정녕코 죽지 아니하고 홀연히 변화 받는 영광의 몸이 될 수 있으리라!

제 5장

멜기세덱의 반차란 무엇인가?

멜기세덱의 반차란 무엇인가?

예수님은 죄인을 구원하시기 위해서 이 땅의 대제사장이 되셨다. 히브리서 2:17에 '그러므로 저가 범사에 형제들과 같이 되심이 마땅하도다. 이는 하나님의 일에 자비하고 충성된 대제사장이 되어 백성의 죄를 구속하려 하심이라'고 말씀하신다.

모세의 율법에 따르면 대제사장은 아론의 반차를 따라 이스라엘 백성들의 제사를 주관하고, 죄를 사해주는 직분을 담당하였다. 그러나 유다 지파 다윗의 가계에 속하셨던 그리스도 예수께서는 아론의 반차가 아닌 멜기세덱의 반차를 따라 영원한 대제사장이 되셨다.

> 히 5:6-10 또한 이와 같이 다른 데 말씀하시되 네가 영원히 멜기세덱의 반차를 좇는 제사장이라 하셨으니 그는 육체에 계실 때에 자기를 죽음에서 능히 구원하실 이에게 심한 통곡과 눈물로 간구와 소원을 올렸고 그의 경외하심을 인하여 들으심을 얻었느니라 그가 아들이시라도 받으신 고난으로 순종함을 배워서 온전하게 되었은즉 자기를 순종하는 모든 자에게 영원한 구원의 근원이 되시고 하나님께 멜기세덱의 반차를 좇은 대제사장이라 칭하심을 받았느니라

히 6:19-20 우리가 이 소망이 있는 것은 영혼의 닻 같아서 튼튼하고 견고하여 휘장 안에 들어가나니 그리로 앞서 가신 예수께서 멜기세덱의 반차를 좇아 영원히 대제사장이 되어 우리를 위하여 들어가셨느니라

히 7:12-15 제사 직분이 변역한즉 율법도 반드시 변역하리니 이것은 한 사람도 제단 일을 받들지 않는 다른 지파에 속한 자를 가리켜 말한 것이라 우리 주께서 유다로 좇아 나신 것이 분명하도다 이 지파에는 모세가 제사장들에 관하여 말한 것이 하나도 없고 멜기세덱과 같은 별다른 한 제사장이 일어난 것을 보니 더욱 분명하도다

창세기 14장에 보면, 멜기세덱이 아브라함에게 나타나서 떡과 포도주로 축복하고 아브라함은 멜기세덱에게 십일조를 드리는 장면이 나온다. 축복이란 윗사람이 아랫사람에게 빌어주는 것이다.

히 7:7 폐일언하고 낮은 자가 높은 자에게 복 빎을 받느니라

멜기세덱에게 축복받은 아브라함은 멜기세덱에게 전리품의 10분의 1을 바쳤다(히 7:4). 그 때에 아브라함의 허리에 있었던, 즉 아브라함의 후손인 이삭·야곱·레위도 멜기세덱에게 10분의 1을 바친 것과 마찬가지라는 것이다.

히 7:9-11 또한 십분의 일을 받는 레위도 아브라함으로 말미암아 십분의 일을 바쳤다 할 수 있나니 이는 멜기세덱이 아브라함을 만날 때에 레위는 아직 자기 조상의 허리에 있었음이니라 레위 계통의 제사

직분으로 말미암아 온전함을 얻을 수 있었으면(백성이 그 아래서 율법을 받았으니) 어찌하여 아론의 반차를 좇지 않고 멜기세덱의 반차를 좇는 별다른 한 제사장을 세울 필요가 있느뇨

예수 그리스도의 대제사장 직무는 불완전한 아론의 반차가 아닌 멜기세덱의 반차라는 무궁한 생명의 능력을 좇아 된 것임을 히브리서 기자는 강조하고 있다.

히 7:16-17 그는 육체에 상관된 계명의 법을 좇지 아니하고 오직 무궁한 생명의 능력을 좇아 된 것이니 증거하기를 네가 영원히 멜기세덱의 반차를 좇는 제사장이라 하였도다

과연 멜기세덱이 누구이기에, 하나님 자체이신 예수님조차 멜기세덱의 반차를 따라 대제사장이 되셨을까? 먼저 하나님의 사람들의 입장에서 멜기세덱의 반차란 무엇이며, 멜기세덱의 반차가 어떻게 이루어지는지, 또 아론의 반차와 멜기세덱의 반차는 어떻게 다른지 알아보고자 한다.

I
구속사의 입장으로 본 멜기세덱의 반차

1. 노아를 통해서 본 멜기세덱의 반차

> 창 6:8-9 그러나 노아는 여호와께 은혜를 입었더라 노아의 사적은 이러하니라 노아는 의인이요 당세에 완전한 자라 그가 하나님과 동행하였으며

노아가 받은 은혜는 완전한 은혜였다. 당대의 의인, 완전한 자가 되기 위해서 노아는 완전한 은혜를 받은 것이다[19].

노아는 어떤 입장과 과정을 통해서 그런 은혜를 받을 수 있었을까?

누구를 막론하고 당대에 완전한 은혜를 받을 수는 없다. 모든 것이 3단계의 수리성을 통해 그 목적을 이루는 것이 창조 원리이다. 노아 자신만의 의로 그가 의인이 된 것이 아니다. 노아가 완전한 자가 되고 완전한 의의 열매로 맺히려면 창조 원리의 수리성을

---

[19] 완전한 은혜 안에서 노아가 당대의 의인, 완전한 자가 될 수 있었다. 완전한 은혜란 교회의 머리가 되시는 예수 그리스도(고전 11:3), 은혜와 진리로 오신 그리스도를 말하는 것이다(요 1:14). 즉, 노아는 그리스도 안에서 당대의 의인, 완전한 자가 될 수 있었다.

따라 3대가 필요한 것이다.

300년간 하나님과 동행하다가 하나님이 데려가심으로 죽지 않고 변화·승천한 아담의 7대손 에녹, '그가 죽으면, 세상의 끝이 온다'는 이름처럼 홍수가 나던 해에 죽은 8대손 므두셀라, 777세를 향수한 9대손 라멕[20]의 3대가 있다. 다시 말하면 에녹, 므두셀라, 라멕, 이들 3대가 닦은 신앙의 길을 통해서 4대인 노아가 완전한 은혜를 받고, 의인이 되고, 당대의 완전한 자가 된 것이다. 그렇게 앞서 준비되어 있는 은혜의 사람들이 존재하지 않고는 노아 자신이 기도한다고 해서 완전한 은혜를 받을 수는 없는 것이다(창 5:24-31).

하나님께 은혜를 입은 노아는 의인·당대에 완전한 자로서 장차 올 일에 대한 말씀을 믿고 성부·성자·성령의 상징인 방주를 지었다. 노아 600세 되는 해 2월 17일에 물심판이 시작되고, 다음 해 2월 27일에 땅이 말랐다. 즉 1년 10일 만에 심판이 끝났다. 물심판이 끝났다는 것은 방주를 지음으로 심판의 구심점이 된 노아가 모든 원수를 무릎 꿇게 했다는 말이 되기도 한다.

1년 10일 만에 방주에서 내려온 노아는 먼저 제단을 쌓고 하나님께 흠이 없는 온전한 번제를 드렸고, 이에 하나님께서는 노아와 무지개 언약을 맺으셨다.

그리고 나서 노아는 하나님께서 말씀하신 대로 포도원을 만들고 포도농사를 짓기 시작했다. 포도농사를 지었다는 것은 전 시대를 마감하고 새 시대를 여는, 새 창조 새 역사의 구속사의 세계를

---

[20] 영적 완전수 7수가 세 번 있는 것은 노아가 완전한 은혜를 입을 수 있는 3일 길을 에녹, 므두셀라, 라멕을 통해서 이루어놓았다는 의미가 적용될 수 있다.

노아가 설계했다는 것이다.

> 창 9:20-25 노아가 농업을 시작하여 포도나무를 심었더니 포도주를 마시고 취하여 그 장막 안에서 벌거벗은지라 가나안의 아비 함이 그 아비의 하체를 보고 밖으로 나가서 두 형제에게 고하매 셈과 야벳이 옷을 취하여 자기들의 어깨에 메고 뒷걸음쳐 들어가서 아비의 하체에 덮었으며 그들이 얼굴을 돌이키고 그 아비의 하체를 보지 아니하였더라 노아가 술이 깨어 그 작은 아들이 자기에게 행한 일을 알고 이에 가로되 가나안은 저주를 받아 그 형제의 종들의 종이 되기를 원하노라

생명나무가 포도나무로 오시는 길을 하나님 스스로는 만드실 수 없다. 누군가 이 땅에서 하나님의 주권적인 은혜를 통해서 생명나무가 포도나무로 올 수 있는 길을 만들어드려야 한다.

심판 후 노아가 '생육, 번성, 충만 시키라'는 첫째 아담에게 주셨던 동일한 명령의 말씀을 받고(창 9:1), 이 땅 위에서 그 역사의 세계를 펼치고자 생명나무가 포도나무로 올 수 있는 길을 만들기 위해서 포도원을 만들어 포도나무 농사를 시작한 것이다.

포도농사를 지은 노아가 포도주에 취해서 벗었다. 포도주에 취했다는 말은 생명나무가 포도나무로 올 수 있는 길, 훗날 야곱이 꿈에서 본 사닥다리의 설계도를 만들었다는 것이다. 노아가 생명나무가 포도나무로 올 수 있는 길, 말씀이 육신이 되어 은혜와 진리로 이 땅에 오실 수 있는 길을 만들어 드렸다는 것이다.

노아가 설계도를 완성함으로 그 설계도를 이용하여 노아의 가

족이 사닥다리를 만들 수 있었으나, 둘째 아들 함으로 인해 그 계획이 산산이 깨어졌다. 생명나무가 포도나무로 올 수 있는 설계도를 만든 노아 자신은 완전한 은혜를 받았기에 승리하였으나, 결국 사닥다리의 완성이라는 과업은 노아의 10대손 아브라함에게 넘어가게 되었다. 만약에 노아의 가정 안에 함의 사건이 일어나지 않고 노아가 원하고 기도한 대로 목적을 이루었다면, 굳이 세 번째 인류의 조상 아브라함을 세우지 않아도 되었을 것이다. 그런데 노아의 가정이 깨어짐으로 말미암아 하나님께서는 아브라함의 가정을 준비하실 수밖에 없었다.

그러므로 노아가 950세까지 살면서 10대 후손인 아브라함과 58년 동안의 만남을 통해서[21] 노아가 만든 포도원을 아브라함에게 인수인계함으로써 모든 것은 노아에게서 아브라함에게 넘어간 것이다.

그러나 노아가 생명나무가 포도나무로 오실 수 있는 설계도를 완성했기에 아브라함·이삭·야곱·요셉을 통해서 생명나무가 포도나무로 올 수 있는 사닥다리, 즉 멜기세덱의 반차를 이룩할 수 있었던 것이다.

2. 야곱이 본 사닥다리

창세기 14장에서 멜기세덱이 아브라함에게 떡과 포도주의 축복을 한 내용이 먼저 등장하고(창 14:17-20), 이어서 창세기 15장

---

21) <구속사 시리즈 제1권 '창세기의 족보'> 박윤식 저, 121쪽, 도서출판 휘선

에서 아브라함과 횃불언약을 맺은 내용이 소개된다(창 15:12-21). 이 횃불언약은 아브라함, 이삭에 이어 3대인 야곱에게로 이어진다.

> 시 105:8-10 그는 그 언약 곧 천대에 명하신 말씀을 영원히 기억하셨으니 이것은 아브라함에게 하신 언약이며 이삭에게 하신 맹세며 야곱에게 세우신 율례 곧 이스라엘에게 하신 영영한 언약이라

야곱이 쌍둥이 형 에서에게서 장자의 축복을 뺏은 후, 외삼촌 라반의 집으로 도망가는 중 광야에서 돌베개를 하고 하룻밤을 자면서 꿈을 꾸었다(창 28:10-11). 야곱이 꿈에서 '사닥다리가 땅 위에 섰는데 그 꼭대기가 하늘에 닿았고, 또 본즉 하나님의 사자가 그 위에서 오르락내리락하는 모습'(창 28:12)을 보았다. 꿈에서 깬 야곱이 그 곳이 하나님의 전인 것을 깨닫고, 베고 잤던 돌에 기름을 붓고 '나를 무사히 집으로 다시 돌려보내 주신다면 내가 기름 부었던 이곳에서 당신에게 십일조를 바치겠나이다'(창 28:22)라는 서원을 했다.

> 창 28:10-22 야곱이 브엘세바에서 떠나 하란으로 향하여 가더니 한 곳에 이르러는 해가 진지라 거기서 유숙하려고 그 곳의 한 돌을 취하여 베개하고 거기 누워 자더니 꿈에 본즉 사닥다리가 땅 위에 섰는데 그 꼭대기가 하늘에 닿았고 또 본즉 하나님의 사자가 그 위에서 오르락 내리락하고 또 본즉 여호와께서 그 위에 서서 가라사대 나는 여호와니 너의 조부 아브라함의 하나님이요 이삭의 하나님이라 너 누운 땅을 내가 너와 네 자손에게 주리니 네 자손이 땅의 티끌같이 되어서 동서남북에 편만할지며 땅의 모든 족속이

너와 네 자손을 인하여 복을 얻으리라 내가 너와 함께 있어 네가 어디로 가든지 너를 지키며 너를 이끌어 이 땅으로 돌아오게 할지라 내가 네게 허락한 것을 다 이루기까지 너를 떠나지 아니하리라 하신지라 야곱이 잠이 깨어 가로되 여호와께서 과연 여기 계시거늘 내가 알지 못하였도다 이에 두려워하여 가로되 두렵도다 이 곳이여 다른 것이 아니라 이는 하나님의 전이요 이는 하늘의 문이로다 하고 야곱이 아침에 일찌기 일어나 베개하였던 돌을 가져 기둥으로 세우고 그 위에 기름을 붓고 그곳 이름을 벧엘이라 하였더라 이 성의 본 이름은 루스더라 야곱이 서원하여 가로되 하나님이 나와 함께 계시사 내가 가는 이 길에서 나를 지키시고 먹을 양식과 입을 옷을 주사 나로 평안히 아비 집으로 돌아가게 하시오면 여호와께서 나의 하나님이 되실 것이요 내가 기둥으로 세운 이 돌이 하나님의 전이 될 것이요 하나님께서 내게 주신 모든 것에서 십분 일을 내가 반드시 하나님께 드리겠나이다 하였더라

여기서 주목할 것은 야곱이 꿈 중의 계시를 통해서 사닥다리를 보았다는 사실이다. '사닥다리가 땅 위에 섰는데 그 꼭대기가 하늘에 닿았고'(창 28:12)라는 내용을 볼 때, 사닥다리가 하늘에서 내려온 것이 아니라 누군가에 의해 땅에서 만들어졌는데, 그 사닥다리가 땅에서 하늘로 일으켜 세워져 하늘에 닿음으로, 천사들이 사닥다리를 오르락내리락하고 그 위에 하나님께서 앉아 계신 꿈이었다.

겔 31:14-15 이는 물가에 있는 모든 나무로 키가 높다고 교만치 못하게 하며 그 꼭대기로 구름에 닿지 못하게 하며 또 물 대임을 받는 능한

자로 스스로 높아 서지 못하게 함이니 그들을 다 죽는 데 붙여서 인생 중 구덩이로 내려가는 자와 함께 지하로 내려가게 하였음이니라 나 주 여호와가 말하노라 그가 음부에 내려가던 날에 내가 그를 위하여 애곡하게 하며 깊은 바다를 덮으며 모든 강을 쉬게 하며 큰 물을 그치게 하고 레바논으로 그를 위하여 애곡하게 하며 들의 모든 나무로 그로 인하여 쇠잔하게 하였느니라

위 구절에서 '나무가 자라서 구름에 닿았다'는 말은, 야곱이 꿈에서 본 이 땅에서 만들어진 사닥다리가 땅에서 세워져 하늘로 올라간 의미와 같다. 그러나 야곱이 본 사닥다리는 하나님께서 허락하신 사닥다리이고, 물가에 심긴 레바논의 백향목이 자라서 구름에 닿은 것은 하나님께서 허락하지 않으신 것이다. '하나님은 물가에 심긴 어떤 나무라도 구름에 스스로 닿고자 하는 나무는 베어버린다'(겔 31:14-15, 마 20:20-23)는 엄중하신 말씀이 있다.

구름에 닿고자 무성히 자라기를 원하는 나무는 자기 자신이 사닥다리를 만들려고 하는 사람, 자신이 사닥다리가 되려고 하는 사람이다. 그러나 하나님께서 그런 사람을 절대 용서하지 않는다는 말씀의 의미는, 하나님께서 사닥다리로 정하신 대상이 이미 존재한다는 것이다. 그러므로 그 대상 외에 누구든지 구름에 닿고자 하는 나무는 하나님께서 무참히 베어버리시겠다는 것이다(겔 31:14-15, 마 20:20-23).

야곱은 땅에서 만들어진 사닥다리가 세워져서 하늘에 닿았는데, 그 사닥다리를 통해서 천사들이 오르락내리락하고 사닥다리 위에는 여호와 하나님이 계신 것을 보았다. 그 사닥다리는 아무나 만들 수 있는 것은 아니다.

야곱이 본 사닥다리는 이미 노아가 설계를 완성한 사닥다리이다. 그 사닥다리를 통해서 천사들이 역사하고, 장차 인자로 오실 예수께서 여인의 길을 통해서 이 땅에 그 사닥다리를 통해서 처음 오실 것이다.

'하늘로 올라가는 길'은 거룩한 천사가 직접 사닥다리의 끝에 있는 하나님께 인도한다는 의미의 말씀이 되는 것이다. 그 길은 절대 죽는 자는 가지 못하는 길이다.

그러면 사닥다리는 무엇을 말하는 것인가?

누군가에 의해서 땅에서 그 사닥다리가 만들어진다는 것이다. 그런데 야곱은 사닥다리가 만들어져서 하늘에 닿은 것만 보았지, 누가 그 사닥다리를 만드는지 보지 못했다. 그러나 그 사닥다리는 누군가에 의해서 만들어져 땅에서 세워져서 하늘에 닿아야 한다는 것을 깨닫게 되었다.

야곱이 꿈에 사닥다리를 본 것은 장차 인자의 영광으로 이루어질 사닥다리였다. 그러나 영적으로 보면 노아가 포도원을 만들었기 때문에 사닥다리가 이미 존재했던 것이다. 인자는 그 사닥다리를 사용하지 못했지만, 거룩한 천사는 노아가 믿음으로 지은[22] 그 사닥다리를 사용하고 있었다.

그 사닥다리는 반차를 의미한다. 그 사닥다리를 만드는데 조력한 사람은 바로 아브라함이라고 말할 수 있다. 건물을 세우는데도 설계도가 필요하듯, 노아에 의해 이미 만들어진 설계도에 따라 하나님께서는 아브라함·이삭·야곱을 통해 이 땅에서 사닥다리를 만들기

---

22) 노아가 사닥다리를 만든 것을 왜 믿음으로 만들었다고 하는가? 노아가 이 땅에서 한 일은 이 땅에서 이루어지기는 했지만 하늘차원에서 이루어진 것이기 때문이다.

시작하셨다. 그리하여 사닥다리가 이 땅에서 하늘에 닿도록 세워진 것이다.

그 사닥다리를 야곱에게 보여주셨다는 의미는, 하나님께서 사닥다리를 통해서 어떻게 역사하실 것을 가르쳐 주셨다는 것이다.

야곱은 아브라함·이삭·야곱 산 자의 3대의 마지막 사람으로서 반드시 멜기세덱 반차의 비밀을 알아야 한다. 왜냐하면 야곱의 12 아들 중 11번째 아들인 요셉이 장차 아브라함·이삭·야곱 3대를 통해 4대의 열매를 맺을 사람이기 때문이다. 즉 야곱은 요셉을 낳은 마지막 사람이므로 자기 다음 대에 아주 중요한 아들이 태어날 것을 알고 있었다. 하나님께서 횃불언약을 통해 4대 만에 돌아온다는 것을 가르쳐 주심으로(창 15:16), 4대의 사람이 하나님께서 언약하신 말씀을 이룬다는 것을 아브라함·이삭·야곱은 다 알고 있었던 것이다. 이처럼 야곱이 멜기세덱 반차의 비의(秘意)를 알고 있었기 때문에 요셉이 열한 번째 아들임에도 장자가 입는 채색 옷을 입혔고, 임종을 앞두고 마지막 유언을 할 때 '내 부여조의 축복보다 네 축복이 더 크다, 네게서 반석이 나오도다'[23]라고 말한 것이다.

아브라함과 멜기세덱의 만남은 성경에 확실히 나온다. 그러면 이삭과 야곱은 멜기세덱과 만난 적이 있었을까? 성경에 표면적으

---

23) 창 37:3 요셉은 노년에 얻은 아들이므로 이스라엘이 여러 아들보다 그를 깊이 사랑하여 위하여 채색옷을 지었더니

창 49:24-26 요셉의 활이 도리어 견강하며 그의 팔이 힘이 있으니 야곱의 전능자의 손을 힘입음이라 그로부터 이스라엘의 반석인 목자가 나도다 네 아비의 하나님께로 말미암나니 그가 너를 도우실 것이요 전능자로 말미암나니 그가 네게 복을 주실 것이라 위로 하늘의 복과 아래로 원천의 복과 젖먹이는 복과 태의 복이리로다 네 아비의 축복이 내 부여조의 축복보다 나아서 영원한 산이 한없음같이 이 축복이 요셉의 머리로 돌아오며 그 형제 중 뛰어난 자의 정수리로 돌아오리로다

로는 그런 구절은 없다. 그러나 내용으로 보면 이삭과 야곱도 멜기세덱과 만난 적이 있다고 유추할 수 있다.

창세기 22:10-11에서 아브라함이 이삭을 번제로 드리려고 칼로 내리치려는 순간, 여호와의 사자가 나타나 '아브라함아, 아브라함아!' 부르시며 아브라함을 제지하였다. 그때 그 현장에는 아브라함 혼자만 있었던 것이 아니다. 결박당해 번제로서 바쳐질 이삭도 그 모든 것을 보고 들었을 것이다. 즉 이삭은 여호와이레의 사건[24]을 통해 '여호와의 사자'라고 표현된 멜기세덱을 만날 수 있었던 것이다.

야곱은 언제 멜기세덱을 만날 수 있었는가? 고향으로 돌아가는 야곱이 형 에서가 400명을 이끌고 자기에게 쳐들어온다는 소식을 듣고 식솔들을 모두 강을 건너게 하고 자신은 날이 새도록 얍복강에서 어떤 사람과 씨름하여 이김으로 '이스라엘'이라는 새 이름을 받았다(창 32:6, 32:22-28).

> 창 32:24 야곱은 홀로 남았더니 어떤 사람이 날이 새도록 야곱과 씨름하다가

> 창 32:30 그러므로 야곱이 그곳 이름을 브니엘이라 하였으니 그가 이르기를 내가 하나님과 대면하여 보았으나 내 생명이 보전되었다 함이더라

야곱이 그곳 이름을 하나님의 얼굴이라는 뜻인 '브니엘'이라고 이름 지은 것을 볼 때(창 32:30), 야곱에게 이스라엘이라는 새 이

---

24) 여호와이레란 '여호와께서 준비하시다'라는 의미다.

름을 준 '어떤 사람'은 멜기세덱이라고 유추할 수 있다. 구약 때는 하나님을 보는 자는 죽는다고 했는데(출 33:20, 삿 13:22), 야곱이 '내가 하나님을 대면하여 보았으나 내 생명이 보전되었다'라고 말한 것으로 보아, 야곱이 만난 하나님의 정체는 누구인가?

만일 야곱이 하나님의 본체이신 분을 만났다면 살아남지 못했을 것이다. 따라서 구약 때 하나님을 보고도 죽지 않은 사람들은 하나님께서 보내신 사자, 여호와, 또는 네 생물이었을 것으로 짐작이 된다. 즉 야곱은 네 생물이 인자화되어 등장한 멜기세덱을 만났을 것이다.

이처럼 선악나무와 직접 싸우지 않고도 선악나무를 이길 수 있는 존재와 싸워 이긴 사람은 이긴 자로 인정을 받는다. 야곱이 그런 대상과 씨름해서 이긴 자로 인정받았기에 '이스라엘'이라는 새 이름을 받을 수 있었던 것이다(계 2:17).

이렇듯 멜기세덱이 아브라함 한 사람에게만 나타나 축복한 것이 아니다. 삼년 동안 맺힌 열매, 즉 아브라함·이삭·야곱 3대는 비록 할례 받지는 못한 열매이지만, 각기 매년 열매를 맺은 사람들이었기에(레 19:23-25), 그들 모두에게 멜기세덱이 역사할 수 있었다.

3. 요셉을 통해서 본 멜기세덱의 반차

마태족보의 마지막은 야곱 → 요셉 → 예수로 이어지고(마 1:1-16), 누가족보에서는 예수 → 요셉 → 헬리로 이어져 올라간다(눅 3:23-38). 마태복음, 누가복음에 등장하는 두 족보를 두 도맥이라고도 말할 수 있다. 두 도맥이 요셉에게 귀결되어 한 길로 이루어지면서, 요셉을 통해서 예수님이 이 땅에 오시는 것이다.

멜기세덱의 의미는 '다리를 놓는 자'[25]라는 뜻이다. 마태족보를 보나, 누가족보를 보나, 이스라엘 백성과 예수님을 연결시키는 다리 역할을 하는 사람이 바로 요셉이다. 어떤 족보를 막론하고 요셉을 통하지 않고는 예수님께 올 수 없는 것이다.

또한 창세기 49장에서 야곱은 죽기 전에 12아들에 대해 예언하면서 특별히 유다와 요셉을 축복할 때 메시아가 오실 일을 예언하였다. 유다에게는 홀과 지팡이의 축복을 준 반면, 요셉에게는 반석이 난다고 하였다.[26] 고린도전서 10:4에 반석은 예수 그리스도라고 했다. 그렇기 때문에 요셉을 통하지 않고는 예수님과 이스라엘 백성들은 서로 만날 수가 없다는 사실을 알아야 한다.

그러한 요셉은 과연 누구인가?

아브라함·이삭·야곱, 이들은 산 자들이다. 예수님께서 이미 수

---

25) 멜기세덱을 라틴어로 말하면 '폰티펙스(póntĭfex)'로 '다리를 놓는 자'라는 의미가 있다.
26) 창 49:10 홀이 유다를 떠나지 아니하며 치리자의 지팡이가 그 발 사이에서 떠나지 아니하시기를 실로가 오시기까지 미치리니 그에게 모든 백성이 복종하리로다.
창 49:24 요셉의 활이 도리어 건강하며 그의 팔이 힘이 있으니 야곱의 전능자의 손을 힘입음이라 그로부터 이스라엘의 반석인 목자가 나도다.

천 년 전에 죽은 아브라함·이삭·야곱을 가리켜 '산 자'라고 친히 말씀하셨다.

> 눅 20:37-38 죽은 자의 살아난다는 것은 모세도 가시나무 떨기에 관한 글에 보였으되 주를 아브라함의 하나님이요 이삭의 하나님이요 야곱의 하나님이시라 칭하였나니 하나님은 죽은 자의 하나님이 아니요 산 자의 하나님이시라 하나님에게는 모든 사람이 살았느니라 하시니

아브라함·이삭·야곱, 산 자의 3대를 통해서 열매 맺은 첫 열매가 요셉이다. 비록 아브라함·이삭·야곱이 산 자이기는 하지만, 그들은 하나님께서 직접적으로 취할 수 있는 열매는 아니었다(레 19:23-25). 아브라함·이삭·야곱, 3대의 열매인 요셉은 하나님께 바쳐진 산 자의 첫 열매로서 부여조인 아브라함·이삭·야곱보다 더 큰 영광을 받는다고 했다(창 49:26).

하나님께서는 노아가 만든 설계도대로 아브라함 가(家)를 통해 사닥다리를 만들기 시작하셨다. 그러므로 아브라함·이삭·야곱은 사닥다리, 즉 멜기세덱의 반차를 이루어 나가는 사람들인 것이다. 마치 에녹·므두셀라·라멕이 노아를 도와준 것처럼, 그들은 멜기세덱의 반차를 위해서 없어서는 안 될 사람들인 것이다. 아브라함·이삭·야곱이 협력하여 사닥다리를 만들기 시작했고, 그들의 도움을 받아 결정적으로 요셉이라는 사닥다리를 완성할 수 있었다(롬 8:28).

하나님께서는 야곱에게 꿈 중의 계시를 통해 미리 그 사닥다리의 비밀·멜기세덱의 반차의 비밀을 가르쳐 주셨던 것이다. 야

곱의 사닥다리 꿈은 야곱을 통해서 산 자의 열매이며, 횃불언약의 열매이며, 사닥다리의 주인공인 요셉을 탄생시키시기 위한 사전적 은혜의 역사였다.

'유다는 형제보다 뛰어나고 주권자가 유다로 말미암아 났을지라도 장자의 명분은 요셉에게 있으니라'(대상 5:2)에서 요셉은 영적 장자라고 했다. 육적 장자는 이 땅에서는 장자지만, 하늘에서는 장자가 되지 못한다. 영적 장자는 하늘의 장자라는 뜻이다.

요셉이 형들에게 두 가지 꿈을 말했다. '열한 볏단이 내게 절하더이다'라는 첫 번째 꿈은 땅의 장자임을 말하는 것이고(창 37:7), '해와 달과 별들이 내게 절하더이다'라는 두 번째 꿈은 하늘의 장자임을 말하는 것이다(창 37:9). 이 두 가지 꿈은 요셉이 땅의 장자이면서 하늘의 장자라는 것을 보여주는 꿈이었다. 야곱이 꿈에서 본 것처럼, 요셉은 이 땅에서 세워진 사닥다리로서 하늘에 닿은 사람이 된 것이다.

사닥다리의 주인공인 요셉은 어떤 역할을 했는가?
아담의 후손은 누구나 원죄, 유전죄, 자범죄를 갖고 있는 진 자, 빚진 자들이다. 진 자는 이긴 자의 종이 되기 때문에 그 대가를 호리라도 남기지 않고 다 갚지 않으면(눅 12:59) 이스라엘 백성들이 자유자가 되지 못한다. 구속을 이룰 수 없다. 그래서 하나님께서 요셉에게 애굽으로 가라고 하신 것이다. 애굽은 함의 장자였기 때문에, 함에게 진 빚을 갚기 위해서였다. 이스라엘 백성들로 하여금 영적, 육적인 빚을 갚게 하기 위해서는 애굽으로 가지 않으면 안 되기에, 먼저 하나님께서 요셉의 발에 착고를 채워서 애굽으로 인도하셨다(시 105:17-19). 물론 표면적으로는 요셉은 형제들에 의해서 애굽으로 팔려갔지만 영적으로는 그런 의미가 있다.

요셉은 애굽에서 무덤같은 지하 감옥에 3년 동안 갇혀 있다가 술 맡은 관원장과 떡 맡은 관원장의 꿈을 해석해주므로 풀려나서 애굽의 총리가 되었다(창 40:5-23). 요셉이 총리가 됨으로 야곱과 66가족이 애굽에 갈 수 있었다. 그 말은 바로 요셉이 애굽으로 갈 수 있는 길이 되었다는 것이다. 영적으로 말하면 요셉으로 말미암아 아브라함·이삭·야곱도 애굽으로 갈 수 있었다고 할 수 있다.

또한, 이 땅에서 산 자의 입장으로서 이스라엘의 역사의 중심에 서있던 사람은 요셉밖에 없다.

요셉이 죽을 때 이스라엘 자손들에게 신신당부를 하였다.

> 창 50:25 요셉이 또 이스라엘 자손에게 맹세시켜 이르기를 하나님이 정녕 너희를 권고하시리니 너희는 여기서 내 해골을 메고 올라가겠다 하라 하였더라

이에 따라 이스라엘 백성들은 출애굽할 때 요셉의 유언대로 요셉의 해골을 메고 나갔다. 이스라엘 백성들이 법궤와 요셉의 해골을 짊어짐으로 애굽을 탈출할 수 있었고, 젖과 꿀이 흐르는 가나안 땅으로 다시 돌아올 수 있었다.

> 출 13:18-19 그러므로 하나님이 홍해의 광야 길로 돌려 백성을 인도하시매 이스라엘 자손이 애굽 땅에서 항오를 지어 나올 때에 모세가

> 요셉의 해골을 취하였으니 이는 요셉이 이스라엘 자손으로 단
> 단히 맹세케 하여 이르기를 하나님이 필연 너희를 권고하시리
> 니 너희는 나의 해골을 여기서 가지고 나가라 하였음이었더라

요셉의 해골을 메고 간다는 것은, 요셉이 애굽과 가나안을 잇는 사닥다리의 역할을 하는 것이다. 그러므로 이스라엘 백성들은 사닥다리인 요셉의 해골을 메고 나가지 않고는 가나안 땅으로 들어갈 수 없는 것이다.

횃불언약 때에 아브라함에게 4대 만에 가나안으로 돌아오리라고 말씀하셨지만, 실제로는 7대 모세와 8대 여호수아에 의해 가나안으로 돌아온 것은 4대 요셉에 의해 가나안으로 돌아올 수 있는 길, 사닥다리가 만들어졌기 때문이다. 요셉의 해골이 가나안 땅에 들어감으로 '영적으로'(계 11:8) 말하면 '4대 만에 돌아오리라'는 말씀이 성취된 것이다.

요셉은 신앙의 특성상, 아브라함·이삭·야곱이라는 3대의 신앙의 총결산을 이루는 4대째 열매로서의 구도의 길을 필연적으로 걸어야 했다.

> 시 105:17-18 한 사람을 앞서 보내셨음이여 요셉이 종으로 팔렸도다 그 발
> 이 착고에 상하며 그 몸이 쇠사슬에 매였으니, 곧 여호와의
> 말씀이 응할 때까지라 그 말씀이 저를 단련하였도다

'나는 길이요 진리요 생명이다'라는 요한복음 14:6의 예수님의 말씀처럼, 요셉도 이스라엘 백성들을 애굽으로 들어가게 하는

길이 되었고, 애굽에서 이스라엘 백성들의 죄에 대한 영적인 빚과 육적인 모든 빚을 갚고, 430년 만에 출애굽해서 젖과 꿀이 흐르는 가나안 땅으로 돌아올 수 있는 길이 되었다.

그런 의미에서 볼 때, 예수님만이 '길이요 진리요 생명'이 될 수 있는 분이지만, '영적으로 하면'(계 11:8) 요셉도 예수님과 방불한 사람이라고 말할 수 있을 것이다.

4. 예수님이 가신 멜기세덱의 반차

예수님은 이 땅에 말씀이 육신이 되어 오신 분이시다(요 1:14). 이 땅에서 인성과 신성이 이루어진 존재가 아니라, 이미 계시된 그대로 하늘에서 이 땅에 오신 분이시다. 하늘에서 오신 인성이란, 하늘에서 이미 말씀이 인격적인 존재로서 영원히 존재하고 계셨다는 의미가 되는 것이다. 예수님이 이 땅에 오신 그 모습이야말로 '창조 본연의 하나님의 거룩하신 영광이며 광채이고, 은혜와 진리이시다'(고후 4:4, 히 1:3), 등등 여러 가지의 표현으로 소개되고 있다.

그런 예수님이 꼭 십자가를 지셔야만 죄를 사해 주실 수 있는 권능을 가지신 분이 아니시다. 분명히 예수님은 십자가를 지시기 전에도 죄를 사해주셨다. 십자가의 승리의 영광을 이루시기 전에도 예수님은 '나는 안식일의 주인이다(마 12:8, 눅 6:5), 나는 죄를 사해주는 권세를 가지고 있다(눅 5:20, 5:24)'고 하셨다. 또 인간을 구원에 이르게 하시는 구원을 베푸시기도 했다. 그런 그분이 멜기세덱의 반차를 통해서 하늘의 대제사장이 되셨다는 의미를 분명하고 정확하고 올바르게 깨달아야 된다(히 7:14-17, 시 110:4). 멜기세덱의 반차를 좇아서 하늘의 제사장이 된다는 의미는, 하나님께서 이 땅에 사람으로 오셔서 이 땅에서 다시 하늘로 올라가셔야 된다는 것이다.

그분은 이 땅에 오시기 전에 태초의 말씀으로 계셨다(요 1:1, 1:14).

> 요 1:1 태초에 말씀이 계시니라 이 말씀이 하나님과 함께 계셨으니 이 말씀은 곧 하나님이시니라

> 요 1:14 말씀이 육신이 되어 우리 가운데 거하시매 우리가 그 영광을 보니 아버지의 독생자의 영광이요 은혜와 진리가 충만하더라

'유일무이하신 독생자'라는 의미는 오직 하나밖에 없는 아들이라는 뜻이다. 그런 예수께서 '자기를 비워 종의 형체로 낮추사' 이 땅에 오셨다(빌 2:6-8). 이 땅에 오셔서 하늘의 제사장이 되기 위해서 멜기세덱의 반차를 좇으셨다고 말씀하고 있다(히 5:10, 6:20, 7:11).

그렇다면 예수님이 멜기세덱의 반차를 좇아야만 하늘의 대제사장이 될 수 있는 이유는 무엇일까?

분명히 예수님은 시편 110편에 예언된 대로 멜기세덱의 반차를 통해서 이 땅에 오신 분이다. 멜기세덱의 반차를 통해서 온 사람만이 하늘로 올라갈 수 있다는 것을 알아야 한다. '하나님이 행

하시는 시종을 사람이 알 수가 없다'는 전도서 3:11 말씀처럼, 오시는 그 길이 시편 110편 말씀대로 그냥 오신 것이 아니다. 예수님은 역대 선지 선열들이 예언한 땀과 눈물과 피의 길을 통해서 이 땅에 오셨다. 여인의 후손으로 율법 아래 이 땅에 태어나신 분이 바로 은혜와 진리가 되시는 예수님이시다. '때가 차매' 오셨다고 성경에 기록되어 있다(갈 4:4). 그러나 여인의 후손으로 오시기는 했지만 그 내용을 깊이 궁구해 보면 멜기세덱의 반차를 통해서 오셨다는 것이다.

왜 예수님은 멜기세덱의 반차를 따라 오시고 멜기세덱의 반차를 따라 올라가셨는가?

요 3:13 하늘에서 내려온 자 곧 인자 외에는 하늘에 올라간 자가 없느니라

요한복음 3:13 말씀을 통해 '인자 외에는 거기서 온 자도, 간 자도 없다'고 하신 이유는 무엇인가?

하늘에서 이 땅으로 오는 길에는 비상하는 존재인 천사들이 오는 길이 있고, 인자가 오는 길이 있고, 산 자가 오는 길이 있다.

노아가 생명나무가 포도나무로 올 수 있는 길을 믿음으로 만들었다고 앞서 소개한 바 있다. 믿음으로 만든 길이었기 때문에 그 길을 하나님께서 말씀으로 역사하셔서, 멜기세덱의 반차를 인자로 오는 사람들에게 주신 것이다. 그 길을 통해서 예수님이 인자로 처음 오신 것이다.

그 말은 이렇게 바꿔 말할 수 있는 것이다. 가브리엘 천사장이 마리아에게 예수님의 수태를 고지하는 순간 말씀의 능력이 마리

아를 덮었다는 말씀이 있다(눅 1:27-35). 말씀과 동시에 이미 수육(受肉)이 된 것이다. 그리고 나서 마리아가 옆 동네에 사는 친족 엘리사벳에게 달려가자, 엘리사벳이 성령에 감동되어서 '내 주의 모친이 내게 나아오니 이 어찌 된 일인고!'(눅 1:43)라고 고백하였다.

아기 예수님의 생명이 자라는 과정에서 마리아의 태를 통해서 필요한 양분은 공급 받았겠지만, 인격으로 이루어질 수 있는 생명 자체는 하나님의 고유적인 특성을 가지신 분으로서 수육이 되었다는 점을 알아야 된다. 쉽게 말하면 예수님은 마리아의 유전인자를 0.000001%도 물려받지 않았다는 것이다.

노아가 설계한 사닥다리가 완성되지 못했다면 가브리엘 천사장이 마리아에게 예고한 말씀이 절대 이루어지지 못했을 것이다. 하나님의 능력이 마리아를 덮을 수 없었을 것이다. 그 길을 만들어놓았기 때문에 하나님의 능력이 마리아를 덮을 수 있었다는 것을 알아야 한다. 전능하신 하나님이시기 때문에 마리아를 능력으로 덮었다는 그런 뜻이 아니다. 예수님이 오실 수 있는 길을 만들어 놓았기 때문에 그 길을 통해서 하나님께서 친히 마리아를 덮을 수 있었다는 것이다(눅 1:35).

다시 말하면 산 자들이 친히 여인의 길을 통해서, 여인의 태를 통해서 이 땅에 올 수 있는 구도의 길이 바로 멜기세덱의 반차인 것이다.

예수님이 멜기세덱의 반차를 통해서 하늘의 대제사장이 되었다는 그 말씀 속에는 이 땅에서 하늘로 올라갈 수 있는 분명한 방법론이 제시되어 있다는 사실을 알 수 있다. 예수님이 그 반차를 통해서 하늘에 올라가시고, 그 반차를 통해서 하나님께 영광을 얻으셨다는 것이다. 그래서 '네 원수로 네 발등상 되게 하기까지 너는 내 우편에 앉으라 하셨도다'(시 110:1, 행 2:35)는 말씀을 받았다.

예수님은 독생하신, 한 분밖에 없는, 하나님의 아들이시다(요 1:18). 그런 예수님의 특징을 성경은 이렇게 말하고 있다. '천상천하에 만물의 첫 번째가 되신 분이다. 세상은 그로 말미암아 지음을 받은 대상이다'(요 1:3) 그렇기에 예수님은 누구에게나 첫 번째 사람이면서, 창조주 또 창조자가 되시는 분이다(잠 8:30).

예수님이 만물을 창조한 창조주이시기 때문에, 하나님께서는 타락한 인류를 구원하기 위해서 십자가를 지실 수 있는 사람으로 그 누구도 아닌 예수님을 원하신 것이다. 겟세마네 동산에서 예수께서 '내 아버지여 만일 할 만하시거든 이 잔을 내게서 지나가게 하옵소서. 그러나 나의 원대로 마옵시고 아버지의 원대로 하옵소서'(마 26:39)라고 기도하신 것은 '제가 십자가를 지지 않고도 하나님의 뜻을 이룰 수 있습니다. 그러나 제가 만물을 창조한 창조주가 되기 때문에, 창조에 대한 책임을 지고자 십자가를 질 수 있는 그 모든 영광을 저에게 주신 것인 줄 믿습니다'라는 뜻이다.

그렇기 때문에 예수님이 십자가를 지시지 않으면 안 되는 것이다. 십자가를 지셨기 때문에 멜기세덱의 반차를 통해서만 하늘로 올라갈 수밖에 없는 것이다(히 5:7-10).

예수께서 십자가상에서 여섯 시간 달려계실 때 처음 세 시간 동안은 빛이 있었고, 나중 세 시간 동안은 빛이 떠나고 어둠이 임했다(눅 23:44). 십자가상에서 흘리신 예수님의 보혈을 타고 예수님의 속사람이신 태초의 말씀이 이 땅에 강림하셨다. 속사람이신 하나님·태초의 말씀이 예수님을 떠나심으로 예수님은 순수하게 인류의 죄를 짊어진 죄인으로서 사망의 권세, 음부, 스올 속에 들어가셔야만 한다. 그러한 사람이 되었기 때문에 예수님이 그 순간부터는 멜기세덱의 반차를 따라야만 하늘로 올라갈 수 있고 하늘의 대제사장이 될 수 있다는 것을 알아야 한다.

예수님은 혈통적으로는 유다 지파를 통해서 오셨지만 성결의 영으로서는 사망의 권세를 깨시고 승리하심으로써 하나님의 아들이 되신 분이시다(롬 1:4). 바꾸어 말하면 예수님이 하나님의 독생하신 성자, 즉 하나님 아들로서의 영광을 다 버리시고 인간 예수로서 어둠의 권세와 싸워 승리하심으로써, 이기신 승리의 영광 자체만으로도 하나님의 아들이 되실 자격이 충분하시다는 말씀이다.

그런 예수님이 사망의 권세와 싸워 이기시고 삼일 만에 부활하신 후 40일간 이 땅에 계셨다(행 1:3).

예수님이 부활하시기 전에는 이 땅에 레위 반차를 통해 정해진 제사장이 존재했다. 이 땅의 법이 존재함으로 예수께서 요한복음 2:19 말씀을 통해 '너희가 이 성전을 헐라. 내가 사흘 동안에 일으키리라'고 하셨다. 그 말씀은 다시 짓는 그 성전에는 레위 반차를 통한 눈 뜬 장님 같은 제사장을 세우지 않고(히 7:28), 산 자의 도맥·멜기세덱의 반차를 통한, 멜기세덱과 같은 하늘의 제사장을 세우시겠다는 선언이신 것이다.

예수님이 태어나신지 8일 만에 할례 받으신 때부터 예루살렘 성전에 일곱 번 가셨다. 그렇다고 해서 예수님이 성전을 중심으로 복음사역을 하시지는 않았다. 왜냐하면 당시에는 이 땅에 율법으로 세운 제사장이 있기에, 하늘의 대사도이시며 대제사장이신 예수님이시지만 이 땅에서 제사장 역할을 하지 못하셨다(히 8:4).

그 예수님이 십자가에 달려 돌아가셨다가 삼일 만에 부활하시고 40일간 이 땅에 계셨다. 40일간 10번 제자들에게 나타나시고 11번 째 500명이 보는 가운데 하늘로 올라가셨다.

> 행 1:3-9 해 받으신 후에 또한 저희에게 확실한 많은 증거로 친히 사심을 나타내사 사십 일 동안 저희에게 보이시며 하나님 나라의 일을 말씀하시니라-(중략)-이 말씀을 마치시고 저희 보는데서 올리워 가시니 구름이 저를 가리워 보이지 않게 하더라

> 고전 15:4-6 장사 지낸 바 되었다가 성경대로 사흘 만에 다시 살아나사 게바에게 보이시고 후에 열두 제자에게와 그 후에 오백여 형제에게 일시에 보이셨나니 그 중에 지금까지 태반이나 살아 있고 어떤 이는 잠들었으며

이 40일 동안 예수님은 어떤 입장, 어떤 사람으로 이 땅에 계셨는가? 40일 동안 이 땅에 계시는 동안 예수님은 하늘의 대사도이며 제사장으로 계셨다. 다시 말하면 멜기세덱으로 계신 것이다.

이렇게 예수님은 멜기세덱의 반차를 따라 이 땅에 오시고 멜기세덱의 반차를 따라 하늘로 올라가셨다.

예수님이 본방 이스라엘 백성들을 통해서 예언의 말씀을 이룬 모든 것은 다 첫 것, 첫 열매로 이루신 것이다. 멜기세덱의 반차 역시 예수님이 첫 열매로서 멜기세덱의 반차를 따라 인자로서 하

늘로 승천하셨다. 예수님이 첫 열매로서 하늘로 올라가심으로, 역대 선지 선열들도 그 길을 따라 하늘로 올라가는 것이다.[27]

예수께서 수가촌 여인에게 '이 산에서도 말고 예루살렘에서도 말고 너희가 신령과 진정으로 아버지께 예배할 때가 이르리라'고 하신 말씀을 생각해 보자(요 4:21). 예배 받으실 분이 이 땅에 계실 때가 있는데, 그 아버지께 직접 예배드릴 때가 있다는 말씀이시다.

즉 예수님은 40일 동안 이 땅에서 하늘의 대사도로, 제사장으로 계셨다. 예수님이 40일 동안 이 땅에 멜기세덱으로 계실 때, 하늘의 대사도이며, 제사장이신 그 멜기세덱에게 예배드린 사람이야말로 신령한 산 제사, 영적 예배를 드린 사람이 된다(롬 12:1, 요 4:24).

예수님이 요한복음 4:5-24에서 수가촌 여인에게 하신 말씀이 그런 의미로 하신 것이다. 사망 권세를 깨시고 이 땅에 40일 동안 멜기세덱으로 계시는 그 예수님께 신령과 진정으로 예배드리는 사람은 가장 큰 상급, 면류관을 받을 수 있는 사람일 것이다. 아브라함이 이삭을 번제로 드린 것과 같은 그런 산 제사, 영적 예배를 드린 사람이 아브라함과 같은 축복을 받는 것이다. 로마서 12:1처럼 산 제사, 영적 예배를 드리려면 영적인 주인에게 예배드려야 한다.

> 롬 12:1 그러므로 형제들아 내가 하나님의 모든 자비하심으로 너희를 권하노니 너희 몸을 하나님이 기뻐하시는 거룩한 산 제사로 드리라 이는

---

[27] 그럼 창세기에서 아브라함에게 나타난 멜기세덱은 누구인가? 창세기에 나오는 멜기세덱은 인자로 오신 멜기세덱이 아니다. 네 생물이 멜기세덱으로 온 사람이다.

너희의 드릴 영적 예배니라

우편 보좌에 계신 예수님은 '네 원수가 네 발등상에 무릎 꿇기까지', 그 말씀에 영광을 받으시기 위해 기다리시는 분이다. 부활하시고 40일 동안 이 땅에 계신 예수님께 예배드린 것은 하늘의 대사도이시며 제사장 되신 멜기세덱께 예배드린 것이다.

'의'는 아버지께 가는 것이다(요 16:10). 의의 면류관을 받는다는 것은 멜기세덱의 반차를 통해서 하늘로 올라가는 것을 의미한다. 멜기세덱의 반차를 통해서 하늘로, 아버지께 가는 자만이 의의 면류관을 받을 수 있는 것이다.

그렇기 때문에 예수께서 '나를 본받으라'고 하신 것이다. 첫째가 먼저 가면 그 다음을 따르는 사람들도 당연히 그 길을 따라가야 되는 것이다.

'나는 길이요 진리요 생명이니 나로 말미암지 않고는 아버지에게 올 자가 없느니라'(요 14:6)는 말씀처럼 예수님 때에는 예수님을 통하지 않고는 안 된다.

이사야 7:14 말씀에 보면 예수님이 동정녀 마리아의 몸을 통해서 태어나시는데 그 아들의 이름을 '임마누엘'이라 하셨다. 그런데 그렇게 잉태된 것을 가리켜 시편 기자는 시편 110:4에서 '멜기세덱의 반차를 따라 나셨다'라고 표현하고 있다.

하늘에 있는 사람이 부정모혈(父精母血)[28]로 태어나지 않고

---

28) 父精母血 – 아버지의 정수(精髓)와 어머니의 피란 뜻으로, 자식은 부모의 뼈와 피를 물려받음을 이르는 말

여인의 후손으로 이 땅에 온 길을 멜기세덱의 반차라고 하는 것이다. 그래서 창세기 3:15에도 뱀을 저주하는 말씀 가운데 '여인의 후손이 네 머리를 상하게 할 것이며 네 후손이 그의 발꿈치를 상하게 하리라'고 하신 것이다. 예수님은 여인의 후손으로 오셨다. 하늘의 사람이 하늘의 발등상이 되는 지구촌에 창조의 정해진 법도, 창조의 길을 통해서 오는 과정을 가리켜서 여인의 후손으로 태어났다고 말씀하면서, 그렇게 태어나는 것을 시편 기자는 '멜기세덱의 반차를 통해서 이 땅에 태어나셨다'라고 말씀하고 있다는 것이다.

II. 아론의 반차와 멜기세덱의 반차의 차이

1. 아론의 반차

아론은 광야생활 40년 기간 중의 세 지도자인 모세, 아론, 미리암 중 한 사람으로서, 거룩한 대제사장 계보의 첫 시작의 사람이다(대상 6:3, 출 28:1, 31:10, 35:19, 레 6:20-22).

아론은 미리암의 동생이며 모세의 형으로서 83세에 하나님께로부터 부르심을 받았다(출 7:7). 모세가 자신이 말이 능숙하지 못하다는 이유로 지도자 되기를 세 번 고사할 때 여호와의 명령으로 모세의 대변자가 되었다(출 4:10-16, 7:1-2).

아론은 암미나답의 딸이자 유다 방백인 나손의 누이 엘리세바(출 6:23, 대상 2:10)와 결혼하여 나답, 아비후, 엘르아살, 이다말의 네 아들을 낳는다. 그 중에서 나답과 아비후는 여호와 앞에서 다른 불로 분향하다 여호와의 불이 그들을 삼켜 버렸고, 자식이 없이 죽었다. 그러므로 엘르아살과 이다말이 제사장의 직분을 행했고(레 10:1-2, 민 3:4, 26:60-61), 엘르아살이 아론을 이어 대제사장이 되었다.

아론은 하나님의 권위를 대행하는 자로서 대제사장의 역할을 수행하였고, 그 직분이 자손들에게 이어졌다. 그래서 제사장을 가리켜 '아론의 자손'(대하 13:10), '아론의 집'(대상 12:27), '아론의 반차를 좇는 자'(히 7:11)라고 불렀다. 따라서 아론의 반차는 레위 지파 중 아론의 후손을 통해 혈통적으로 이루어지는 반차를 말한다.

이처럼 하나님께서 아론을 대제사장으로서 세우시고, 아론의 반차를 통해서 제사장직을 이어가게 하셨지만, 구약 때 하나님께서 주신 권위에 대적하는 사건들이 종종 있었다.

> 민 17:2-8 너는 이스라엘 자손에게 고하여 그들 중에서 각 종족을 따라 지팡이 하나씩 취하되 곧 그들의 종족대로 그 모든 족장에게서 지팡이 열둘을 취하고 그 사람들의 이름을 각각 그 지팡이에 쓰되 레위의 지팡이에는 아론의 이름을 쓰라 이는 그들의 종족의 각 두령이 지팡이 하나씩 있어야 할 것임이니라 그 지팡이를 회막 안에서 내가 너희와 만나는 곳인 증거궤 앞에 두라 내가 택한 자의 지팡이에는 싹이 나리니 이것으로 이스라엘 자손이 너희를 대하여 원망하는 말을 내 앞에서 그치게 하리라 모세가 이스라엘 자손에게 고하매 그 족장들이 각기 종족대로 지팡이 하나씩 그에게 주었으니 그 지팡이 합이 열 둘이라 그 중에 아론의 지팡이가 있었더라 모세가 그 지팡이들을 증거의 장막 안 여호와 앞에 두었더라 이튿날 모세가 증거의 장막에 들어가 본즉 레위 집을 위하여 낸 아론의 지팡이에 움이 돋고 순이 나고 꽃이 피어서 살구 열매가 열렸더라

레위 지파의 고라와 르우벤 자손의 다단, 아비람, 온이 당을 짓고 족장 250명과 합세하여 모세와 아론을 대적한 사건이 있었다(민 16:1-2). 그들이 아론을 원망하며 제사장직의 권위에 도전하므로(민 16:8-11), 모세가 그들을 저주함으로 땅이 갈라져 250명이 산 채로 음부에 빠지게 되었다(민 16:17-33).

그 이후 모세가 각 지파의 종족들로 하여금 지팡이를 하나씩 가져오게 하여 성전의 법궤 앞에 두게 하였더니, 다음날 아론의 지팡이에만 움이 돋고, 순이 나고, 꽃이 피어 살구 열매가 열리게 되었다(민 17:2-8). 이 사건은 하나님께서 아론의 편에 계시며, 아론을 존귀한 자로 인정하고 계심을 선포하여 다시는 제사장의 권위에 도전하는 일을 하지 못하도록 사전에 막고자 한 것이다.

이 땅의 대제사장은 죽는 자들이 계속 그 대를 이어 대제사장 직분을 담당해야하기 때문에, 하나님께서 이스라엘 백성 중에서 아무나 쓰신 것이 아니라 레위 지파에 소속되어 있는 아론의 반차를 택하셨다는 것이다.

아론의 반차는 흠이 많고 약점을 가진 완전하지 못한 인간들이 인도하는 반차이다(히 7:28). 대제사장은 일 년에 한 번 대속죄일에 대제사장 외에는 들어가지 못하는 지성소에 들어가서 자신을 위해서도 속죄 제물을 바친다(히 9:7). 대제사장 아론이라고 해서 죄를 짓지 않는 것이 아니다. 이 땅에 사는 인생들은 누구라 할지라도 죄를 짓지 않는 자가 없다는 것이다(전 7:20). 그런 약점을 가진 사람들이 인도하는 제사, 그런 사람들이 인도하여 바치는 제물은 완전한 것이 아니다(히 5:1-3). 불완전한 것이기 때문에 대제사장도 일 년에 한 번 속죄일에 하나님께 자신의 죄를 속죄받는 속죄제물을 드린다는 것을 알아야 한다(히 9:7).

그 반차로는 하나님께 나아갈 수 없는 것이다. 간단히 말하자면 소경이 소경을 인도하는 것과 같다(마 15:14). 그래서 더 이상 그 반차를 따르지 않게 하기 위해서, 죄와 상관이 없으신 예수님을 이 땅에 보내주셨다(히 7:11, 7:27-28). 즉 예수님을 보내셨다는 것은 흠이 없는 반차를 우리에게 허락해주신 것이라고 표면적으로도 생각할 줄 알아야 한다. 아론의 반차가 흠이 없으면 예수님이 굳이 오실 필요가 없는 것이다. 아론의 반차가 연약하고 흠이 있는 반차이기 때문에, 예수님으로 하여금 흠이 없는 멜기세덱의 반차를 따르게 하셨다.

야곱의 12아들, 70가족으로 인해 외형적으로 이 땅에서 이스라엘이라는 하나님의 나라가 이루어졌고, 거룩한 백성이 생겼고, 또 법이 생겼다. 그리고 요셉의 두 아들 에브라임과 므낫세가 야곱의 아들의 반열에 올라 모두 13지파가 되었는데(창 48:5), 그 중에서 레위 지파를 빼어 제사장 지파를 삼았다. 그리고 제사장 지파를 요제로 흔들어서(민 8:11-13, 8:21) 대제사장인 아론에게 선물로 주었다.

> 민 3:9 너는 레위인을 아론과 그 아들들에게 주라 그들은 이스라엘 자손 중에서 아론에게 온전히 돌리운 자니라

> 민 8:18-19 이러므로 내가 이스라엘 자손 중 모든 처음 난 자의 대신으로 레위인을 취하였느니라 내가 이스라엘 자손 중에서 레위인을 취하여 그들을 아론과 그 아들들에게 선물로 주어서 그들로 회막

에서 이스라엘 자손을 대신하여 봉사하게 하며 또 이스라엘 자손을 위하여 속죄하게 하였나니 이는 이스라엘 자손이 성소에 가까이 할 때에 그들 중에 재앙이 없게 하려 하였음이니라

민 18:6 보라 내가 이스라엘 자손 중에서 너희 형제 레위인을 취하여 내게 돌리고 너희에게 선물로 주어 회막의 일을 하게 하였나니

민수기 3:9, 8:18-19, 18:6에 보면 공통점이 하나씩 있다. 이스라엘 장자 지파인 레위 지파를 하나님께서 요제로 흔들어서 아론 개인에게 주셨다.

여기서 아론의 의미를 한 번 생각해보자. 이스라엘 장자 지파를 요제로 흔들었다는 말은 영원한 제물로 삼으셨다는 것이다. 장자 지파를 영원한 제물로 삼아서 아론 개인에게 주셨다. 히브리서 5:4에서 '이 존귀는 아무나 스스로 취하지 못하고 오직 아론과 같이 하나님의 부르심을 입은 자라야 할 것이니라'고 말씀하셨다. 아론은 모세 다음으로 하나님께서 불러주신 존귀한 사람이다. 아론과 그의 자손이 존귀한 대제사장이 된 것은 하나님의 부르심을 받았기 때문이다(출 28:1, 레 8:1-13, 민 20:25-29, 25:10-13). 사람이 부른 자는 존귀한 자가 되지 못한다. 그런데 하나님께서 지명하여 불러주신 자는 하나님께서 불러주셨기 때문에, 로마서 11:29 말씀처럼 후회함이 없는 부르심을 입은 자가 되고, 존귀한 자가 된다고 할 수 있다.

구약 때는 멜기세덱의 반차가 없고 아론의 반차가 있었다. 아론의 반차가 흠이 없다면 새로운 반차가 필요 없는데, 약점을 가

진 사람들이 그 반차의 제사장의 대를 잇기 때문에 마지막 때 예수님은 그 반차를 통해서 오시지 않고 멜기세덱의 반차를 통해서 오신 것이다.

> 히 7:11-18 레위 계통의 제사 직분으로 말미암아 온전함을 얻을 수 있었으면 (백성이 그 아래서 율법을 받았으니) 어찌하여 아론의 반차를 좇지 않고 멜기세덱의 반차를 좇는 별다른 한 제사장을 세울 필요가 있느뇨 제사 직분이 변역한즉 율법도 반드시 변역하리니 이것은 한 사람도 제단 일을 받들지 않는 다른 지파에 속한 자를 가리켜 말한 것이라 우리 주께서 유다로 좇아 나신 것이 분명하도다 이 지파에는 모세가 제사장들에 관하여 말한 것이 하나도 없고 멜기세덱과 같은 별다른 한 제사장이 일어난 것을 보니 더욱 분명하도다 그는 육체에 상관된 계명의 법을 좇지 아니하고 오직 무궁한 생명의 능력을 좇아 된 것이니 증거하기를 네가 영원히 멜기세덱의 반차를 좇는 제사장이라 하였도다 전엣 계명이 연약하며 무익하므로 폐하고

구약의 대제사장직은 레위 지파 중 아론의 후손을 통해서 혈통적으로 계승되었다. 다른 지파에서는 대제사장이 절대로 나올 수가 없었기 때문이다. 그런데 구약에서 신약에 이르기까지 아론의 후손인 대제사장들이 얼마나 타락하고 부패하여 성전을 더럽히는 죄를 지었는지 모른다.

돈과 권력을 탐하는 거짓 제사장들로 인하여 제사의 존엄성이 무너지고, 하나님께 드리는 제사가 구경거리와 농담거리로 전락됨으로 말미암아, 영적으로 깊은 타락의 늪으로 빠지게 되었다.

백성들을 올바른 길로 인도해야 하는 막중한 사명감을 가진 지도자들이 앞장서서 타락하였다는 점을 볼 때, 백성들의 영적 타락상은 더 이상 언급할 필요가 없을 것이다. 급기야 타락한 대제사장들이 자기 땅에 오신 예수님을 십자가에 못 박는 패역함을 서슴없이 저지르게 되었다. 이것은 연약하고 약점이 많은 인간들이 세운 제사장들의 한계를 여실히 드러낸 것이다(히 7:28).

그렇기 때문에 예수님께서는 사람들이 기대하는 아론의 반차를 따라 오시지 않고 제사장 계열과 전혀 상관이 없는 유다 지파를 통해서 오셨다는 것이다(히 7:14).

아론의 반차는 옛 언약을 따르는 반차이며, 멜기세덱의 반차는 새 언약을 따르는 반차이다. 아론의 반차는 연약하고 무익한 옛 계명(히 7:18)이며, 흠이 있는 첫 언약(히 8:7)이기에, 낡아지고 쇠하여지고 없어져가는 첫 것이다(히 8:13).

그러나 멜기세덱의 반차는 '더 좋은 언약'(히 7:22, 8:6)이며, '영원한 언약'(히 13:20)이며, '이스라엘 집과 유다 집에 세울 새 언약'(히 8:8)과 깊은 관계가 있다.

2. 멜기세덱의 반차

하늘의 구도의 도장에서 구도의 길을 마친 사람은 다시 이 땅으로 내려오게 되어 있다. 하늘에서 인침을 받은 자로서 인침을 받은 내용의 거룩함, 영광을 이 땅에서 입어야 하기 때문에 그들은 이 땅에 와야 하는 것이다. 또 이 땅에서 구도의 길을 걸은 사람들은 다시 하늘의 구도의 도장으로 올라가야 한다. 하늘에서 땅으로, 땅에서 하늘로, 돌고 도는 이 반차를 가리켜서 다른 표현으로 하면 멜기세덱의 반차라고 말하는 것이다.

멜기세덱의 반차는 반차 중에서 가장 고차원의 길이므로 인생들로서 헤아리기 어려운 길이다(히 5:11). 예수님이 요한복음 14:6에서 '나는 길이요 진리요 생명이다'라고 하셨다. 예수님이 말씀하신 그 길이 바로 멜기세덱의 반차이다.

또한 멜기세덱 반차는 하나님의 사람이 이 땅에 태어날 수 있는 길이다. 이미 말했듯이 사람들은 족보·혈통·부계의 씨를 통해서 이 땅에 태어났지만, 예수님만은 부계 없이 여인의 후손으로 태어나셨다. 그 차이점이 무엇인가?

이 땅에 오는 길은 똑같은데 한 쪽은 혈통을 통해서 태어났고, 한 쪽은 혈통과 상관없이 히브리서 7:1-3 말씀처럼 온다는 것이다. 그러한 그들이 공통적으로 육신의 길을 통해서 오기 때문에 도적같이 올 수밖에 없다. 그것은 남자의 씨로 이 땅에 오시지 않고 여인의 후손으로 이 땅에 올 수 있는 길을 말씀하는 것이다. 그것은 산 자의 길이다. 산 자가 하늘의 영광을 버리고 이 땅에 올 수 있는 육신의 길, 그것이 멜기세덱의 반차가 되는 것이다.

성경을 보면 하늘에서 이 땅으로 오는 길에는 세 가지가 있다.

첫째, 하나님의 명령을 따라서 이 땅에 오고 가는 천사의 길이 있다.

둘째, 이 땅에 사람들이 혈통·족보·조상의 길을 통해서 오는 길이 있다.

셋째, 여인의 후손으로 오는 길이 있다. 예수님이 오실 때, 가브리엘 천사장을 통해서 예언을 하시고 하나님의 능력을 통해서 마리아에게 씨를 심어주심으로 아기 예수로 이 땅에 태어나신 것이다(눅 1:34-35).

멜기세덱의 반차를 통해서 부르심을 입은 사람들이 한 가지 모양으로 이 땅에 오는 것이 아니라 여러 가지 모양으로 이 땅에 부르심을 받기 때문에 '하나님이 하시고자 하는 시종을 인간들은 알 수가 없다'(전 3:11)고 하셨다.

따라서 멜기세덱의 반차는 이런 길이라고 딱 잘라서 단언해서는 안 된다. 멜기세덱의 반차에는 아브라함처럼 이 땅에 오는 길이 있고, 이삭·야곱·요셉이 태어난 것과 같은 반차로 오는 길이 있고, 엘리야처럼 오는 길도 있고, 모세처럼 오는 길도 있고, 다윗처럼 오는 길도 있다는 것을 알아야 한다.

세례요한이 율법과 예언과 선지자의 마침으로 왔다(마 11:13). 세례요한은 새 창조 새 역사의 세계를 이루시는 하나님을 위해서, 육신의 혈맥을 끊고, 멜기세덱의 반차를 통해 산 자들을 부르는 역사의 대미를 장식해야 될 사람이라고 말할 수 있다. 산 자의 세계는 절대 죽는 자의 혈맥을 통해서 부름을 받는 것이 아니다. 멜기세덱의 반차를 통해 부름받기 위해서 죽는 자의 혈맥을 끊게 하시고자, 마치 새가 알을 낳듯이, 멜기세덱의 반차로 부르심을 받은 사람들에게 거듭거듭 새롭게 역사하신다는 것을 알아야 한다.

멜기세덱의 반차는 죽음의 통로를 이기고 하늘로 올라가는 길을 말한다. 첫 열매가 가는 길을 따라가는 것이 멜기세덱의 반차이다. 예수님이 십자가를 통해서 하늘로 가신 그 길이 멜기세덱의 반차이다.

  예수님은 인류를 구원하시기 위해서 그 길로 이 땅에 오신 분이다. 예수님이 오신 그 길을 통해서 하늘로 올라가셨다. 그 길로 오셔서 그 길로 가셨기 때문에 만유의 주가 되시고, 뛰어난 이름을 가지시고, 존귀하고 거룩한 이름을 가지신 분으로서 우편 보좌에 앉으실 수 있었던 것이다.

  12사도, 120문도가 그 길을 따라간 것이다. 그들 중 대다수가 순교했다. 그들이 왜 그렇게 죽어야만 되는 것인가? 그 이유는 예수님이 가신 길을 따라가야 되기 때문이며, 그것이 멜기세덱 반차라는 것이다(고전 4:9).

  하나님은 그 길을 통해서 산 자를 만드신다. 멜기세덱의 반차를 걷지 않는 사람이 산 자의 믿음을 가졌다고 하는 것은 어불성설(語不成說)이다.

  멜기세덱의 반차는 생(生)과 사(死)의 통로이다. 어느 의미에서는 그것이 곧 십자가와 같은 것이다. 그래서 창세기 22:1에서 '하나님께서 아브라함을 시험하시려고'라고 한 것이다. 그 길이 시험하는 길이다. 이사야 28:16 말씀에서 시온의 한 돌도 그 길을 통해서 시험받고 어려움을 겪는 견고한 기초돌이라고 말씀하고 있는 것이다. 멜기세덱의 반차를 통과하지 못하는 사람은 절대 산 자의 세계에 부름 받지 못하고, 첫째 부활·의인의 부활에 동참하지 못한다.

  멜기세덱의 반차를 통해서 하늘로 가는 길, 즉 사닥다리가 있다는 것이 성경에 나와 있다. 그러나 이미 야곱을 통해서 보여주셨듯이 사닥다리는 하늘에서 내려오는 것이 아니라 이 땅에서 만들어져 땅에서 하늘로 세워지는 것이다(창 28:12). 그 사닥다리의 비밀은 이 땅에서 해결하지 않으면 안 된다. 그것이 하나님의 뜻이다. 그것을 깨닫고 이루는 자만이 이 땅에서 하늘로 올라갈 수 있는 길을 이룩할 수 있다는 뜻이다.

멜기세덱의 반차를 또 다른 모양으로 소개하고자 한다.

멜기세덱의 반차를 통해 이 땅에 오는 가장 정확한 길은 두 종류가 있다. 말씀이 육신으로 오시는 길, 즉 예수님이 마리아를 통해서 오신 길(눅 1:26-35)이 있다. 그리고 약속의 자손이 여인의 후손으로 오는 길, 예를 들면 아브라함이 이삭을 낳은 길(창 21:1-2)이 있다.

> 눅 1:26-35 여섯째 달에 천사 가브리엘이 하나님의 보내심을 받들어 갈릴리 나사렛이란 동네에 가서 다윗의 자손 요셉이라 하는 사람과 정혼한 처녀에게 이르니 그 처녀의 이름은 마리아라 그에게 들어가 가로되 은혜를 받은 자여 평안할찌어다 주께서 너와 함께 하시도다 하니 처녀가 그 말을 듣고 놀라 이런 인사가 어찌함인고 생각하매 천사가 일러 가로되 마리아여 무서워 말라 네가 하나님께 은혜를 얻었느니라 보라 네가 수태하여 아들을 낳으리니 그 이름을 예수라 하라 저가 큰 자가 되고 지극히 높으신 이의 아들이라 일컬을 것이요 주 하나님께서 그 조상 다윗의 위를 저에게 주시리니 영원히 야곱의 집에 왕노릇 하실 것이며 그 나라가 무궁하리라 마리아가 천사에게 말하되 나는 사내를 알지 못하니 어찌 이 일이 있으리이까 천사가 대답하여 가로되 성령이 네게 임하시고 지극히 높으신 이의 능력이 너를 덮으시리니 이러므로

> 나실바 거룩한 자는 하나님의 아들이라 일컬으리라

> 창 21:1-2 여호와께서 그 말씀대로 사라를 권고하셨고 여호와께서 그 말씀대로 사라에게 행하셨으므로 사라가 잉태하고 하나님의 말씀하신 기한에 미쳐 늙은 아브라함에게 아들을 낳으니

아브라함이 99세 때, 이미 사라는 경수가 끊어졌고 아브라함도 남자 구실을 못하는 때에 여호와께서 사라를 권고하셨고 그 말씀대로 사라에게 행하셨으므로 아브라함이 이삭을 낳았다. 성경을 조금만 깊이 궁구해 보면, 이삭은 사람의 능력으로 아브라함이 낳은 자식이 아니라 하나님의 능력으로 낳은 자식이라는 점을 충분히 납득할 수 있다. 이삭은 부정모혈(父精母血)로 태어난 사람이 아니라, 약속의 첫 씨인 것이다. 산 자의 길은 부정모혈이 아닌, 여인의 후손으로 오는 길이다. 다시 말하면 성령의 사람들은 모두 여인의 후손으로 오는 것이다.

가브리엘 천사장이 마리아에게 처녀가 아이를 낳을 것을 이사야 선지자의 말씀을 통해서 고지하고 하나님의 능력이 그를 덮으셨다. 사라에게 말씀으로 권고하셨고 말씀대로 행하셨다는 의미와 같은 말씀이다.

예수님은 하나님의 능력이 마리아를 덮음으로 오셨고(눅 1:35), 이삭은 언약의 말씀의 결과로 이 땅에 태어났다(창 21:3). 즉, 두 사람은 여인의 후손으로 왔다는 공통점이 있다. 그러나 두 길에는 차이점이 있다. 예수님은 인성과 신성 자체가 다 하늘에서 오신 분이지만(요 2:24-25), 약속의 자녀들은 영혼은 산 자의 영을 가지고 오지만 육신은 산 자의 육신을 가지고 오지 못한다.

아브라함이 이삭을 낳은 길과 예수께서 마리아를 통해 오신 길은 보이는 입장에서 멜기세덱의 반차의 의미를 보여주고 있다.

그러나 성경에는 이면적으로 설명한 멜기세덱의 반차가 있다. 룻기 4:18-22에 다윗의 족보가 나온다.

> 룻 4:18-22 베레스의 세계는 이러하니라 베레스는 헤스론을 낳았고 헤스론은 람을 낳았고 람은 암미나답을 낳았고 암미나답은 나손을 낳았고 나손은 살몬을 낳았고 살몬은 보아스를 낳았고 보아스는 오벳을 낳았고 오벳은 이새를 낳았고 이새는 다윗을 낳았더라

이스라엘에는 자식이 후사가 없이 죽었을 때, 족보가 끊어지지 않고 이어지게 하기 위한 계대법이 있다.[29] 룻기 4장에 나오는 다윗의 족보는 산 자의 도맥, 영맥이 끊어지지 않도록 계대법이 사용된 멜기세덱의 반차의 그림자라고 말할 수 있다.

다윗의 족보 속에는 숨겨진 네 여자가 등장한다. 베레스를 낳은 다말, 보아스를 낳은 라합, 오벳을 낳은 룻, 다윗의 아내 밧세바이다. 이들은 모두 믿음으로 승리한 승리자들이다. 다윗의 족보는 여인의 족보, 성령의 족보이며, 멜기세덱 반차는 산 자의 믿음을 가진 사람이 가는 길임을 설명해주는 족보라고 할 수 있다.

---

29) 계대법, 계대 결혼법 또는 수혼법- 한 여인의 남편이 아들이 없이 죽었을 경우에 그 시동생이 형수를 아내로 맞아 죽은 자의 가문이 끊어지지 않게 하는 혼인법을 말한다.(신 25:5-10)
이스라엘에서 수혼법이 실시된 이유는 각 지파나 가문에 할당된 재산이 다른 가문으로 넘어가지 않게 하려는 동기와 자식이 없는 과부에게 자신의 신변을 보호하려는 희망으로 만들어진 제도적 장치였다.

그렇다면 다윗도 멜기세덱의 반차를 따라 이 땅에 온 사람이라고 유추할 수 있다.

4대 만에 이루어지는 멜기세덱의 반차의 의미를 다윗의 족보를 통해 살펴보자.

모든 식물은 어떤 본질 어떤 영광을 가지고 있든지 수리성을 통해서 열매를 맺는데, 그 이유는 하나님 자신이 삼위일체의 수리적인 품성을 가지고 계시기 때문이다. 그러므로 4대째 맺는 열매를 하나님이 취하신다는 내용이 레위기 19:24에 있다. 노아의 계열을 보아도 에녹, 므두셀라, 라멕 3대를 통해서 4대째 열매를 노아가 맺었다. 그렇기 때문에 4대째 열매는 하나님이 취하신다고 말씀하고 계신 것이다.

그렇다면 4대째 열매를 맺고 있는 사람들은 누구인가? 아브라함·이삭·야곱, 4대째 요셉이 있다. 그 외에 표면적으로는 4대째 열매를 맺지는 못했지만 영적으로는 4대째 열매를 품고 있는 사람이 있다.

룻기 4:18-22에서 베레스부터 다윗까지는 8대인데, 그 안에는 드러나지 않은 특징을 가진 감추어진 이름들이 있다. 앞에서 언급한 다말, 라합, 룻, 밧세바, 네 여자는 룻기의 족보에 나오지 않는다.

시편에 보면, 다윗이 우리아의 아내 밧세바를 취한 죄로 말미암아 하나님께 책망을 받고 회개하는 기도가 소개되어 있다. '내 속에 정한 마음을 창조하시고 내 안의 성신을 거두지 마소서'(시 51:10-11)라는 말씀을 볼 때, 다윗은 성령의 사람이라는 것을 알 수 있다. '다윗이 성령에 감동되어 어느 날을 정하여 오늘날이라고 외칠 때'(히 4:7)라는 말씀을 보아도, 다윗 안에 성령이 있었기 때문에 성령에 감동되어서 하나님의 말씀을 할 때가 있다는 것이다.

그렇다면 다윗은 어떻게 성령의 사람이 되었을까?
4대째 맺히는 열매는 하나님께서 취하시는 열매인데, 다윗은 표면적으로는 4대째 사람이 아니다. 다윗의 아버지가 이새, 이새의 아버지가 오벳, 오벳의 아버지가 보아스이다. 보아스, 오벳, 이새 그 다음이 다윗이다. 보아스, 오벳, 이새, 이 세 사람은 특별한 구속사의 의미를 갖고 있는 사람들은 아니다. 그렇기 때문에 다윗이 4대째 맺힌 열매라고 말하기에는 그 4대가 갖고 있는 본질이 구속사에 이렇다 할 색깔이 없는 사람들이다. 아브라함·이삭·야곱 또는 에녹·므두셀라·라멕이 특별한 구속사의 의미가 있는 사람들임에 비해, 보아스·오벳·이새가 다윗이라는 의미 있는 열매를 맺게 하는 특별한 사람들이라고는 말할 수 없다.

그렇다면 다윗은 어떤 의미에서 4대째 맺히는 열매라고 말할 수 있는 것인가?
8대 속에 들어있는 내용에는 네 여자가 들어있다는 것이 주목할 만한 특징이다. 다말, 기생 라합, 룻, 다윗의 아내가 된 밧세바, 이들 네 여자의 공통점은 이방 여인이고 유부녀라는 것이다. 즉 야곱이 네 여자를 통해서 이스라엘 건국의 기초인 12아들을 낳은 것처럼, 그런 의미를 가진 네 여자가 다윗에게 있었다는 것이다.

야곱의 네 여자는 한 집안, 같은 형제, 같은 형제의 몸종으로 한 계열 속에 있던 여자들이다. 야곱의 네 여자는 아담으로 말미암아 에덴동산의 영광이 깨어지기 전 에덴동산의 네 강을 의미하고, 다윗에게 속한 네 여자는 에덴동산의 영광이 깨어지고 난 후의 네 강의 모습이라고도 말할 수 있다.

> 창 2:10-14 강이 에덴에서 발원하여 동산을 적시고 거기서부터 갈라져 네 근원이 되었으니 첫째의 이름은 비손이라 금이 있는 하윌라 온 땅에 둘렸으며 그 땅의 금은 정금이요 그 곳에는 베델리엄과 호마노도 있으며 둘째 강의 이름은 기혼이라 구스 온 땅에 둘렸고 세째 강의 이름은 힛데겔이라 앗수르 동편으로 흐르며 네째 강은 유브라데더라

그렇기 때문에 영적으로 말하면, 네 여자는 에덴동산을 적시고 있던 생명강의 지류인 네 강을 상징하며, 성령의 강의 지류이기 때문에 성령이라고도 말할 수 있는 것이다.

본질적으로 성령의 강의 지류의 의미를 가진 네 여자가 성령의 사람인 다윗을 탄생시킨 것이라고도 말할 수 있다. 그렇기 때문에 다윗은 당연히 성령의 사람이 될 수 있었던 것이다.

시편에 보면 다윗이 자기 어머니를 주의 여종이라고 말한 구절이 두 군데 기록되어 있다.

> 시 86:16 내게로 돌이키사 나를 긍휼히 여기소서 주의 종에게 힘을 주시고 주의 여종의 아들을 구원하소서

> 시 116:16 여호와여 나는 진실로 주의 종이요 주의 여종의 아들 곧 주의 종이라 주께서 나의 결박을 푸셨나이다

마태복음 1:1에 보면 다윗은 아브라함과 함께 구속사의 세계의 두 축을 이루는 굉장히 중요한 사람이다[30]. 그렇다면 다윗의 어머니는 앞에 소개된 다말, 기생 라합, 룻, 밧세바보다도 더 큰 의미를 가진 여자인데 다윗의 어머니의 이름은 나와 있지 않다는 것이다.

다윗이 구속사의 핵심적인 사람인데도 불구하고 왜 그를 낳은 어머니의 이름은 소개가 되지 않은 것인가?

마치 부활의 첫 열매이신 예수님의 영광을 가리지 않기 위해서 모세의 부활이 감춰진 것처럼, 성령의 사람 다윗을 낳은 어머니의 이름도 감춰진 것이다.

신약 때에도 예수님이 막달라 마리아를 비롯한 네 마리아를 다 찾아오셨다. 그리고 예수님의 어머니 마리아는 다섯 번째 마리아가 된다. 예수님의 어머니 마리아는 즉 생명의 강, 성령의 강의 본 강을 의미하는 것이고 네 마리아는 에덴동산을 적시던 본 강의 네 지류라고 말할 수 있는 것이다.

그렇다면 다윗을 낳은 어머니는 어떤 대상이라고 말할 수 있는 것일까? 다윗의 어머니는 영적으로 말하면 예수님의 어머니 마리아와 같은 여자가 되는 것이다. 네 마리아를 통해서 결국 예수님을 낳은 마리아를 만날 수 있다. 즉 네 강이 합쳐져서 예수님을 낳은 생명강을 만날 수 있는 것이다.

---

30) 마 1:1 아브라함과 다윗의 자손 예수 그리스도의 세계라

다말, 라합, 룻, 밧세바, 이 네 여자가 결국은 다윗을 낳은 다윗의 어머니를 만나는 통로와 같은 의미가 되는 것이다. 그들은 본 강에서 네 갈래로 갈라져서 흐르는 지류를 의미하기 때문에, 네 강을 따라가다 보면 본 강을 만나게 된다. 야곱의 네 여자를 따라가다 보면 열두 아들을 만나고 열두 아들을 만나면 그들의 아버지인 야곱을 만나는 그런 영적인 의미, 영적인 도맥과도 같은 것이다.

그렇기 때문에 룻기의 족보에 숨겨진 네 여자를 통해서 볼 때 다윗도 구약에서 맺은 성령의 첫 열매의 그림자라고 말할 수 있다. 성경에 표면적으로 나타난 입장으로 볼 때 아브라함을 믿음의 조상이라고 말한다면 다윗을 성령의 조상이라고도 말할 수 있는 것이다.

멜기세덱의 반차는 반차 중에서 가장 고차원의 길이고 인생들로서 헤아리기 어려운 길이다. 예수님이 요한복음 14:6에 '나는 길이요 진리요 생명이다'라고 하셨다. 예수님이 말씀하신 그 길이 바로 멜기세덱의 반차이다.

믿는 성도들은 반드시 성경 속에 면면히 흐르는 멜기세덱의 반차의 비밀을 깨달아야 하나님의 구속사의 모든 내용을 알 수 있는 것이다.

예를 들면, 사도행전 1:11에서 '하늘로 올리우신 이 예수는 너희가 하늘로 가심을 본 그대로 오시리라'는 말씀은 멜기세덱의 비밀을 아는 사람들만 깨달을 수 있는 말씀이다.

'하늘로 가심을 본 그대로 오시리라'는 말씀의 의미는 무엇인가?

> 행 1:8-11 오직 성령이 너희에게 임하시면 너희가 권능을 받고 예루살렘과 온 유대와 사마리아와 땅 끝까지 이르러 내 증인이 되리라 하시니라 이 말씀을 마치시고 저희 보는 데서 올리워 가시니 구름이 저를 가리워 보이지 않게 하더라 올라가실 때에 제자들이 자세히 하늘을 쳐다보고 있는데 흰옷 입은 두 사람이 저희 곁에 서서 가로되 갈릴리 사람들아 어찌하여 서서 하늘을 쳐다보느냐 너희 가운데서 하늘로 올리우신 이 예수는 하늘로 가심을 본 그대로 오시리라 하였느니라

위 구절에서 '하늘로 가심을 본대로 오시리라'고 기록되었기에 많은 기독교인들이 예수님이 승천하신 모습 그대로 재림주께서도 하늘에서 구름타고 오신다고 믿고 있다. 과연 표면적으로 기록된 말씀대로 저 푸른 창공에서 재림주가 오시는 것인가? 아니면 '본대로 오시리라'는 말씀의 진정한 의미는 무엇인가?

예수께서 말씀이 육신이 되어 오실 때 어떤 길로 오셨는가? 여인의 후손으로, 마리아의 태를 통해서 이 땅에 인자로 오시지 않았는가? 그렇게 오신 예수님이 '너희는 아래서 났고 나는 위에서 났으며'(요 8:23)라고 말씀하셨다. 인간들의 육신의 눈으로 보이는 예수님은 한낱 목수 요셉과 마리아의 아들이며, 똑같은 인간의 모습을 하고 있을 뿐인데, 자신이 하늘에서 왔다는 것이다.

예수님 당시에 이 말씀을 깨달을 수 있는 자가 누가 있었겠는가? 오늘날에도 마찬가지다. '하늘로 가심을 본대로 오시리라'는 말씀의 의미를 깨닫지 못하고 오해함으로 재림주께서 푸른 하늘에서

흰 구름을 타고 오시리라고 믿고 있는 것은 아닌가?

구약 때에도 예수님 외에 하늘로 올라간 사람들이 있다. 에녹, 엘리야, 모세[31]를 생각해보자. 그들이 예수께서 하늘로 승천하시듯 하늘로 간 그림자격인 사람들이라면 그들의 행적을 살펴볼 필요가 있지 않은가?

에녹이 하나님과 300년 동행하다가 죽음을 보지 않고 승천했는데, 다시 이 땅에 올 때는 사가랴와 엘리사벳의 아들인 세례 요한으로 태어났다(창 5:24, 눅 1:5, 1:13-17). 세례 요한은 엘리야의 심령을 가지고 주의 길을 예비하고자 주 앞서 온 엘리야와 같은 사람, 즉 에녹이라고 할 수 있다(말 4:5-6, 사 40:3, 마 11:10-11, 11:14).

> 말 4:5-6 보라 여호와의 크고 두려운 날이 이르기 전에 내가 선지 엘리야를 너희에게 보내리니 그가 아비의 마음을 자녀에게로 돌이키게 하고 자녀들의 마음을 그들의 아비에게로 돌이키게 하리라 돌이키지 아니하면 두렵건대 내가 와서 저주로 그 땅을 칠까 하노라 하시니라

물론 성경에는 예수께서 친히 '모든 선지자와 및 율법의 예언한 것이 요한까지니, 만일 너희가 즐겨 받을찐대 오리라 한 엘리야가 곧 이 사람이니라'(마 11:13-14)라고 말씀하셨다. 그러나 세례 요한은 결국 신앙의 정절과 순결을 지키지 못하고 실족하고 말았다(마 11:2-12). 만일 세례 요한이 말라기 선지자의 예언대로 엘리

---

31) 모세가 죽었으나 산 자로 부활한 내용은 <제 4장 하나님의 구속사역의 입장에서 본 두 도맥>, <제 6장 Ⅲ. 멜기세덱의 반차를 따르며 이루어가는 사람들> 참고

야로 다시 온 사람이라면, 이긴 자로서 불말과 불수레를 타고 하늘로 승천한 엘리야가 이 땅에 다시 와서 실족할 수 있겠는가?

에녹과 엘리야, 그들은 이 땅에서 죽음을 이기고 하늘로 승천한 사람들이었다. 그러나 승천하는 내용의 과정은 서로 다르다는 것을 알 수 있다. 에녹은 하나님께서 데려가셨고, 엘리야는 스스로 승천한 자이다. 데려가는 자와 스스로 올라가는 자의 차이점을 생각해 본다면 에녹과 엘리야의 영광이 다르다는 것을 알 수 있다. 특히 에녹은 아담의 후손으로 아담을 통해 이루시고자 하셨던 하늘의 일과 노아를 통하여 이루시고자 하셨던 하늘 역사의 세계를 나타낼 수 있는 상징적인 존재의 의미를 가진 대상으로서 그를 데려가신 것이라고 말씀할 수 있다. 그런 반면 엘리야는 이긴 자로서 스스로 올라간 사람이다. 그러기에 에녹은 실족할 수 있는 여지를 가지고 있는 반면, 엘리야는 결코 실족할 대상이 아니라는 점이다.

따라서 실족한 세례 요한은 죽음을 보지 않고 하늘로 승천한 엘리야와 같은 자, 에녹이라는 것을 충분히 짐작할 수 있다.

그러면 '너희가 하늘로 가심을 본대로 오시리라'는 말씀은 무슨 뜻인가? 초림주 예수께서 멜기세덱의 반차의 길로 올라가신 것처럼, 재림주께서 다시 오실 때에도 멜기세덱 반차의 길을 따라 오신다는 것이다. 예수님은 멜기세덱의 반차를 통해서 오셨고, 멜기세덱의 반차를 통해서 하늘로 가셔서 우편 보좌에 앉으셨다. 산 자는 산 자의 길을 통해서 오고, 산 자의 길을 통해서 올라가는 것이다.

> 요 14:2-3 내 아버지 집에 거할 곳이 많도다 그렇지 않으면 너희에게 일렀으리라 내가 너희를 위하여 처소를 예비하러 가노니 가서 너희를 위하여 처소를 예비하면 내가 다시 와서 너희를 내게로 영접하여 나 있는 곳에 너희도 있게 하리라

> 요 14:6 예수께서 가라사대 내가 곧 길이요 진리요 생명이니 나로 말미암지 않고는 아버지께로 올 자가 없느니라

예수께서 처소를 예비하면 아버지의 집으로 우리를 인도하시겠다고 말씀하셨다. 그렇다면 만유 밖에 있는 아버지의 집을 어떻게 갈 수 있는가?(요 10:29) 오직 예수님만이 아버지께로 올 수 있는 길이라고 하셨다. 그렇다고 해서 하늘 우편 보좌에 계신 주님께서 우리를 데리러 다시 이 땅에 오신다는 말인가? 그렇게 되면 '자주 고난을 받지 않으려고 단번에 드리신 바 되시고자 세상 끝에 나타나셨다'(히 9:26)는 말씀의 의미가 퇴색되고 만다. 그렇게 생각하는 사람들은 인류의 죄를 해결하기 위해 처절하게 십자가에 달리신 예수님을 또다시 못 박으려고 기다리는 자들과 같다.

> 히 6:4-6 한번 비침을 얻고 하늘의 은사를 맛보고 성령에 참예한 바 되고 하나님의 선한 말씀과 내세의 능력을 맛보고 타락한 자들은 다시 새롭게 하여 회개케 할 수 없나니 이는 자기가 하나님의 아들을 다시 십자가에 못 박아 현저히 욕을 보임이라

예수님이 우리를 다시 데리러 오신다는 말씀은 멜기세덱의 반차를 통해서 오시고 멜기세덱의 반차를 통해서 하늘로 가신 예수

님의 비밀을 아는 사람들만 아버지의 집으로 갈 수 있다는 뜻이다. 스스로 간다는 의미가 아니라 누군가의 인도를 받아 가는 것만은 사실이나 예수님이 친히 오셔서 우리를 데리고 가신다는 의미는 아니다.

> 요 5:43 나는 내 아버지의 이름으로 왔으매 너희가 영접지 아니하나 만일 다른 사람이 자기 이름으로 오면 영접하리라

자기 이름으로 오시는 다른 사람, 그가 곧 재림의 마당에 등장하는 이 땅의 주, 해를 입은 여인이라고 말할 수 있다. '해를 입었다'는 것은 곧 '태초의 말씀을 입었다'는 것이다. 십자가상에서 피 속에 감추셨던, 그리고 떨쳐 버리셨던 태초의 말씀, 즉 하나님과 임마누엘이 되신 자라고 말할 수 있다. 그를 가리켜 도둑같이 오신 재림주 멜기세덱이라고 말할 수 있다. 그가 이 땅에서 만물을 무릎 꿇게 하시는 마지막 구속사의 주인공이라고 말할 수 있다. 그가 아브라함에게 떡과 포도주의 언약, 횃불언약으로써 구속사의 세계를 시작한 자이기에, 재림의 마당에서도 그를 통하여 구속사의 끝을 마감하신다는 것이 창조 본연의 청사진으로 설계되었다. 그런 그가 아버지의 집으로 생령의 대이동을 통해서 우리를 인도하시는 입장을 가리켜 주께서 '내가 너희를 데리러 오겠다'고 말씀하신 것이다.

혹자는 이 땅의 주, 해를 입은 여인을 예수, 또는 교회라고 말하고 있지만 이 땅의 주는 인자로 오신 분명한 인격적인 사람이다. 그는 우편 보좌에 계시는 예수님이 아니다. 그는 하나님의 아

들과 방불한 하늘의 제사장으로서 예수님을 대신해서 이 땅에 오신 분이다. 그가 예수님을 대신할 수 있는 근본은 말씀이 육신으로 오셨던 그 말씀을 입음으로써 멜기세덱으로서 영광의 길을 걸을 수 있는 존재가 된 것이다. 그러기에 그는 이 땅의 주, 해를 입은 여인으로서 멜기세덱의 반차와 뜻을 이루시며 자기 자신이 멜기세덱의 영광을 입기 위하여 주님처럼 사망의 권세를 깨시고 부활의 능력을 통하여 멜기세덱으로서 영광을 입게 되는 것이다.

그러므로 그 영광을 입기 위하여 그 자신도 로마서 1:4 말씀처럼 스스로 죽음의 길을 걷지 않으면 안 되는 것이다. 즉 멜기세덱의 영광을 입기 위하여 스스로 자기의 생명을 버린다는 것이다. 엘리사가 죽을 병이 들어 죽는 것처럼, 그도 하늘의 영광을 입기 위하여 스스로 죽을 병을 선택한 것이다(왕하 13:14, 요 10:17-18, 계 12:14).

'재림주가 이 땅에 오셔서 죽는다!' 말도 안 되는 청천벽력과 같은 소리다. 그 어느 누가 이 말씀을 믿을 수 있겠는가? 그러나 재림주가 멜기세덱으로 오셨기에 멜기세덱으로서의 영광을 입기 위해서, 영광의 주·영광의 하나님이 되기 위해서는 그도 주께서 걸으셨던 그 길을 통해서 사망의 권세를 깨고 부활의 능력을 입어야만 하나님의 아들로서 인정을 받을 수 있는 것이다. 그러나 그의 죽음은 공개적인 죽음이 아니라 감추었던 만나로서의 비공개적인 죽음이라는 사실을 잊지 말아야 한다.

지금껏 스스로 자기 자신을 메시야, 즉 재림 예수로 자처하는 많은 대상들이 있었다. 그러한 그들이 세월과 역사의 흐름에 따라 모두 죽어 사라지고 말았다.

세상 소리에 뜻이 있다고 말하지 않았는가? 이렇게 죽어 사라지는 인생들이 한결같이 메시야임을 자처하는 이유가 무엇인가? 자기 자신들도 죽을 수밖에 없는 존재라는 것을 죽는 순간까지 너무나 잘 알고 있는 터임에도 그들이 스스로 메시야임을, 즉 산 자임을 자처하는 그들의 그 명분, 신앙의 고집은 대체 무엇이라는 말인가? 그들이 그렇게 대의를 주장할 수 있는 근본적인 이유를 굳이 짚어본다면 그들 자신들이 죽어가고 있지만 자기들이 살아날 수 있다는 부활의 능력에 대한 확신을 가지고 있었기에 그렇게 외쳤던 것이 아닌가?

그렇게 외칠 수 있었던 내용의 세계를 좀 더 면밀하게 파헤쳐 본다면, 그러한 그들은 재림주 예수라고 믿고 있는 멜기세덱이 이 땅에 인자로 오시어 죽었다가 사망의 권세를 깨시고 부활의 능력을 통해서 하나님의 아들로 인정받는다는 것을 어렴풋이나마 알고 있기에 그렇게 고집을 피운 것이 아닐까? 그러나 그들이 예상치 못한, 분별치 못하는 놀라운 하늘의 비밀이 있기에 '하늘에 있는 천사들도 모르고, 아들들도 모르고, 아버지만 아신다'(마 24:36)고 말씀하신 것이 아닐까? 요한계시록 2:17에 의하면 주고받는 자만이 알 수 있다고 하셨다.

변화의 산, 다볼산에서 아버지의 영광으로 변화 받으신 주께로부터 부름을 받은 산 자인 모세와 엘리야, 오직 그들에게만 예수님이 별세 후의 일을 친히 말씀하셨다(눅 9:31). 별세 후의 일이란 재림의 마당을 통해서 이루어질 한 이레의 일을 의미한다고 말할 수 있다. 천상천하의 그 누구도 알 수 없었던 비밀, 말씀이 육신이 되어 오셨던 그 말씀을 예수께서 십자가를 통해서 어떻게 처리하실 것인가에 대하여 의논했다는 것이다. '내 원대로 마시옵고, 아버지의 뜻대로 행하시옵소서'라는 말씀 속에는 아버지께서 새로운 하늘의 역사를 요구하셨던 것임을 알 수 있다.

그렇다고 하여 예수님이 하나님께서 요구하시는 그 뜻을 몰랐다는 의미는 아니다. 그렇게 표현하신 것은 예수님 자신을 위해서가 아니라 우리를 위해서 우리에게 어떤 내용의 세계를 전달하시고자 그렇게 세 번씩이나 의미를 강조하시며 기도하신 것이라고 말할 수 있다. 사단이 광명한 천사로 역사하듯, 마지막 때 재림 예수라는 존재들이 재림 예수의 영광을 입고자 그처럼 예수님의 비밀에 가까이 접근하여 죽게 되는 것이다.

그러나 분명히 말할 수 있다. 멜기세덱이 되려면 무엇보다 먼저, 해를 입어야 된다. 시편 84:11, 19:5에서 해는 말씀이며 신랑이라고 했다. 즉 신랑을 입는다는 것이다. 즉 태초의 말씀을 입어야 된다는 것이다. 그 비밀을 아는 사람은 천상천하에 아버지의 영광으로 변화 받으셨던 주님 자신과 그의 부르심을 받고 산 자로 등장했던 모세와 엘리야밖에는 없는 것이다. 그들만이 십자가상에서 떨쳐버린 주님의 피 속에 들어있는 태초의 말씀의 행방을 아는 자이며, 그들만이 그 말씀을 입고 재림의 마당에서 어떻게 역사할 것을 아는 말씀의 유일한 증인이며, 증거자이며, 주인공들이 될 수 있다는 것이다.

다시 한 번 내용의 의미를 강조해본다면 지금껏 메시야, 재림 예수를 자처하던 대상 중 아무도 십자가의 피의 비밀을 말한 자가 없었고, 멜기세덱의 비밀과 암호를 외친 자가 없었다는 점이다. 마치 그들은 들짐승 중에서 가장 간교한 뱀처럼 이미 드러난 사실과 드러날 수 있는 가능성의 세계를 엿보고 틈타며 이용하여 자기 자신들이 하나님처럼 될 수 있다고 믿는 선악나무의 모습이라고 말할 수 있다는 것이다. 누가 누구를 가리켜 흑과 백이라고 말하고 싶은 것은 아니다. 예수께서 사망의 권세를 깨시고 부활의 능력으로 하나님의 아들로 인정받은 것처럼 누구든 간에 그렇게 재림의 마당에서 이긴 자가 된다면 그는 당연히 재림주 멜기세덱의 영광을 가진 자라고 말할 수 있다는 것이다.

물론 요한계시록 13장의 내용의 세계를 깊이 궁구해 본다면 하늘에서 쫓겨난 붉은 용이 이 땅에서 광명한 천사로 위장하여 놀라운 기사이적을 행한다. 그러나 '본대로 오시리라'(행 1:11)고 하신 말씀처럼 재림주 멜기세덱의 영광은 하루아침에 나타나는 것은 아니다. 재림주 멜기세덱은 요한계시록 19:11 이하의 말씀처럼 '하나님의 말씀이라 칭하더라'는 태초의 말씀을 입은 자로서 처음부터 끝까지 임마누엘의 입장으로서 한 이레 중 전 3년 반을 통하여 계속해서 역사하셨던 장본인이셨다.

그는 몇 가지 의미 있는 특징적 암호를 가진 사람이다. 하나님의 경륜의 세계의 비밀과 암호를 가진 자이다. 바울 자신도 어느 입장에서는 신약 최초로 하나님의 경륜의 세계를 5가지로 밝히 증거한 내용이 있다.[32] 그러기에 '내가 하나님의 비밀을 깨달았다는 것을 믿게 된다면 너희 오른쪽 눈이라도 빼어 주어야 되지 않겠느냐'(갈 4:15, 엡 3:4)라는 말씀을 토해냈다. 이방의 그릇인 그도 최초로 경륜의 세계가 어떤 것임을 드러낸 것처럼 하나님의 비밀의 경륜이 되는 그 경륜의 주인공이 곧 멜기세덱이라는 것이다. 골로

---

32) 바울이 밝힌 5가지 경륜은 때가 찬 경륜(엡 1:9), 은혜의 경륜(엡 3:2), 비밀의 경륜(엡 3:9), 믿음 안에 있는 하나님의 경륜(딤전 1:4), 나를 통해서 이루시는 경륜(골 1:25)이다.

새서 2:2-3 말씀처럼 예수 그리스도가 하나님의 비밀이라면, 예수 그리스도의 비밀은 멜기세덱이다. 즉 멜기세덱은 곧 예수님의 경륜이 되는 것이다. 그러기에 하나님의 경륜을 아는 자는 곧 멜기세덱을 아는 자라고도 말할 수 있다는 것이다. 하나님의 경륜을 가진 자만이 구속사의 세계를 밝히 말할 수 있는 것이다.

아울러 또 다른 입장에서 말한다면 재림주 멜기세덱은 신명기 32:7 말씀을 가지고 있는 사람이다. '조상들에게, 아비들에게 물으라'는 것은 기도해서 물으라는 것이 아니다. 마치 변화의 산에서 아버지의 영광으로 변화 받으신 주님께서 산 자인 모세와 엘리야를 불러서 의논하시는 것처럼, 그렇게 부를 수 있는 능력을 가진 때의 주인공이 될 수 있는 고유적인 신성과 능력을 가져야만 된다는 것이다.

더불어 한 가지를 더 말한다면, 재림주 멜기세덱은 독수리의 큰 능력의 두 날개를 가지고 있다는 것이다. 그러기에 '주검이 있는 곳에 독수리들이 모인다'(마 24:28)라고 하신 것이다. 스데반이 돌 탕에 맞아 죽기 전에 하늘 문을 여시고 우편 보좌에 계신 주님께서 스데반을 바라보아 주셨다(행 7:55-56). '두 번 다시 말하지 말라, 그만해도 족하다'(신 3:26)라고 하시는 하나님께서 모세를 비스가산 정상에 세우시고 그를 바라보아 주신 것, 모세의 시체를 놓고 대군 미가엘 천사장과 마귀가 쟁론하고 있는 모습을 하나님께서는 결코 외면하지 않으셨을 것이다. '다만 하나님께서 너를 책망하시기를 원하노라'(유 1:9)고 한 대군 미가엘 천사장의 말에 따라 하나님께서 능력의 독수리로서 모세의 시체에 강림하셨을 것이다.

재림주 멜기세덱은 이렇게 능력의 큰 독수리의 날개를 가지고 자기 백성을 노략물을 취하시는 것처럼, 즉 순교와 대속사의 자리에는 필연적으로 독수리로서 임하고 계신다는 것을 알 수 있다. 이처럼 신령한 우리 하나님의 독수리는 끝까지 우리를 지키시고, 보호해주시고, 이끌어내 주실 수 있는 능력의 존재라는 것을 말씀하고 있다. 이처럼 몇 가지의 예를 들어 말했지만, 재림주 멜기세덱은 그러한 특징적인 고유적 비밀과 암호를 가지고 계신 분이라고 말할 수 있다.

> 사 9:6 이는 한 아기가 우리에게 났고 한 아들을 우리에게 주신 바 되었는데 그 어깨에는 정사를 메었고 그 이름은 기묘자라, 모사라, 전능하신 하나님이라, 영존하시는 아버지라, 평강의 왕이라 할 것임이라

여기서 '한 아기가 우리에게 났고, 한 아들을 우리에게 주신 바 되었는데'라고 하니까 혹자는 아기 예수님을 가리킨 말씀이라고 생각한다. 그러나 '우리에게 주신 바 되었는데'라는 것은 누군가 낳아서 우리에게 맡기셨다는 것이다. 또, '기묘자, 모사', '전능하신 하나님', '영존하시는 아버지', '평강의 왕'이란 재림주를 의미한다. 초림주처럼 공개된 만나로 오시지 않고, 장차 이 땅에 도둑같이 오시어 기묘자로 인류 구속사역을 완성하실 재림주의 여러 모습을 소개한 내용이다(살전 5:2-3, 벧후 3:10, 계 16:15).

그런 기묘자, 모사로 오셔서 역사하시는 재림주를 가리켜 '본 대로 오시리라'는 암호로 말씀하신 것이다.

요한복음 17:3에서 예수께서 친히 말씀하시기를 '영생은 곧 유일하신 참 하나님과 그의 보내신 자 예수 그리스도를 아는 것이

니이다'라고 하셨다. 예수께서 어떤 길로 이 땅에 오셨고, 어떤 길로 하늘로 가셨는지, 하나님의 비밀이신 예수 그리스도(골 1:26, 2:2)를 아는 것이 구원에 이르는, 영생에 이르는 지름길이 되는 것처럼, 예수 그리스도의 비밀이 되시는 멜기세덱을 모른다면 모세처럼 뒷 모습만 보고 앞 모습을 보지 못하는 입장이 되고 말 것이다. 아버지의 영광으로 변화 받으신 변화산의 예수의 모습을 모세와 엘리야가 본 것처럼 오늘 우리들도 재림주의 영광으로 변화 받으실 이 땅의 주. 해를 입은 여인, 멜기세덱의 얼굴을 보아야 될 것이다.

마치 얍복강의 야곱이 그 어떤 사람, 하나님의 얼굴, 브니엘을 본 것처럼…

결론적으로 말하면 멜기세덱의 반차는 하늘의 사람들이 이 땅에 내려 올 수 있는 길이며, 이 땅의 사람이 구도의 길을 통해 하늘로 올라갈 수 있는 길이라고 할 수 있다.

제 6장

멜기세덱을 탄생시키려는
하나님의 구속사역

I
멜기세덱의 근본, 본질은 무엇인가?

창세기 14장에는 멜기세덱이 전쟁에서 승리하고 돌아오는 아브라함을 만나 떡과 포도주로 축복하고 십일조를 받은 사건이 기록되어 있다. 그 사건 이후에 멜기세덱은 두 번 다시 성경에 등장한 기록이 없다. 혜성처럼 나타나 아브라함을 대면한 멜기세덱! 그의 정체와 실상은 과연 무엇인가? 그는 이 땅에 어떤 존재로 나타났으며, 그의 근본과 본질은 무엇인가?

1. 네 생물의 입장에서 본 멜기세덱

이스라엘의 지도자인 모세가 하늘의 성전을 바라보고 이 땅에 회막을 지을 수 있었던 것은, 스스로 계신 자의 영광의 세계를 나타내기 위해 하나님께서 자신이 거할 집을 만유 위에 지으셨고, 만유 위에 지으신 아버지의 집을 보고 태초의 말씀이 만유의 세계를 지으셨고, 모세가 그 세계를 보고 회막을 지은 것이다.

요 10:29 저희를 주신 내 아버지는 만유보다 크시매 아무도 아버지 손에서 빼앗을 수 없느니라

말씀이 창조자가 되어 스스로 계신 영광의 세계를 보고 만유의 세계를 지으셨고, 모세가 그 세계를 보고 회막을 지은 것이다. 이 순서가 창조의 세계에 있어서의 하늘의 신성적인 질서의 순서다.

히 3:4-6 집마다 지은 이가 있으니 만물을 지으신 이는 하나님이시라 또한 모세는 장래에 말할 것을 증거하기 위하여 하나님의 온 집에서 사환으로 충성하였고 그리스도는 그의 집 맡은 아들로 충성하였으니 우리가 소망의 담대함과 자랑을 끝까지 견고히 잡으면 그의 집이라

딤전 6:15-16 기약이 이르면 하나님이 그의 나타나심을 보이시리니 하나님은 복되시고 홀로 한 분이신 능하신 자이며 만왕의 왕이시며 만주의 주시요 오직 그에게만 죽지 아니함이 있고 가까이 가지 못할 빛에 거하시고 아무 사람도 보지 못하였고 또 볼 수 없는 자시니 그에게 존귀와 영원한 능력을 돌릴찌어다 아멘

하나님, 즉 스스로 계신 자가 자기 영광의 집을 지으셨다면 누군가 집을 관리할 자가 필요하다. 창세기 3:24 말씀에서 '생명나무가 계신 곳을 그룹과 화염검으로 지키셨다'는 말씀의 원리로 보면 보좌는 누군가 지켜야 될 대상이 꼭 필요한 것이다.

그런데 하나님께서는 누구든지 볼 수 없는 절대적인 분이시기에, 죽는 존재는 절대 그 빛에 들어가지도 못한다. 아무나 그 영광의 세계를 지킬 수 없기에, '예수는 집 맡은 아들로 충성했고, 모세

는 사환으로 충성했다'고 기록되어 있다. 모세는 하나님의 집에서 사환, 즉 관리자로 충성했다. 모세는 어떤 존재이기에 가까이 가지 못할 빛에 거하시고 아무도 볼 수 없는 하나님의 집에 거할 수 있는 것인가?

또 요한복음 14:2 이하에 보면 '내 아버지의 집에는 거할 곳이 많도다. 내가 가서 예비한 다음에 너희를 데리러 오겠다'라고 예수께서 친히 말씀하셨다. 그 아버지 집은 만유 안에 들어있는 것이 아니라 만유 바깥에 있는 곳이다. 그분이 다시 오셔서 우리를 이 땅에서 영광의 몸의 형체로 변화시켜야(빌 3:21), 그분의 인도를 따라서 우리가 그 만유보다 크신 아버지 집, 즉 백보좌가 있는 빛의 세계로 들어갈 수 있는 것이다.

과연 모세는 어떤 존재이기에 그런 하나님의 집에서 종으로 충성할 수 있었는가? '내성의 꼴로 외형이 이루어진다'는 말씀이 있다.

하나님의 형상과 모양대로 지음을 받은 사람들에게 하늘에서의 고유적인 내성 혹은 영적인 모양이 있다면, 같은 입장으로 이 땅에 오신 거룩하신 분들도 분명히 그러한 내성의 꼴이 이미 존재해 있었다고 말할 수 있다.

그렇다면 창세기 14장에 나타나 아브라함에게 떡과 포도주로 축복한 멜기세덱, 즉 히브리서 7:1-3 말씀에서 '하나님 아들과 방불한 제사장'이라고 증거한 그의 근본, 본질은 누구였을까?

> 계 4:2-11 내가 곧 성령에 감동하였더니 보라 하늘에 보좌를 베풀었고 그 보좌 위에 앉으신 이가 있는데 앉으신 이의 모양이 벽옥과 홍보석 같

고 또 무지개가 있어 보좌에 둘렸는데 그 모양이 녹보석 같더라 또 보좌에 둘려 이십사 보좌들이 있고 그 보좌들 위에 이십사 장로들이 흰옷을 입고 머리에 금면류관을 쓰고 앉았더라 보좌로부터 번개와 음성과 뇌성이 나고 보좌 앞에 일곱 등불 켠 것이 있으니 이는 하나님의 일곱 영이라 보좌 앞에 수정과 같은 유리 바다가 있고 보좌 가운데와 보좌 주위에 네 생물이 있는데 앞뒤에 눈이 가득하더라 그 첫째 생물은 사자 같고 그 둘째 생물은 송아지 같고 그 세째 생물은 얼굴이 사람 같고 그 네째 생물은 날아가는 독수리 같은데 네 생물이 각각 여섯 날개가 있고 그 안과 주위에 눈이 가득하더라 그들이 밤낮 쉬지 않고 이르기를 거룩하다 거룩하다 거룩하다 주 하나님 곧 전능하신 이여 전에도 계셨고 이제도 계시고 장차 오실 자라 하고 그 생물들이 영광과 존귀와 감사를 보좌에 앉으사 세세토록 사시는 이에게 돌릴 때에 이십사 장로들이 보좌에 앉으신 이 앞에 엎드려 세세토록 사시는 이에게 경배하고 자기의 면류관을 보좌 앞에 던지며 가로되 우리 주 하나님이여 영광과 존귀와 능력을 받으시는 것이 합당하오니 주께서 만물을 지으신지라 만물이 주의 뜻대로 있었고 또 지으심을 받았나이다 하더라

요한계시록 4장에 보좌를 중심으로 한 보좌의 영광의 세계가 소개된다. 하나님의 보좌, 네 생물, 24장로, 또 그 외의 집단의 영역들이 존재하고 있다. 그 말씀은 네 생물이 하나님의 보좌에 가장 가까이 접한 존재이기에 네 생물의 영역이 24장로들의 영역보다 더 크다는 것을 알 수 있다. 따라서 네 생물이 가르쳐주기 전에는 24장로들은 네 생물이 가지고 있는 영역의 세계를 알 수 없다.

천상의 세계에서는 하나님께서 하시고자 하시는 일을 각자 주

어진 자기의 영역에서 허락된 부분에 대해서만 하나님을 아는 것과 믿는 일에 온전한 하나를 이루어나가는(엡 4:13) 대상으로서 존재하고 있다.

그렇기 때문에 성경에는 네 생물을 가리켜서 하나님의 신, 하나님의 눈, 하나님의 능력이라고도 표현이 되어 있고, 하나님의 소멸하시는 불로서 심판의 도구가 되기도 하고, 하나님의 입이라고도 표현이 되어 있다. 왜냐하면, 네 생물이 하나님을 대신해서 우레를 발한다는 입장을 생각할 때 그들이 하나님의 보좌를 중심으로 처음부터 함께하고 있는 임마누엘적 존재, 대상이 되기 때문이다. 또 시편 104편에 보면 하나님의 구름이 되기도 하고, 하나님의 바람으로 역사하기도 하고, 하나님의 누각(별장)으로 역사하기도 한다(시 104:2-4).

따라서 네 생물은 하나님의 영광을 처음부터 끝까지 거룩하게 찬양을 드리고 하나님의 영광을 영화롭게 해드리기 위해서, 본래 처음부터 어둠이 가까이 할 수 없는 빛의 존재로 지음을 받게 된 것이다. 빛의 세계, 아버지의 보좌가 있는 그 거룩한 곳에 어둠의 영향력을 받을 수 있는 존재가 어떻게 하나님의 집을 지킬 수 있으며 하나님의 영광을 찬양할 수 있겠는가? 그러므로 네 생물은 피조물의 입장에서 처음부터 어둠과 상관이 없는 빛의 존재로 지음을 받은 대상이라고 말할 수 있다. 그러므로 네 생물은 하나님과 함께 할 수 있는 임마누엘의 존재가 되기에 하나님의 인성과 신성의 세계를 그 어떤 피조물보다 정확하게 알고 있는 것이다(겔 1:22-28).

그렇기 때문에 하나님께서 자기의 영광을 나타낼 수 없는 역사의 과정에서 항상 네 생물이 하나님의 이름의 칭호를 대신 짊어진 존재로서 역사하고 있었던 것이다.

따라서 그들은 사자, 송아지, 사람, 독수리의 네 가지 얼굴을 가지고 있다(겔 1:10, 계 4:7). 네 가지 얼굴을 가지고 있다는 말은 하나님께서 이 땅에 구속사의 세계를 시작하고 마치기까지 그가 네 가지 사역으로 쓰임을 받고 있는 사명적 입장을 보여주는 것이다.

간혹 네 생물이 네 가지 얼굴을 가진 독립적인 사명자로 쓰임을 받을 때는 이사야 6장에서 스랍이라고 말하고 있다(사 6:1-8). 스랍은 불을 다스리는 사명의 천사다. 소돔과 고모라를 심판하기 위해 여호와 하나님이 두 천사를 데리고 왔을 때 네 생물 중 불을 다스리는 스랍을 데리고 온 것이다(창 18:2, 19:1, 계 14:18).

또 네 생물은 그룹으로 역사하기도 한다. 창세기 3:24에서 '화염검과 그룹으로 생명나무의 길을 지켰다'고 했다. '우리가 우리 형상대로 사람을 만들자'(창 1:26)에서 '우리'라는 개념의 그룹은 단수가 아닌 특별히 함께 하고 있는 거룩한 천사의 모습을 그룹이라고도 말할 수 있는 것이다.

화염검은 무엇인가? 화염검은 생명체의 존재 자체는 아니다. 천사의 이름이 아니라 천사가 갖고 있는 거룩한 의의 병기다. 불칼, 회전하는 칼(히 4:12)이기에 아무도 빠져나갈 수 없다. 즉 화염검과 그룹이라는 말은 화염검을 갖고 있는 거룩한 천사들이라는 뜻이다. 네 생물이 화염검을 가지고 있기 때문에 옛 뱀, 마귀, 사단이라고 하는 자들이 그 그룹을 이길 수 없는 것이다.

이처럼 네 생물이 가지고 있는 권세와 능력은 하나님을 대신하고 있는 권세와 능력이다. 그렇기 때문에 생명나무를 지킬 수 있고, 하늘 문을 열고 닫을 수 있는 권세를 가지고 있다(창 3:24, 계 11:6, 약 5:17-18).

구약에서는 에스겔 1장에 네 생물이 하늘 문을 열고 이 땅에 등장하고 있는 모습을 보게 된다(겔 1:1-28).

> 겔 1:1 제삼십년 사월 오일에 내가 그발 강가 사로잡힌 자 중에 있더니 하늘이 열리며 하나님의 이상을 내게 보이시니

그 누구도 하늘 문을 열 수 없다. 오직 네 생물에게 소속되어 있는 자들만이 하늘 문을 열고 닫을 수 있다. 엘리야가 기도함으로써 3년 6개월 동안 비가 내리지 않았다는 말씀을 보아도 엘리야는 하늘 문을 열고 닫을 수 있는 권세를 가진 자라고 말할 수 있다(약 5:17-18). 또 요한계시록 11장에는 이 땅의 주 앞에 선 두 감람나무가 하늘 문을 열고 닫을 수 있는 권세를 가졌다고 분명히 말씀하고 있다.

> 계 11:6 저희가 권세를 가지고 하늘을 닫아 그 예언을 하는 날 동안 비 오지 못하게 하고 또 권세를 가지고 물을 변하여 피 되게 하고 아무 때든지 원하는 대로 여러 가지 재앙으로 땅을 치리로다

하늘 보좌를 지키던 네 생물이 때로는 인간 현실에 등장하여 하나님의 역사를 행하기도 한다. 창세기 5장에서 에녹과 300년 동안 동행하신 그 하나님의 속성, 본성은 무엇이라고 말할 수 있는가?(창 5:21-22)

구약의 여호와 하나님이 본질상 하나님은 아니지만 하나님의 아들, 약속의 자손이 오시기까지 하나님 역할을 대행한 것처럼 (갈 3:19, 4:2, 4:8), 멜기세덱이라는 인격적인 존재가 등장하기까지 네 생물은 멜기세덱의 역할을 대행하고 있는 존재다. 그런 경우에는 스랍으로 표현되지 않고 네 얼굴이 하나로 이루어진 인격적인 존재로서 표현이 되고 있다.

특별하고 거룩한 존재를 나타내는 입장에서 어느 개인적인 천사의 전형이 아니라 특수적인 천사의 모임, 형태로 말씀하는 이유는 그들이 하나님의 절대적인 비밀과 암호가 되기 때문이다.

계 6:1-8 내가 보매 어린 양이 일곱 인 중에 하나를 떼시는 그 때에 내가 들으니 네 생물 중에 하나가 우뢰 소리같이 말하되 오라 하기로 내가 이에 보니 흰 말이 있는데 그 탄 자가 활을 가졌고 면류관을 받고 나가서 이기고 또 이기려고 하더라 둘째 인을 떼실 때에 내가 들으니 둘째 생물이 말하되 오라 하더니 이에 붉은 다른 말이 나오더라 그 탄 자가 허락을 받아 땅에서 화평을 제하여 버리며 서로 죽이게 하고 또 큰 칼을 받았더라 세째 인을 떼실 때에 내가 들으니 세째 생물이 말하되 오라 하기로 내가 보니 검은 말이 나오는데 그 탄 자가 손에 저울을 가졌더라 내가 네 생물 사이로서 나는 듯하는 음성을 들으니 가로되 한 데나리온에 밀 한 되요 한 데나리온에 보리 석 되로다 또 감람유와 포도주는 해치 말라 하더라 넷째 인을 떼실 때에 내가 네째 생물의 음성을 들으니 가로되 오라 하기로 내가 보매 청황색 말이 나오는데 그 탄 자의 이름은 사망이니 음부가 그 뒤를 따르더라 저희가 땅 사분 일의 권세를 얻어 검과 흉년과 사망과 땅의 짐승으로써 죽이더라 요한계시록은 일반계시와, 일반계시 속에 삽입된 중간계시로 구별된다. 그 중에서 일곱 인, 일곱 나팔, 일곱 대접의 역사는 중간계시에 속하는 계시이다. 그 역사를 주관하는 존재가 네 생물이다. 네 생물이 "오라!" 하는 첫째 우레를 발함으로 흰 말이 등장하고, 둘째 우레를 발함으로 붉은 말이 등장하고, 셋째 우레를 발함으로 검은 말이 등장하고, 넷째 우레를 발함으로 청황색 말이 계속적으로 등장한다.

이처럼 일반계시의 입장으로 본다면 중간계시의 주인공들의 존재는 알 수 없고, 확인할 수 없는 존재이며, 또 볼 수 없는 존재일 수밖에 없다.

그렇기 때문에 영적인 존재, 하나님 자신 외에 가장 하나님의 형상과 모습을 닮은 존재, 그 존재가 네 생물이라는 것이다. 그래서 네 생물을 통해서 하나님께서 어떤 모습으로 어떤 역사를 하시는 것은 고유적인 하나님의 모략이고 하나님의 의지가 되는 것이기에 '하나님의 하시는 일의 시종을 사람으로 측량할 수 없게 하신다'(전 3:11)는 말씀처럼 인간은 도저히 알 수가 없는 내용이다.

네 생물은 죄를 사해줄 수 있는 특성을 가지고 있다. 이사야 6장에 스랍이 이사야 선지자의 입에 화저를 대줌으로 말미암아 죄가 사해졌다.

> 사 6:6-7 때에 그 스랍의 하나가 화저로 단에서 취한 바 핀 숯을 손에 가지고 내게로 날아와서 그것을 내 입에 대며 가로되 보라 이것이 네 입에 닿았으니 네 악이 제하여졌고 네 죄가 사하여졌느니라 하더라

성도들의 일반적인 신앙의 개념에는 우리를 위해 십자가를 지신 예수님만이 죄를 사해주는 권세가 있다는 고정관념을 가지고 있다. 또 혹자는 예수님이 십자가를 지심으로써 비로소 죄를 사할 수 있는 권세를 받았다고 말하기도 한다. 그러나 예수님이 십자가를 지시기 전에도 많은 사람의 죄를 사해주셨다. 병자들의 병을 고치실 때 우선적으로 '내 말로 네 죄를 사해주노라'(마 9:2, 막 2:5, 눅 5:20, 7:48) 하심으로 많은 병자들을 고쳐주신 역사를 찾아볼 수 있다.

예수님이 십자가를 지지 않고도 죄를 사해주시는 권세를 갖고 계신 것처럼 네 생물도 그런 권세를 갖고 있다. 하나님께서 진노하시며 이스라엘 백성들을 소멸하려고 하실 때마다 모세가 중보의 기도를 드림으로써 이스라엘의 죄를 사함받은 경우를 살펴볼 때, 모세도 어느 정도는 죄를 사해줄 수 있는 그런 권능을 갖고 있는 사람이라고 잠정적으로 말할 수 있는 것이 아닌가?(출 8:8-12, 8:28-30, 9:28-30, 10:17-18, 32:11-14, 민 11:2)

출 32:11-14 모세가 그 하나님 여호와께 구하여 가로되 여호와여 어찌하여 그 큰 권능과 강한 손으로 애굽 땅에서 인도하여 내신 주의 백성에게 진노하시나이까 어찌하여 애굽 사람으로 이르기를 여호와가 화를 내려 그 백성을 산에서 죽이고 지면에서 진멸하려고 인도하여 내었다 하게 하려 하시나이까 주의 맹렬한 노를 그치시고 뜻을 돌이키사 주의 백성에게 이 화를 내리지 마옵소서 주의 종 아브라함과 이삭과 이스라엘을 기억하소서 주께서 주를 가리켜 그들에게 맹세하여 이르시기를 내가 너희 자손을 하늘의 별처럼 많게 하고 나의 허락한 이 온 땅을 너희의 자손에게 주어 영영한 기업이 되게 하리라 하셨나이다 여

호와께서 뜻을 돌이키사 말씀하신 화를 그 백성에게 내리지
아니하시니라

네 생물은 죄를 심판할 수 있는 특성을 가지고 있다. 에스겔 9
장에 보면 예루살렘을 심판할 때 네 생물이 먹 그릇을 찬 서기관
에게 불을 내어주었다(겔 10:6-7).

> 겔 9:2-7 내가 본즉 여섯 사람이 북향한 윗문 길로 좇아오는데 각 사람의 손
> 에 살륙하는 기계를 잡았고 그중에 한 사람은 가는 베옷을 입고 허
> 리에 서기관의 먹 그릇을 찼더라 그들이 들어와서 놋제단 곁에 서
> 더라 그룹에 머물러 있던 이스라엘 하나님의 영광이 올라 성전 문
> 지방에 이르더니 여호와께서 그 가는 베옷을 입고 서기관의 먹 그릇
> 을 찬 사람을 불러 이르시되 너는 예루살렘 성읍 중에 순행하여 그
> 가운데서 행하는 모든 가증한 일로 인하여 탄식하며 우는 자의 이
> 마에 표하라 하시고 나의 듣는데 또 그 남은 자에게 이르시되 너희
> 는 그 뒤를 좇아 성읍 중에 순행하며 아껴 보지도 말며 긍휼을 베풀
> 지도 말고 쳐서 늙은 자와 젊은 자와 처녀와 어린아이와 부녀를 다
> 죽이되 이마에 표 있는 자에게는 가까이 말라 내 성소에서 시작할
> 찌니라 하시매 그들이 성전 앞에 있는 늙은 자들로부터 시작하더라
> 그가 또 그들에게 이르시되 너희는 성전을 더럽혀 시체로 모든 뜰에
> 채우라 너희는 나가라 하시매 그들이 나가서 성읍 중에서 치더라

네 생물이 먹 그릇을 찬 서기관에게 심판의 표를 준 것을 볼
때, 네 생물은 죄를 사해줄 수도 있고, 심판할 수도 있는 권세를
가지고 있다는 것을 알 수 있다.

히스기야 왕 때에도 한 천사가 앗수르 군대 18만 5천 명을 밤새워 다 죽였다(사 37:36). 이처럼 네 생물은 심판의 천사로도 역사하고 있는 모습을 보게 되는 것이다.

네 생물은 많은 눈이 있다. 다니엘 7장에 보면 '눈 같은 눈이 있고 말할 수 있는 입이 있다'고 했고(단 7:8), 또 에스겔 1:18에 보면 '눈이 가득하더라' 여기에서의 많은 눈이란 이런 눈이다. 스가랴 3장에서 말하는 한 돌에 일곱 눈이 있는 것처럼(슥 3:9), 그들도 비록 피조물이지만 하나님의 구속사의 영광의 세계를 위해서 예수님 대신 많은 눈을 가지고 사역을 대행하는 존재다.

네 생물은 기묘자, 모사로 역사하기도 한다. 야곱이 얍복강에서 씨름할 때 '어떤 사람이 밤새도록 야곱과 씨름하다가'라고 했다(창 32:24). 어떤 사람이란 기묘자라는 의미로 그의 신분을 정확히 알 수 없는 사람을 말한다(사 9:6). 삼손의 아버지 마노아에게 나타난 천사에게 이름을 물었을 때 '내 이름은 기묘라'고 한 뒤에 불꽃과 함께 하늘로 올라갔다(삿 13:18-20). 이처럼 네 생물은 여러 모양의 사역으로 역사하는 존재다.

그렇기 때문에 네 생물의 이름은 창세기로부터 등장해서 요한계시록에 이르기까지 변함없이 네 생물로 등장한다. 구약, 신약, 재림의 마당까지 네 생물의 이름은 변함이 없이 네 생물이다. 그러나 다른 이름들은 구약의 마당의 입장과 신약의 마당의 입장, 그리고 재림의 마당의 입장에서 그 이름이 바뀌는 경우가 있다. '이기는 자에게 새 이름을 주겠다'(계 2:17)는 말씀도 본래의 이름에서 다른 이름으로 바뀐다는 의미가 들어있다.

그러나 네 생물 속에 소속된 사람들 중에는 구약의 마당, 신약의 마당, 재림의 마당에서 이름이 바뀌지 않고 고유적인 이름으로 등장하는 사람들도 있다.

예를 들면, 구약의 마당에서 아므람과 요게벳의 아들로 태어난 모세가 신약 마당의 변화산에서 아버지 왕권을 가지고 오신 예수님 앞에 나타날 때에도 모세라는 이름으로 등장했다(출 2:10, 마 17:3, 막 9:4, 눅 9:30). 요한계시록 15장에 보면 재림의 마당에도 불 섞인 유리바다에서 이긴 자들이 모세의 노래와 어린양의 노래를 부른다(계 15:3). 이처럼 모세의 이름도 구약의 마당, 신약의 마당, 재림의 마당에서 변하지 않고 그 이름 그대로 등장하고 있다. 이것이 무엇을 의미하는 것일까?

물론 신학적으로 볼 때 모세가 므리바 반석에서 죄를 지었다(민 20:7-12). 반석에게 명하여 물을 내라고 했는데 모세의 얼굴에 이스라엘 백성들의 얼이 비추어 반석을 두 번 침으로 말미암아 젖과 꿀이 흐르는 가나안 땅에 들어가지 못한 모세의 죄가 시편 106편에도 기록이 되어 있다(시 106:32-33). 만일 모세가 실패한 사람이라면 변화의 산에서 아버지의 영광으로 왕권을 가지고 오신, 변화를 받으신 예수님 앞에 나타날 수 없다. 또 불 섞인 유리바다에서 모세의 노래를 부를 필요가 없다(계 15:2-3). 왜 수천 년 전에 죽은 모세의 노래를 재림의 마당에서 부르는 것인가? 분명히 모세도 이긴 자로서 승리했기에 마지막 재림의 마당에서도 이긴 자들이 모세의 노래를 부르게 되어 있다는 것이다.

이처럼 모세의 이름은 구약의 마당이나, 신약의 마당이나, 재림의 마당에서 불변의 이름으로 등장하고 있다. 그것이 무엇을 의미하는 것인가? 네 생물과 네 생물에 소속되어 있는 사람들의 이름은 처음부터 끝까지 변하지 않는 고유적인 자기 이름을 유지하고 있다는 것이다. 따라서 모세의 이름이 바뀌지 않고 구약, 신약, 재림의 마당에 같은 이름으로 등장하는 것은 그가 네 생물에게 소속된 사람이라는 결론을 도출해낼 수 있는 것이다.

> 슥 3:7-8 만군의 여호와의 말씀에 네가 만일 내 도를 준행하며 내 율례를 지키면 네가 내 집을 다스릴 것이요 내 뜰을 지킬 것이며 내가 또 너로 여기 섰는 자들 중에 왕래케 하리라 대제사장 여호수아야 너와 네 앞에 앉은 네 동료들은 내 말을 들을 것이니라 이들은 예표의 사람이라 내가 내 종 순을 나게 하리라

성경에는 예표의 사람이 등장한다. '네가 내 도를 준행하며 내 율례를 지키면 여기 섰는 사람들과 왕래케 하리라' 여기서 등장하는 예표의 사람! 그들은 하나님께서 예비하신 사람들이다. 그들이 예표의 사람으로 오기 위해서는 천상의 세계에서 공개적으로 오는 것이 아니라 감추었던 존재로 이 땅에 등장하고 있는 것이다. 예를 들면, 모세와 엘리야 같은 사람들이 예표의 사람들로 역사한 것이다.

하나님께서도 그러한 목적을 이루시고자 천상의 세계에서 특별한 계시의 집단을 가지고 있다고 말할 수 있다. 그것이 스가랴 3:8에서 말한 예표적인 사람들로 이루어진 집단, 세력이라고도 말할 수 있다.

결론으로, 창세기 14장에서 멜기세덱이 등장한 것은 장차 인

자로서의 멜기세덱의 영광이 나타날 때까지 하나님의 심중을 가장 깊이 통달하고 헤아리고 있는 네 생물이 멜기세덱의 사역을 대신하고 있었던 것이다. 창세기 14장에 등장한 멜기세덱은 인자로서 탄생된 멜기세덱이 아니라, 장차 탄생될 멜기세덱의 영광을 바라보며 미리 쓰임을 받는 사역자로서 거룩한 천사, 즉 네 생물이 멜기세덱으로 역사한 것이다.

2. 인자의 입장에서 본 멜기세덱

네 생물을 내용면으로 살펴보면 얼굴이 사자, 송아지, 사람, 독수리인데 둘씩 등이 맞붙어 있다. 사자와 송아지, 사람과 독수리가 서로 등이 맞붙어있다(겔 1:10). 즉 네 생물을 인격적인 존재로 표현할 때에는 두 사람으로 등장한다고 말할 수 있다.

그렇기 때문에 네 생물 속에는 부활과 변화라는 하나님의 구원섭리 역사의 큰 두 도맥이 들어있다. 따라서 특수계시의 집단 속에 소속되어 있는 네 생물도 부활과 변화의 사역을 이루기 위해서 이 땅에 등장하고 있는 모습을 구속사의 세계를 통해서 바라볼 수 있다.

예수님이 변화산에서 아버지의 영광을 입으셨을 때 모세와 엘리야가 나타나서 예수님이 어떻게 별세하실 것을 의논하셨다(눅 9:28-31).

마태복음 1:1에 '아브라함과 다윗의 자손 예수 그리스도의 세계라' 이 땅의 구속사의 입장에서, 예수 그리스도의 세계를 이끌어가는 두 기둥이 아브라함과 다윗이라면 '하늘에서 이루어진 뜻대로 이 땅에서 이루어지이다'라는 말씀대로 하늘 보좌 가까이에 있는 네 생물이 인자의 입장으로 역사할 때는 모세와 엘리야로 역사한 것이 아닐까 생각된다.

구약 때의 제물은 다 짐승이었다. 암소, 암염소, 신약에도 예수님이 수양으로 등장하셨다(창 15:9, 레 1:3, 1:10). 특히 구약의 마당에서는 구속사에 등장하는 모든 대상들이 짐승으로 비유가 되어 있다.

예를 들면 구약 때 사자 같은 사람은 엘리야라고 할 수 있다. 엘리야가 등장한 당시는 아합 왕과 이세벨이 통치하던 시대다. 이세벨은 시돈 왕 엣바알의 딸로서 이스라엘의 국교를 바알과 아세라신으로 바꾸고자 한 극악한 여자이다(왕상 16:30-33). 그래서 하나님께서 엘리야를 보내신 것이다. 엘리야로 인해 우상을 섬기던 자들과 이방신을 심판하게 하셨다.

또 야곱이 유다를 축복할 때도 사자새끼라고 표현하고 있다(창 49:9). 유다 지파의 상징이 사자다. 그렇기 때문에 다윗도 짐승의 왕, 사자 같은 사람이다.

사자는 아무리 용맹스러워도 제물로 사용하지 못한다. 그래서 다윗은 피를 많이 흘렸기 때문에 '너는 성전을 짓지 못한다'(대상 22:8)라고 말씀을 하셨다. 다윗이 전쟁을 많이 해서 개인적으로 성전을 짓지 못한다는 뜻만은 아니다. 다윗의 근본이 사자이기 때문에 본래가 성전을 짓지 못하는 사람이라는 것이다.

그러나 모세는 송아지 같은 사람이다. 송아지는 제물이 될 수 있다. 아직 1년이 채 넘지 않은 송아지를 죄를 정결케 하는 속죄의 제물로 쓴다. 죄 지은 사람이 속죄제를 드릴 때나, 시체로 인해 부정해진 자가 일주일 안에 셋째 날, 일곱째 날 그 송아지를 태운 재의 잿물로 몸을 씻으면 죄 사함을 받는다고 기록되어 있다(민 19:1-12).

그렇기 때문에 송아지는 모세라고 말할 수 있다. 모세는 어느 의미에서는 예수님의 그림자로서 속죄제물이 되었던 사람이다. 하나님께서는 모세에게 비스가산 정상에서 가나안 땅을 보여주시며 죽으라는 명령을 하셨다(신 1:37). 그래서 모세가 하나님께 간곡하게 가나안 땅에 들어가게 해 달라고 했을 때 '그만해도 족하니 더 이상 말하지 말라!'(신 3:26)는 말씀은 모세가 살아서는 가나안 땅에 들어가지 못한다는 것이다.

즉 60만 3550명을 이끌고 나온 지도자로서 여호수아, 갈렙 외에는 광야에서 다 죽은 1세대, 60만 3548명의 죽음에 대한 책임을 지라는 것이다. 그들은 비록 광야길에서 네 가지 죄로 죽었지만, 홍해를 건넘으로 세례를 받은 하나님의 백성들이기 때문이다(고전 10:2, 10:7-10). 여호수아, 갈렙이 빠진 대신 모세와 아론이 수를 채움으로 출애굽한 1세대를 구원하실 수 있는 것이다 (민 27:12-13, 신 1:36, 1:38). 이처럼 모세는 예수님의 그림자로서 이스라엘 백성들을 위한 제물이 된 사람이다.

이처럼 구약, 신약, 재림의 세 마당에 동일한 이름으로 등장하는 모세와 엘리야이기에 그들을 네 생물에 소속된 사람이라고 말할 수 있다는 것이다. 예를 들면 '네 거룩한 인격적인 존재, 네 거룩한 사람' 등으로 표현하지 않고 '생물'이라고 말씀하신 그 의미 속에는 하나님의 아주 신비하고 오묘하신 구속사의 암호와 비밀이 들어있다는 것을 알 수 있다.

'주검이 있는 곳에 독수리가 모일지니라'(마 24:28)라고 종말론에 대해 예수님이 친히 말씀하실 때에도 독수리가 등장한다. 이사야 40:31에 '독수리가 날개치며 올라감 같으며'란 무슨 뜻인가? 그 독수리는 생물계의 독수리를 말하는 것이 아니다. 네 생물의 얼굴 중 하나인 독수리의 사역을 감당하는 존재가 있다는 것이다. 그런 사역적인 특징 때문에 그들을 생물이라고 말씀하신 것이다.

창세기 1:26에서 '우리가 우리의 형상과 우리의 모양대로 사람을 만들자' 여기서 '우리'는 단수가 아니라 복수다. 그 복수의 대상은 보좌에 가장 가까운 대상으로서 네 생물을 말하는 것이다.

히브리서 7:4에서 '멜기세덱이 어떻게 아브라함보다 더 높은 사람이 되었는지 생각하라'고 하셨는데, 성경에는 어떻게 그의 존재가 지음을 받았는지 확실한 내용은 기록되어 있지 않다.

그러나 분명한 것은 하나님의 구속사 안에, 만물을 지으신 역사 중에 네 생물이 피조물로서는 가장 먼저 지음을 받은 자라는 사실이다. 그렇기 때문에 네 생물은 구속사의 세계에 처음부터 동참할 수 있었던 것이다.

모세가 잠이 들자 마귀가 그의 시체를 가져가려고 함으로 대군 미가엘 천사장이 모세의 시체를 놓고 마귀와 변론했다(유 1:9). '다만 하나님께서 너를 책망하시기를 원한다'는 말씀이 무슨 의미인가? 대군 미가엘 천사장과 마귀는 힘으로는 비교할 대상이 아니다. 그러나 공의의 하나님의 입장을 수행하는 대군 미가

엘의 입장에서는 모세의 죄가 시편 106편에 기록되어있기 때문에 일방적으로 처리할 수 없어서 그렇게 말한 것이다. 그 말씀 속에는 '모세가 어떤 사람인데 네가 함부로 그런 소리를 하느냐? 저 사람은 네 생물이다!'라는 뜻이 들어있는 것이다.

그렇다면 과연 그 말을 들은 마귀가 모세의 시체를 내어 주었는가? 유다서에는 기록되지 않았지만 신약에 와서 아버지의 영광으로 변화산에 등장하신 예수님 앞에 모세가 등장한 것을 볼 때 마귀는 모세의 시체를 가져가지 못한 것을 알 수 있다(마 17:3, 막 9:4, 눅 9:30).

이상으로 볼 때, 모세와 엘리야는 예표의 사람들로서(슥 3:8) 네 생물에게 소속된 존재들이다. 구약 때는 사자와 송아지로 역사했고 생물의 암호를 가지고 있지만 신약에 와서 변화산에 등장한 그들은 이제 그리스도의 인성과 신성을 닮은 인격적인 대상으로 아버지의 영광으로 변화 받으신 하나님 앞에 나타난 것이라는 점을 알 수 있다(마 16:28, 막 9:1, 눅 9:27).

스데반이 고별설교를 할 때 갈대아 우르에 살고 있는 아브라함에게 영광의 하나님이 나타나셨다고 증거했다.

> 행 7:2 스데반이 가로되 여러분 부형들이여 들으소서 우리 조상 아브라함이 하란에 있기 전 메소보다미아에 있을 때에 영광의 하나님이 그에게 보여

왜 스데반은 아브라함에게 나타난 여호와 하나님을 '영광의 하나님'이라고 말씀하고 있는가? 영광의 하나님이 갈대아 우르에

살고 있던 아브라함에게 자신을 보여서 그를 이끌어내셨다는 말씀이다. 그렇다면 그 영광의 하나님은 멜기세덱인데, 왜 멜기세덱을 영광의 하나님이라고 말씀했을까?

히브리서 7:4에서 '그가 어떻게 높은 존재인지 생각하라'고 했다. 그 점을 깊이 궁구해보면 어떤 구속사의 비의가 들어있는가? 재림의 마당에서 재림주가 멜기세덱으로 나타날 것을 암시하고 있는 것이다.

영광의 하나님은 심판의 주를 말하는 것이다. '마지막 때 세상을 불로 심판하기 위하여 간수하셨다'(벧후 3:6-7) 노아 때 물로 심판을 한 그 동일한 말씀의 역사로써 불로 심판하기 위해서 모든 세상을 간수했다. 따라서 마지막 때는 영광의 하나님이시면서 심판의 주이신 하나님께서 이 땅에 오시게 되어 있다는 것이다.

따라서 아브라함을 통해서 구속사의 세계를 시작하신 하나님께서 마지막 때에도 아브라함의 후손들을 통해서 오신다는 것은 당연한 것이다.

'울면서 씨를 뿌린 자는 웃으면서 단을 거두리로다'(시 126:6)라는 말씀이 있다. 아브라함에게 씨를 뿌리신 분은 멜기세덱이다. 마지막 심판의 주, 멜기세덱은 뿌린 씨를 추수하러 이 땅에 오시는 분이시다.

그러므로 마지막 때는 죄인을 심판하는 것이 아니라 성전 안에 있는 의인들, 자칭 잘 믿는다고 자부하는 자들이 추수의 대상이므로 의인 중에서 악인을 골라내시는 것이다(마 13:49). 따라서 심판은 성전 안에서부터 시작하는 것임을 알아야 한다(벧전 4:17, 겔 9:6, 계 11:1).

다시 말하면 예수님이 변화의 산에서 아버지 영광으로 변화받으셨을 때, 그곳에 부름을 받은 모세와 엘리야는 멜기세덱적 존재라고 말할 수 있다. 그들은 장차 멜기세덱으로서 영광을 입을 사람들이 된다.

그러나 창세기 14장에 등장한 멜기세덱은 인자로서 등장한 멜기세덱이 아니다. 인자만이 보좌에서 오고 보좌로 간 자다. 예수님이 요한복음 3:13에서 '인자 외에는 하늘에서 온 자가 없다'고 하셨다. 여기서 인자는 사람의 아들(son of man), 여인의 아들로 이 땅에 온 사람을 말한다. 그러나 창세기 14장에 나타난 멜기세덱은 인자로서 온 사람이 아니라 거룩한 천사로서 온 사람이다. 바꿔 말하면 네 생물이 이 땅에 온 사람이라고도 말할 수 있다. 네 생물은 여인의 태를 통해서 온 사람이 아니다. 천사가 하나님께서 주신 사명적 부르심을 받고 이 땅에 등장한 존재이지, 여인의 태를 통해서, 창조의 길을 통해서 이 땅에 등장한 멜기세덱이 아니다.

그런데 몇몇 신학자들은 그 멜기세덱이 예루살렘 근동 어디에 살고 있는 존재로 생각하고 있다. 그 말은 멜기세덱이 여인의 길을 통해서 이 땅에 온 사람처럼, 즉 족보를 통해서 온 멜기세덱으로 소개를 하고 있다는 것이다. 그것은 절대 옳은 것이 아니라 잘못된 것이다. 그는 '아비도 없고, 어미도 없고, 족보도 없고, 시작한 날도 없고, 생명의 끝도 없다'(히 7:1-3)라고 히브리 기자는 분명히 밝히고 있다. 창세기 14장에 나타난 멜기세덱은 인자로서 나타난 사람이 아니라, 하나님의 선하신 뜻대로 부르심을 입고 하늘에서 이 땅에 현현한 네 생물이다.

그렇다면 인자로서의 멜기세덱은 언제 등장하는 것일까? 말씀이 육신이 되어 오신 것처럼(요 1:14), 멜기세덱도 육신이 말씀을 입은 사람이다(시 104:2, 계 12:1). 멜기세덱도 그러한 인자의 길, 창조의 길을 통해서 이 땅에 온 사람이라는 것이다. 그러나 네 생물은 여인의 길을 통해서 이 땅에 오는 것이 아니라, 천사의 길을 통해서 이 땅에 오는 것이라고 말할 수 있다.

삼손의 아버지 마노아에게 나타난 기묘라는 사람이 불꽃을 타고 올라갔다(삿 13:19-20). 그렇게 올라간 그 길은 멜기세덱 반차가 아니다. 그것은 그들이 갖고 있는 고유적인 권능을 통해서 올라간 것이다. 어느 의미에서는 열왕기하 2:11에서 엘리야가 불말과 불수레를 타고 올라갔지만 그것도 그 사람이 갖고 있는 고유적인 권능과 능력을 통해서 올라간 것처럼, 창세기 14장에 나타난 멜기세덱도 이 땅에 그렇게 나타난 것이지 여인의 길을 통해서 사람의 아들로 이 땅에 온 존재가 아니라는 것이다.

결론으로 말하면 인자로서의 멜기세덱은 사람의 길로 와야 한다. 인자로서 멜기세덱의 영광으로 탄생되는 그 주인공은 하늘에서 떨어지는 사람이 아니다. 인자로서 인자의 길을 통해서 올 수밖에 없는 것이다. 그런 인자로서 멜기세덱의 영광이 탄생되기까지의 역할을 그 구속사의 비밀과 뜻을 아는 네 생물이 대행하고 있는 것이다. 마치 약속의 자손이신 예수께서 이 땅에 태어나시기까지 여호와가 잠정적으로 역사한 것처럼 멜기세덱의 입장도 그런 것이다(갈 3:19, 3:24, 4:2). 그렇기 때문에 네 생물은 영원히 네 생물인 것이다.

다시 말하면 네 생물은 보좌를 위해서 존재하고 있다. 네 생물은 보좌를 호위하고 지켜주어 보좌의 영광을 나타내는 그런 특수한 사명을 가진 존재로 지음을 받았다(계 4:6).

그렇기 때문에 멜기세덱은 자기 자신을 구원할 수 있을 뿐만 아니라 죄와 상관없는 의인들이 그에 의해서 구속의 은총을 입을 수 있는 것이다. 네 생물이 이사야 선지자의 죄를 사해준 것처럼(사 6:7) 멜기세덱도 죄를 사해주는 권세를 갖고 있다는 것을 말씀하고 있는 것이다.

인자화 된 멜기세덱이 탄생하기 전까지는 하나님의 구속사의 비밀을 알고 하나님과 동행하고 있는 네 생물이 멜기세덱으로서 역사하고 있었지만, 인자로서 멜기세덱의 영광이 이루어질 때에는 멜기세덱으로서의 네 생물의 역할은 끝이 나는 것이다. 실존적으로 인자화 된 멜기세덱이 탄생되면 그때부터는 네 생물이 굳이 멜기세덱 역할을 할 필요가 없다.

모세에게 죽음을 두려워하지 말라는 것은 '너는 죽지 않는 생물이다'라고 말씀하시는 것이다. '무엇을 두려워하느냐? 너는 죽지 않는 생물이야' '그만해도 족하니 두 번 다시 말하지 말라'(신 3:26)는 것은 그런 모세의 본질을 깨우쳐 주신 것이다. 본래 생물이라는 말은 죽지 않는 존재라는 것이다. 영원한 생명을 가진 존재, 살아있는 존재라는 것이다. 그러나 그도 인자로서의 멜기세덱이 탄생되면 멜기세덱으로서 짊어지던 사역은 끝나는 것이다. 세례 요한이 선지자와 율법의 마침이 되는 것처럼, 자기의 고유적인 사역이 있는 것이다(마 11:13).

그렇다면 인자로서의 멜기세덱은 언제 탄생될 것인가?

계 19:11-16 또 내가 하늘이 열린 것을 보니 보라 백마와 탄 자가 있으니 그 이름은 충신과 진실이라 그가 공의로 심판하며 싸우더라 그 눈이 불꽃 같고 그 머리에 많은 면류관이 있고 또 이름 쓴 것이 하나가 있으니 자기밖에 아는 자가 없고 또 그가 피 뿌린 옷을 입었는데 그 이름은 하나님의 말씀이라 칭하더라 하늘에 있는 군대들이 희고 깨끗한 세마포를 입고 백마를 타고 그를 따르더라 그의 입에서 이한 검이 나오니 그것으로 만국을 치겠고 친히 저희를 철장으로 다스리며 또 친히 하나님 곧 전능하신 이의 맹렬한 진노의 포도주 틀을 밟겠고 그 옷과 그 다리에 이름 쓴 것이 있으니 만왕의 왕이요 만주의 주라 하였더라

백마를 탄 자의 입에서 이한 검, 즉 화염검이 나오는 모습을 볼 수 있다. 네 생물이 갖고 있던 화염검을 나중에 인자화 된 멜기세덱이 갖고 있는 모습이다. 왜 백마를 타신 분이 화염검을 가질 수가 있는가? 네 생물은 하나님의 보좌를 호위하는 화염검을 가진 그룹이기 때문에 그의 명령에 절대적으로 책임 준종해야 하기 때문이다(창 3:24). 그들은 스스로 행할 수 있는 것이 없다. 오직 보좌에 계신 분의 명령을 통해서만 그들이 움직일 수 있는 것이다.

'만왕의 왕이요, 만주의 주'가 되시는 백마를 탄 자! 그 분이 인자화된 멜기세덱으로 등장하시는 모습이다.

3. 멜기세덱의 원형은 누구인가?

성경에서 멜기세덱의 원형이 되는 존재를 찾는다면, 첫째 아

담이라고 말할 수 있다. 왜냐하면 흙에서 사람으로, 사람에서 생령으로 지음을 받은 첫째 아담이 에덴동산의 각종 나무 열매를 따먹고, 마지막으로 생명나무 열매까지 따먹었다면 산 자의 첫 열매, 최초의 멜기세덱이 될 수 있는 대상이었기 때문이다.

원인의 입장으로 보면 에덴동산에서 있었던 첫째 아담의 사건이 다소 막연하게 느껴지지만, 둘째 아담으로 오신 예수께서 성취하신 결과적인 입장으로 본다면 첫째 아담을 멜기세덱의 원형이라고 말할 수 있다.

예수님은 창세기 3:15에서 예언하신 말씀대로 여인의 후손으로 오셔서 십자가를 지심으로 자기 백성들의 죄를 사하여 구원하셨다(마 1:21). 그런 그 분에게 하나님께서는 아담을 통하여 이루시고자 하셨던 멜기세덱의 영광을, 멜기세덱 반차를 통해서 이루시도록 요구하셨다. 멜기세덱의 반차를 따라 하늘의 대제사장이신 멜기세덱의 영광을 이루게 하셨다는 것은(히 5:10, 6:20, 7:17), 곧 예수님으로 하여금 말씀이 육신이 되어 오셨던 태초의 말씀을 버리게 하신 것이다(요 1:1-2, 1:14).

왜냐하면 잃어버렸던 영광의 세계를 다시 회복하는 과정의 입장에서 본다면 4배의 입장으로 보상해준다는 것이다. 예수님이 자기 몸을 비워 낮추셔야 된다는 그 말씀에(빌 2:7) 철저히 준행하셔야만 되기 때문에 말씀이 육신이 되신 그 말씀을 버리지 않고는 멜기세덱의 반차를 통해서 하늘의 대제사장이 되시는 그 길에 도전할 수 없게 되는 것이다. 그러므로 예수께서는 그 길을 걸으셔야만 하겠기에 십자가상에서 6시간을 통하여 7언의 말씀을 하셔야만 되었던 것이다.

즉 십자가상의 7언의 말씀은 무화과나무 밑에 숨은, 부끄러움으로 몸 둘 바를 모르는 죄인의 입장에서 처절하게 부르짖는 첫째 아담을 상징하는 모습이라고 말할 수도 있다. 그러나 십자가를 통하여 사망 권세를 깨고 승리하신 예수께서 멜기세덱 반차를 이루시고, 멜기세덱으로 탄생하심으로 첫째 아담이 이루지 못한 영광을 회복하셨다.

이처럼 첫째 아담이 상실한 멜기세덱의 영광을 회복하신 신랑 되신 둘째 아담으로 오신 예수님이 재림의 마당을 통해서 자기가 이루며 승리해 오신 그 길로, 신부를 상징하고 있는 첫째 하와를 마지막 멜기세덱적인 신부로서 낳는다는 것이 가장 보편적이고 합리적인 길이라고 말할 수 있다.

그 신부의 영광의 세계를 회복하기 위해서 하나님께서 횃불언약을 주신 것이라고 말할 수 있다. 그렇다면 횃불언약을 통하여 첫째 하와를 회복하는 모습, 과정을 살펴보아야 한다.

히브리서 7:1-3에서 멜기세덱은 '아비도 없고 어미도 없고 족보도 없고 시작한 날도 없고 생명의 끝도 없어 하나님 아들과 방불하여 항상 제사장으로 있느니라'라고 했다. 아비도 없고, 어미도 없고, 족보도 없고, 생명의 시작과 끝이 없는 존재란 산 자를 의미한다. 산 자의 열매가 멜기세덱의 본질이라고 말할 수 있다.

이미 소개한 것처럼, 3년까지 맺히는 열매는 할례 받지 못한 것으로 여겨 먹지 말고, 4년째 맺히는 열매는 하나님께 드리고, 5년째부터 사람들이 먹으라고 하셨다. 즉 하나님께 바치는 산 자의 열매는 4대에 맺히는 열매가 된다(레 19:23-25). 성경에서 말하는 열매에는 의의 열매와 죄의 열매가 있는데, 양쪽 모두 4대에 맺히는 열매가 되어야 한다.

그런 이유 때문에 예수님도 이 땅에서 삼일길을 걸으신 것이다.

> 눅 13:32-33 가라사대 가서 저 여우에게 이르되 오늘과 내일 내가 귀신을 쫓아내며 병을 낫게 하다가 제삼일에는 완전하여지리라 하라 그러나 오늘과 내일과 모레는 내가 갈 길을 가야 하리니 선지자가 예루살렘 밖에서는 죽는 법이 없느니라

예수님이 삼일길을 걸으셔야 하기에 공생애 3년 역사하시고, 십자가를 지시고 운명하신지 3일 만에 부활하신 것이다. 삼일길을 통해서 부활하신 예수님이 요셉의 후손으로 오셨기에(창 49:24, 마 1:16, 눅 3:23) 5대에 맺힌 열매가 되신다.

> 마 5:17 내가 율법이나 선지자나 폐하러 온 줄로 생각지 말라 폐하러 온 것이 아니요 완전케 하려 함이로라

> 요 6:50-55 이는 하늘로서 내려오는 떡이니 사람으로 하여금 먹고 죽지 아니하게 하는 것이니라 나는 하늘로서 내려온 산 떡이니 사람이 이 떡을 먹으면 영생하리라 나의 줄 떡은 곧 세상의 생명을 위한 내 살이로라 하시니라 이러므로 유대인들이 서로 다투어 가로되 이 사람이 어찌 능히 제 살을 우리에게 주어 먹게 하겠느냐 예수께서 이르시되 내가 진실로 진실로 너희에게 이르노니 인자의 살을 먹지 아니하고 인자의 피를 마시지 아니하면 너희

속에 생명이 없느니라 내 살을 먹고 내 피를 마시는 자는 영생을 가졌고 마지막 날에 내가 그를 다시 살리리니 내 살은 참된 양식이요 내 피는 참된 음료로다

예수님은 율법을 폐하러 오신 분이 아니라 완전하게 이루러 오셨기에, 레위기 19:23-25의 말씀을 이루시고자 '내 살을 먹고 내 피를 마시는 자는 영생을 가졌고 마지막 날에 내가 그를 다시 살리리니 내 살은 참된 양식이요 내 피는 참된 음료로다'라고 말씀하신 것이다. 즉 예수님이 사람들이 먹을 수 있는 5대에 맺히는 열매로 이 땅에 오셨다는 것을 선포하셨으나 그 당시 이스라엘 백성들은 그 말씀을 깨닫지 못했다.

오늘날에도 깨닫기 어려운 말씀을 그 당시 이스라엘 백성들이 이해할 수 있었겠는가? '자신의 살과 피를 먹으라니, 우리에게 흡혈귀가 되라는 말인가? 제 살과 피의 양이 얼마나 된다고 이 많은 사람들에게 먹으라는 것인가?' 의견이 분분했을 것이다. 심지어는 그 말씀으로 인해 70문도까지도 다 예수님을 떠날 것을 아시면서도 성경을 이루시고자 그렇게 말씀하신 것이다(요 6:66).

그렇다면 성경에서 4대째 열매를 맺은 존재가 누구인가?

노아도 3대를 통해서 4대째 열매 맺은 존재라고 말할 수 있다. 에녹, 므두셀라, 라멕이라는 3대를 통해서 열매 맺은 존재이기에 당대에 완전한 자가 될 수 있었다(창 6:8-9). 또, 성삼위 하나님을 상징하는 방주를 지었고, 홍수 심판의 예언을 믿지 못한 자들을 물심판한 사람이다. 즉 원수를 무릎 꿇게 한 사람이다.

이처럼 노아 개인은 승리했지만, 함으로 인해 성가정을 이루

지 못함으로 노아의 가정을 통해서는 5대째 열매를 맺을 수가 없게 되었다. 만일 노아의 가정이 성가정으로 완성되었다면 셈이 5대째 열매로서 새 창조 새 역사의 문을 열 수 있는 첫 사람으로서 축복을 받았을 것이다.

그러나 노아의 가정은 깨어졌지만 노아 자신은 완전한 은혜를 받은 자로서 당대의 완전한 자가 되었기 때문에 노아가 간직한 산 자의 비의는 아브라함의 가정에게로 넘어가야 하는 것이다.

노아가 방주에서 세 번 비둘기를 내보낼 때 두 번째 날아간 비둘기가 감람 새 잎을 물고 온 것을 보고, 아브라함의 가정을 통해 4대째 탄생될 요셉이 하나님께 바쳐질 산 자의 첫 열매임을 믿음으로 바라보게 되었다(창 8:8-11). 따라서 노아는 자신이 깨달은 구속사의 비의를 10대 후손인 아브라함에게 전수해야만 했다.

창세기 50장 중에서 12장부터 50장까지의 내용은 아브라함·이삭·야곱·요셉에 대한 말씀이다. 아브라함 한 가정의 신앙노정에 관한 내용이 창세기의 4분의 3이 넘는다. 창세기 말씀이 그런 비율로 기록된 것은 그만큼 아브라함 가정의 사건이 구속사에서 중요한 의미를 갖고 있기 때문이다. 태중에서 태아가 생성되는 과정으로 비교한다면 아브라함의 가정은 머리, 척추에 해당된다. 이처럼 구속사의 가장 큰 비중을 차지하고 있기 때문에 아브라함의 한 가정의 내용이 창세기 내용의 대부분을 차지하고 있는 것이다.

노아가 950세가 될 때 아브라함은 58세였다. 그러므로 노아가 아브라함과 동시대에 함께 살면서 58년 동안 하나님의 뜻을 전수할 수 있었던 것이 아닐까?[33]

그 결과 믿음의 조상 아브라함, 순종의 조상 이삭, 행함의 조상 야곱을 통해서 요셉이 의의 열매로 열매 맺음으로 생명나무 열매와 같은 존재가 되었다. 4대째 맺힌 열매는 하나님께서 취하신다는 말씀대로, 하나님께서 산 자의 첫 열매로 탄생한 요셉을 취하심으로 그는 이스라엘의 영적 장자가 된 사람이다(대상 5:2). 영적 장자라는 말은 족보를 초월한 장자라는 말이다. 육적 장자는 혈통을 통해서 기력의 시작이 되는 사람이었지만, 영적 장자는 시작과 끝이 없고, 족보를 초월하여 첫 열매를 맺는 사람이다. 요셉이 시작과 끝이 없고, 족보를 초월한 존재라면 멜기세덱적 존재로서 열매 맺은 사람이라고 볼 수 있는 것이다.

그렇다면 요셉이 어떻게 멜기세덱적 존재로서 열매 맺은 사람이 될 수 있는가? 우선 욥기를 통하여 알아보기로 하자.

> 욥 40:10-14 너는 위엄과 존귀로 스스로 꾸미며 영광과 화미를 스스로 입을찌니라 너의 넘치는 노를 쏟아서 교만한 자를 발견하여 낱낱이 낮추되 곧 모든 교만한 자를 발견하여 낮추며 악인을 그 처소에서 밟아서 그들을 함께 진토에 묻고 그 얼굴을 싸서 어둑한 곳에 둘찌니라 그리하면 네 오른손이 너를 구원할 수 있다고 내가 인정하리라

요셉이야말로 욥기 40:10-14 말씀에 적합한 대상이 되는 사람이다. 요셉은 원수를 무릎 꿇게 했다. 첫째, 자기를 판 형제들의

---

[33] <구속사 시리즈 제1권 '창세기의 족보'> 박윤식 저, 121쪽, 도서출판 휘선

악을 선으로 갚아서 그들을 무릎 꿇게 했다(창 50:18). 또 애굽의 신민들을 7년 대기근에서 구해줌으로 모두 요셉에게 무릎 꿇게 만들었다(창 41:34-35, 41:54-57). 그러므로 애굽의 총리가 된 요셉은 땅의 장자로서 충분한 명맥을 유지한 사람이다. 그는 장차 하늘의 장자로서 영육간에 산 자로 등장할 수 있는 근본을 가진 사람이다.

이스라엘 백성들이 젖과 꿀이 흐르는 가나안 땅으로 들어가는 노정에서 첫 번째는 하나님의 법궤를 짊어지고, 두 번째는 요셉의 해골을 짊어지고 갔다. 출애굽 당시 촌각을 다투는 위급한 상황에서도 요셉의 유언대로 요셉의 해골을 메고 나온 것이다(창 50:25, 출 13:19). 그 당시 요셉의 관은 단풍나무 관으로 만들고, 또 다시 석관을 만들어 단풍나무 관을 그 속에 안치한 것이다. 아가서를 인용하면 아마도 장정 60명이 메고 갈 정도의 무거운 관이었을 것이다(아 3:7). 그럼에도 요셉의 유언을 따라 광야 40년과 가나안 땅에 정착하기까지 16년, 도합 56년을 요셉의 관을 메고 다녔다.

이러한 사실로 보아 요셉은 횃불언약의 주인공으로서, 장차 하나님께서 이스라엘 백성들을 권고하시어 젖과 꿀이 흐르는 가나안 땅으로 인도하실 것을 예측하고 있었을 것이다. 그러므로 요셉이 자신의 해골을 메고 나갈 것을 당부한 대로, 이스라엘 백성들이 출애굽할 때 요셉의 해골을 메고 나간 것이다(창 50:24-25, 출 13:19). 이처럼 이스라엘 백성들이 신랑을 상징하는 하나님의 법궤를 짊어지고, 또 신부를 상징하는 요셉의 해골을 짊어지고 행군함으로 하나님께서 구름기둥과 불기둥으로 보호해 주실 수 있었던 것이다(출 13:20-22, 민 9:15-23, 느 9:19). 즉 요셉은 천국을 상징하는 젖과 꿀이 흐르는 가나안 땅으로 들어갈 수 있는 사닥다리가 되는 사람이었다.

또한 야곱이 창세기 49장에서 12아들을 분량대로 축복할 때 요셉으로부터 반석이신 그리스도가 나온다고 축복했다(창 49:22-24).

> 창 49:22-24 요셉은 무성한 가지 곧 샘 곁의 무성한 가지라 그 가지가 담을 넘었도다 활 쏘는 자가 그를 학대하며 그를 쏘며 그를 군박하였으나 요셉의 활이 도리어 건강하며 그의 팔이 힘이 있으니 야곱의 전능자의 손을 힘입음이라 그로부터 이스라엘의 반석인 목자가 나도다

예수께서 말씀이 육신이 되어 이 땅에 오실 때 요셉을 통해서 오셨다. 마태복음의 족보와 누가복음의 족보를 살펴보아도 두 족보의 공통점은 요셉을 통해서 예수님이 오셨다는 것이다(마 1:16, 눅 3:23).

그런 요셉이 마지막 때 어떻게 이 땅에 등장해야만 하는가?

> 마 13:24-30 예수께서 그들 앞에 또 비유를 베풀어 가라사대 천국은 좋은 씨를 제 밭에 뿌린 사람과 같으니 사람들이 잘 때에 그 원수가 와서 곡식 가운데 가라지를 덧뿌리고 갔더니 싹이 나고 결실할 때에 가라지도 보이거늘 집 주인의 종들이 와서 말하되 주

여 밭에 좋은 씨를 심지 아니하였나이까 그러면 가라지가 어디서 생겼나이까 주인이 가로되 원수가 이렇게 하였구나 종들이 말하되 그러면 우리가 가서 이것을 뽑기를 원하시나이까 주인이 가로되 가만 두어라 가라지를 뽑다가 곡식까지 뽑을까 염려하노라 둘 다 추수 때까지 함께 자라게 두어라 추수 때에 내가 추숫군들에게 말하기를 가라지는 먼저 거두어 불사르게 단으로 묶고 곡식은 모아 내 곳간에 넣으라 하리라

예수님이 마태복음 13장에서 천국의 비밀 일곱 가지를 말씀하셨는데 그 중에서 천국은 제 밭에 좋은 씨를 뿌린 것과 같다고 하셨다. 그런데 밤중에 마귀가 가라지를 뿌렸다. 하나님께서 제 밭에 뿌리신 좋은 씨가 누구인가? 구약 마당에서 4대에 맺힌 열매로서 하나님께 바쳐진 요셉이 추수 때에, 때에 맞는 주인공으로 이 땅에 등장한다는 것은 너무도 분명하고 확실한 진리가 아니겠는가?

모세가 구약의 마당, 신약의 마당, 재림의 마당에서 세 번 등장한 것처럼, 요셉도 세 번 등장해야 한다. 구약의 마당에서 애굽의 총리로 등장했고, 신약의 마당에서 예수님의 족보에 등장했고, 재림의 마당에서 제 밭에 뿌려지는 좋은 씨로 등장해야 하는 것이다.

왜 그가 재림의 마당에서 다시 등장해야 하는가? 산 자의 첫 열매로 하나님께 바쳐진 그가 이 땅에서 산 자의 도맥을 완성한 실제 주인공으로서 멜기세덱 반차를 따라 영육 간에 산 자로 탄생해야 횃불언약의 모든 역사가 완성되기 때문이다.

요셉이 꾼 꿈에서 11볏단이 절하는 꿈은 땅의 장자가 되는 꿈으로서 요셉이 애굽의 총리가 됨으로 이루어졌다(창 37:7). 하늘

의 해와 달과 별들이 절하는 꿈은 하늘의 장자가 되는 꿈으로서 아직 이루어지지 않았다(창 37:9). 그는 장차 영적 이스라엘에 장자로서 탄생되어야 할 사역이 남아있는 것이다(대상 5:2).

초림주로 오신 예수께서 예루살렘 성전에 들어가셨을 때는 영접할 신부가 없었다. 그러나 재림의 마당에서 산 자의 첫 열매인 요셉이 어린 양의 신부로서 이 땅에 등장함으로 이 땅에서는 어린 양의 혼인잔치가 이루어진다(계 19:9).

성경 전체를 살펴보아도 이 모든 사역을 짊어진 자가 요셉 외에 또 있겠는가? 요셉이야말로 하와의 원형이며, 본질적인 신부의 모습이라고 말할 수 있다.

결론으로 말하면, 둘째 아담으로 오신 예수님이 두 가지 역사를 이룩하셨다. 첫째, 첫 아담이 빼앗긴 세계를 회복하셨다. 둘째, 첫 아담이 이루지 못한 장차 이루어질 영광의 세계, 즉 멜기세덱의 세계를 이룩하실 수 있도록 아버지께서 멜기세덱의 반차를 따르라고 하신 것이다.

이처럼 둘째 아담이신 예수님으로 하여금 이루게 하신 것이 멜기세덱의 반차이다. 멜기세덱의 반차를 따르게 하시려면 죄악에 종속되어 몸부림치고 있는 아담의 입장에서 시작해야 하기에 말씀을 버리지 않으시면 안 된다.

이처럼 두 가지 역사를 이루신 예수님이 장차 재림의 마당에서 이루어질 산 자의 첫 열매, 신부의 역사를 바라보시며 '다 이루었다' 하신 것이다.

II
멜기세덱 탄생의 기준과 자격

1. 예수께서 믿음으로 부활하심

대부분의 기독교인들의 개념은 예수님이 부활하신 것에 대해 하나님 아들로서 행하실 수 있는 전지전능하신 능력이라고 생각한다. 심지어 부활은 예수님에게만 해당되는 전횡적인 사안이며, 기독교인들은 자신들이 부활한다는 것에 대해서는 쉽게 공감하지 않는다. 과연 부활이 무엇인지 성경을 통해서 부활에 대한 정의를 정리할 필요가 있다.

> 롬 1:4 성결의 영으로는 죽은 가운데서 부활하여 능력으로 하나님의 아들로 인정되셨으니 곧 우리 주 예수 그리스도시니라

예수님이 육신으로는 다윗의 후손으로 오셨지만 성결의 영으로는 사망의 권세를 깨시고 부활하신 능력으로써 하나님의 아들로 인정받으셨다는 것이다. 예수님은 말씀이 육신으로 오셨다(요 1:14). 따라서 그 육신조차도 말씀과 대등한 차원의 몸이 되어야 한다.

그런데 예수님은 흙으로 지음을 받은 여인의 후손으로 이 땅에 오셨다(창 3:15). 세상 사람들이 생각하는 것처럼 하늘에서 직접 구름을 타고 오시거나 불말과 불수레를 타고 오시지 않고 여인의 후손으로 오셨다. 그렇기 때문에 예수께서 영육 간에 완전하신 하나님의 영광을 입는 거룩한 존재가 되시려면 육신으로서 사망의 권세를 깨시고 승리하셔야만 되는 것이다.

다시 말하면 이 땅에서 아무리 지혜를 자랑하고 뛰어난 능력을 가진 자라 할지라도 이 땅의 사람보다는 하늘 차원의 사람, 천사들이 더 뛰어난 존재다. 그들은 신령한 인격을 가진 하늘 차원의 존재들이기 때문에 이 땅의 사람과는 비교가 되지 않는다. 그러나 성경에서 천사는 하나님의 후사들을 받들어 섬기는 종이며, 대속의 영이라고 하였기에 사람들이 천사를 심판한다고 기록되어 있다(히 1:14, 고전 6:3). 따라서 사람이 천사보다 더 높은 차원의 영광의 존재로서 천사들을 다스릴 수 있는 하나님의 후사가 되기 위해서는 꼭 부활의 과정을 거쳐야만 된다.

그렇기 때문에 부활에도 세 부활이 있다. 첫째 부활인 의인의 부활이 있고, 생명의 부활, 심판의 부활이 있다(계 20:4-6, 요 5:28-29, 행 24:15). 그 중에서도 천사들을 다스릴 수 있고, 하늘 차원의 존재가 될 수 있는 대상은 첫째 부활인 의인의 부활을 받는 사람들이다. 의인의 부활과 생명의 부활과는 천년의 차이가 있다는 말씀도 성경에 기록된 분명한 사실인데, 일부 기독교인들이 그런 말씀을 잘 알지 못하고 있다(계 20:6).

말씀이 육신이 되어 오신 그 육신도 말씀과 영원히 신령한 짝으로 영육 간에 완전한 하나님의 영광을 입기 위해서는, 육신으로 오신 인자가 사망의 권세를 깨고 승리하셔야만 한다. 그렇게 하셔야 하나님 우편 보좌에 앉을 수 있는 성자 하나님이 되실 수 있는 것이다(롬 1:4).

> 시 2:7 내가 영을 전하노라 여호와께서 내게 이르시되 너는 내 아들이라 오늘날 내가 너를 낳았도다

예수님은 분명히 마리아의 태를 통해서 여인의 후손으로 이 땅에 오셨지만, 그 때는 '오늘날 내가 너를 낳았도다'라고 하시지 않았다. 그러면 예수님은 언제 '오늘날 내가 너를 낳았도다'의 대상이 되셨는가?

참고로, 성경에는 자식을 낳는 모습이 여러 가지로 소개가 되고 있다. 이스라엘이라는 나라가 탄생되는 과정을 소개한다면, 아브라함이라는 믿음의 가정이 야곱의 70가족으로 확대되고, 그들이 주전 1876년에 애굽에 들어가서 430년 동안 200만 명이 넘는 민족으로서의 규모를 갖추게 되었다. 그들이 주전 1446년 1월 15일 라암셋을 출발해서 3월 1일 시내산 앞에 열한 번째 장막을 쳤다(민 33:3, 33:15, 출 19:1-2). 그리고 그곳에서 11개월 20일 동안 머물면서 하나님께서 계명을 주시고 이스라엘이라는 나라를 건국하시는 모습을 보게 된다. 따라서 시내산에 머물렀던 11개월 20일은 하나님께서 이스라엘이라는 한 나라를 탄생시키는 해산의 기간이었다고 말할 수 있다.

그리고 이스라엘 백성들이 나라를 이루는 구조적인 완전한 기틀을 세우는 외형과 내형을 모두 갖추어서 출애굽 2년 2월 20일

바란 광야를 향해서 출발했을 때(민 10:11-12), 시편 2:7 말씀처럼 하나님께서 '내가 오늘날 너희를 낳았다'고 말씀하실 수가 있었을 것이다.

또 사도 바울이 '내가 믿음으로 디모데, 디도, 오네시모를 낳았다'라고 하며 '일만 스승이 있으되 아비는 많지 않다'(고전 4:15)라고 했다. 또 베드로가 '내 아들 마가도 그리하느니라'(벧전 5:13)라고 한 것을 보면 성경에서 '낳았다'는 개념을 달리 생각해야 한다.

예수님도 하나님 아들로 인정받으신 구주가 되셨을 때 '내가 영을 전하노라!'라고 선포하실 수 있었다. '내가 너를 낳았도다'라고 하신 아들을 어디에서 낳으셨는가? 십자가를 통해서 하나님께서 그런 아들을 만드셨고, 이루셨고, 낳으셨다고 말씀을 할 수 있는 것이다.

그런데 성경에는 예수님이 고난을 받으시고 십자가를 지실 것은 예언이 되어 있지만, 사후에 대한 내용에 대해서는 언급된 바가 없다.

예수님은 말씀이 육신이 되어 오신 분이다. 은혜와 진리로 오신 분이다(요 1:14). 예수님 안에는 태초의 말씀이 함께 계신다(요 1:2-4). 즉 하나님께서 함께 하시는 분이기 때문에 그가 은혜와 진리가 되는 것이다. 그런데 예수께서 운명하실 때 '예수님과 임마누엘 되어주셨던 태초의 말씀을 어떻게 처리하실 것인가?'라는 문제에 대해서는 전혀 예언의 언급이 없었다는 것을 알아야 한다.

이사야 55:10-11 말씀처럼 예수님의 입에서 나간 말씀, 창조의 말씀, 생명의 말씀은 결코 땅에 떨어지지 않고, 말씀이 빈손으로 돌아오지 않고, 말씀의 목적을 이루어서 열매를 맺으시는 승리의 말씀으로 다시 돌아온다. 예수님이 그런 말씀을 가지고 계신 것이다. 그런데 예수님이 운명하실 때에는 그 말씀을 어떻게 처리하실 것인가에 대해서는 성경에 전혀 예언되지 않았다. 다시 말해서 천상천하 누구에게도 공개되어서는 안 될 비밀이라는 것이다(마 24:36).

만일 예수님이 말씀과 육신을 분리하지 않고 태초의 말씀을 가지고 스올에 들어가셨다면 어떤 결과가 이루어질 것인가? 당연히 말씀으로써 승리의 영광을 이루시고 부활하실 것이다. 하나님이신 예수께서 사망의 권세 속에 들어가시어 사망의 권세에게 삼킴을 당한다면 그분은 하나님이 아니시다. 창조주 하나님을 피조물인 사망의 권세가 결코 삼킬 수 없는 것이다. 태초의 말씀을 가지고 스올에 들어가신 예수께서 사망 권세를 이기고 3일 만에 부활하셨다면 그분이 승천하실 때에 속사람이 되신 태초의 말씀을 이 땅에 두고 가지 못하셨을 것이다. '이 땅에 말씀을 두고 가시느냐? 가지고 가시느냐?' 이 문제가 겟세마네 동산의 기도의 중심이었다.

그래서 예수님이 그 문제를 가지고 겟세마네 동산에서 땀방울이 핏방울이 되도록 세 번 기도하신 것이다. '이 잔을 내게서 옮기시옵소서. 그러나 내 원대로 마옵시고 아버지의 원대로 하옵소서!'(마 26:36-46, 막 14:36, 눅 22:42) 그 말씀의 뜻은 '제가 십자가를 지지 않고 인류의 죄를 해결해주면 안 되겠습니까?'라는 뜻이다.

혹자는 겟세마네 동산의 기도에 대해서 예수님이 아무리 하나님의 아들로 이 땅에 오셨어도 십자가를 지는 두려움으로 그런 기도를 하신 것이라고 말하기도 한다. 그러나 예수님이 유월절 양으로 오셔서 때에 맞게 유월절 양으로 십자가를 지시고자 가룟 유다를 압박한 내용을 살펴보면 그런 말을 쉽게 할 수 없을 것이다. 산헤드린 공회에서 유월절에 예수님을 십자가에 못 박으면 민란이 날 것이라며 날짜를 미룬 사실을 아시고(마 26:5, 막 14:2, 눅 22:1-2) 예수님이 가룟 유다를 압박하시며 '네가 할 일을 속히 하라'(요 13:27)고 하셔서 결국 가룟 유다의 밀고로 제사장들이 유월절에 예수님을 십자가에 달기로 결정한 것이다(마 26:14-16, 막 14:10-11, 눅 22:3-6).

또한 예수님은 십자가를 지시기 이전에도 말씀의 권세로 죄를 사해주시는 권세가 있으신 분이다. 십자가 사건 이전에도 '내 말로 네 죄를 사했노라'고 하심으로 병자가 고침을 받은 사건들이 종종 있었다(마 9:6, 막 2:10, 눅 5:24).

따라서 겟세마네 기도는 예수님이 가지고 계신 태초의 말씀을 어떻게 처리할 것인가 하는 문제를 놓고 아버지와 상의하신 것이다. 그런데 기도드린 결과 하나님께서는 예수님에게 태초의 말씀을 가지고 하늘로 오지 말고, 그 말씀을 이 땅에 두고 오라고 하신 것이다.

> 눅 9:28-31 이 말씀을 하신 후 팔일 쯤 되어 예수께서 베드로와 요한과 야고보를 데리시고 기도하시러 산에 올라가사 기도하실 때에 용모가 변화되고 그 옷이 희어져 광채가 나더라 문득 두 사람이 예수와 함께 말하니 이는 모세와 엘리야라 영광 중에 나타나서 장차 예수께서 예루살렘에서 별세하실 것을 말씀할쌔

그렇기 때문에 예수께서 '너희 중에 장차 인자가 아버지의 영광으로 오는 것을 보리라'(마 16:27-28, 막 9:1, 눅 9:27)고 하신 말씀대로 아버지의 왕권을 가지신 분으로서 변화를 받으신 가운데, 모세와 엘리야가 나타난 것이다. 그 당시 세 제자는 깨닫지 못했지만 예수님이 어떻게 별세하실 것을 모세와 엘리야와 함께 의논하신 것이다(눅 9:31). 즉 태초의 말씀에 관해 어떻게 처리할 것인가 하는 문제를 상론하신 것이다.

그래서 예수님이 십자가에서 머리, 양손, 양발, 허리, 성체로부터 흘러내리는 피 속에 그 말씀을 감추시고 이 땅에 말씀이 도둑같이 강림한 것이다. 따라서 재림주가 도둑같이 오신다는 것은 너무나 당연한 것이다. 사단 마귀는 물론 이 세상 사람들이 아무도 모르게 오신 태초의 말씀을 입으시기 때문에 재림주는 도둑같이 오실 수밖에 없는 것이다(살전 5:2, 벧후 3:10, 계 16:15).

여기서 한 가지 이런 점을 생각해 볼 수 있다. 예수님이 사망의 권세를 깨시고 3일 만에 부활하셨다. 그렇다면 예수님을 부활시키신 주인공은 누구인지 그 점을 알아보아야 한다. 왜냐하면 예수님이 태초의 말씀을 가지고 계신 분이시라면 스스로 부활하실 수 있는 분이다. 영원한 생명 자체가 되시기 때문에 100번을 죽여도 101번째 부활하실 수 있는 분이다. 그러나 예수님은 분명히 그런 능력의 말씀이 감추어진 보혈을 한 방울도 남기지 않고 이 땅에 다 쏟으셨다는 것을 알아야 한다.

히브리서 5:7 이하에 보면 예수께서 태초의 말씀을 다 쏟으시고, 다만 육체에 계실 때에 자신을 살려주실 분께 심한 통곡으로 간구드리심으로 응분의 조치를 받으셨다는 내용이 기록되어 있다.

> 히 5:7 그는 육체에 계실 때에 자기를 죽음에서 능히 구원하실 이에게 심한 통곡과 눈물로 간구와 소원을 올렸고 그의 경외하심을 인하여 들으심을 얻었느니라

예수님은 태초의 말씀이 육신이 되어 오신 분이다(요 1:1, 1:14). 영원한 생명 그 자체이시기 때문에 그분이 그 말씀을 가지고 계시다면 굳이 히브리서 5:7의 기도를 하실 필요가 없다. 아버지께 생명의 보장을 약속받으실 필요가 없다는 것이다. 그러나 예수님도 인자로서 아버지께 간구드리심으로 부활의 결과를 얻으신 것이다.

욥기 40:10 이하의 말씀에서 '네가 원수를 무릎 꿇게 하면 네 오른손이 너를 구원하겠다고 내가 인정해주리라'(마 22:44, 막 12:36, 눅 20:43, 고전 15:25)고 하신 것처럼, 예수께서 십자가 상에서 하나님에게 그렇게 인정을 받으셨다는 것이다. 예수님은 십자가를 통해서 옛 뱀의 머리를 징치하시고 마귀를 굴복시키셨다(창 3:15). 그럼으로써 예수님이 하나님에게서 인정받는 아들이 되셨다는 것이다. 그렇게 예수님이 원수를 굴복시켰기 때문에 구원의 주가 되신 것이다. 구원의 주이신 예수님이 철장의 권세를 가지시고 사단 마귀를 다 무찌를 수 있는 생명의 주·능력의 주가 되셨다.

그렇기 때문에 예수님이 누가복음 12:50에서 '나는 받을 세례

가 있으니 그 이루기까지 나의 답답함이 어떠하겠느냐?'라고 말씀하신 세례는 요단강에서 요한으로부터 받는 물세례가 아니라, 장차 십자가상에서 받는 세례를 말하는 것이다.

다시 말하면 십자가를 통해서 하나님 아들로서 탄생되는 그 순간이 하나님께서 '오늘 내가 너를 낳았다'라고 말씀하시는 순간이 되는 것이다(시 2:7, 행 13:33, 히 1:5, 5:5).

결과적으로 예수님이 십자가상에서 물과 피를 한 방울도 남기지 않고 흘리셨다. 흘리신 피 속에 태초의 말씀을 감추셨다. 그 비밀은 하늘의 천사들도 모르고, 하나님의 아들들도 모르고, 변화산의 모세와 엘리야 외에는 아무도 그 사실을 아는 자가 없었다(마 24:36, 눅 9:31).

예수님이 태초의 말씀을 피에 감추셨으니 이제 육신만 남으신 것이다. 그런데 단지 육신만 남으신 것이 아니라 말씀으로 이루어진 믿음이 있다. 로마서 10:17에서 '오직 그리스도의 말씀을 들음으로써만 믿음이 생긴다'고 했다.

> 롬 10:17 그러므로 믿음은 들음에서 나며 들음은 그리스도의 말씀으로 말미암았느니라

십자가에서 보혈을 모두 흘리심으로 예수님은 말씀이 없는 상태에서 스올에 들어가셨는데 예수님이 무엇으로 사망의 권세를 깨시고 이기셨을까? 태초의 말씀을 십자가상에서 흐르는 피에 숨겨 사단·마귀 모르게 이 땅에 두셨지만, 예수님은 말씀으로 이루어진 믿음의 능력을 가지고 계신 것이다. 그렇기 때문에 그 믿

음의 능력을 가지고 스올에 들어가셔서 사천 년 동안 스올에 갇혀있던 하나님의 백성들에게 부활의 복음을 전하신 것이다(벧전 3:18-20). 그리고 삼일 만에 사망의 권세를 깨시고 부활 승리하심으로써 그분이 하나님의 아들로 인정되셨다(히 12:2).

> 롬 1:4 성결의 영으로는 죽은 가운데서 부활하여 능력으로 하나님의 아들로 인정되셨으니 곧 우리 주 예수 그리스도시니라

그 승리는 믿음을 가지고 있는 인자로서 승리하신 것이다. 그렇기 때문에 그분은 원수가 발등상 앞에 무릎 꿇기까지 하나님 우편보좌에 계시는 것이다. 만유 안에서 영광을 받으시기 위해 만유 안에 거하시는 것이다(고전 15:27-28).

그렇다면 그분이 영원히 우편보좌에만 계시는 것일까? 우편보좌는 예수님이 본래 계신 자리가 아니다. 예수님은 언제 본래의 보좌로 가시는가?

피조물이지만 예수님이 두고 가신 태초의 말씀을 입었기 때문에 이 땅의 주, 하나님과 같이 되시는 분이 있다(계 12:1, 11:4 上). 예수님이 태초의 말씀을 분리해서 이 땅에 두고 가신 비밀을 아는 사람만이 태초의 말씀을 입을 수 있는 것이다. 알지 못하는 입장에 있는 사람들이 어떻게 태초의 말씀을 입겠다고 도전할 수 있는가? 그분이 이 땅에서 원수를 발등상 앞에 무릎 꿇게 만드시고 그 영광을 오른쪽 보좌에 계시는 본래의 태초의 말씀이신 주님께 영광을 돌리는 것이다. 그분이 모든 원수를 무릎 꿇게 하시고

예수님께 영광을 돌리고 난 후에는 모든 원수를 무릎 꿇게 한 태초의 말씀이 누구에게 가는 것인가? 본래 말씀이 육신이 되어 오신 예수님께 가는 것이다. 그러면 그때는 예수님이 본래 계시던 곳, 중앙보좌로 가신다.

그래서 사 공관복음 중에서 요한복음에만 유일하게 예수님이 가운데 십자가에 달리셨다고 기록되어 있다(요 19:18). '가운데' 그 곳이 본래 예수님이 계시던 위치라는 것을 알아야 한다(창 2:9).

2. 멜기세덱의 탄생의 기준, 자격은 무엇인가?

<1. 예수께서 믿음으로 부활하심>에서 전술한 바와 같이, 예수님도 이 땅에서 하나님의 아들로 영광을 입을 수 있는 자격, 기준이 있었다. 예수님이 이 땅에 오셔서 사망의 권세를 깨시지 못하고 부활하시지 못했다면 그분은 하나님의 아들이 되시지 못한다(롬 1:3-4). 그분은 분명히 말씀이 육신이 되어 오신, 하나님이 사람으로 오신 분이지만(요 1:14), 그분 자신도 이 땅에서 하나님의 아들로서 증거를 받으시기 위해서는 죽으셨다가 3일 만에 부활하신 그 능력으로써 하나님의 아들로 인정을 받으셨다는 것이다(시 2:7, 롬 1:3-4, 히 1:5, 5:5).

그렇다면 멜기세덱은 어떻게 멜기세덱이 될 수 있는 것인가? 멜기세덱이 될 수 있는 기준, 자격이 성경에 있어야 한다. 예전에 많은 이단의 교주들이 자기들이 메시아적 존재임을 스스로 증거

하고 또 나름대로 자기들의 복음을 강력하게 주장했다. 누가 옳고 그르다고 말하기 전에 그들이 정말 하나님의 아들 같은 존재라면 로마서 1:4 말씀처럼 사망의 권세를 깨고 부활을 해야 한다. 그러면 누구를 막론하고 그들도 하나님의 아들 같은 멜기세덱적 존재였다는 것을 인정할 수밖에 없는 것이다. 그런데 그들 중 아무도 멜기세덱 탄생의 기준, 자격에 대해 언급조차 하지 못했다.

그렇다면 히브리서 7장에 나오는 멜기세덱이 예수님인가? 멜기세덱은 예수님이 아니다. 독생하신 성자 하나님만이 예수님이시고, 멜기세덱은 하나님 아들과 방불한 존재이다.

방불한 존재란 예수님을 가장 많이 닮았다는 의미로 간단하게 해석할 수 있다. 멜기세덱은 피조물이 하나님의 아들들이 된 존재이고, 예수님은 유일하신 독생자 하나님의 아들이시다(요 1:14, 1:18, 3:16, 3:18, 요일 4:9). 예수님은 본래가 창조주이시고, 멜기세덱은 피조물로서 하나님의 아들과 방불한 존재이다.

그렇다면 피조물이 하나님의 아들과 방불한 멜기세덱이 될 수 있는 자격, 기준은 무엇인가? 성경에서 멜기세덱이 될 수 있는 자격, 기준을 찾아보아야 한다.

'우리가 다 하나님의 아들을 믿는 것과 아는 일에 하나가 되어 온전한 사람을 이루어 그리스도의 장성한 분량이 충만한 데까지 이르는 것'(엡 4:13)이다. 믿는 것과 아는 일에 하나가 되어 그리스도의 장성한 분량까지 자란 사람으로서 자기 십자가를 짊어지고 자신을 속건제물로 드리고 부활할 수 있는 사람이 되어야 한다(롬 1:4). 즉 믿고 아는 만큼 행할 수 있는 사람이 하나님의 벗, 멜기세덱이 될 수 있다.

그래서 예수님이 '자기 십자가를 지고 나를 따르라'(마 16:24, 막 8:34, 눅 9:23)고 하신 것이다. 자기 십자가를 진 사람만이 죽었다 살아날 수 있고, 십자가를 지고 온 사람만이 자신을 속건제물로 드릴 수 있기에, 그런 사람들을 책임지고 살려내실 수 있는 것이다.

여기서 믿는 것이란 '아브라함과 같은 믿음을 가진 자는 아브라함과 같은 축복을 받는다'(갈 3:6-9)는 아브라함과 같은 하나님의 벗이 될 수 있는 장성한 믿음을 말한다(대하 20:7, 사 41:8, 약 2:23).

그렇다면 아브라함과 같은 믿음은 어떤 믿음인가? 하나님께서 아브라함에게 주신 7대 명령의 마지막 명령이 '독자 이삭을 바치라'는 것이다(창 22:2). 아브라함이 100세에 얻은 만득자(晩得子) 이삭을 번제물로 바칠 수 있는 믿음은 자신을 백 번 이상 바친 것보다 더 귀한 믿음일 것이다. 아마도 하나님께서 아브라함에게 자신을 번제물로 바치라고 하셨다면 기꺼이 기쁨으로 자신의 목숨을 바치겠다고 했을 것이다. 그러나 100세에 얻은 만득자 이삭을 번제물로 바치라고 하셨기 때문에 아브라함이 이틀 동안이나 머리를 들지 못하고 3일째 되는 날에 가서야 머리를 들고 모리아의 한 산을 바라보았다(창 22:4). 이틀 동안 고민 끝에 아브라함이 얻은 결론은 하나님의 명령에 순종하면 죽은 고목 같은 자기 부부를 통해서 이삭을 주신 하나님께서 또 다른 자식을 주실 것이라는 확신이 있었기 때문이다(히 11:17-19).

그래서 아브라함이 추호의 망설임 없이 이삭을 바치려고 했기에 그 믿음을 하나님께서 의로 여겨주셨고(창 22:10, 22:12), 의로 여겨주신 아브라함을 너는 '나의 벗이라'고 성경 세 군데를 통해서 말씀하셨다(대하 20:7, 사 41:8, 약 2:23). 에베소서 4:13에서 말씀한 장성한 믿음의 분량의 기준, 그것이 곧 아브라함의 믿음이다.

하나님께서는 아브라함에게 '완전하라'고 하시면서 신앙의 완전과 사랑의 완전을 요구하셨다(창 17:1). 그래서 아브라함이 그 두 가지의 목적을 이루게 하고자 '아브람'(뜻: 존귀한 아버지)에서 '아브라함'(뜻: 열국의 아버지)이라는 새 이름을 주셨다. 그런 아브라함이 믿음으로 이삭을 바침으로써 그리스도의 분량까지 자라는 믿음을 가질 수 있었다.

그렇다면 아브라함이 '아는 일'에는 어떻게 온전함을 이룬 것일까? 히브리서 11:17-19에 보면 '아브라함이 이삭을 죽는 데 내어주었으나 죽은 이삭을 하나님께로부터 도로 받았다'라고 기록되어 있다. 즉 아브라함이 아는 데에도 온전함을 이루었다는 것은 이삭에 대한 비밀을 다 알게 되었다는 것이다. 다시 말하면 왜 하나님께서 자기에게 후사를 약속하시고 약속하신 후사의 길을 통해서 약속의 자녀·성령의 자녀를 주셨는지, 산 자의 도맥에 대한 비밀을 깨닫게 되었다는 것이다.

또 아브라함이 이삭을 바침으로 이사야 7:14에서 말씀한 동정녀 마리아를 통해서 예수님이 탄생할 것까지 깨달았다는 것이다. 멜기세덱이 아브라함에게 떡과 포도주로 축복해준 결과로 인해 아브라함이 자기의 후손 중에서 메시야가 탄생할 것을 완전히 깨닫게 되었다. 아브라함이 이삭을 칼로 내리치는 순간 '아브라함아! 그 아이에게 네 손을 대지 말라'(창 22:11-12)는 하나님의 사자의 부르심으로 말미암아 손을 멈추고, 이삭 대신 수풀에 걸린 수양을 번제로 바쳤다(창 22:13). 그 순간 아브라함은 이삭을 통해서 떡과 포도주의 비밀을 완전히 알게 된 것이다. 산 자의 도맥의 비밀, 즉 멜기세덱 반차의 비밀을 알게 되었다.

그렇다면 하나님께서 멜기세덱의 탄생의 기준을 성경 어디에 기록하셨는가? 구약의 욥기를 통하여 어떻게 멜기세덱의 탄생을 요구하셨는지 그 과정을 알아보기로 한다.

> 욥 40:10-14 너는 위엄과 존귀로 스스로 꾸미며 영광과 화미를 스스로 입을찌니라 너의 넘치는 노를 쏟아서 교만한 자를 발견하여 낱낱이 낮추되 곧 모든 교만한 자를 발견하여 낮추며 악인을 그 처소에서 밟아서 그들을 함께 진토에 묻고 그 얼굴을 싸서 어둑한 곳에 둘찌니라 그리하면 네 오른손이 너를 구원할 수 있다고 내가 인정하리라

욥기 1:3을 보면 욥은 동방에서 가장 큰 자로, 으뜸이 되는 사람이다. 욥의 신앙은 마음에 두는 신앙, 긍정적인 신앙, 적신의 신앙, 불변의 신앙으로(욥 1:5, 1:8, 1:21, 2:3, 2:10), 욥의 4대 신앙을 조명하는 가운데 하나님께서 욥을 사단에게 내어주는 장면을 보게 된다(욥 1:9-12).

욥이 시험을 받은 이유는 동방에서 가장 큰 자이기 때문이다. 야곱이 얍복강에서 씨름해서 이긴 자가 된 것처럼(창 32:24-30), 하나님께서 욥 정도라면 사단과의 싸움에서 이길 만한 사람이기

에 도적 씨름을 시킨 것이라고 말할 수 있다.

욥은 믿음으로는 아브라함과 같은 믿음을 갖고 있었다. 1차 시험에서는 욥이 넉넉히 통과했다. 사단이 욥을 침으로 욥의 7남 3녀가 하루아침에 죽고, 전 재산을 날려버렸다(욥 1:13-22). 그리고도 욥은 신앙의 순전을 지켰다(욥 1:20-22). 그런데 2차 시험에서는 욥이 완전하게 이겼다고 보기에는 좀 미흡한 점이 있다.

욥에게 미흡한 점은 무엇인가? 욥은 환란과 고난을 받아야 하는 이유에 대해 하나님께 두 가지를 질문했다. 첫째는 '더 이상 이런 고통을 받지 않게 하여 주시고', 둘째는 '자신이 왜 이런 고난을 받는지 알려주시길 바란다'는 것이다(욥 23:3-9, 30:20, 31:35). 그 이유는 욥이 믿음으로는 승리했지만 아는 일에는 온전하지 못했다는 것이다.

다시 말하면 욥은 믿음으로는 온전한 믿음을 갖고 있었다. 그러나 욥은 하나님께서 왜 자기에게 그런 고난을 주시는지 그 비밀을 알지 못했다.

'믿는 것과 아는 일에 온전한 하나를 이루어 그리스도의 장성한 형상과 분량에 이르기까지 자라라'(엡 4:13) 다시 말하면 믿는 것과 아는 일에 온전히 자라서 그리스도의 분량까지 자란 후에는 자기 십자가를 짊어지고 자신을 속건제물로 드리고 부활할 수 있는 사람이 되어야 한다(롬 1:4). 즉 믿고 아는 만큼 행할 수 있는 사람이 하나님의 벗, 멜기세덱이 될 수 있다.

그러나 욥은 그것을 알지 못했다. 인류의 시조 아담도 선악나무 열매를 따먹으면 정녕 죽으리라는 말씀을 올바로 깨닫고 알지 못했기에 죄를 지은 것처럼, 욥도 믿음으로는 충분히 장성하여 온전한 경지에 도달했지만, 아는 일에는 장성하지 못했기 때문에 하나님께서 일일이 지적하시면서 '네가 이것을 아느냐? 아느냐?' 하시며 일관되게 욥을 책망하신 것이다(욥 38:4-5, 38:18, 38:20, 39:1-2).

그렇다면 예수님은 믿는 것과 아는 일에 어떻게 온전함을 이루셨는가? 빌립보서 2:5-11 말씀에서 깊은 깨달음을 얻어야 한다. 이 말씀을 욥기 40:10-14 말씀에 적용시켜야 한다.

욥은 동방에서 가장 큰 자인데 하나님께서는 하나님의 주권적인 은혜로 그를 가장 비참한 자로 만들고 낮추셨다. 그러나 예수님은 스스로 자기 몸을 비우고 낮추셨다. 왜냐하면 하나님의 영광을 가지고는 종의 형체를 가진 인생들을 구원하지 못하시기 때문이다. 그렇기 때문에 하나님 아들의 영광을 버리고 그들의 입장으로 자기 자신을 스스로 비우고 낮추셨다.

왜 예수님이 스스로 비우고 낮추셨는가? 진 자는 이긴 자의 종이 된다고 했다(벧후 2:19). 선악과를 따먹음으로 마귀에게 진 자가 된 아담의 후예로서 종의 형체를 가진 인생들을 구원하시고자 예수님이 스스로 종의 자리로 내려가신 것이다(빌 2:5-11, 엡 5:2). 예수님 스스로 그들의 모든 죄를 짊어진 채 십자가를 지시고 자기 영혼을 속건제물로 산 제사를 드림으로 원수를 무릎 꿇게 하셨다(사 53:10).

예수님은 욥기 40:10-14 말씀에 아주 적합한 적임자이셨다. 위엄과 존귀와 영광과 영화로움을 스스로 입는다는 말의 의미가 무엇인가? 존귀와 거룩함과 영광을 입기 위해서 예수님은 십자가를 통해서 자기 영혼을 속건제물로 산 제사를 드리셨다는 것이다. 빌립보서 2:5이하의 말씀의 내용과 욥기 40:10-14 말씀의 내용이 아주 완전하게 적합한 자, 때에 맞는 자로서 이 말씀의 주인공이 되고 있다.

그런 입장에서 하나님께서 '아브라함은 나의 벗이라'(대하 20:7, 사 41:8, 약 2:23)고 말씀하신 것처럼, 멜기세덱은 하나님의 벗이다. 독생하신 하나님 아들과 방불한 제사장이라는 의미에서 멜기세덱은 하나님의 벗이 되는 것이다. 따라서 멜기세덱과 아브라함은 친구의 관계가 된다. 요한복음 15:15에서 '이제 너희를 종이라 하지 않고 나의 친구라고 하겠다'고 하셨다고 해서 성경을 읽는 사람이 다 예수님의 친구가 되는가? 예수님의 벗이 되려면 아브라함과 같은 믿음, 아브라함과 같이 아는 것에 온전한 하나를 이루어 그리스도의 분량까지 자라야 한다. 그런 사람만이 아브라함과 같은 축복을 받을 수 있는 것이다(엡 4:13, 갈 3:6-9).

이처럼 믿는 것과 아는 일에 온전한 하나를 이루고 그리스도의 분량까지 자라려면 오직 머리가 되시는 예수님을 통해서 수액을 공급받고 은혜를 공급받음으로써만 그리스도의 장성한 분량까지 자랄 수 있다. 그런 자들만 멜기세덱에 소속된 자들이 될 수 있다.

욥도 동방에서 가장 큰 자인데 하나님께서 그를 가장 비천한 존재로 낮추셨다. 그런데 문제는 욥 자신이 하나님의 입장을 잘 헤아리지 못했다. 이것이 욥의 약점이 된다. 하나님께서는 욥을 시험하신 분명한 취지, 목적을 갖고 계셨는데 욥은 그것을 헤아리지 못했다. 하나님께서 왜 자신을 그렇게 시험하셔야만 했는지, 왜 그렇게 극렬한 풀무불 속에 던지셔야 하셨는지, 하나님의 심중을 헤아리지 못했기 때문에 하나님께 여쭈어서 확인하려고 했던 것이 욥의 신앙의 자세였다(욥 23:3-9, 30:20, 31:35). 욥에게도 분명한 믿음의 한계, 기준이 있었는데 인간적인 한계를 초월하지 못했다. 욥이 어느 부분은 초월했지만 하나님께서 바라시고 원하시는 한계까지는 다다르지 못했다.

그래서 궁극적으로는 하나님께서 욥에게 욥기 40:10-14의 말씀을 가르쳐주셨다.

> 욥 40:10 너는 위엄과 존귀로 스스로 꾸미며 영광과 화미를 스스로 입을찌니라

> 사 63:1-3 에돔에서 오며 홍의를 입고 보스라에서 오는 자가 누구뇨 그 화려한 의복 큰 능력으로 걷는 자가 누구뇨 그는 내니 의를 말하는 자요 구원하기에 능한 자니라 어찌하여 네 의복이 붉으며 네 옷이 포도즙 틀을 밟는 자 같으뇨 만민 중에 나와 함께한 자가 없이 내가 홀로 포도즙 틀을 밟았는데 내가 노함을 인하여 무리를 밟았고 분함을 인하여 짓밟았으므로 그들의 선혈이 내 옷에 뛰어 내 의복을 다 더럽혔음이니

욥기 40:10은 이사야 63:1-3 말씀과 짝이 되는 말씀이다. '너는 위엄과 존귀로 스스로 꾸미며 영광과 화미를 스스로 입을지니라' 위엄과 존귀, 영광과 화미의 옷이란 특별히 거룩하고 영광스러운 옷이라는 개념을 지니고 있다. 그러나 이 옷은 다른 의미를

가진 옷을 말한다.

이사야 63:1에서 예수님이 홍의를 입고 계시는데 그것을 가리켜 화려한 의복이라고 했다. 이 화려한 의복은 무엇인가? 이스라엘 백성들을 포도주 틀에 넣고 틀을 밟은 피 묻은 옷을 말하는 것이다(사 63:3). 이 옷을 예수님이 십자가상에서 스스로 입으신 것이다. 예수님이 십자가를 짊어지신 모습은 가장 처절하고 처참하고 비참한 모습이다. 그러나 하나님께서 보시기에는 스스로 가장 비참한 옷을 입으신 그 모습이 가장 존귀하고, 화려하고, 거룩한 옷을 입고 계신 모습으로 보이신다는 것이다.

'스스로 존귀한 옷을 입을 줄 아느냐?' 이 말씀을 세 친구는 이해할 수가 없었다. 그러나 욥은 무서운 고난을 받았기 때문에 고난을 받을 때 그 누구보다도 자신이 스스로 하나님께서 말씀하신 그 옷을 입어야 한다는 것을 깨달을 수 있었다. 그 과정을 체험적으로 겪었기 때문이다. 고난을 받는 순간 인간적으로는 가장 비참하고 처절한 현실에 빠져 있었지만 그 순간이 가장 영광스러운 순간이라는 것을 세 친구는 깨닫지 못한 반면 욥은 그 사실을 깨달았기 때문에 하나님께서 이 말씀을 하신 것이다.

> 욥 40:11-14 너의 넘치는 노를 쏟아서 교만한 자를 발견하여 낱낱이 낮추되 곧 모든 교만한 자를 발견하여 낮추며 악인을 그 처소에서 밟아서 그들을 함께 진토에 묻고 그 얼굴을 싸서 어둑한 곳에 둘찌니라 그리하면 네 오른손이 너를 구원할 수 있다고 내가 인정하리라

예수님을 십자가에 못 박은 자들이 얼마나 교만한 자들인가? 그

러나 예수께서 십자가에 달리심으로써 그들이 전부 무릎을 꿇었다. 속옷조차 걸치지 못한 예수님은 가장 거룩하고 화려한 의복, 홍의를 입으신 자가 되신 것이다. '너는 위엄과 존귀를 스스로 꾸미며' 스스로 꾸미시는 것이다. 예수님은 뜻을 알았기 때문에 스스로 십자가에 달리신 것이다. 하나님의 뜻에 순종하기 위하여 스스로 영광과 화미를 입고 자신을 속건제물로 드릴 수 있는 분이시다.

왜 예수님이 우편 보좌에 앉아계시는가? '네 원수가 발등상 앞에 무릎 꿇기까지 기다리라' 예수님이 십자가를 지신 역사의 결과, 사망의 권세를 깨시고 부활하셨기 때문에 그를 죽였던 원수들이 그분 앞에 다 무릎을 꿇을 수밖에 없는 것이다. 예수님이 자기 땅에 메시야로 오셨지만 십자가를 지시기 전까지는 이스라엘 백성들이 그 사실을 믿지 못했다. '십자가의 도가 멸망하는 자들에게는 미련한 것이요, 구원 얻을 후사들에게는 구원의 표라'(고전 1:18)고 하신 말씀대로 오직 십자가만이 악인을 무릎 꿇게 하는 심판의 도구가 되는 것이다.

결론으로, 욥기 40:10-14의 말씀 앞에 욥이 '내가 스스로 한하고 티끌과 재 가운데서 회개하나이다!'(욥 42:6)라는 고백을 하였다. 그 순간 욥이 자신에게 그렇게 큰 영광을 주시고자 고난을 주신 하나님의 의중을 미처 깨닫지 못한 자신을 탄식하며 몸부림쳤을 것이다. 그러나 하나님께서는 욥의 세 친구의 말보다는 욥의 말이 의롭다며 욥의 손을 들어주셨다. 또 욥을 통해서 드리는 세 친구들의 번제를 받으셨다(욥 42:7-8). 이처럼 욥이 하나님께서 원하시는 '아는 일'의 분량까지는 미치지 못했지만 1차, 2차 사단의 시험에서 신앙의 정절과 믿음을 지켰기에 욥에게 두 배의 축복을 허락하셨다(욥 42:12-15).

만일 재림의 마당에서 '동방에서 독수리를 부르리라'(사 46:11)는 대상을 손꼽는다면, 동방에서 가장 큰 자, 의인인 욥 같은 대상이 아닐까?

이처럼 성경 전체에서 피조물이 멜기세덱이 되는 과정은 욥기를 통해서 가장 정확하게 제시되고 있음을 알아야 한다.

그렇다면 성경에서 믿는 것과 아는 일에 온전한 하나를 이루어 그리스도의 장성한 분량에 자란 기준에 적합한 자가 누구인가?

첫째, 노아를 생각해볼 수 있다. 노아는 당대의 의인이요, 완전한 자라고 했다(창 6:8-9). 그러기에 믿는 것과 아는 일에 온전한 하나를 이루었다. 그 당시 노아는 믿음이 없는 세상에, 아무도 믿지 못하는 장차 올 일에 대한 말씀을 믿고 방주를 지었다(창 6:14, 6:22). 방주의 규격이 장이 300규빗, 광이 50규빗, 고가 30규빗이라는 것은 성부, 성자, 성령을 상징하고 있다(창 6:15). 즉 삼위일체이신 예수님을 상징하는 방주를 지음으로 죄악이 관영하여 영, 혼, 몸이 완전히 타락한 세상을 노아가 구심점이 되어 물로 심판하였다.

재림의 마당에서 '그 동일한 말씀으로 마지막 때에도 불로 심판하기 위해 세상을 간수했다'(벧후 3:7)는 말씀을 볼 때 노아야말로 심판의 기준, 심판의 중심, 심판의 판례가 되는 사람이라고 말할 수 있다. 즉 원수를 무릎 꿇게 한 가장 대표적인 사람이다.

노아가 완전한 자라는 말은 아브라함에게 하신 신앙의 완전과 사랑의 완전을 이룬 사람이라는 것이다(창 17:1). 그런 노아이기에 그를 통해 이스라엘에게 주실 포도원을 만들 수 있었다(창 9:20, 사 5:2, 5:7). 노아가 예수님을 상징하는 방주 안에서 새 창조의 7일의 비밀을 받았기에 그 포도원을 통해서 생명나무가 포도나무로 올 수 있는 길을 설계한 것이다.

다시 말하면 예수님이 마태복음 21장에서 비유로 말씀하신 포도원은 노아가 만든 포도원을 말씀하신 것이다. '그 포도원에 삯을 받기 위해서 종들을 보낼 때마다 때려죽이고, 자기 아들을 보냈더니 유업을 빼앗고자 죽였다. 그러니 주인이 오면 어찌하겠느냐?'(마 21:33-41)하신 것처럼 그 포도원에 주인공으로 오신 것이다. 그렇기 때문에 히브리서 11:7에서 노아는 의의 후사, 의의 조상이라고 말씀하고 있다.

둘째, 모세는 예수님의 그림자이다. 그 당시 애굽은 함의 장자로서 어둠의 권세의 대표적인 나라였다. 모세가 애굽에 태어났을 당시에 애굽에 살던 이스라엘 백성들의 남자 아이는 다 죽이고, 여자는 살리는 때였다(출 1:15-22). 그들의 고역이 하늘에 닿아 있었다. 그러나 모세는 이스라엘의 지도자로 등장하여 하나님의 지팡이로 10대 재앙을 통해서 애굽을 심판할 수 있었다(출 7:8-12:41). 마지막 재앙인 유월절 어린 양의 사건으로 애굽의 장자와 짐승의 첫 새끼까지 다 죽게 하시고(출 12:3-12), 출애굽하는 이스라엘 백성들의 뒤를 쫓아온 바로와 대신들을 홍해에 수장함으로, 하나님께서는 나일 강에 자기 백성을 수장시켰던 애굽인들의 죄악을 그대로 갚아주셨다(출 1:22, 14:21-30). 애굽 왕 바로와 대신들이 출애굽의 지도자 모세 앞에 다 무릎을 꿇은 것이다.

이스라엘의 지도자인 모세가 죽을 때 아마도 국장 정도로 장례를 치르지 않았을까? 그런데 모세의 무덤이 없다는 것이 이해가 되지 않는 내용이다(신 34:6, 34:8). 그런 모세가 변화산에서 아버지의 영광으로 변화되신 예수님 앞에 나타났다는 사실로 미루어보아 모세는 죽었지만 사망 권세를 이기고 승리함으로 부활한 자라는 결과적 사실을 확인할 수 있다(마 17:1-3, 막 9:4, 눅 9:30). 그러나 모세의 부활이 드러난 사실로 기록된다면 부활의 첫 열매가 되실 예수님의 영광을 가리기 때문에 모세의 부활은 감추어진 사실이 되었다.

모세가 시내산에서 내려올 때 얼굴에서 광채가 난 것은 모세가 변화되었다는 증거다(출 34:29-33). 잠언에도 '지혜는 그 얻은 자에게 생명나무라 지혜를 가진 자는 복되도다'(잠 3:18), '의인의 빛은 환하게 빛나고 악인의 등불은 꺼지느니라'(잠 13:9), '마음의 즐거움은 얼굴을 빛나게 하여도 마음의 근심은 심령을 상하게 하느니라'(잠 15:13), '사람의 지혜는 그 사람의 얼굴에 광채가 나게 하나니 그 얼굴의 사나운 것이 변하느니라'(전 8:1)고 말씀한 것처럼, 모세가 변화되었기에 부활할 수 있었던 것이다.

모세의 시체를 놓고 마귀와 변론하는 중에 대군 미가엘 천사장이 '다만 주께서 너를 책망하시기를 원하노라'(유 1:9)고 한 후의 결과는 없지만, 변화산에 나타난 모세를 볼 때 마귀가 모세의 시체를 가져가지 못했음을 알 수 있다. 모세는 사망 권세를 깨고 승리한, 영육 간에 산 자이다.

혹자는 마귀가 모세의 시체를 가져갔다고 한다. 만일 그렇다면 모세가 어떻게 변화산에 등장할 수 있는 것인가? 어떻게 요한

계시록 15:3에서 모세의 노래가 새 노래로 등장할 수 있는 것인가? 분명히 아버지의 영광으로 나타나신 예수님과 십자가 사건을 상의한 모세는 사망을 무릎 꿇게 한 영육 간에 산 자로서 그리스도의 장성한 형상과 분량에까지 나아간 사람이다.

셋째, 다윗은 마태족보에 두 번이나 등장한다(마 1:6, 1:17). 그는 거룩한 기름 부은 자(시 89:20)로서 왕이며, 제사장이기에 제사장만이 먹을 수 있는 진설병을 먹을 수 있는 자격자였다(삼상 21:1-6). 그러므로 마태복음 1:1에 '아브라함과 다윗의 자손 예수 그리스도의 세계라'고 하는, 성전의 두 기둥인 보아스와 야긴처럼, 아브라함과 더불어 예수님 족보에 등장한 두 기둥과 같은 인물이다.

다윗이 왕이 되기 전에 사울 왕에게 쫓겨 10년간 16군데 도피처를 다니며 목숨을 부지하는 과정에서 두 번이나 사울을 죽일 수 있는 기회가 있었으나 '하나님의 기름 부은 자를 해치지 않는다'(삼상 24:10)는 믿음으로 원수 사울을 살려주었다. 그 결과 사울이 '나는 너를 학대하되 너는 나를 선대하니 너는 나보다 의롭도다'(삼상 24:16-19)라는 고백과 함께 무릎 꿇었다.

그런 다윗이기에 하나님께 '내 마음에 합한 자라'(행 13:22)는 칭호를 얻을 수 있었고, 성전 건축에 대한 설계를 보여주시고 성전 건축에 필요한 성물을 준비할 수 있도록 은혜를 베풀어주셨다(대상 29:2-5, 29:14-17).

하나님의 마음에 합한 다윗의 의는 노아의 의와 같다고 볼 수 있다. 그러기에 수천 년 전에 잠이 든 다윗이 계속적으로 등장할 것을 성경은 예고하고 있다(렘 30:9, 겔 34:23-25).

넷째, 엘리야는 디셉 사람으로 족보가 없이 등장한 멜기세덱적 인물이다(왕상 17:1). 엘리야 당시 이스라엘 국가는 아합 왕과 이세벨이 통치함으로 우상이 난무한 시대였다(왕상 16:30-33). 시돈 왕 엣바알의 딸인 이세벨은 여호와 하나님 대신 바알과 아세라를 이스라엘의 신으로 숭배하려고 시도했다. 그런 시대이기에 하나님께서 엘리야를 보내신 것이다. 그는 갈멜산 전투에서 850대 1의 싸움으로 바알과 아세라 신을 섬기는 거짓 선지자들을 무참히 짓밟아 하나님의 영광을 드러내었다(왕상 18:17-40). 그가 이긴 자가 되었기에 죽음을 보지 않고 산 자의 도맥을 따라 불말과 불수레를 타고 변화 승천함으로 변화의 조상이 되었다(왕하 2:11).

다섯째, 엘리야의 승천을 본 엘리사는 엘리야의 영감의 갑절을 받음으로 산 자의 도맥을 간직한 존재였다(왕하 2:8-14). 엘리사의 무덤에 죽은 시체를 던져 엘리사의 뼈에 닿자 그 시체가 살아난 놀라운 사건이 있다(왕하 13:20-21). 비록 엘리사는 잠이 들었지만 산 자의 도맥을 가지고 있는 멜기세덱적인 사람이 분명하다. '하사엘의 칼을 피하는 자는 예후가 죽이고, 예후의 칼을 피하는 자는 엘리사가 죽이리라'(왕상 19:17)는 말씀은 엘리사의 칼은 그 누구도 피하지 못하는, 마지막 하나님의 심판의 도구라는 것이다.

여섯째, 다니엘은 바벨론에 포로로 잡혀가 그곳에서 세 번이나 총리를 지낸 인물이다. 그러나 청년 시절 우상의 제물을 먹지 않겠다고 서원한 내용대로 평생 물과 채식만을 한 사람이다(단 1:8-16). 다니엘이 느부갓네살 왕의 꿈을 해몽함으로 느부갓네살이 다니엘에게 큰 절을 했다(단 2:46). 이 사건 역시 어둠의 권세의 대표격인 느부갓네살이 다니엘에게 무릎 꿇은 모습이다.

느부갓네살이 다니엘에게 무릎 꿇은 사건은 하나님께서 둘째 날 궁창을 중심으로 윗물과 아랫물을 나누심으로 '보시기 좋았더라'(창 1:6-8)하지 못한 그 궁창의 세계를 회복한 상징의 모습이 되는 사건이다.

그런 다니엘의 의를 인정해주심으로 다니엘서 9장-12장을 통해서 때에 관한 비밀을 다니엘에게 맡기셨다(단 9:24-27, 12:6-7, 12:11-12). 예수께서 '거룩한 곳에 미운 물건이 서게 되는 것을 볼 때, 다니엘서를 읽는 자는 깨달을찐저!'(마 24:15)라고 하심으로 종말에 관한 때의 비밀은 다니엘을 통해서만 알 수 있다고 증거하신 것이다.

일곱째, 요셉을 예로 들 수 있다.

히브리서 11:3의 '믿음으로 지은 세계를 하나님의 말씀으로 창조하셨다.'는 말씀처럼 노아가 설계한 내용대로 아브라함·이삭·야곱의 3대를 통하여 4대인 요셉이 열매를 맺어야 하기에 시편 105편 17-19에서 '그 말씀이 응하기까지 착고에 채웠다'라고 하셨다. 요셉이 산 자의 첫 열매가 되기까지 그의 생애는 하나님의 착고에 채워진 생애가 된 것이다(시 105:18). 즉 하나님의 직접주관권[34] 안에 들어갔다는 의미이다.

요셉이 채색옷을 입었고(창 37:3), 두 가지 꿈의 내용을 발설했기 때문에(창 37:6-7, 37:9) 형제들에게 미움을 받아(창 37:5) 애굽으로 팔려갔으나 그곳에서 총리가 되었다. 요셉이 므낫세를 낳을

---

34) 112쪽 <2. 말씀 원리에 의한 하나님의 '직접주관권'과 '간접주관권'이란 무엇인가?> 참조

때 비로소 하나님께서 왜 자신을 종으로 보내셨는지 깨달음으로 첫 아들의 이름을 므낫세, 즉 '다 잊어버리라'는 뜻으로 지은 것이다(창 41:51).

하나님께서는 요셉을 통해 7년 대기근에서 애굽 백성들을 살려 냄으로 진 자로서 이긴 자에게 영적 빚을 갚게 하셨다. 그리고 이스라엘 백성들이 400년 종살이함으로 육적인 빚까지 갚음으로 영육 간에 빚을 다 갚았기 때문에 하나님께서는 그제야 애굽이 행한 대로 그들의 모든 행위를 심판하실 수 있었다(눅 12:59). 애굽의 장자뿐만 아니라 짐승들의 첫 새끼까지 다 죽이시고 애굽의 신들까지도 벌하셨다(출 12:12, 민 33:4). 하나님의 심오한 경륜은 자기 백성들이 진 자로서 이긴 자에게 빚을 다 갚고 나서야 당당하게 출애굽하게 하신 것이다(눅 12:59, 시 105:42-43).

7년 대기근으로 인해 양식을 구하러 온 형들이 총리가 된 요셉과 대면하는 중에 요셉에게 무릎을 꿇었다. 요셉이 그들을 위로하며 '나는 만민의 생명을 구원하기 위해 보내심이라'(창 50:20)고 했다. 그 당시 요셉은 횃불언약의 주인공으로서 함의 장자인 애굽 신민을 무릎 꿇게 하고 만민의 구주가 된 것이다.

이상으로 성경에서 '원수를 무릎 꿇게 한 사람들'의 경우를 살펴보았다(마 22:44, 막 12:36, 눅 20:43, 고전 15:25). 그들의 특징은 믿는 것과 아는 일에 온전한 하나를 이루어 그리스도의 장성한 형상의 분량까지 충만하게 자란 멜기세덱적 사람들이라는 것이다.

3. 멜기세덱의 사역은 무엇인가?

　성경에는 예수께서 십자가에서 죽으신지 3일 만에 부활하심으로 하늘로 승천하셔서 '원수를 무릎 꿇게 하기까지 우편 보좌에 계신다'(마 22:44, 막 12:36, 눅 20:43, 고전 15:25)고 기록되어 있다. 예수님이 사망권세를 깨심으로 창조본연의 말씀의 영광이 나타나며 이루어진 것이다. 그렇기 때문에 빼앗겼던 장자권을 회복할 수 있었고, 빼앗겼던 안식일을 회복할 수 있었다는 점을 생각할 때 예수님 때에도 원수가 무릎을 꿇은 것이다.
　그런데 왜 하늘보좌로 올라가신 주님께 '원수가 네 발등상 앞에 무릎 꿇기까지 우편보좌에 있으라'고 말씀하셨는가? 예수님 때, 비록 원수가 무릎을 꿇었다고 해서 완전하게 그들을 심판하신 것은 아니다. 그렇기 때문에 우편 보좌에 계시는 주님께서는 마지막 때에 원수를 무릎 꿇게만 하시는 것이 아니라 영원히 심판하시는 역사의 세계를 펼치셔야 한다.

　그러면 과연 하나님께서는 마지막 때 어떻게 원수를 무릎 꿇게 하실 것인가? 원수를 무릎 꿇게 하실 수 있는 하나님의 최후의 모략은 무엇인가?
　많은 기독교인들이 '모든 사역은 예수님이 친히 하신다'는 고정관념을 가지고 있다. 예수님이 '나는 알파와 오메가요, 처음과 나중이요, 시작과 끝이라'(계 22:13)고 말씀하셨기에 시작부터 마지막까지 무엇이든지 다 예수님이 직접 이루시는 줄 안다. 십자가를 지시는 것도 예수님이시고, 원수를 무릎 꿇게 하시는 것도 예수님이 다 하실 것이라는 생각이다. 물론 그분 안에서 모든 것이 이루어지는 세계인 것만은 분명하지만, 그 세계는 예수님이 정한 자가 이루게 되는 것이다.

만일 예수님이 처음부터 끝까지 다 행하신다는 논리라면 마지막 재림의 마당에서도 친히 이 땅에 오셔서 원수를 무릎 꿇게 하시고, 다시 하늘로 올라가셔서 스스로에게 영광을 바쳐야 한다는 논리가 성립된다.

그러나 요한복음 5:43에서 '내가 아버지의 이름으로 왔으매 영접지 않으나 다른 사람이 자기 이름으로 오면 영접하리라'고 하셨다. 분명히 예수님이 아닌 다른 사람이 자기 이름으로 와서 구속사의 세계를 마치신다는 것이다. 그 본질적인 말씀의 근본을 잘 이해해야 한다.

예수님이 우편 보좌에 계시는 것은 만유 안에서 영광을 받으시고자 우편 보좌에서 기다리시는 것이다. 만일 예수님이 본래 계시던 아버지의 집, 만유 밖으로 가신다면 만유 안에 있는 인간들이 어떻게 예수님께 영광을 드릴 수 있겠는가? (요 14:2, 고전 15:28, 골 3:11).

따라서 우편 보좌에 계신 예수님께 영광을 드리는 분은 예수님 자신이 아니라는 것은 분명한 사실이다. 과연 누가 재림의 마당에서 원수를 무릎 꿇게 할 것인가?

예수님이 '나는 부활이요, 생명이다'(요 11:25)라고 하셨는데, 이 땅에서 실제로 사람을 부활시키지 못한다면 예수님의 말씀은 인정받지 못하는 말씀이 되는 것이다. 그런 역사의 세계를 펼치시려면 첫째는 그분 자신이 죽지 않는 사람이 되어야 한다. 부활과 영원한 생명을 소유하시는 분이 되어야 한다.

또 '나는 부활이요 생명이다'(요 11:25)라고 하신 그 말씀을 온전한 말씀으로 세상에 증거받기 위해서라도 예수님 자신만이 부활해서는 안 된다. 예수님 자신이 누군가 부활시키는 대상이 있어야 된다.

그래서 예수님도 세상 끝에 오셔서 사순절이 시작되는 그 시점에서 나사로를 부활시키셨다. 그렇기 때문에 나사로의 부활은 예수님이 십자가를 지셔야 하는 원인제공의 사건이 되기도 하는 것이며, 또 원수를 발등상 앞에 무릎 꿇게 하시는 시작점이 되었다고 할 수 있는 것이다(요 11:1-44).

마지막 때에도 결정적으로 원수를 무릎 꿇게 할 수 있는 방편의 시작은 부활로부터 시작되는 것이다.

그렇기 때문에 재림의 마당에서 원수를 무릎 꿇게 하기 위해서는 사망을 삼킬 수 있는 사람, 또 부활의 능력을 가질 수 있는 사람이 등장해야 한다. 그런 역사의 세계를 이 땅에서 보여주는 것이 원수를 무릎 꿇게 하는 하나님의 비장의 무기라고 할 수 있다.

본질적으로 예수님의 인성과 신성은 죄와 상관이 없으시다. 예수님은 하나님의 인성과 신성을 이 땅에 가지고 오신 분이시다(요 2:24-25). 그러나 멜기세덱은 본질이 흙으로부터 시작된 사람이다. 예수님은 육신도 하나님의 몸으로 오신 분이시다. 인성, 신성도 다 하나님이시다. 그러나 멜기세덱은 신성은 말씀을 입었지만 인성은 흙으로부터 시작된 사람이기 때문에 영광을 입는 과정이 다르다.

그렇기 때문에 예수님과 멜기세덱의 차이를 비교하면 예수님은 죄인을 구원하러 오신 분이시고(마 1:21), 멜기세덱은 자기를 바라는 자들에게 오신 분이시기 때문에(히 9:28) 그분이 양육 받는 내용이라든가, 마지막 재림의 마당에서 원수를 무릎 꿇게 하는 방법은 이 땅에서 예수님이 원수를 무릎 꿇게 하시는 방법과는 전혀 다른 면이 있다.

멜기세덱은 절대 죄인 때문에 오신 분이 아니다. 의인 때문에, 자기를 바라는 자들에게 오신 분이시기 때문에(히 9:28), 이 세상에 보여줄 인성과 신성을 처음부터 다 가지고 오신 분이 아니라, 수리성에 따라 때에 맞게 신성의 능력과 영광을 나타내주시는 분이다. 이 부분이 양육 받는다는 의미가 되는 것이다. 그렇기 때문에 성경에는 도둑같이 오신다고 표현되어 있다(살전 5:2, 벧후 3:10, 계 16:15).

예수님은 독생하신 하나님 자신이시나 멜기세덱은 흙으로부터 시작한 사람이기 때문에 멜기세덱이 한 가지 못하는 것이 있다. 멜기세덱은 축복은 해줄 수 있지만 죄의 문제는 해결하지 못한다는 것이다. 그것이 예수님과 멜기세덱의 차이점이다.

다시 말하면 오직 만물을 지으신 장본인이신 예수님만이 인류를 구속하기 위한 책임을 지고, 인류를 구원할 수 있는 구원의 십자가를 질 수 있는 유일한 분이라는 것이다. 그렇기 때문에 만물을 지으신 본인이신 예수님이 그 사역을 이루심으로 말미암아, 멜기세덱이 그 이루어놓으신 사역의 영광을 짊어지고 인류구원 역사의 구속사의 세계를 처음부터 끝까지 마치시는 것이다. 멜기세덱이 아브라함에게 구속사의 첫 세계를 펼쳤다면, 구속사의 마지막 세계도 당연히 멜기세덱이 이루는 것이다.

마지막 때에 원수를 무릎 꿇게 할 수 있는 방편은 무엇인가? 초림 때 우리에게 자신의 살과 피를 주심으로써 죽어가는 이 세상에서 영원한 생명을 가진 사람들을 탄생시키시는 것이 원수를 무릎 꿇게 하는 하나님의 마지막 방편이며 모략이었다.

동일한 말씀의 원리로 마지막 때에 우리에게 살과 피를 주심으로써 영원한 생명을 가진 자로 만들어주시고, 그런 영광의 세계를 펼치시려면 멜기세덱 자신이 죽는 존재가 되어서는 안 된다. 새 하늘과 새 땅으로 이루어진 신천신지는 죽음과 상관이 없는 영광의 세계이다(사 11:6-9, 65:17-25). 소경이 소경을 인도하지 못하는 것처럼, 자신이 영원한 생명을 가지지 못하는 존재가 된다면 그 영원한 생명의 세계를 어떻게 창조할 수 있는가?

그렇기 때문에 멜기세덱은 그 영광을 입기 위해서 이 땅에서 양육을 받는 과정이 있는 것이다(계 12:6, 12:14). 이 땅에서 양육을 받아 스스로 영원한 생명을 가진 영원한 사람이 되어야 한다.

> 고전 15:28 만물을 저에게 복종하게 하신 때에는 아들 자신도 그 때에 만물을 자기에게 복종케 하신 이에게 복종케 되리니 이는 하나님이 만유의 주로서 만유 안에 계시려 하심이라

여기서의 아들은 멜기세덱을 말한다. 그는 만물에 속하지 않지만 만물을 자기에게 복종하게 하고, 자신도 그 영광을 우편 보좌에 계신 주님께 바친다. 이처럼 태초의 말씀을 입음으로 인자화된 멜기세덱이 나타나야 만물을 오른쪽 보좌에 계신 주님의 영광 앞에 무릎 꿇게 하는 역사가 완성되는 것이다.

III
멜기세덱 반차를 따르며 이루어가는 사람들

성경에서 사역의 입장으로 볼 때 멜기세덱 반차를 따르며 이루어가는 사람들을 찾는다면 어떤 사람들이라고 말할 수 있는가? 에스겔 14장에는 노아, 다니엘, 욥을 의인의 대표로 기록하고 있다. 그 밖에 산 자의 첫 열매가 된 요셉, 예수님의 그림자가 된 모세, 불말과 불수레를 타고 승천한 엘리야, 엘리야의 제자인 엘리사, 다윗 등의 사적을 깊이 궁구하여 그들이 간직한 멜기세덱적 요소들을 살펴볼 필요가 있다.

1. 노아

(1) 왜 노아를 당대의 의인, 완전한 자로 만드셔야 하는가?

창 6:8-9 그러나 노아는 여호와께 은혜를 입었더라 노아의 사적은 이러하니라 노아는 의인이요 당세에 완전한 자라 그가 하나님과 동행하였으며

노아는 하나님께 은혜를 받아 당대의 의인이요, 완전한 자가 되

었다고 했다(창 6:8-9). 성경에서 의인이며 완전한 자라고 인정받은 자가 노아 외에 또 있는가? 아브라함에게 '완전하라'고 명령하셨지만(창 17:1) 노아처럼 '완전한 자'라고 선언하시지는 않았다.

노아가 의인이요, 완전한 자가 될 수 있었던 것은 하나님께로부터 완전한 은혜를 입었기 때문이다. 부분적인 은혜가 아닌 완전한 은혜를 입었기에 노아가 당대의 완전한 자가 될 수 있었고, 하나님과 동행할 수 있었다(엡 2:5, 2:8, 고전 13:10). 노아가 완전한 은혜를 받았기에 비록 노아를 통해서 이루고자 하시는 뜻의 가정은 깨어졌지만 노아 자신은 실패하지 않은 것이다. 노아가 그런 은혜를 받을 수 있는 것은 어떤 입장과 과정을 통해서 받을 수 있었는가?

노아가 완전한 은혜를 입었다는 것은 하나님의 직접주관권[35] 안에 들어갔다는 의미이다.

아담의 7대손 에녹이 하나님과 300년 동안 동행함으로 죽음을 보지 않고 하늘로 승천하였다(창 5:24). 에녹이 승천할 수 있었던 동기는 무엇인가? 아담이 하나님의 명령에 불순종하여 선악나무 열매를 따먹고 타락하여 에덴동산에서 추방당했지만 930세를 향수했다(창 5:5). 비록 죄로 인해 쫓겨났지만 에덴동산에서 가졌던 하나님과의 역사의 내용을 생각하며 뼈아픈 회한과 아픔으로 남은 생애를 보내며, 후손들에게 산 자를 탄생시키려는 하나님의 구속사역의 뜻을 전수하지 않았겠는가?(창 3:17-19) 아담의 가르침으로 인해 7대 후손인 에녹이 승천한 결과를 이룬 것이다. 그러기

---

35) 112쪽 <2. 말씀 원리에 의한 하나님의 '직접주관권'과 '간접주관권'이란 무엇인가?> 참조

에 성경에는 그나마 아담의 남은 생애를 향수(享壽, 누릴 향, 목숨 수)라는 표현으로 기록해 주었다고 볼 수 있다(창 5:5).

> 창 5:21-29 에녹은 육십오 세에 므두셀라를 낳았고 므두셀라를 낳은 후 삼백 년을 하나님과 동행하며 자녀를 낳았으며 그가 삼백육십오 세를 향수하였더라 에녹이 하나님과 동행하더니 하나님이 그를 데려가시므로 세상에 있지 아니하였더라 므두셀라는 일백팔십칠 세에 라멕을 낳았고 라멕을 낳은 후 칠백팔십이 년을 지내며 자녀를 낳았으며 그는 구백육십구 세를 향수하고 죽었더라 라멕은 일백팔십이 세에 아들을 낳고 이름을 노아라 하여 가로되 여호와께서 땅을 저주하시므로 수고로이 일하는 우리를 이 아들이 안위하리라 하였더라

아담의 8대 후손인 므두셀라의 이름의 의미가 '내가 죽으면 시작되리라, 쏟아지리라'는 홍수 심판의 비밀을 담은 것임을 볼 때, 에녹이 하나님과 3백 년 동행함으로 얻은 구속사의 비밀을 므두셀라에게 전수해 주었다는 것을 미루어 짐작할 수 있다. 또 므두셀라는 라멕에게 구속사의 비밀을 전수해 주었을 것이다. 라멕은 10대 족장 중에서 가장 짧은 777세를 향수했다(창 5:31). 그 당시 900세 전후를 살던 족장들과 달리 라멕이 가장 짧은 생을 산 것은 무슨 이유에서인가? 영적완전수인 7수가 세 번 거듭되는 것은 노아가 완전한 길을 걸을 수 있는 삼일길을 에녹, 므두셀라, 라멕을 통해서 이루어놓았기에 라멕이 777세를 향수한 것이 아닌가 생각된다. 그렇기 때문에 라멕이 죄를 짓고 저주를 받아 단명하지 않았다는 것은 분명한 사실이다.

다시 말하면 에녹, 므두셀라, 라멕, 이 3대가 노아가 당대의 의인이며 완전한 자가 될 수 있는 첩경을 이루어놓았기 때문에 노아가 그런 은혜를 받을 수 있었던 것이다.

노아라는 이름의 의미가 '안위' 즉 '안식'이라는 것을 볼 때 분명히 에녹, 므두셀라, 라멕의 3대는 4대째 태어난 노아를 통해서 아담의 타락으로 저주받은 땅이 안식을 얻는 새 창조, 새 역사가 성취될 것을 믿음으로 바라보며 노아라는 이름을 지은 것이다(창 3:17, 5:21-29).

다시 말하면 레위기 19:23-24에서 '과목의 열매는 삼 년 동안은 할례 받지 못한 것으로 여겨 먹지 말고, 사 년째는 거룩한 열매니 하나님께 바치라'고 말씀하신 것처럼 노아는 에녹, 므두셀라, 라멕의 3대를 통해 4대째 열매 맺은 거룩한 하나님께 바칠 열매가 된 것이다. 이는 마치 아브라함·이삭·야곱의 3대를 통해 4대째 열매 맺은 요셉과 같은 맥락이라고 볼 수 있다.

> 히 11:7 믿음으로 노아는 아직 보지 못하는 일에 경고하심을 받아 경외함으로 방주를 예비하여 그 집을 구원하였으니 이로 말미암아 세상을 정죄하고 믿음을 좇는 의의 후사가 되었느니라

노아는 의의 후사가 되었다. 의의 후사는 어떤 존재를 말하는 것인가? 예수께서 '의는 아버지께 가는 것'이라고 말씀하셨다(요 16:10).

또, 사도 바울이 디모데후서 4:8에서 '하나님께서 나를 위하여 의의 면류관을 예비해 주셨다'라고 했다. 즉 생명의 면류관, 금면류관, 영화로운 면류관 등 여러 면류관 중에서 가장 영광이 큰

면류관은 의의 면류관이라는 것이다(약 1:12, 벧전 5:4, 계 4:4, 14:14).

다시 말하면 노아는 그런 의의 첫 시조, 조상이라는 것이다. 첫 시조인 아담은 10대 후손인 노아를 만나지 못하고 죽었다. 그러나 950세까지 살았던 노아는 10대 후손인 아브라함 58세까지 이 땅에 함께 있었다.[36] 그러기에 노아가 받은 완전한 은혜를 세 번째 인류의 조상이 될 아브라함에게 전수해 주는 것은 당연한 결과가 아닌가?

전도서에 보면 전 창조의 비밀이 다음 시대로 이어지지 못한다고 했다(전 1:9-10, 3:11). 그렇기 때문에 전 시대의 비밀을 다음 시대의 사람들이 알 수 없다. 그러나 창조의 주인공들은 알고 있었을 것이다.

아담은 간접적으로 전 시대의 비밀을 다음 시대에 전해주기는 했지만 직접적으로 전하지는 못했다.

그런데 10대 후손인 노아는 전 시대의 비밀을 후 시대의 사람들에게 전해줄 수가 있었다. 비록 함으로 인해 노아는 믿음의 가정을 이루지는 못했지만 개인적인 신앙의 의를 통해서 10대 후손인 아브라함의 가정에게 전 시대의 모든 축복과 은혜를 전해줄 수 있었다는 점이 노아가 가지고 있는 신앙의 의라고 말할 수 있는 것이다.

---

36) <구속사 시리즈 제1권 '창세기의 족보'> 박윤식 저, 121쪽, 도서출판 휘선

(2) 방주를 지어 물심판을 한 노아

노아가 완전한 은혜를 받음으로 이룬 사역은 무엇인가?

첫째, 방주를 지음으로 물심판의 주인공이 될 수 있었다(창 6:13-17). 노아가 지은 방주는 장이 300규빗, 고가 30규빗, 광이 50규빗으로, 성부·성자·성령을 상징한다. 즉 노아는 성부·성자·성령의 비밀을 알았기에 성삼위 일체이신 예수님을 상징하는 방주를 지을 수 있었다.

이처럼 노아가 완전한 자로서 방주를 지어 물심판의 주인공이 되었기에 '물로 심판하는 그 동일한 말씀의 역사로써 마지막 때 불로 심판하기 위하여 세상을 간수하셨다'(벧후 3:6-7)는 심판의 중심, 심판의 기준, 심판의 판례가 된 것이다. 그러기에 마지막 인자의 역사는 노아 때라고 하지 않았는가?(마 24:37, 눅 17:26)

그 당시 노아의 방주는 노아와 부인과 세 아들과 세 자부들로 여덟 식구가 지은 것이다.

참고로 말하면 방주를 짓기 전에 결혼한 지 얼마 안 된 아주 젊은 세 자부가 있었는데, 방주를 짓는 동안에 아무도 자식을 낳지 못했다. 방주 안에서도 자식을 낳았다는 기록이 없다. 홍수 후 2년에 '셈이 아르박삿을 낳았더라'고만 되어 있다(창 11:10). 왜 건강한 세 자부들 중 한 사람도 자녀를 낳지 못했을까?

방주는 꼭 잣나무로 지으라고 하셨기에 노아 여덟 식구들이 잣나무를 찾아다녔을 것이고, 원시적 도구로 나무를 베어서 산 아래로 운반했을 것이다. 장이 300규빗이 넘는 방주를 지으려면 최소한 50년 이상 자란 나무가 필요할 텐데, 그 당시 교통수단으로 그 큰 나무를 켜고 잘라서 운반하는 일이 보통이 아니었을 것이다. 그런 일을 세 자부가 함께 동참했기에 방주를 짓는 동안에는 그 고역으로 인해 젊은 자부들 중에서 아무도 자녀를 생산하지 못했을 것이다. 젊은 자부들이 아이를 생산하지 못했다는 것은 너무도 막중한 고역으로 인하여 생리가 중단되었다는 것을 의미하는 것이다.

노아가 완전한 은혜로 성삼위 하나님을 상징하는 방주를 지었다면 함께 동참한 가족들도 영육 간에 경건하고 거룩한 믿음으로 방주 짓는 역사에 동참하였을 것이다.

(3) 포도농사를 지은 노아

노아가 완전한 은혜를 받음으로 둘째, 포도나무 농사를 지었다(창 9:20). 예수께서 마태복음 21장에서 말씀하신 포도원을 만들고 포도나무 농사를 지은 사람이 노아다(마 21:33-40). 그 포도원에 예수님이 오신 것이다.

노아가 지은 포도농사의 핵심이 무엇인가? 하나님께서 이 땅에 사람으로 오실 수 있는 길을 만든 것이다. 즉 생명나무이신 예수님이 피 흘리는 포도나무로 오실 수 있는 길을 만든 것이다(사 63:1-3, 요 15:1).

이 두 가지의 사역은 완전한 자가 아니면 할 수 없는 사역이다. 완전한 자만이 심판의 구심점이 될 수 있고, 완전한 자만이 포도농사를 지을 수 있는 것이다. 노아의 온 가족이 피땀 흘려 방주를 지은 것처럼 노아의 온 가족이 피땀 흘려 포도원을 만든 것이다. 그 포도원의 이름이 가나안이었다. 가나안이란 젖과 꿀이 흐르는 땅이라는 것이다. 아비의 하체를 본 함의 아들이 가나안이라는 이름을 가지고 있다는 의미 속에는 놀라운 구속사의 비밀이 감추어져 있다는 의미가 되는 것이다.

왜 노아는 포도농사를 지어야만 했는가?

　하나님께서 아담을 택하시고 흙의 존재인 아담에게 코에 생기를 불어넣어 생령을 만드셨다(창 2:7). 아담은 무화과나무 같은 존재였다(창 3:7). 무화과나무는 이 땅의 나무이면서, 열매 자체를 먹는 피 흘리지 않는 나무였다(삿 9:11).
　하나님께서 첫 아담을 생령으로 만드신 목적은 그로 하여금 생명나무 열매를 따먹고 피 흘리지 않는 제사장을 탄생시키시려는 것이었다. 그러나 하나님께서 절대 먹지 말라고 하신 선악나무 열매를 아담이 따먹음으로 안타깝게도 하나님의 본래의 목적이 파괴되고 말았다. 생명나무를 이 땅에 옮겨 구원의 방주를 삼고자 하신 하나님의 뜻은 무산되고 생명나무는 이 땅에 올 수 없게 되었다. 그리하여 차선책으로 영원히 죽음이 없는 생명나무가 죽는 나무, 즉 피 흘리는 나무인 포도나무로 설계를 변경하셔서 오실 수밖에 없게 되었다. 그것이 바로 포도농사를 지어야 하는 이유였다.

　하나님께서 방주를 지으라는 말씀은 표면적으로 하셨는데(창 6:13-22), 포도농사를 지으라고 말씀하신 내용은 기록되지 않았다. 그러면 언제 노아에게 포도농사를 지으라고 말씀하신 것인가?

　노아가 만든 포도원은 장차 예수께서 이 땅에서 역사하실 하늘나라의 역사라는 큰 의미를 갖고 있다. 그런데 하나님께서 노아에게 '방주를 지으라'고 말씀하신 것처럼 '포도나무 농사를 지으라'고 하신 말씀은 기록되어 있지 않다.

이미 <제 3장 아브라함이 만난 멜기세덱은 누구인가?>, <제 5장 멜기세덱의 반차란 무엇인가?>, <제 6장 멜기세덱을 탄생시키려는 하나님의 구속사역>을 통하여 노아가 포도농사를 지음으로 말미암아 생명나무가 포도나무로 올 수 있는 길을 만들어놓았다고 소개했는데, 정작 하나님께서 언제 노아에게 포도농사를 지으라고 말씀하셨느냐는 문제점에 부딪치게 된다. 그러나 성경을 자세히 궁구해보면 방주를 지으라고 말씀하신 것처럼, 노아에게 포도농사를 지으라고 말씀하신 명백한 사건이 기록되어 있다는 것을 발견하게 된다.

그렇다면 왜 '방주를 지으라'는 말씀은 표면적으로 하신 반면, '포도농사를 지으라'는 말씀은 드러나지 않게 영적으로 하셨는가? '방주를 지으라'는 말씀은 당대에 필요한 사건이었기 때문에 친히 드러나게 말씀을 하셨지만, '포도농사를 지으라'는 말씀은 표면적인 사건이 아니라 이면적인 사건, 영적인 사건이기 때문에 표면적으로 드러나게 하시지 않고 이면적으로 하신 것이다.

창세기 9장에는 노아가 포도농사를 짓기 이전에 하나님께서 무지개 언약을 맺으신 내용이 기록되어 있다.

> 창 9:13-17 내가 내 무지개를 구름 속에 두었나니 이것이 나의 세상과의 언약의 증거니라 내가 구름으로 땅을 덮을 때에 무지개가 구름 속에 나타나면 내가 나와 너희와 및 혈기 있는 모든 생물 사이의 내 언

> 약을 기억하리니 다시는 물이 모든 혈기 있는 자를 멸하는 홍수가 되지 아니할찌라 무지개가 구름 사이에 있으리니 내가 보고 나 하나님과 땅의 무릇 혈기 있는 모든 생물 사이에 된 영원한 언약을 기억하리라 하나님이 노아에게 또 이르시되 내가 나와 땅에 있는 모든 생물 사이에 세운 언약의 증거가 이것이라 하셨더라

노아에게 홍수 심판 후에 무지개 언약을 맺으신 내용이다. 무지개는 일곱 가지 색이 있지만 눈으로 볼 수 있는 색은 다섯 가지 뿐이다. 왜냐하면 영적인 입장에서는 일곱 가지 색깔 중에서 흰색과 파란색은 육안으로 볼 수 없는 색이기 때문이다.

무지개의 색깔이 일곱 가지인 것처럼 십자가의 색깔도 일곱 가지로 되어 있다. 예수님이 십자가상에서 여섯 시간 달려 계시는 동안 일곱 말씀을 하셨는데 동일한 말씀이 아니라 각각 다른 말씀을 하셨다. 무지개의 색깔이 서로 다르듯이 십자가의 일곱 말씀도 서로 다른 것이 공통점이다.

무지개의 언약은 영세에 이르는 언약이다. 표면적으로는 구속사의 시작으로부터 끝을 맺기까지 이루는 언약이지만, 영적으로 말하면 영원부터 영원까지 이르는 언약이다.

따라서 무지개의 일곱 색깔과 예수님의 십자가상에서의 일곱 말씀의 색깔이 같은 것이라고 말씀할 수 있는 것이다. 결론으로 말하면 영세에 이르는 무지개의 언약이 곧 십자가의 언약이다.

무지개를 구름 속에 두었다고 했다(창 9:13). 그럼 구름은 어떻게 생기는가? 요한계시록 17:15에서 '음녀가 앉은 물은 백성, 무리, 열국, 방언이라'고 했다. 즉 물이 세상이고, 세상 물은 음녀가 앉은

물, 타락한 물, 더러운 물이라는 것이다. 더러운 물이 곧 세상인데, 그 물에서 수증기가 올라가서 구름이 된다.

그 구름 속에 무지개를 두었다는 말은 구름 속에 십자가를 두었다는 것이다. 그래서 구름 속에 있는 무지개가 죄악된 이 세상과 하늘의 중간에서 중보자가 되는 것이다. 노아에게 무지개의 언약을 가르쳐주었다는 말은 곧 십자가의 비밀을 가르쳐준 것을 의미한다. 다시 말하면 십자가는 곧 예수님을 뜻하는 것이기에, 예수님 자신이 무지개의 언약을 갖고 계신 분이다. 십자가 자체가 언약이라는 뜻이 아니라, 십자가를 짊어지고 계신 예수님 자신이 무지개의 언약이시라는 것을 알아야 한다.

지금 세상은 노아 때보다 더 더러운 물의 세상이 되었지만, 무지개의 언약을 맺으시며 다시는 물로 심판하지 않겠다고 언약하셨기 때문에 하나님께서 심판하지 않고 계시는 것이다.

> 창 9:14-15 내가 구름으로 땅을 덮을 때에 무지개가 구름 속에 나타나면 내가 나와 너희와 및 혈기 있는 모든 생물 사이의 내 언약을 기억하리니 다시는 물이 모든 혈기 있는 자를 멸하는 홍수가 되지 아니할찌라

'내가 구름으로 땅을 덮을 때, 구름 속에 무지개가 나타나면 다시는 물이 모든 육체를 멸하는 홍수가 되지 않으리라'는 언약을 맺으셨다.

만일 위 구절에서 말하는 무지개가 자연현상에서 비가 온 뒤에 보이는 무지개라면 하나님의 말씀은 진실이 아니다. 노아 홍수 이후 수천 년 동안 지구촌 곳곳에 큰 홍수로 피해를 보는 곳이 얼마나 많이 있는가? 그런 사실로 미루어볼 때, 여기서 말하는 무지개는 보

이는 자연현상의 무지개를 의미하는 것이 아니라, 영적인 무지개를 가리키는 것이다.

따라서 무지개의 일곱 가지 색깔도 사람의 눈에 비춰진 색깔로써만 표현하고 있는 것이 아니라, 보이지 않는 이면적인 부분의 색깔까지 함축해서 표현하고 있는 것임을 알아야 한다.

그렇다면 무지개의 일곱 색깔에는 어떤 의미가 있으며, 십자가상의 7언과 어떤 관계가 있는가?

첫째, 무지개는 하늘색으로 되어 있다. 십자가상의 7언 중 첫째 말씀은 '이에 예수께서 가라사대 아버지여 저희를 사하여 주옵소서 자기의 하는 것을 알지 못함이니이다 하시더라'(눅 23:34)이다. 은혜의 차원에서 말한다면 하늘색은 소망의 은혜라고 말할 수 있는 것이다. 소망의 은혜 안에는 용서와 인내가 들어있다. 소망의 은혜를 받은 사람만이 용서와 인내를 가질 수 있는 것이다.

다시 말하면 소망의 은혜를 받지 못한 사람은 절대 다른 사람을 용서할 수 없고 끝까지 참고 견디는 인내심을 갖지 못한다. 여기서 말하는 인내심이라는 말은 연단의 풀무를 의미하는 것이다. 그러기에 소망의 은혜를 받지 못한 사람은 광야길에서 끝까지 참고 견디지 못하기 때문에 다 쓰러져 죽고 말았다는 점도 분명히 알아야 한다(고전 10:5-11). 욥이 소망을 갖고 있었기 때문에 그 무서운 시험 속에서도 끝까지 참고 견딜 수 있었듯이, 예수님이 십자가상에서 극심한 인격적인 모욕, 모독, 비난, 조롱을 받으시고, 온갖 멸시천대를 다 받으셨지만 용서의 기도를 하실 수 있었다. 그것은 예수님 자신이 소망의 은혜가 되셨기 때문에 끝까지 참고 견디시면서 7언의 말씀을 하실 수 있었고, 그들을 다 용서할 수 있었다(눅 23:34)

십자가는 영원부터 영원까지 존재할 수 있는 구원의 언약이라는 입장에서 보면 무지개의 언약이 곧 십자가의 언약이라는 것을 의미하고 있다. 고린도전서 1:18 에서 '십자가의 도가 멸망하는 자들에게는 미련한 것이요 구원을 얻는 우리에게는 하나님의 능력이라'고 했다. 다시 말하면 인간은 눈에 비취지는 색깔로만 무지개를 바라보지만 영적으로 무지개를 바라볼 수 있는 사람은 많지 않다는 것을 알아야 한다. 그렇기 때문에 지금도 신학적으로 무지개의 정의를 분명하고 확실하게 말할 수 있는 사람은 많지 않다. 구름 사이에 있는 무지개는 하나님과 인간과의 사이에 중보자이신 예수님을 상징한다고 말할 수 있다.

그렇기 때문에 노아에게 언약하신 무지개는 신랑이신 예수님을 말씀하신 것이고, 또 신부도 될 수 있는 것이다. 왜냐하면 요한계시록 11:8에 보면 '저희 시체가 큰 성 길에 있으리니 그 성은 영적으로 하면 소돔이라고도 하고 애굽이라고도 하니 곧 저희 주께서 십자가에 못박히신 곳이니라'고 했다. 신랑의 죽음과 신부의 죽음은 영적으로 하면 동일하다는 말씀의 차원에서 보면, 무지개는 첫째는 신랑이고 둘째는 신부라고도 말할 수가 있다. 신랑의 십자가와 신부의 십자가는 영광의 차이는 있지만, 오직 신랑을 위해서 죽을 수 있는 유일한 대상이 신부이기 때문에 영적으로는 그렇게도 말씀할 수 있는 것이다[37](창 12:10-20, 20:1-18).

무지개의 언약이 영세에 이르는 구원의 언약이라면 십자가는

---

37) 창세기 12장에서 아브라함이 기근을 피하고자 애굽에 갔을 때, 바로 왕이 사라의 아름다움에 반해 취하고자 했을 때, 아브라함의 목숨이 위경에 처하자, 사라를 누이라고 속여 위경을 넘긴 사건을 참고할 수 있다.

그 구원의 언약을 확증한 것이라고 말씀할 수 있다. 그렇기 때문에 성경에서 십자가는 사랑의 확증이라고 했다(롬 5:8).

둘째, 무지개는 녹색으로 되어 있다. 십자가상의 7언 중 두 번째 말씀은 '예수께서 이르시되 내가 진실로 네게 이르노니 오늘 네가 나와 함께 낙원에 있으리라 하시니라'(눅 23:43)이다. 녹색, 초록색이란 영생의 은혜를 말한다. 영생의 은혜에 속했기 때문에 우편 강도에게 낙원의 약속을 하신 것이다. 영생의 열매가 되시는 예수 그리스도께서 영생의 축복을 주심으로 우리가 영생의 은혜를 받을 수 있다.

셋째, 무지개는 황색으로 되어 있다. 십자가상의 7언 중 세 번째 말씀은 '예수께서 그 모친과 사랑하시는 제자가 곁에 섰는 것을 보시고 그 모친께 말씀하시되 여자여 보소서 아들이니이다 하시고, 또 그 제자에게 이르시되 보라 네 어머니라 하신대 그 때부터 그 제자가 자기 집에 모시니라'(요 19:26-27)이다. 황색은 겸손의 은혜를 말한다. 따라서 황색은 신앙의 의복으로 말할 때 겸손의 옷이 되는 것이다.

넷째, 무지개는 적색으로 되어 있다. 십자가상의 7언 중 네 번째 말씀은 '제 구시 즈음에 예수께서 크게 소리질러 가라사대 엘리 엘리 라마 사박다니 하시니 이는 곧 나의 하나님, 나의 하나님, 어찌하여 나를 버리셨나이까 하는 뜻이라'(마 27:46, 막 15:34)이다. 적색은 속죄의 은혜를 말한다.

지금 예수님은 자신의 죄 때문에 버림을 받는 것이 아니라, 우리들의 죄 때문에 버림을 받는 것이다. 여기서 우리가 한 가지 명심해야 할 것이 있다. 누구나 죄를 가지면 하나님께로부터 버림을 받는다는 원칙론의 입장을 새길 줄 알아야 한다. 예수님은 죄와 상관없으신 분인데 우리의 죄를 짊어지셨기 때문에 우리 대신 십자가상에서 버림을 받고 있는 것이다. 베드로전서 1:19에서 '오직 흠 없고 점 없는 어린 양 같은 그리스도의 보배로운 피로 한 것이니라'고 말씀했다. 적색은 보혈의 피를 상징하고 있고, 그 피는 그리스도의 보혈을 말하는 것이다(벧전 1:19, 히 9:12).

다섯째, 무지개는 자색으로 되어 있다. 십자가상의 7언 중 다섯 번째 말씀은 '이후에 예수께서 모든 일이 이미 이룬 줄 아시고 성경으로 응하게 하려 하사 가라사대 내가 목마르다 하시니'(요 19:28)이다. 자색은 권세의 은혜를 말한다. 자색은 왕의 의상의 색깔로써 주님의 왕권, 왕의 권세와 그와 함께 누릴 왕의 축복을 의미한다. 그렇기 때문에 하나님의 자녀를 가리켜 왕 같은 제사장이라고 한다(벧전 2:9, 계 20:6).

예수님은 자신의 배에서 생명수가 강 같이 흘러나오는 분이시다(요 7:38). 그런 생명수를 갖고 계신 분이 '목마르다'라고 외치신 것은 인간의 영혼의 목마름을 대신 짊어지시고 있기 때문에 '목마르다'고 외치신 것이지, 육신의 연약함으로 말미암아 갈증이 나서 '목마르다'고 외치신 것이 아니다(시 69:21, 요 4:13-14, 6:35). 그런데 깨닫지 못한 무지한 인간들이 신 포도주를 묻힌 해융을 갈대에 꿰어 예수님의 입을 틀어막았다(마 27:48, 막 15:36, 요 19:29).

인간은 누구나 영혼의 목마름이 있다. 그런 인간들에게 다시는 목마르지 않는 생수를 주겠다고 하셨는데, 오히려 그분을 창으로 찌르고 양손 양발에 못을 박고 창을 찌름으로 물과 피를 다 쏟게 만들었다(요 19:34). 게다가 예수님이 가장 극적으로 가슴 아프게 갈증을 느끼신 이유는 무엇인가? 십자가 밑에 와서 조롱하고 정죄하는 인간들이 하나하나 차례대로 지옥의 불구덩이 속으로 떨어지는 모습을 보고 계셨기 때문이다.

여섯째, 무지개는 주황색으로 되어 있다. 십자가상의 7언 중 여섯 번째 말씀은 '예수께서 신 포도주를 받으신 후 가라사대 다 이루었다 하시고 머리를 숙이시고 영혼이 돌아가시니라'(요 19:30)이다. 주황색(귤색)은 믿음의 은혜다. 빨강색과 노랑색을 배합하면 주황색이 된다. 즉 빨간색과 노란색의 혼색으로 십자가의 은혜가 다 이루어졌다는 의미다. 십자가의 능력으로써만 완전한 은혜가 이루어진다. 다시 말하면 십자가의 능력을 통해서만 의롭다함을 입을 수 있는 것이다(갈 2:16).

일곱째, 무지개는 흰색으로 되어 있다. 십자가상의 7언 중 일곱째 말씀은 '예수께서 큰 소리로 불러 가라사대 아버지여 내 영혼을 아버지 손에 부탁하나이다 하고 이 말씀을 하신 후 운명하시다'(눅 23:46)이다. 흰색(백색)은 성결의 은혜를 말하기도 하고 승리의 은혜를 말하기도 한다(사 1:18, 계 6:2). 백색은 죄가 개입할 수 없는 성결을 의미한다. 요한계시록 19:8에 '세마포는 성도들의 옳은 행실이라'고 했다. 세마포야말로 흰 옷을 말한다.

이상으로 볼 때, 무지개의 일곱 색깔과 주님께서 십자가상에서 말씀하신 일곱 마디의 말씀은 서로 같은 의미로 연결되어 있다. 노아가 무지개 언약 속에 감추어진 십자가를 바라보았기에 생명나무이신 예수님이 포도나무로 오실 수 있는 길을 예비하기 위해서 포도농사를 지은 것이다.

하나님께서 노아에게 홍수 심판이 있기 7일 전에 역청 칠한 방주에 들어가라는 명령을 하셨다(창 7:1). 막상 홍수 심판은 7일 후부터 시작되었는데, 왜 하나님께서는 노아에게 미리 방주로 들어가라고 하셨는가? 하나님께서 역청 칠한 방주 안에서 비밀이 보장되는 가운데, 창조의 비밀과 심판의 비밀을 7수로써 가르쳐 주셨다는 사실을 짐작할 수 있다. 즉 방주 안에서 7일 동안 생명나무의 비밀과 포도나무의 비밀을 전수받은 것이다(창 7:1-10, 암 3:7).

그러므로 심판의 주로서 등장하시는 이는 꼭 7수라는 암호를 가지고 계시는 것이다. 예수님도 7수의 의미를 가지고 계신다는 표현으로 '나는 안식일의 주인이라'(눅 6:5)고 하셨다.

하나님께서 노아에게 알려주신 큰 비밀은 생명나무가 포도나무로 올 수 있는 설계 변경에 관한 것이었다. 그러므로 노아는 생명나무가 포도나무로 올 수밖에 없는 비밀, 즉 예수님의 비밀을 깨달았고 따라서 생명나무를 이 땅에 옮겨오려면 우선 생명나무로 나아가는 화염검과 그룹으로 막힌 길을 뚫는 것이 급선무임을 알게 되었다. 그러므로 노아가 하나님의 물 심판이 끝난 후 포도나무 농사를 지은 것이다.

창 9:20 노아가 농업을 시작하여 포도나무를 심었더니 하나님께서 그의 아들을 우리와 똑같은 사람으로 이 땅에 보내시고 인자의 역사를 통해 죄인들을 구원하시고 회복하시려는 역사가 바로 포도나무의 역사이다. 영적인 하늘의 세계, 예수님의 세계, 예수님의 피로 인한 구원의 세계를 깨달은 노아는 확실한 믿음으로 분명하게 포도농사를 지었다. 노아의 포도농사는 이 땅에 생명나무가 직접 오실 수 없기 때문에 하나님의 아들 예수께서 포도나무로 오신다는 비밀을 깨닫고 그 길을 설계한 것이다. 그리하여 노아는 생명나무이신 하나님께서 이 땅에 포도나무로, '예수'라는 이름으로 오실 수 있는 설계도를 완성할 수 있었던 것이다.

> 창 3:15 내가 너로 여자와 원수가 되게 하고 너의 후손도 여자의 후손과 원수가 되게 하리니 여자의 후손은 네 머리를 상하게 할 것이요 너는 그의 발꿈치를 상하게 할 것이니라 하시고

> 창 3:21 여호와 하나님이 아담과 그 아내를 위하여 가죽옷을 지어 입히시니라

아담을 타락시킨 뱀에게 하나님께서 여인의 후손으로 오신다는 말씀을 선포하심으로 예수님이 이 땅에 오실 수 있는 명분이 생긴 것이다. 또, 타락함으로 에덴동산에서 쫓겨나는 아담과 하와에게 양을 잡아 가죽옷을 지어 입히심으로 예수님이 이 땅에 오시기 전에 이미 에덴동산, 낙원에서부터 십자가를 지셨다는 사실을 노아는 간파하고 있었다.

그렇다면 하나님께서 이 땅에 오시는 방법은 무엇인가? 전지전능하신 하나님이시니 하늘에서 구름 타고 오실 것인가? 그렇게

오고 가신다면 인간들은 도저히 그 길을 따라갈 수가 없다. 따라서 하나님께서 스스로 오시는 길을 개척해서 오시는 것이 아니라, 누군가 사람이 하나님께서 오시는 길을 만들어드려야 하는 것이다.

요한복음 3:13에서 '인자 외에는 하늘에서 온 자도 없고 간 자도 없다'고 말씀하신 그 길은 그 누구도 사용해보지 않은 길이었다는 것이 분명한 사실이다. 오직 예수님만이 그 길로 처음 오셨다. 시편 110편, 히브리서 5장-9장에 보면 멜기세덱 반차가 나온다. 요한복음 3:13에서 말씀한 그 길은 멜기세덱 반차를 말씀하는 것이다.

그 반차를 만든 목적이 무엇인가? 예수님이 '내가 가서 너희가 있을 곳을 만들어서 예비한 다음 너희를 다시 데리러 오겠다'(요 14:2)라고 하셨다. 다시 오시는 분이 우리를 데려간다면 우리도 멜기세덱 반차를 따라서 가야 하는 것이다.

그 멜기세덱 반차, 즉 사닥다리를 만들려면 먼저 설계도가 있어야 할 것이다. 하늘의 사닥다리는 설계도가 정확해야 하기 때문에 그 설계도는 의인이면서 완전한 자만이 만들 수 있는 것이다.

그 사닥다리, 반차를 통해서 예수님이 인자로서는 처음 오신 것이다. 또 그 반차를 통해서 인자로서는 그분이 하늘보좌로 처음 올라가신 것이다(히 5:6, 6:20, 7:11, 7:17).

그리고 두 번째 그 반차를 통해서 보좌로 올라가는 사람이 있다. 재림의 마당에서 철장의 권세를 가진 아이가 보좌로 올라간다(계 12:5). 성경 전체에서 그 반차를 통해서 보좌로 올라간 사람은 예수님과 철장의 권세를 가진 아이뿐이다.

그러나 그 반차를 통해서 보좌가 아닌 하늘로 간 사람들은 있다. 예를 들어 말하면 예수님이 우편 강도에게 '네가 오늘 나와 함께 낙원에 있으리라'(눅 23:43)는 말씀대로 예수님이 우편 강도를 직접 데려가신 것이 아니라, 멜기세덱 반차를 통해서 낙원으로 데려가신 것이다.

우리는 여기서 이런 결론을 도출해낼 수 있다. 멜기세덱 반차에 대한 비밀을 아는 완전한 의인인 노아가 멜기세덱 반차의 설계도를 만들어드릴 수 있는 가장 적합한 대상이 아니었을까?

왜 당대에 완전한 의인인 노아가 포도주에 취해 벌거벗었는가?

> 창 9:20-21 노아가 농업을 시작하여 포도나무를 심었더니 포도주를 마시고 취하여 그 장막 안에서 벌거벗은지라

노아가 포도농사를 지어 포도주를 만들어 먹고 취하여 벌거벗은 이 구절 때문에 일부 신학자들이 '아무리 의인 노아라 하더라도 술에 취해 실수했다'라고 노아를 매도하고 있다. 정말 노아가 술에 취해 망령을 부렸다면 에스겔 14:14에 노아를 의인의 대표로, 또 히브리서 11:7에 노아가 의의 후사라고 기록할 수 있는가?

술에 취해 실수한 노아를 의인이요, 당대에 완전한 자라고 성령께서 증거하셨다면 성경은 불완전한 것이 아닌가? 노아를 의인이요, 완전한 자로 만드신 하나님의 전능성이 이렇게 부족하단 말인가?

그렇다면 노아가 마신 포도주는 어떤 술인가?

사도행전 2:13에 보면 오순절 날에 120문도가 성령의 은총을 받고 방언을 했다. 오순절 날 세계 각지에 흩어졌던 이스라엘 백성들이 예루살렘에 모였는데, 120문도들이 수십여 나라에서 온 사람들에게 그들의 언어로써 예언과 방언을 하기 시작하자 모인 사람들이 '새 술에 취한 것이라'(행 2:13)고 놀라며 소리쳤다. 그래서 베드로가 '저들이 세상 술에 취한 것이 아니라 요엘 선지자가 예언한 것처럼 성령의 술에 취한 것이다'(욜 2:28, 행 2:15-18)라고 했다. 이 사람들이 포도주에 취한 사람들이다.

세상에서 술에 취한 사람들은 어떤 취기를 나타낸다. 마찬가지로 포도주에 취한 사람도 어떤 반응을 나타낸다. 포도주에 취한 사람들은 방언을 얘기하고, 예언을 하게 되고, 옷을 벗게 되어 있다.

왜 옷을 벗게 되는 것일까? 포도나무가 예수님이라면(요 15:1) 포도주는 예수님의 사상, 이념을 담고 있는 말씀이 된다. 그 말씀 안에는 영원한 생명이 있고, 생명 안에는 빛이 있었다(요 1:4). 그러한 포도주에 취했다는 것은 땅의 모든 사상과 이념을 벗어던지고 하늘의 복음에 취했다는 것을 의미하는 것이다. 즉 세상 겉옷을 벗어던지고 하늘의 속옷, 빛의 옷을 입었다는 것이다. 그것이 포도주를 먹고 취해가는 과정에서 전개되고 있는 구도의 변화라고 말할 수 있다. 옷을 벗었다는 것은 그러한 구도의 과정에서 최고의 경지에 도달한 은혜를 입었다는 것을 말하는 것이다.

그러나 사도행전 2장의 상황으로 보면, 포도주의 비밀을 알지 못하고 포도주에 취하는 최고의 경지에 가보지 못한 인간들은 '술을 먹고 취해서 저런 추태를 부린다'라고 말할 수밖에 없다.

예를 들면 포도주의 비밀을 모르니까 모세의 시체를 마귀가 가져갔다고 말하고 있다. 일부 신학자들이 자기들의 말을 합리적으로 주장하기 위해서 변화의 산에 나타난 모세와 엘리야는 영적으로 나타난 것이지, 영육 간에 나타난 것이 아니라고 말하고, 그렇게 가르치고 있다.

그들은 포도주에 취해보지 못하고, 포도주에 취한 반응, 결과를 모르기 때문에 그렇게 말할 수밖에 없다.

마찬가지다. 누구든지 포도주에 취해서 옷을 벗는 비밀을 모르면 노아를 술 취해 추태를 부린 자라고 할 수밖에 없다. 노아가 세상 술에 취해 있었다면 어떻게 깨자마자 함을 저주할 수 있었겠는가? 말씀의 술에 취했기에 하나님께서 함이 불법을 저지르고 있는 상황을 알려주신 것이다. 이는 마치 모세가 시내산 위에 있었을 때, 산 아래의 상황을 하나님께서 친히 가르쳐주신 것 같은 역사라고 할 수 있다.

하늘나라가 이 땅 위에서 이루어지기 위해서는 하늘의 법을 알아야 한다. 이 땅에서 하늘나라가 이루어진다고 해서 이 땅의 법으로 이루어지는 것이 아니라 하늘의 법대로 이 땅에서 이루어지는 것이기 때문이다. 즉 포도주에 취해서 벗은 자만이, 포도주의 비밀을 아는 자만이 하늘의 법을 알 수 있는 것이다.

그러면 왜 하나님께서 의의 후사가 되는 노아로 하여금 포도주에 취해 벌거벗게 만드셨는가? 노아가 벌거벗은 사건 이후에 셈, 함, 야벳에게 축복과 저주가 나뉘는 결과가 이루어졌다는 사실로 그 이유를 짐작할 수 있다.

> 창 9:20-27 노아가 농업을 시작하여 포도나무를 심었더니 포도주를 마시고 취하여 그 장막 안에서 벌거벗은지라 가나안의 아비 함이 그 아비의 하체를 보고 밖으로 나가서 두 형제에게 고하매 셈과 야벳이 옷을 취하여 자기들의 어깨에 메고 뒷걸음쳐 들어가서 아비의 하체에 덮었으며 그들이 얼굴을 돌이키고 그 아비의 하체를 보지 아니하였더라 노아가 술이 깨어 그 작은 아들이 자기에게 행한 일을 알고 이에 가로되 가나안은 저주를 받아 그 형제의 종들의 종이 되기를 원하노라 또 가로되 셈의 하나님 여호와를 찬송하리로다 가나안은 셈의 종이 되고 하나님이 야벳을 창대케 하사 셈의 장막에 거하게 하시고 가나안은 그의 종이 되게 하시기를 원하노라 하였더라

노아의 가정이 여덟 가족으로 이루어져 있다. 여덟 가족들은 다 하나님의 방주를 짓는데 동참했다. 그들도 어느 면에서는 신앙의 의를 이룬 사람들이다. 그런데 문제는 아브라함 같은 신앙의 의는 이루지 못했다는 것이다.

노아 자신은 신앙의 의를 이루었기에 히브리 기자는 노아를 가리켜 의의 후사라고 증거했다(히 11:7). 마치 아브라함이 이삭을 바침으로 신앙의 의를 이룬 것처럼, 노아의 가족들에게 신앙의 의를 이루도록 하기 위하여 주신 명령이 노아에게 '포도주에 취해

벗으라'는 것이다. 하나님께서 아브라함에게 주신 7대 명령[38] 중 마지막 7번째 명령처럼, 노아가 벗는 것으로 노아의 가족들을 시험하신 것이다.

그 결과 노아의 가족들 중, 신앙의 의를 이룬 사람도 있고 저주 받은 사람도 있었다. 셈은 아비의 하체를 보지 않으려고 뒷걸음질 쳐서 들어가 겉옷으로 하체를 가려드림으로 노아에게 축복을 받았다. 이는 마치 좌편 강도가 예수님을 모독하는 말로 비난하고 조롱하고 있을 때, 우편 강도가 예수님을 변론해주는 그런 모습과도 같은 것이다. 물론 야벳은 셈을 함께 도와주었다. 그러나 함은 아비의 하체를 보고 장막 밖으로 나가 형제들에게 고함으로 저주를 받았다(창 9:21-23). 이 결과적 사건이 주는 의미가 무엇인가?

비록 노아의 가족들이 하나님께서 주신 은혜 안에서 노아를 중심으로 방주를 짓고 심판을 면하기도 했지만, 하나님께서 보시기에는 그들의 신앙이 다 똑같지 않았기에 그들을 시험하신 것이다. 그 시험은 아브라함이 받은 7대 명령으로 말한다면 일곱 번째 마지막 명령이 되는 것이다.

아담에게 행위의 계약을 통해서 역사하시고 에덴동산을 맡겨주신 것처럼 노아의 가족들이 은혜를 받고, 노아와 함께 방주를

---

[38] 아브라함이 받은 7대 명령은 다음과 같다. 첫째, 네 고향을 떠나라(창 12:1-3, 11:31, 느 9:7-8). 둘째, 제물을 드리라(창 15:9, 롬 12:1). 셋째, 완전하라(창 17:1, 마 5:48, 히 13:21). 넷째, 개명하라(창 17:5, 막 3:17). 다섯째, 언약을 지켜 할례하라(창 17:9-14, 신 10:16, 레 19:23-25). 여섯째, 여자와 그 아들을 내어 쫓으라(창 21:8-21, 갈 4:22-31). 일곱째, 독자 이삭을 바치라(창 22:2-4, 22:9-14, 히 11:17-19, 약 2:21-24).

짓고, 또 방주를 통해서 물로 심판하시는 하늘의 큰 사역에 동참하였다. 그러나 그들이 하나님의 거룩하신 한 뜻을 이루고자 하시는 성가정의 가족들로서는 아직 완전한 자라고 말할 수 없다는 것이다. 그렇기 때문에 노아의 가족들도 완전해져야 그들을 통해서 하나님께서 신천신지를 이룰 수 있는 새 창조, 새 역사의 세계를 펼칠 수 있는 것이다.

그렇다면 신앙의 의를 이루는 입장에서 하나님께서는 왜 노아의 벗은 몸을 노아의 가족들에게 보여주신 것일까?

보여주신 대상인 노아는 지금 포도주에 취해서 벌거벗은 사람이다. 성경에서 포도주를 마시고 취한 사람은 기묘자, 모사로 보이기도 한다(사 9:6).

구약의 4대 선지자가 포도주에 취한 대표적인 사람들이다. 이사야 선지자도 포도주에 취해서 3년 동안 아랫도리를 벗고 다녔다(사 20:2-3). 예레미야 선지자도 포도주에 취해서 자기 나라의 백성이 비참한 최후의 결말을 맞게 된다고 하며, 바벨론에게 항복해야 한다고 외쳤다. 예레미야는 실제적으로 '네가 열방의 선지자로서 모든 나라들에게 독주를 마시게 하라'(렘 13:12-14)고 하여 열방을 다 취하게 만들었다.

에스겔 선지자는 포도주에 취한 결과, 네 생물의 도움을 입어서 이스라엘 백성들의 제사장, 유사, 서기관, 바리새인들, 70장로들의 은밀한 죄와 허물들을 낱낱이 하나님께서 보여주시는 대로 폭로했다.

다니엘 선지자는 포도주에 취해서 느부갓네살 왕의 꿈을 해몽함으로 인해 느부갓네살 왕으로부터 큰절을 받았다(단 2:46). 우상을 섬기는 이방나라 왕이 포로로 잡혀온 소년 다니엘에게 큰 절을 한 사건은 마지막 때 어둠의 권세가 하나님의 구속사 앞에 무릎 꿇을 수밖에 없는 동기를 마련한 사건이다.

다니엘의 세 친구들도 포도주에 취함으로 평소보다 7배나 뜨거운 풀무불에서 살아남을 수 있었다(단 3:19-26). 이런 내용들이 포도주에 취한 결과적인 반응이다. 그들이 포도주에 취했기 때문에 그들은 평생 하나님의 뜻을 위해서 목숨을 내걸고 순종할 수 있었다.

따라서 노아의 포도주에 취해서 벌거벗은 결과가 지금 소개한 포도주에 취한 사람들의 반응으로 다 나타나고 있는 것이다.

예수님은 십자가에서 속옷도 못 입으시고 여섯 시간 동안 달리셨다. 성경에 기록되지는 않았지만 골고다 언덕에 모인 수 많은 군중들이 온갖 폭언과 욕설과 야유와 고함을 지르며, 비난과 조롱을 했을 것이다. 그 당시 예수님의 벌거벗은 몸을 본 군중들은 두 가지로 구별이 되었다. '구원을 얻지 못하는 멸망 받을 자들에게는 십자가의 도가 미련하게 보인다'(고전 1:18)고 했다. '아무리 의인이라도 술 취한 자는 하나님의 영광을 가리고 망령된 일을 저지를 수밖에 없다'라고 노아를 정죄한 것처럼, 멸망 받을 자들에게는 십자가의 도가 미련하게 보이는 것이다.

그러나 영생을 얻는 자들에게는, 믿음이 있는 자들에게는 십자가의 도가 영생이라는 것이다. 그들에게는 비록 십자가에 처절하게 달려있지만 그분이 영광의 주로 보이고, 생명나무로 보인다는 것이다(고전 2:8).

그래서 하나님께서 노아를 통해서 포도농사를 짓게 하시고,

포도주를 만들어서 먹고 취하게 한 다음 옷을 벗게 하셨다. 그것은 곧 예수께서 십자가에 벌거벗고 달리실 것을 연출해낸 것이다. 지금 노아가 포도주에 취해서 벗은 것은 장차 인류의 죄를 속죄하고자 이 땅에 오실 메시야, 예수님의 십자가에 달리실 모습을 믿음으로 바라보며 연출한 것이다. 장차 예수님이 십자가상에서 벗은 채로 달리심으로 말미암아 인류를 구원하실 수 있는 구원의 주, 생명의 주가 되실 것을 믿음으로 바라보고 그 사건을 연출한 것이다.

노아의 가족들에게 신앙의 의를 이루게 하기 위해서 노아의 벗은 모습을 보여 주었는데, 노아의 하체를 본 그들의 반응은 각기 다르게 나타났다. 그래서 '하나님께서는 외모를 보시지 않고 중심을 보신다'는 말씀이 기록되어 있는 것이다(삼상 16:7).

그것을 어느 의미에서는 이렇게도 말할 수 있다. 아담에게 '에덴동산의 각종 나무열매는 임의로 먹되 선악나무 열매는 먹지 말라, 먹으면 정녕 죽으리라'(창 2:16-17)는 말씀과 포도주에 취해 벌거벗은 노아를 가족들로 하여금 보게 하시는 하나님의 행위적인 계약과 같은 맥락의 말씀이 된다고 말할 수 있다.

야곱이 이긴 자가 되어서 이스라엘이라는 새 이름을 받은 것처럼, 하나님께서 벌거벗은 노아를 통해서 아담에게 주신 행위의 계약을 동일하게 역사하신다는 것이다.

만일 노아의 가족들에게 주시는 행위의 계약을 통해서 노아의 가족들이 모두 이긴 사람이 된다면 하나님께서는 어떤 역사를 전개할 수 있는 것인가? 아담이 선악나무 열매를 따먹지 않고 이겼더라면 죄와 상관없는 빛의 영광의 세계를 이룰 수가 있었을 것이다. 하나님께서 아담을 내쫓을 때 '저가 선악을 아는 일에 우리와 같이 되었으니 생명나무 열매를 따먹고 영생할까 하노라'(창 3:22) 이 내용을 보면 생명나무 열매는 자기 스스로는 자기의 열매를 지킬 능력이 없는 존재라는 것이다. 그래서 그룹과 화염검으로 하여금 생명나무를 지키게 했다(창 3:24).

생명나무가 왜 자력으로 자기를 방어할 수 있는 힘이 없는 것인지 예를 들어서 설명하고 있는 것이다. 그런 상태에 있는 입장을 '벗었다'라고 말하는 것이다. 실제로 영혼이 하늘, 낙원으로 갈 때 육신의 옷을 입고 가는 것이 아니라, 성도들의 옳은 행실인 의의 옷, 세마포를 입고 가는 것이기에 '벗었다'고 표현할 수 있다(계 19:8).

생명나무는 나무 자체로만 본다면 아직 방어할 수 있는 능력이 없는 존재다. 그는 아직 하나님께 영광을 받지 못했기 때문이다. 영광을 받기 위해서 이 땅에 말씀이 육신으로 오셔야 한다.

생명나무가 영광을 받지 못했다는 의미는 이런 뜻이다. 생명나무와 아담을 비교하면 아담은 흙, 사람, 생령이 된 존재이다. 그런데 에덴동산 한 가운데 있는 생명나무는 아직 말씀이 육신이 된 존재가 아니다(요 1:14). 생명나무가 말씀이 육신으로 온, 육신을 가진 인격체가 되었다면 아담과 같은 입장에서 사람처럼 자기 방어를 할 수 있는 존재가 되었을 것이다.

그러나 아직 생명나무는 흙, 사람이라는 아담과 같은 육체적 인격을 가진 존재가 아니다. 따라서 아담과 생명나무는 전혀 다른 입장에서 같은 법에 저촉을 받거나, 같은 입장으로 대항할 수 있는 상대가 아니다. 에덴동산 한가운데 있는 생명나무는 아직 말씀이 육신을 입지 못한 존재로, 흙, 사람, 생령이 된 대상과는 전혀 다른 차원의 거룩한 존재이기 때문에 그들과는 수평적인, 또는 공평한 입장, 대등한 입장에서 교제하며 교류할 수 있는 인격체가 아니기 때문에 자기를 방어할 수 없다는 것이다. 그런 이유 때문에 '선악을 아는 아담이 생명나무 열매를 따먹고 영생할까 하노라'(창 3:22) 그렇게 말씀하신 것이다.

지금 노아가 포도주에 취해 벌거벗었지만 그의 영혼은 그 몸에서 빠져나와 낙원에 있는 것이다. 마치 모세가 십계명을 받고 하산할 때 하나님께서 이스라엘 백성들이 금송아지 우상을 섬기고 있다는 것을 가르쳐주시듯(신 9:12), 하나님께서 낙원에 있는 노아에게 지금 셈과 함과 야벳이 하고 있는 모든 일을 알려주신 것이다. 그래서 노아의 영혼이 다시 육체 속으로 돌아오자마자 노아가 가나안을 저주한 것이다(창 9:25, 9:27).

노아가 연출한 그 사건은 단순히 개인적으로 구도의 정점을 이루기 위한 승리의 모습을 보여주고 있는 것만이 아니라, 그 내용을 통해서 세 자녀들을 동일한 조건과 환경 속에서 시험하신 것이라고 말할 수 있다. 아담이 타락하여 후사를 선택할 선택권이 박탈됨으로 가인과 아벨 중 장자를 선택하는 방법으로 제사를 드리게 하셨다(창 4:3-5). 이처럼 가인과 아벨의 제사를 통해서 장자를 선택하시고자 하셨던 하나님의 입장이 노아 때에도 동일하게 적용이 되고 있었던 것이다.

그런데 공의로써 그 시험의 과정을 거쳐야 될 세 자녀 중 함이 공의의 과정을 통과하지 아니하고 불법을 저지르고 말았다. 셈과 야벳에 앞서 먼저 장막으로 들어가 선수를 치고 만 것이다. 그래서 바울이 '경기장에서 달리는 선수가 법대로 경기하지 아니하면 면류관을 얻지 못할 것이며'(딤후 2:5)라고 했다.

포도주에 취한 아버지 노아의 모습은 하나님의 영광을 나타내는 것이다. 가인과 아벨이 동시적으로 제물을 통해서 제사를 드린 것처럼, 세 자녀들도 노아의 벗은 모습을 보고 각자 나타나는 그들의 반응을 통해서 하나님께서 그들로 하여금 어떻게 구속사의 세계를 펼칠 것인가를 선택하고자 하신 것이다. 하나님께서 셈과 함과 야벳, 세 사람에게 노아가 포도주에 취하여 벗은 모습을 보여주시고 그들의 신앙의 자세를 통해서 그 순서를 정하려고 하셨다는 것이다.

그래서 하나님께서는 포도주에 취한 노아로 하여금 벗게 하셨지만 하나님께서는 노아의 가족들이 이기기를 간절히 바라신 것이다. 노아의 가족들이 다 이긴 자가 되었다면 이제는 선악나무 열매를 따먹은 후손이 아니라 새 창조, 새 역사의 세계를 펼칠 수 있는 새 언약의 사람들이 되었을 것이다. 그러면 죄와 상관이 없는 새 언약의 사람들을 통해서 하나님께서 본래의 영광의 세계를 회복하시고자 다시 한 번 도전할 수 있는 역사를 펼칠 수 있는 상황이 되었을 것이다. 노아의 가족들이 다 이긴 자가 되어서 최초의 거룩한 성가족이 된다면 새 시대의 새 문을 열게 되는 것이다.

그렇기 때문에 공의의 하나님께서는 당연히 그 선택을 공도로써(렘 30:11) 집행을 하시게 되어 있는 것이다. 그래야 하나님께서 사단, 마귀에게 문제제기를 받지 않으신다.

노아의 입장으로 보면 아직 세 아들이 죄를 짓지 않은 상태였다. 함께 방주를 짓느라고 정말 피눈물을 흘리면서 고생한 사람들이다. 노아가 함께 고생한 자기 아들들이 그런 저주를 받기 원했겠는가?

그러나 신앙의 순서를 정하려고 그렇게 하나님께서 노아를 통해서 연출을 시켰는데 그 틈으로 사단이 개입하여 함으로 하여금 저주를 받게 만들었다는 것이다. 함을 통해서 저주를 받게 하는 것이 본래의 목적이 아니었다. 즉 본래의 목적을 이루고자 하시는 역사를 마귀가 틈타서 흠을 내고 만 것이다. 그러니까 함이 하나님의 마음, 노아의 마음을 헤아리지 못함으로 말미암아 순간적으로 마귀의 유혹을 받아서 독단적이고 독선적인 육신의 소욕의 길을 걷고 만 것이다.

여기서 함이 본 아비의 하체의 의미는 우리가 쉽게 다룰 수 있는 문제가 아니라는 것을 성경을 보면 볼수록 통감하게 된다.

단순히 하체만을 조명해서 본다면 좁은 의미에서 그 내용을 설명할 수 있지만, 보다 큰 틀에서 함이 아비의 하체를 보았다는 것은 하와가 선악나무 열매를 보았다는 것과 같은 의미로도 해석할 수 있는 것이다.

아비의 하체는 두 가지 관점에서 노아의 부인을 말할 수도 있고, 또 한편으로는 아비의 직접적인 하체를 말할 수도 있다는 양면성으로 생각해야 한다. 레위기에 드러난 내용을 근거로 한다면 아비의 하체는 분명히 노아의 부인을 말하고 있는 것이다(레 18:7, 신 22:30, 27:20). 그러나 노아가 벌거벗었다는 입장으로 본다면 노아 부인을 말하는 것이라고 생각하기보다는, 노아 자신이 하체를 벌거벗은 쪽으로 볼 수 있다.

노아가 왜 벗었느냐 하는 점! 그것은 노아 스스로가 벗은 것이 아니다. 그것은 하나님의 절대적인 명령이다. 그래서 노아를 통해서 노아의 가족들로 하여금 마지막 신앙의 의를 이루게 하려 하신 것이다. 그러나 마지막에 함으로 말미암아 깨어지고 말았다.

그것이 왜 하나님의 절대적인 명령이 되는가? 그것은 아담이 행위의 계약으로써 시험을 받은 것처럼, 노아의 가족들도 심판과 새 시대의 문을 여는 사명자로서, 당연히 마지막으로 시험을 받아야만 노아와 함께 그들이 새 시대의 문을 열 수 있는 자격자들이 되기 때문이다.

노아의 가족들로 하여금 선택권을 그들의 자유의지에 맡겨서 그들로 하여금 생명나무, 혹은 선악나무를 선택하게 하시기 위한 마지막 관문이었다.

그래서 '마지막 인자의 역사는 노아 때와 같은 것이다'(마 24:37, 눅 17:26). 노아의 포도주에 취한 벗은 모습을 통해서 마지막 때에도 무엇이 구별되는 것인가?

멜기세덱이 노아와 같은 영광을 가지고 같은 말씀으로, 같은 입장에서 역사를 한다면 마지막 인자의 역사도 노아 때처럼 의인의 부활과, 생명의 부활과, 심판의 부활을 구별하는 역사를 하는 것이다(계 20:4-6, 요 5:29). 멜기세덱이 포도주에 취해 벗은 모습을 통해서 그렇게 역사하는 것이다. 그래서 예수님이 친히 '인자의 역사는 노아 때와 같다'는 말씀을 하신 것이다(마 24:37, 눅 17:26).

2. 모세

(1) 모세의 탄생

갈라디아서 4:4에서 '때가 차매' 예수님이 오셨다. 마찬가지로 히브리서 3장 말씀을 생각해본다면 모세도 사환으로서 '때가 차매' 온 사람이라고 할 수 있다. 모세도 그냥 온 것이 아니라, '때가 차매' 자기의 때에 정확하게 등장한 것이라고 말할 수 있다. 물론 모세가 '때가 차매' 왔다는 직접적인 표현은 없지만 그와 대등한 한 가지의 의미를 가지고 있는 내용이 있기 때문이다.

모세의 어머니가 요게벳, 아버지가 아므람이다. 아므람의 아버지의 누이가 요게벳이다. 즉 아므람은 자기 고모와 결혼을 한 것이다(출 6:20, 민 26:59). 이 구절이 쉽게 소화할 수 있는 구절은 아니지만, 깊이 궁구해본다면 이 구절의 의미가 이면적으로는 갈라디아서 4:4의 '때가 차매' 오셨다는 말씀과 같은 의미가 된다.

모세의 아버지인 아므람이 고모와 결혼했다는 것은 그 당시의 정서로는 감히 상상할 수도 없는 패륜이다. 더구나 율법의 지도자인 모세가 그런 환경에서 태어났다는 것은 도저히 이해하기 어려운 일이다. 그러나 '사람의 생각과 하나님의 생각은 다르다'(잠 14:12, 16:25, 사 55:8-9)는 말씀을 생각해 본다면 단순히 도덕적인, 인륜적인 차원에서 불순한 동기로 모세가 태어났다는 쪽으로만 해석해서는 안 되지 않은가?

그러면 이 내용을 어떤 의미로 해석해야 하는가? 첫째, 때를 단축시켰다는 것이다(고전 7:29). 때를 앞당겼다는 말은 꼭 그때에 모세가 태어나야만 했기 때문에 족보를 앞당긴 것이라고 말할 수 있다. 그런 의미에서 모세도 영적으로 말하면 '때가 차매' 온 것이라고 말할 수 있다. 둘째, 예수님이 십자가를 지고 오신 것처럼 율법의 아버지격인 모세가 율법의 저주를 짊어지고 왔다는 것이다.

그 이유가 무엇인가? 히브리서 3장에 보면 '모세는 종으로서 하나님의 집에서 충성했고 예수님은 집 지은 아들로서 충성했다'(히 3:5-6)고 했다. 분명히 구속사의 세계를 살펴보아도 구속사의 시작은 하나님의 후사격인 아들로서 출발을 했다. 아담은 예수님을 닮은 상징적인 대상자이다. '아담은 오실 자의 표상이라'(롬 5:14)는 말씀대로 하나님의 후사격인 아들로 시작했지만 그 아들이 하나님의 말씀에 불순종함으로써 진 자가 되어서 이긴 자에게 종이 되었다. 그래서 구속사의 세계는 종의 시대로부터 출발이 되었다는 것을 알 수 있다.

그렇기 때문에 하나님께서는 구속사의 의미를 강조하기 위해서 쇠풀무 같은 애굽에 있던 이스라엘 백성들을 항상 종으로 말씀하고 있다(신 4:20, 렘 11:4). '너희들이 그들의 종살이를 하지 않았느냐?'라고 종의 의미를 강조했다는 사실을 알아야 한다(스 9:8, 미 6:4). 그렇기 때문에 그들을 위해서 때에 맞게 등장한 모세 자신도 하나님의 집에 사환으로 등장했다고 말씀할 수 있는 것이다.

(2) 예수님의 그림자가 된 모세

① 모세의 죽음은 이스라엘 백성들의 죄를 위한 대속사였다.

모세가 출애굽 40년 째 되는 해 '너는 가나안 땅에 들어가지 못한다'(신 1:37, 3:26)는 하나님의 명령을 듣게 된다. 젖과 꿀이 흐르는 안식의 땅, 가나안을 바라보면서 들어가지 못한 모세의 심정은 어떠했을까? 시편 106편에는 모세의 죄가 기록되어 있다 (시 106:32-33).

> 시 106:32-33 저희가 또 므리바 물에서 여호와를 노하시게 하였으므로 저희로 인하여 얼이 모세에게 미쳤나니 이는 저희가 그 심령을 거역함을 인하여 모세가 그 입술로 망령되이 말하였음이로다

> 민 20:8-11 지팡이를 가지고 네 형 아론과 함께 회중을 모으고 그들의 목전에서 너희는 반석에게 명하여 물을 내라 하라 네가 그 반석으로 물을 내게 하여 회중과 그들의 짐승에게 마시울찌니라 모세가 그 명대로 여호와의 앞에서 지팡이를 취하니라 모세와 아론이 총회를 그 반석 앞에 모으고 모세가 그들에게 이르되 패역한 너희여 들으라 우리가 너희를 위하여 이 반석에서 물을 내랴 하고 그 손을 들어 그 지팡이로 반석을 두 번 치매 물이 많이 솟아나오므로 회중과 그들의 짐승이 마시니라

민수기 20:8-11에서 하나님께서 모세에게 '반석을 명하여 물을 내라'고 하셨으나 모세와 아론은 '반석을 지팡이로 두 번 침으로 죄를 지었다'라고 기록되어 있다. 첫째는 하나님께서 하실 일을 '우리가 너희를 위해 물을 내랴?'(민 20:10)고 망령되이 말하였고, 둘째는 반석에게 명하여 물을 내라고 하셨는데 반석을 두 번 친 것은 반석이신 예수님을 때린 결과가 되는 것이다(고전 10:4).

이 므리바 반석의 사건으로 인해 모세와 아론이 하나님의 영광을 나타내지 않으므로 죄를 지어 가나안 땅에 들어가지 못하고

죽은 것으로 성경에는 기록되어 있다(시 106:32-33).

그러면 모세 자신은 자기의 죄에 대해 어떻게 말하는가?

> 신 1:37 여호와께서 너희의 연고로 내게도 진노하사 가라사대 너도 그리로 들어가지 못하리라

> 신 3:26 여호와께서 너희의 연고로 내게 진노하사 내 말을 듣지 아니하시고 내게 이르시기를 그만해도 족하니 이 일로 다시 내게 말하지 말라

모세가 처음으로 이스라엘 백성들에게 자기 심정을 고백하고 있다. '너희의 연고로'라는 것은 '너희의 얼이 내 얼굴에 미침으로 내가 흥분하고 격동하여 반석을 치지 않았느냐?'라는 뜻이 담겨 있다. 즉 모세는 이스라엘 백성들의 죄로 인해 가나안 땅에 들어가지 못했다고 말하고 있다.

마치 예수님을 십자가에 못 박을 때 이스라엘 백성들이 빌라도를 이긴 것과 같다. '당신이 예수를 십자가에 못 박지 않으면 가이사의 충신이 아니니이다'라고 주장할 때, 빌라도는 예수님을 죽이고 싶지 않았으나 '군중의 소리가 이긴지라'(눅 23:21-23) 할 수 없이 죽였다고 했다.

왜 모세는 이스라엘 백성들의 죄로 가나안 땅에 들어가지 못했는가?

신명기 34:5-6에서 '모세가 벧브올 맞은편 모압 땅에 있는 골짜기에 장사되었고 오늘까지 그 묘를 아는 자 없으니라'는 내용

과, 신명기 34:7에서 '모세의 죽을 때 나이 일백 이십 세나 그 눈이 흐리지 아니하였고 기력이 쇠하지 아니하였더라'는 내용을 볼 때, 모세의 죽음은 자연사가 아니라 하나님의 뜻에 의한 부르심이 었다는 것을 알 수 있다.

이미 제 4장 <하나님의 구속사의 입장에서 본 두 도맥>에서 기술한 내용대로 모세는 예수님처럼 부활한 사람이라는 결론에 도달할 수 있다. 유다서 1:9의 구절만으로는 미가엘 천사장이 모세의 시체를 가지고 갔는지 알 수가 없다. 그러나 마태복음 17:1-3의 내용을 볼 때 변화산에서 모세가 예수님 앞에 등장한 것을 보니 대군 미가엘 천사장이 모세의 시체를 가져감으로 모세가 영육 간에 부활했다는 것을 알게 된다(막 9:4, 눅 9:30).

만일 그림자격인 모세가 죽지 않고 젖과 꿀이 흐르는 가나안 땅에 들어갔다면 모세의 실체가 되시는 예수님은 어떻게 되셨을까? 모세가 죽지 않고 천국의 상징인 가나안 땅에 들어갔다면 예수님도 십자가를 지시지 않고 하늘로 가셨을 것이다. 그렇게 되면 우리 인류의 죄는 누가 사해 주겠는가?

따라서 모세는 예수님의 그림자이기 때문에 살아서는 가나안 땅에 들어가지 못한다. 그림자가 죽어야 실체도 죽는다. 예수님으로 하여금 십자가를 지시게 하기 위해 모세를 가나안 땅 앞에서 죽게 하신 것이다. 모세의 죽음은 시편 106편에 기록된 것처럼 모세의 죄로 죽은 것 같으나, 이면의 뜻으로는 예수님의 십자가 사건을 예비하시기 위해서 죽게 하신 것이다.

모세가 죽기 전에 하나님께 세 번 간구한 것을 알 수 있다(민

27:12-13, 신 1:37, 신 3:26). 그러나 모세의 세 번 간구에 대한 하나님의 응답은 '그만해도 족하니 이 일로 다시 말하지 말라'(신 3:26)는 것이었다.

예수님도 십자가를 지시기 전에 세 번 간구하셨다.

> 마 26:38-45 이에 말씀하시되 내 마음이 심히 고민하여 죽게 되었으니 너희는 여기 머물러 나와 함께 깨어 있으라 하시고 조금 나아가사 얼굴을 땅에 대시고 엎드려 기도하여 가라사대 내 아버지여 만일 할 만하시거든 이 잔을 내게서 지나가게 하옵소서 그러나 나의 원대로 마옵시고 아버지의 원대로 하옵소서 하시고 제자들에게 오사 그 자는 것을 보시고 베드로에게 말씀하시되 너희가 나와 함께 한시 동안도 이렇게 깨어 있을 수 없더냐 시험에 들지 않게 깨어 있어 기도하라 마음에는 원이로되 육신이 약하도다 하시고 다시 두 번째 나아가 기도하여 가라사대 내 아버지여 만일 내가 마시지 않고는 이 잔이 내게서 지나갈 수 없거든 아버지의 원대로 되기를 원하나이다 하시고 다시 오사 보신즉 저희가 자니 이는 저희 눈이 피곤함일러라 또 저희를 두시고 나아가 세 번째 동일한 말씀으로 기도하신 후 이에 제자들에게 오사 이르시되 이제는 자고 쉬라 보라 때가 가까왔으니 인자가 죄인의 손에 팔리우느니라

최후의 만찬을 마치신 후에 예수님은 겟세마네 동산에 가셔서 땀방울이 핏방울이 되도록 간절히 기도하셨다. 예수님의 기도의 내용을 살펴보면 기도하신 내용의 가운데에서 틈을 엿볼 수 있다.

'아버지여 할 수만 있으면 이 잔을 내게서 지나가게 하옵소서'와 '그러나 내 원대로 마옵시고 아버지의 뜻대로 하옵소서'라고 말씀하신 사이에 하나님의 응답이 있었다는 것을 믿음의 눈으로 바라볼 수 있다.

혹자는 예수님이 십자가에 대한 두려움으로 아버지께 간구하셨다고 주장하기도 한다. 그러나 유월절 양으로 이 땅에 오신 예수님은 인류의 죄를 담당하시기 위해 때에 맞게 십자가를 지시려고 애를 많이 쓰셨다는 것을 엿볼 수 있다. 산헤드린 공회에서 유월절에 예수님을 죽이면 민란이 날 것을 두려워하여, 유월절이 지나고 십자가에 달고자 결의한 사실을 예수께서 아시고(마 26:2-5, 막 14:1-2, 눅 22:1-2), 그 때부터 가룟 유다를 압박하여 자신을 팔게 하셨다. 제자의 밀고로 인해 명분이 생긴 유대의 제사장들은 결국 유월절에 맞추어 예수님을 십자가에 못 박은 것이다.

이러한 사실로 볼 때 예수님이 위와 같이 기도하신 것은 단지 십자가를 지실 것을 두려워서 하신 것이 아니다. 예수님의 겟세마네 동산의 기도는 율법을 완성하러 오신 입장에서 모세의 기도를 완성하시기 위한 것이다(마 5:17).

예수님도 모세가 세 번 기도한 대로 세 번 기도하셨지만 하나님께로부터 온 응답은 '그만해도 족하니 이 일로 다시 말하지 말라'(신 3:26)는 것이었다. 예수님이 자신의 죄가 아닌 인류의 죄를 위해 십자가를 지신 것이라면, 모세도 자신의 죄가 아닌 이스라엘 백성들의 죄를 위해 죽은 것이다.

또 출애굽 당시 모세의 지팡이로 홍해를 건넌 출애굽 1세대인

603,550명에 대해 신약에 와서 사도 바울은 세례를 받았다고 증거하였다(고전 10:1-2). 그들이 40년 광야길에서 우상숭배하고, 간음하고, 하나님을 원망하고, 시험한 죄로 여호수아와 갈렙 외에는 다 죽고 말았다(고전 10:7-10). 그런데 그들이 다 물로 세례를 받은 자라면 하나님의 입장에서는 그들을 구원시켜야 한다. 그러기 위해서는 여호수아, 갈렙 두 사람이 빠진 1세대를 위한 순교의 수가 차야 하기에 모세와 아론이 광야길에서 죽은 것이다(민 33:38-39, 신 34:5, 벧전 1:9).

예수님이 중보자라면 모세도 중보자이어야 한다. 예수님의 죽음이 대속사라면 모세의 죽음도 대속사이어야 한다. 그림자와 실체는 같아야 하기 때문이다. 예수님과 모세는 별개가 아니다.

그러나 성경에는 모세가 죄를 지어 죽은 것으로 기록되어 있다. 성경의 표면적인 내용만을 살펴보면 모세의 죄와 간구와 해명 밖에는 기록된 것이 없다.

그렇다면 왜 모세에 대해서는 명쾌하게 해명하시지 않았는가?

> 출 16:14 그 이슬이 마른 후에 광야 지면에 작고 둥글며 서리같이 세미한 것이 있는지라

> 민 11:9 밤에 이슬이 진에 내릴 때에 만나도 같이 내렸더라

이스라엘 백성들이 광야에서 40년 동안 만나를 먹으면서도 두 종류의 만나가 있음을 깨닫지 못하게 하신 것과 같다. 인류 구속사에는 세 번의 광야길과 세 번의 만나가 등장한다. 아직 세 번째 광

야길의 역사가 남아있기 때문에 하나님의 인류 구속사역이 완전히 마쳐지기 전에 그 비밀이 공개되면 많은 어려움을 겪게 된다. 제 밭에는 알곡과 가라지가 함께 있기에 가라지들로부터 많은 도전을 받게 되기 때문이다(마 13:24-30). 따라서 세 번째 만나인 감추인 만나가 등장해서 만나의 모든 사역이 끝나기까지는 모세의 비밀을 깨닫지 못하게 하신 것이다(계 2:17).

그렇기 때문에 모세에 관계된 비밀이 명쾌하게 밝혀질 수가 없다. 모세에 관계된 광야 역사의 비밀을 어둠의 권세가 깨닫지 못하게 인봉하셨다. 만나의 비밀도 우레처럼 감추인 비밀이기 때문이다. 이미 이사야 선지자로 하여금 이스라엘 백성들에게는 천국의 비밀을 허락하지 않았다고 예언한 바 있다(사 6:9-10, 마 13:14-15).

(3) 왜 모세의 노래와 어린 양의 노래가 다시 등장하는가?

> 계 15:2-3 또 내가 보니 불이 섞인 유리 바다 같은 것이 있고 짐승과 그의 우상과 그의 이름의 수를 이기고 벗어난 자들이 유리 바다 가에 서서 하나님의 거문고를 가지고 하나님의 종 모세의 노래, 어린 양의 노래를 불러 가로되 주 하나님 곧 전능하신 이시여 하시는 일이 크고 기이하시도다 만국의 왕이시여 주의 길이 의롭고 참되시도다

만일 모세가 죄로 인해 젖과 꿀이 흐르는 가나안 땅에 들어가지 못하고 광야길에서 죽었다면 마지막 재림의 마당에서 모세의 노래가 등장할 수 있는가? 왜 구약의 모세의 노래를 마지막 때 또 불러야 하는가? 그 점을 구체적으로 설명해보고자 한다.

> 사 30:26 여호와께서 그 백성의 상처를 싸매시며 그들의 맞은 자리를 고치시는 날에는 달빛은 햇빛 같겠고 햇빛은 칠 배가 되어 일곱 날의 빛과 같으리라

이 말씀을 깊이 궁구해보면 한 가지의 법칙, 원칙을 찾아내게 된다. 다시 말하면 구약의 마당의 빛과 신약의 마당의 빛, 재림의 마당의 빛의 영광이 다 다르다는 것이다. 그 중에서 어느 때의 영광이 가장 큰 영광으로 나타나는 것인가? 재림의 마당에서의 영광이다. 위 성구에서 '달빛은 햇빛 같겠고 햇빛은 칠 배가 되어 일곱 날의 빛과 같으리라'(사 30:26)는 구절 속에는 그런 율례와 규례, 원칙이 들어있다는 것이다.

구약 때의 모세의 노래의 내용은 신약 때, 그리고 재림의 마당에서는 전혀 달라진다는 것을 알 수 있다. 표면적으로는 같은 모세의 노래라고 하지만 내용상으로, 영광으로는 구약 때 부르는 모세의 노래, 신약 때 부르는 모세의 노래, 재림의 마당에서 부르는 모세의 노래가 각각 다 다르다는 것이다. 따라서 노래의 내용과 영광이 달라진다면, 그 노래의 주인공이 되는 사람이 짊어지고 있는 내용과 영광도 당연히 달라질 수밖에 없는 것이다.

시내산의 옛 언약의 중보자인 모세와, 변화산에서 아버지의 영광으로 변화되신 예수님 앞에 나타난 모세는 영광이 다른 사람이다. 구약의 마당에서는 하나님의 선한 형상을 보여 달라는 모세에게 '너는 나를 보면 죽으니 너를 잠시 바위틈에 두었다가 내 손으로 가린 다음에, 내 뒷모습을 보여주겠다'(출 33:19-22)라고 말씀하셨다. 그런데 신약의 마당에서는 예수님이 하나님의 영광으로 변화를 받으신 그 영광 속에서 모세와 엘리야를 통해서 별세

하시고 난 후의 사후처리의 내용을 의논하신 것이다. 예수님이 어떻게 죽으실 것을 의논하신 것이 아니다. 문맥상으로, 표면적으로는 그렇게 나타나있지만 내용을 깊이 궁구해보면 예수님이 별세하시고 난 이후, 사후에 대한 내용을 의논하신 것이다. 성체에서 흘리신 피가 십자가를 통해서 땅에 떨어지고 땅에 떨어진 핏속에는 예수님이 가지고 오셨던 태초의 말씀이 들어있다. 그 말씀을 어떻게 담당하고 관리할 것인가 하는 사후에 대한 내용을 의논하신 것이지, 예수님이 어떻게 죽으실 것만을 의논하신 것이 아니라는 점도 분명히 알아야 한다(눅 9:31).

바꾸어 말하면 구약의 모세와 신약의 마당에 등장한 모세는 이미 그 영광이 달라진 분이다. 어느 의미에서는 구약에 나타났던 모세는 옛 언약의 중보자였지만, 신약에 나타난 모세는 장차 미래에 나타날 언약의 중보자의 자격으로서 주님의 부르심을 받고 아버지의 영광에 부르심을 입은 것이다. 구약의 달빛 같았던 모세가 신약의 마당에서는 햇빛 같은 존재로 등장했고, 재림의 마당에서는 일곱 날의 빛과 같은 존재로 등장할 것이다.

'햇빛은 칠 배가 되어 일곱 날의 빛과 같으리라(사 30:26)'는 구절의 일곱 날의 빛과 같은 그 세계는 유한적인 세계가 아니라 영원한 영광의 세계이다.

그 세계는 상하거나 해를 받거나 노쇠하거나 소멸되거나 다시 태어나는 것이 없는 세계이다. 모든 것이 다 영원한 존재들이다. 또 거룩한 존재이며, 영광스러운 존재들이다. 그렇기 때문에 그곳에는 어린 양이 그 등이 되시고 어린 양이 성전이 되시기 때문에, 성전도 없고 등도 없고 해, 달, 별 빛도 없는 것이다(계 21:23).

이 율례와 규례, 이 공식에 대입해서 모세의 노래를 적용해본 다면 마지막 때에 모세의 노래의 주인공인 모세는 일곱 날의 빛과 같은 해를 입었기 때문에 그도 일곱 날의 주인공과 같은 대상이 될 수도 있다는 것이다. 즉 이 땅의 주, 해를 입은 여인도 그런 사람이라고 말할 수 있지 않을까?

그렇다면 모세의 노래에는 어떤 의미가 들어있는가?

> 계 2:17 귀 있는 자는 성령이 교회들에게 하시는 말씀을 들을찌어다 이기는 그에게는 내가 감추었던 만나를 주고 또 흰 돌을 줄 터인데 그 돌 위에 새 이름을 기록한 것이 있나니 받는 자밖에는 그 이름을 알 사람이 없느니라

'감추었던 만나와 흰 돌'이 나온다(계 2:17). 감추었던 만나와 흰 돌이 요한계시록에 등장하는 때의 주인공들이 될 수 있다. 이 말씀에 모세를 적용해서 다시 한 번 설명해 본다면 이런 답을 말할 수 있다. 첫째, 재림의 마당에 등장하는 재림주는 '감추었던 만나, 또 흰 돌'로 등장하기에 주고받은 자 외에는 알기 어렵다.

또 요한계시록 19:11 이하에 보면 다섯 가지의 별칭이 나온다. '충신과 진실, 백마를 탄 자, 피 뿌린 옷을 입은 자, 자기밖에 모르는 자기의 이름을 가진 자, 그리고 하나님의 말씀이라 칭하더라' '도둑같이 오신 자, 감추었던 만나로 오신 자, 흰 돌'(살전 5:2, 벧후 3:10, 계 16:15, 2:17) 그리고, 마지막 결론이 '영존하신 아버지'라고 했다(사 9:6).

재림주께서 변함이 없는 한 가지 이름을 가지고 오면 누구나 알

수가 있을 것이다. 그러나 기묘자, 모사라는 말과 도둑같이 오시는 자라는 말은 어느 의미에서는 너무 많은 이름을 가지고 오시기 때문에 진짜 이름이 무엇인지 도무지 아는 사람이 없다는 것이다.

예수님이 '나는 알파와 오메가, 처음과 나중, 시작과 끝'(계 22:13)이라고 하신 것처럼, 그 이름들은 누구로부터 시작된 이름인가? 재림의 마당에서 많은 이름이 나타났지만 그 이름의 주인공이 처음에는 모세였다. 물론 모세가 전생에서는 또 다른 존재이기도 했지만 인간의 현실에 첫 번째 뛰어든 이름은 모세다. 모세가 처음에 알파라면 마지막 이름은 멜기세덱이다. 그렇기 때문에 그러한 원리적인 이치를, 율례와 규례를 적용하는 의미에서 모세의 노래라고 말씀하시는 것이다.

모세의 노래는 '짐승과 그의 우상과 그의 이름의 수를 이기고 벗어난 자들이'(계 15:2) 부를 수 있는 노래다. 다시 말하면 모세의 노래와 어린 양의 노래를 부를 수 있는 사람들만이 짐승과 그의 우상과 그의 수를 이길 수 있는 것이다. 여기서 짐승의 수는 666을 말하고, 짐승은 바다의 짐승을 말하며, 바다의 짐승의 우상은 붉은 용이다. 또 땅의 수양도 등장한다(계 13:2, 13:11, 13:17-18).

이런 666을 이길 수 있는 사람은 누구인가? 모세의 노래와 어린 양의 노래를 부를 수 있는 사람만이 이길 수 있는 것이다.

> 계 15:2 또 내가 보니 불이 섞인 유리 바다 같은 것이 있고 짐승과 그의 우상과 그의 이름의 수를 이기고 벗어난 자들이 유리 바다가에 서서 하나님의 거문고를 가지고

여기서 '불 섞인 유리바다'라는 말은 구중의 유리바다라고 표현하기도 한다. '구중'이라는 말은 죄가 없는 곳, 죄가 침범할 수 없는 곳, 즉 하나님의 거룩하신 영광만이 차고 넘치는 곳을 말한다. 다시 말하면 어떤 경우에 부딪혀도 신앙에 전혀 흔들림이 없는 상태를 말한다.

결론적으로 예수님 안에 하나님께서 계신다는 원칙에 입각하면 모세 안에는 누가 있는가? 멜기세덱이 모세의 속사람이다. 예수님의 속사람은 하나님이시고 모세의 속사람은 멜기세덱이다. 그러나 창세 전으로 말한다면 모세의 근본은 네 생물이다. 예수님도 창세 전, 이 땅에 오시기 전에는 생명나무이시며 하나님이시다.

정리하면, 요셉도 구약의 마당, 신약의 마당, 재림의 마당에 세 번 등장하는 것처럼, 모세 또한 구약의 마당, 신약의 마당, 재림의 마당에 세 번 등장하게 된다. 재림의 마당에 등장하는 모세는 장차 멜기세덱 반차를 따라 멜기세덱의 영광을 입을 수 있는 존재가 아니겠는가?

이사야 30:26 말씀에 입각해 다시 한 번 설명해 본다면, 구약의 그림자가 신약에 와서 실체의 영광을 입게 되고, 신약에서 영광을 입은 자가 재림 마당에서는 일곱 날의 영광의 존재로 전환될 수 있다는 것이다.

3. 다윗

(1) 이스라엘의 왕이 된 다윗

　신약의 첫 서두인 마태복음 1:1에는 '아브라함과 다윗의 자손 예수 그리스도의 세계라'고 기록하심으로 아브라함과 다윗을 예수 그리스도 족보의 두 기둥으로 세우셨다. 즉 다윗을 통하여 새로운 신정체제를 구축하시고, 예수 그리스도께서 오시는 길을 준비하신 것이다. 따라서 예수님의 마태족보에는 오직 다윗의 이름만이 두 번 등장한다(마 1:6).

　다윗은 아버지 이새의 눈에도 차지 않는 존재였으나 하나님의 마음에 합한 자였다. 하나님께서는 외모를 취하지 않으시고, 중심을 보시는 분으로(행 13:22, 삼상 16:7) 사무엘 선지자로 하여금 다윗에게 기름을 붓게 하셨다.

　또 다윗은 광야에서 양을 치는 가운데 수금을 타며 구도의 길을 걸은 자였다. 다윗은 사자와 곰의 입에서 자기 양들을 지키기 위해서 목숨을 걸고 사명을 다한 자였다(삼상 17:34-35). 실로 다윗은 양들을 인도하는 목자의 표상이었다.

　다윗이 블레셋 전투에서 골리앗을 물맷돌로 죽인 후에, 여인들이 사울을 환영할 때 '사울의 죽인 자는 천천이요, 다윗은 만만이로다'(삼상 18:6-9)라고 창화한 일로 사울의 미움을 사서 쫓기게 된다.

　다윗의 도피생활은 블레셋 적장 골리앗을 죽인 후부터 시작되어 헤브론에서 왕이 되기까지 약 10년간 16군데의 도피처를 전전하면서 지속되었다. 다윗은 도피하는 과정에서 숱한 우여곡절과 고난을 겪으며 남의 어려움을 이해할 수 있는 마음을 갖게 되었고, 어떤 역경도 이겨낼 수 있는 참된 지도자로 연단을 받았다.

다윗은 세 번 기름부음을 받았다. 첫째, 17세에 사무엘 선지자로부터 기름부음을 받았고(삼상 16:1, 16:13) 둘째, 헤브론에서 유다족속의 왕으로 기름부음을 받았고(삼하 2:4) 셋째, 온 이스라엘의 왕으로 기름부음을 받았다(삼하 5:3). 다윗은 30세에 왕이 되어 40년 동안 다스렸는데, 헤브론에서 7년 6개월을 통치하였고, 예루살렘에서 33년을 통치하였다(삼하 5:4-5, 왕상 2:11, 대상 3:4, 29:26-27).

다윗은 통일왕국의 왕으로서 아들인 솔로몬 왕의 시대에 이르기까지 이스라엘 역대 최고의 전성기를 누린 왕이었다.

(2) 밧세바 사건과 다윗의 회개

다윗이 우리아의 아내 밧세바와 간음한 결과 밧세바가 잉태하자 범죄를 은폐하려고 우리아를 불러 동침하게 유도했다. 그러나 충직한 신하인 우리아가 응하지 않자, 전장에 나가 암몬 족속의 칼에 죽게 하였다(삼하 11:1-17). 다윗의 범죄는 에덴동산에서 하와가 저지른 범죄와 동일하다. 하와도 살인자 가인을 낳고 '내가 여호와로 말미암아 득남했노라'고 큰 소리를 쳤다(창 4:1).

그러나 하나님은 공의의 하나님이시다. 다윗은 하나님의 마음에 합한 자로 인정받은 사람이지만, 밧세바와 간음하여 우리아를 죽인 죄만큼은 결코 간과치 않으셨다.

마 1:6 이새는 다윗 왕을 낳으니라 다윗은 우리야의 아내에게서 솔로몬을 낳고

예수님이 오시는 마태족보에 다윗은 '우리야의 아내'에게서 솔로몬을 낳았다고 기록되어 있다. 다윗이 낳았다고 하지 않고, '우리아의 아내에게서 솔로몬을 낳고'라며 우리아의 이름이 등장하고 있다. 분명히 다윗이 솔로몬을 낳은 사람이지만 하나님께서는 우리아의 충정을 잊지 않으시고 우리아의 이름을 예수님의 족보에 기록하신 것이다.

밧세바가 비록 왕권의 힘에 저항하지 못하고 불륜의 자식을 낳았으나 우리아의 죽음에 호곡한 것은 남편의 죽음이 자기 때문이라는 것을 알고 있었기 때문이다(삼하 11:26). 하나님께서는 그런 밧세바를 위로해주시고자 솔로몬을 주시고 하나님께서 사랑하시는 자, '여디디야'라는 칭호를 주셨다(삼하 12:24-25).

다윗이 죄를 짓고 약 10개월이 지나자 밧세바는 다윗의 아들을 낳았다(삼하 11:27). 그러나 다윗은 자신이 완전범죄를 했다는 안도감 속에서 그 죄를 숨기고 아무런 회개도 없이 지내고 있었다. 다윗의 회개를 기다리시던 하나님께서는 마침내 나단 선지자를 보내어 다윗을 책망하셨다(삼하 12:7-9).

이어서 나단 선지자는 다윗에게 징계가 임할 것을 예고하였다. 첫째, 칼이 다윗의 집을 영영히 떠나지 않으며 둘째, 다윗의 집에 재화를 일으키게 되고 셋째, 다윗의 처들이 백주에 다른 사람과 동침하게 될 것이며 넷째, 다윗이 낳은 아이가 정녕 죽을 것이라고 했다(삼하 12:10-14).

다윗이 나단 선지자의 책망을 듣고 비로소 진심으로 회개를 하였다. 이에 하나님께서 다윗의 죄를 사하시고 그를 죽이지는 않을 것이라고 하셨다. 나단 선지자의 예언대로 밧세바가 낳은 아이는 7일 만에 죽고 말았다(삼하 12:18).

다윗이 죄를 자복할 때 하나님께서 죄사함의 은총을 내리셨다. 다윗은 구체적으로 어떻게 회개하였는가?

> 시 6:6 내가 탄식함으로 곤핍하여 밤마다 눈물로 내 침상을 띄우며 내 요를 적시나이다

> 시 51:9-12 주의 얼굴을 내 죄에서 돌이키시고 내 모든 죄악을 도말(塗抹)하소서 하나님이여 내 속에 정한 마음을 창조하시고 내 안에 정직한 영을 새롭게 하소서 나를 주 앞에서 쫓아내지 마시며 주의 성신을 내게서 거두지 마소서 주의 구원의 즐거움을 내게 회복시키시고 자원하는 심령을 주사 나를 붙드소서

진정한 회개는 반드시 탄식하여 곤핍해질 정도로 갈망해야 하며, 침상을 띄울 정도의 눈물로써 기도해야 한다.

다윗이 겸손하게 죄를 자복하고 진정으로 회개했기에 하나님께서 다윗의 죄를 용서하시고 사랑하신 것이다. 누구나 죄를 범하기는 쉬우나, 다윗처럼 그 죄에 대해 심장을 도려내는 듯한 아픔으로 회개하기는 쉽지 않다. 중심에 불붙는 듯한 뜨거운 회개가 아니면 하나님의 마음을 감동시킬 수 없기 때문이다.

참된 회개는 죄를 올바로 인식하며 상한 심령으로 통회하며

죄를 끊는 것이다. 진정한 회개는 지식의 변화에서 시작되어, 감정의 변화를 통과하여, 의지의 변화로써 열매를 맺는 것이다.

특히 시편 51편에서 '내 속에 정한 마음을 창조하시고 내 안에 정직한 영을 새롭게 하소서', '주의 성신을 내게서 거두지 마소서'라는 다윗의 고백에서 그는 구약 때 사람으로서는 흔히 볼 수 없는 깊은 은혜의 사람이라는 것을 알 수 있다. 구약 시대에는 성령이 역사할 수 없는 때였음에도 불구하고 다윗은 성령께서 임재하신 특별한 은혜의 사람이었다.

> 왕상 15:5 이는 다윗이 헷 사람 우리아의 일 외에는 평생에 여호와 보시기에 정직히 행하고 자기에게 명하신 모든 일을 어기지 아니하였음이라

이 구절에서 다윗이 얼마나 뼈저린 회개를 했는지 알 수 있다. 실로 다윗은 회개에 합당한 열매를 맺은 것이다. 따라서 하나님께서 다윗이 범죄한 이후에도 그와 더불어 맺으신 언약을 끝까지 보존하여 다윗의 집에 언약의 등불이 꺼지지 않게 하시겠다고 하셨다(왕상 11:36, 대하 21:7, 삼하 22:29).

다윗 왕가에서 발생한 암논이 다말을 취한 사건과 그에 대한 압살롬의 복수는 다윗의 범죄로 인해 나단 선지자가 예언한 말씀의 성취였다(삼하 12:10, 13:1-29, 13:37-39).

압살롬이 백성들의 마음을 자신에게로 돌이켜 다윗을 반역하는 모반을 저지르자, 다윗은 반역하는 압살롬과 대적하여 싸우기

보다는 예루살렘을 떠나는 편을 택하였다(삼하 15:13-14). 다윗이 감람산 길로 올라갈 때 머리를 가리고[39] 맨발로 울며 행하고, 백성들도 그처럼 행했다(삼하 15:30).

다윗이 일생 중에 쫓겨 도망하는 세월이 많았지만 그 중에서도 가장 비참했던 순간은 아들에게 쫓겨나 도망한 이 때였을 것이다. 노년에 자신이 가장 사랑한 아들 압살롬과 부하들에게 쫓겨 치욕스런 도망자가 된 신세를 한탄하며 많은 사람들의 비난을 받 받았으나, 압살롬의 반란이 자신의 죄악에 대한 하나님의 징계라는 사실을 깨닫고 철저히 회개하며 하나님의 긍휼을 기다렸다.

다윗은 침상을 눈물에 띄울 정도의 뼈저린 회개를 하였지만 공의의 하나님께서는 죄에 대한 징벌을 대충 눈감아 주지 않으시고 철저히 응징하셨다. 다윗은 도저히 회복이 불가능해 보이는 위경과 환난 속에서도 하나님의 위로와 구원을 확신하며 기도와 찬송의 삶을 산 위대한 왕이었다.

압살롬의 난이 막바지에 달해 서서히 진압되어 갈 때, 다윗이 요압과 아비새와 잇대에게 압살롬을 너그럽게 대해 달라고 당부하였으나, 비참하게 죽임을 당한 압살롬을 위해 통곡하는 다윗의 심정은 무조건적으로 자식을 사랑하는 부모의 심정이었다(삼하 18:33, 19:4). 이는 마치 십자가상에서 용서의 기도를 하시는 주님의 모습을 연상케 하고 있다.

또한 다윗은 압살롬의 반역이 자신의 죄의 결과로 인한 것임을 누구보다 잘 알고 있었기에 더욱 가슴이 아팠을 것이다. 처음

---

39) 뜻 : 풀어헤치고

부터 죽는 순간까지 아버지를 속이고 배신한 자식을 끝까지 너그럽게 용서하기를 원한 다윗의 모습은 마치 자기를 조롱하고 모욕하여 십자가에 못을 박은 자들을 위해서 끝까지 기도하신 예수님의 모습과도 같다(눅 23:34).

(3) 성전 건축을 위해 준비함

다윗이 말년에 성전 건축을 하고자 하나님께 간구하였으나, 다윗은 피를 많이 흘린 군인인지라 하나님께서 성전 건축을 허락지 않으시고, 대신 솔로몬에게 성전을 건축하도록 허락하셨다(대상 22:6-8, 28:3).

나단 선지자로부터 응답을 받은 다윗은 성전에 필요한 만반의 준비를 갖추기 시작했다(대상 22:19, 22:2-4, 22:14-16). 다윗은 성전에 필요한 설계도와 물품의 중량까지도 성령께서 친히 가르쳐주셨기에, 심지어 '이 위의 모든 것의 식양을 여호와의 손이 내게 임하여 그려 나로 알게 하셨느니라'(대상 28:19)고 말할 정도로 하나님께서 친히 알려주셨음을 고백하였다. 다윗이 알려준 설계도대로 솔로몬은 건축만 하였다.

또 다윗은 성전 건축을 위해 세부적인 것까지 준비하였다. 건축할 돌, 문짝못, 거멀못에 사용할 철을 준비했고, 셀 수 없을 정도로 많은 놋, 백향목을 무수히 준비했다(대상 22:2-4).

성전 건축을 위해 기도하는 다윗에게 하나님께서 응답해주심으로 다윗은 백전백승하였다. 그 결과 금과 은과 놋과 철을 셀 수 없을 정도로 심히 많은 양을 힘을 다하여 준비했다. 금 10만 달란

트와 은 백만 달란트는 각각 약 450조와 300조에 해당하는 엄청난 금액이다. 뿐만 아니라 다윗은 성전 건축을 위해 자신의 사유재산도 아낌없이 다 바쳤다(대상 29:3-5).

즉 전쟁으로 인해 생사를 넘나들며 위험을 무릅쓰고 대적들과 싸워 이긴 전리품으로 성전에 쓸 자원을 마련한 것이다.

(4) 인구조사 사건

다윗이 인구조사로 인해 지은 죄에 대한 징벌로 기근, 전쟁, 온역의 세 가지 재앙 중에서 온역을 선택했다. 사람이 주는 재앙보다는 하나님께서 주시는 재앙을 받고자 온역을 선택함으로 단에서부터 브엘세바까지 7만 명이 죽게 되었다(삼하 24:1-25, 대상 21:1-2).

다윗이 이 재앙을 받은 후에 아라우나의 타작마당에서 단을 쌓고 진심으로 회개했다. 다윗은 은 50세겔로(또는 금 600세겔) 타작마당과 소를 사서 번제와 화목제를 드렸고, 하나님께서 그 기도를 들으시고 재앙을 그치게 하셨다(삼하 24:18-25, 대상 21:22-28).

다윗이 번제를 드린 아라우나의 타작마당은 아브라함이 이삭을 바쳤던 장소였으나, 아무리 기도하는 다윗이라 할지라도 많은 세월이 흐른 뒤였기에 '여호와이레'의 장소를 찾을 수 없었다. 그러나 인구조사 사건으로 말미암아 다윗이 그곳에서 번제를 드리는 가운데 그곳이 아브라함이 이삭을 바쳤던 장소이며 성전을 지을 장소임을 알게 된 것이다(대상 22:1, 대하 3:1). 이처럼 다윗이 인구조사를 함으로 오랜 세월로 잊혀진 성전 지을 장소를 알게 하신 것은 하나님의 깊고 오묘하신 섭리의 역사였다.

그 성전을 지을 터를 깨끗하고 정결하게 하기 위해서 이스라엘의 7만 명의 피가 제물이 되어 주었다. 다윗이 인구조사를 함으로 징벌을 받은 사건은 분명히 죄에 대한 징벌이었음에도 불구하고 성경에는 죄로 기록되지 않았다. 다윗은 밧세바 사건 외에는 평생 죄를 지은 적이 없다고 기록되어 있다(왕상 15:5). 그것은 하나님께서 다윗으로 하여금 성전 지을 장소를 준비시키기 위해 다윗을 격동시켜 인구조사 사건을 유도하신 것이기 때문이다.

실로 하나님의 섭리와 모략은 인간의 지혜로 헤아릴 수 없는 깊고 오묘한 것이 아닐 수 없다(전 3:11, 롬 11:33).

(5) 통일왕국을 이룸으로 영토 확장함

다윗은 30세에 왕이 되어 70세가 되기까지 40년 동안 다스렸는데, 헤브론에서 7년 6개월을 통치하였고, 나머지 33년은 예루살렘에서 통치하였다(왕상 2:11, 대상 3:4, 29:27).

다윗이 예루살렘에서 이스라엘 전체의 왕이 되자 가장 먼저 여부스 족속이 점령한 예루살렘 성을 회복하고 그곳을 새로운 수도로 정했다. 다윗은 언제나 하나님을 의뢰함으로 점점 강성하여져 갔다(삼하 5:7-10).

다윗은 대외적으로 블레셋과의 전쟁뿐만 아니라 모압, 소바와 아람, 에돔과의 전쟁에서 이겼고, 하맛은 다윗 왕에게 조공을 바쳤다. 이렇게 전쟁에 나갈 때마다 승리한 비결은 다윗이 온전히 하나님만을 의뢰하였기에 하나님께서 친히 다윗으로 하여금 이기게 하신 것이다. 다윗은 언제든 전쟁에서 승리하여 백전백승을 이루었다.

　이스라엘 백성들이 모세를 따라 출애굽하여 40년 광야길을 걸은 후에 여호수아를 따라 젖과 꿀이 흐르는 가나안 땅으로 들어갔으나 여호수아가 가나안을 완전히 정복하지는 못했다. 다시 말하면 이스라엘 백성들에게 실질적인 기업 분배를 하지 못했다. 요단강을 건너기 이전에 요단 동편에서 르우벤 지파, 갓 지파, 므낫세 반 지파에게는 기업을 주었고, 가나안 땅에 들어와서 요셉 지파와 유다 지파에게만 실제로 기업을 주었고, 나머지 7지파에게는 지도로 그려서 주었다.
　그런 가나안 땅이 다윗 왕조 시대에 와서 영토가 확장되었다. 다윗 왕이 확장한 나라의 영토는 솔로몬 왕 때까지 계속되어 솔로몬 왕 때에 부귀영화의 극치를 이루었다.

(6) 다윗의 삶의 평가

　다윗이 죽은 후에 하나님께서는 다윗의 삶을 다음과 같이 평가하셨다.

　첫째, 다윗이 하나님의 길로 행하며 하나님의 법도와 명령을 지켰다고 선언하셨다.

> 왕상 3:14 네가 만일 네 아비 다윗의 행함같이 내 길로 행하며 내 법도와 명령을 지키면 내가 또 네 날을 길게 하리라

둘째, 다윗이 마음을 온전히 하고, 바르게 하여 하나님 앞에 행했다고 인정하셨다.

> 왕상 9:4 네가 만일 네 아비 다윗의 행함같이 마음을 온전히 하고 바르게 하여 내 앞에서 행하며 내가 네게 명한 대로 온갖 것을 순종하여 나의 법도와 율례를 지키면

셋째, 다윗이 우리아의 일 외에는 평생 하나님 보시기에 정직하게 행했다고 인정하셨다.

> 왕상 15:5 이는 다윗이 헷 사람 우리아의 일 외에는 평생에 여호와 보시기에 정직히 행하고 자기에게 명하신 모든 일을 어기지 아니하였음이라

넷째, 다윗은 하나님의 마음에 합한 사람으로 선포되었다.

> 행 13:22 폐하시고 다윗을 왕으로 세우시고 증거하여 가라사대 내가 이새의 아들 다윗을 만나니 내 마음에 합한 사람이라 내 뜻을 다 이루게 하리라 하시더니

다윗의 삶은 많은 허물들도 있었지만 하나님께서 그 허물들을 다 용서하시고, 크신 사랑으로 붙잡아 주셨다. 다윗은 정직한 사람의 모본이 되었다. 성경에서는 정직한 왕을 평가할 때, 다윗을 기준으로 선악의 평가를 하고 있다.

다윗은 만왕의 왕으로 오실 초림주 예수님의 터를 완성한 사람이며, 재림주께서도 다윗의 터 위에서 인류 구속사역을 완성하실 것이다.

사 55:3 너희는 귀를 기울이고 내게 나아와 들으라 그리하면 너희 영혼이 살리라 내가 너희에게 영원한 언약을 세우리니 곧 다윗에게 허락한 확실한 은혜니라

렘 33:17 나 여호와가 이같이 말하노라 이스라엘 집 위에 앉을 사람이 다윗에게 영영히 끊어지지 아니할 것이며

이처럼 다윗의 시대 이후에도 계속적으로 다윗에 대한 예언이 등장하는 것은 구약의 다윗 왕을 가리킨 것이 아니라 만왕의 왕으로 오실, 왕권의 보좌의 기초를 이루실 예수 그리스도를 상징하는 것이다. 즉 다윗은 열왕의 조상이 되신 분이다.

4. 엘리야

(1) 족보 없는 존재로 등장함

이스라엘은 족보를 중요시하는 민족이므로 성경에 나타난 인물들은 일반적으로 5대 족보가 소개되며, 특별한 경우에는 그 이상이 소개되기도 한다. 그런데 엘리야는 처음부터 족보가 없이 디셉 사람이라고만 소개되었다. 게다가 '우거하는 자'라는 것은 '흘러들어온 자'라는 의미로서 그의 고향이 길르앗이 아니라는 것을 알 수 있다(왕상 17:1).

그렇다면 엘리야는 부모가 없이 태어났다는 것인가? 말씀이신 예수님도 마리아의 태를 통해서 이 땅에 육신을 가지고 오셨는

데, 과연 이 땅에 존재하는 사람으로서 족보가 없이 하늘에서 뚝 떨어지는 사람이 있는가? 그러면 왜 성경에 엘리야의 족보는 기록되지 않았는가?

첫째, 열왕기하 2:11에 보면 엘리야가 불말, 불수레를 타고 하늘로 승천하는 장면이 나온다. 엘리야는 이 땅에서 죽음을 보지 않고 하늘로 승천할 사람이었기에 처음부터 그런 결과를 바라보며 그의 족보를 기록하지 않았다는 의미가 된다.

둘째, 엘리야는 이긴 자이기 때문에 그의 족보는 기록할 필요가 없다. 이긴 자란 산 자를 말한다. 엘리야도 이 땅에 부모를 통해서 태어난 사람이지만 산 자의 도맥을 통하여 산 자가 되었기 때문에, 죽는 족보와 상관이 없는 자가 됨으로 그의 족보는 기록될 필요가 없었던 것이다. 예를 들면, 창세기에 등장하는 요셉도 산 자의 첫 열매가 되었기에 아버지 야곱이 그를 죽는 족보에서 빼낸 것과 같다.

성경은 족보에 대해 어떻게 평가하고 있는가? 성경에서는 족보에 집착하지 말라고 교훈하고 있다.

사도 바울이 디모데에게 '끝없는 족보에 착념치 말게 하려 함이라'고 말한 의미는 사도 바울처럼 족보를 초월하고 초극해야 한다는 뜻이다(딤전 1:3-4). 족보에 얽매인 자들은 혈과 육에 속한 자다. 혈과 육을 벗어나지 못한 자는 죽은 자의 태에서 태어나서, 죽은 자로 돌아갈 수밖에 없는 자들로 죽은 자의 부활 때까지 기다려야 한다.

다시 강조하면 족보는 하늘나라와는 아무 상관이 없다. 성경에도 혈과 육은 하늘나라와 아무 상관이 없다고 기록되어 있다 (고전 15:50). 족보를 초월하고 초극한 자만이 엘리야처럼 변화되어 하늘로 승천할 수 있다.

엘리야는 장차 산 자로 수렴되는, 불말과 불수레를 타고 하늘로 올라갈 수 있는 사람이었기에 그는 족보의 의미와는 상관이 없는 사람이 되고 말았다. 이미 산 자로 수렴되어 하나님께로부터 인정받는 사람이 되었다면 그는 죄와 상관이 없는 사람이 되었다고 말할 수 있다(히 9:28).

'죄와 상관없이 두 번째 자기를 바라는 자들에게 오신다'(히 9:28)는 구절에서 '바라는 자'는 산 자의 도맥을 가진 사람들을 말한다.

사도 바울이 셋째 하늘에 가서 멜기세덱에 관한 비의를 깨닫고 히브리서 5-7장에서 멜기세덱에 관한 정의를 내렸다. 멜기세덱은 '아비도 없고 어미도 없고 족보도 없고 시작한 날도 없고 생명의 끝도 없어 하나님 아들과 방불하여 항상 제사장으로 있느니라'(히 7:1-3) 이처럼 성경에는 구도의 길을 통해서 멜기세덱의 비의를 깨닫고 산 자의 도맥을 이룩함으로 산 자가 된 사람들이 많이 있다. 엘리야의 족보가 기록되지 않았다는 것은 엘리야가 멜기세덱적인 사람이었기에 마침내 불말, 불수레를 타고 하늘로 승천하게 된 것이다(왕하 2:11).

(2) 엘리야의 기도로 우로가 내리지 않음

약 5:17 엘리야는 우리와 성정이 같은 사람이로되 저가 비 오지 않기를 간절

히 기도한즉 삼 년 육 개월 동안 땅에 비가 아니 오고

분명히 엘리야는 우리와 성정이 같은 사람으로서 하늘 문을 열고 닫는 권세를 가진 사람이다. 그가 기도함으로 3년 6개월 동안 비가 오지 않았다(왕상 17:1, 약 5:17-18).

비가 3년 6개월 동안 내리지 않으면 지하 200미터 땅 속까지 마른다고 한다. 엘리야 시대에 비가 오지 않음으로 짐승들이 먹을 꼴을 구하지 못해서 아합 왕과 총리대신이 타는 말 외에는 북조의 모든 말들이 없어질 정도로 심각한 상황이었다.

그렇다면 엘리야는 왜 열왕기상 17장에서 인간 현실에 등장하는 순간부터 이스라엘 백성들에게 이런 고통을 주고 있는가?

엘리야 시대에 등장하는 아합의 부인 이세벨이라는 여자가 얼마나 간교함으로 지혜가 뛰어난 여자였는지 알아야 한다. 그는 시돈 왕 엣바알의 딸로서 이스라엘의 하나님인 여호와를 바알과 아세라로 바꾸려는 모략을 가지고 있었다.

그래서 국고를 탕진하면서까지 바알과 아세라 선지자 850명을 궁궐 안에서 합숙훈련을 시키면서 장차 바알신이 이스라엘의 민족신으로 역사하게 만들었다. 그 과정 속에서 이스라엘 백성들이 이세벨의 미혹에 빠져 우상숭배한 죄를 깨닫게 하심으로 회개를 촉구하시고자 3년 6개월 동안 우로가 내리지 않게 하셨다. 그러나 이스라엘 백성들이 천지 사방에 물을 구하려고 아우성을 치면서도 우상숭배한 죄를 회개하지 않았다. 따라서 하나님께서 그대로 두고 볼 수만은 없어서 엘리야를 호렙산으로 먼저 부르셔서 바알과 아세라 신을 파멸할 수 있는 하나님의 사람이 될 수 있도

록 연단과 훈련을 시키셨다.

이처럼 마지막 재림 때에도 하늘 문을 열고 닫는 역사가 일어난다.

> 계 11:4-6 이는 이 땅의 주 앞에 섰는 두 감람나무와 두 촛대니 만일 누구든지 저희를 해하고자 한즉 저희 입에서 불이 나서 그 원수를 소멸할찌니 누구든지 해하려 하면 반드시 이와 같이 죽임을 당하리라 저희가 권세를 가지고 하늘을 닫아 그 예언을 하는 날 동안 비 오지 못하게 하고 또 권세를 가지고 물을 변하여 피 되게 하고 아무 때든지 원하는 대로 여러 가지 재앙으로 땅을 치리로다

요한계시록 11:4에는 이 땅의 주 앞의 두 감람나무, 두 촛대라는 하나님의 선지자가 등장한다. 그는 성경에 기록된 마지막 선지자로서 다시 한 번 하늘 문을 닫고 비 오지 못하게 하는 역사를 감행한다.

구약 때는 실물교육의 시대이므로 보이는 하늘 문을 닫아 우로가 내리지 못하게 했지만, 재림 때는 영적으로 역사하는 시대이므로 영적인 우로, 즉 은혜의 단비가 내리지 못하게 하늘 문을 열고 닫는 역사를 하는 것이다.

> 말 4:5-6 보라 여호와의 크고 두려운 날이 이르기 전에 내가 선지 엘리야를 너희에게 보내리니 그가 아비의 마음을 자녀에게로 돌이키게 하고 자녀들의 마음을 그들의 아버지에게로 돌이키게 하리라 돌이키지 아니하면 두렵건대 내가 와서 저주로 그 땅을 칠까 하노라 하시니라

구약의 마지막 선지자인 말라기는 메시야가 이 땅에 임재하시는 크고 두려운 날이 이르기 전에 엘리야 같은 선지자가 먼저 등장한다고 예언하고 있다. 이 예언의 말씀의 주인공으로 세례 요한이 예수님이 오시기 전에 광야의 외치는 자의 소리로 등장했다.

그러나 초림과 재림은 동일한 말씀의 역사로 진행된다. 재림 때에도 재림주가 이 땅의 주로 등장하시는 크고 두려운 날이 이르기 전에 엘리야 같은 선지자가 먼저 와서 하늘 문을 열고 닫는 역사를 하게 된다.

> 암 8:11 주 여호와께서 가라사대 보라 날이 이를찌라 내가 기근을 땅에 보내리니 양식이 없어 주림이 아니며 물이 없어 갈함이 아니요 여호와의 말씀을 듣지 못한 기갈이라

마지막 때는 보이는 양식뿐 아니라, 영의 양식인 말씀의 기갈이 심각한 시대가 온다. 홍수가 나면 물이 범람해서 온 세상이 물에 잠기지만 정작 먹을 물은 없다. 그것처럼 지금 우리나라에는 많은 교회의 십자가의 물결이 넘치고 있지만 정작 교회마다 신령한 영의 양식으로 충만해있는지 되돌아보아야 한다. 깨어있는 성도들이라면 지금이 과연 어느 때를 가리키고 있는지 신령한 영안으로 바라볼 줄 알아야 한다.

(3) 갈멜산 전투의 승리

하나님께서는 엘리야로 하여금 갈멜산 전투를 통해 하나님의 영광을 나타내는 승리의 역사를 이루시고자 그릿 시냇가, 사렙다

과부의 집에서 구도의 길을 걷게 하셨다.

구약 때 죽었던 사람이 살아난 최초의 기적이 사렙다 과부의 아들을 통해서 일어났다. 엘리야는 구약 때 사람으로서 죽은 자를 소생시킨 최초의 사람이었다. 엘리야는 산 자의 믿음을 가진 자로서 산 자의 도맥을 따라 하늘로 승천할 사람이다. 그 산 자의 비의를 사렙다 과부로 하여금 깨닫게 하시고자 독자를 죽였다 살리는 역사를 감행하신 것이다(왕상 17:17-24).

사렙다 과부가 무엇을 깨닫지 못했는가? 사렙다 과부가 마지막 남은 한 줌의 가루와 기름 조금을 하나님의 사람 엘리야에게 드림으로, 3년 동안 통에 가루가 없어지지 않고 기름이 마르지 않았다. 즉 사렙다 과부가 3년 동안 하늘의 양식을 먹고산 것이다. 그러나 이스라엘 백성들이 한 달 모자라는 40년 동안 하늘의 양식인 만나를 먹고 살면서도 하늘의 양식의 본질을 깨닫지 못한 것처럼, 사렙다 과부도 하늘의 양식을 먹으면서도 산 자의 비의를 깨닫지 못한 것이다.

따라서 하나님께서는 3년 동안이나 하늘의 양식을 먹고도 깨닫지 못한 사렙다 과부로 하여금 산 자의 비의를 깨닫게 하시고자 그의 하나뿐인 독자를 죽였다 살리신 것이다.

드디어 하나님께서 갈멜산 전투를 통해서 하나님의 영광을 나타내실 기한이 찼다.

바알신을 섬기는 450명과 아세라신을 섬기는 400명을 모두 한 자리에 불러 모으고 어느 쪽의 신이 진짜 하나님인지 분별하자는 시합을 제안했다(왕상 18:24).

제안의 주제는 하늘에서 불을 내려 제물을 먼저 불태우는 신이 진짜 하나님이라는 것이었다. 바알 신을 섬기는 선지자들에게 먼저 시합에 응하라고 했지만 하루 종일 기도해도 하늘에서 불이 내리지 않았다. 저녁 소제 드릴 때가 되도록 불이 내리지 않자 서로 피를 내면서 광란의 도가니를 벌였지만 아무 응답이 없었다. 마침내 엘리야의 차례가 되자 여호와의 이름을 의지하여 단을 쌓고 도랑을 만들고 나무를 벌이고 송아지의 각을 떠서 나무 위에 놓고 통 넷에 물을 채워다가 번제물과 나무 위에 세 번 물을 부었다. 그리고 저녁 소제 드릴 때에 '아브라함과 이삭과 이스라엘의 하나님 여호와여 주께서 이스라엘 중에서 하나님이 되심과 내가 주의 종이 됨과 내가 주의 말씀대로 이 모든 일을 행하는 것을 오늘날 알게 하옵소서, 여호와여 내게 응답하옵소서 내게 응답하옵소서'(왕상 18:36-37)라고 기도함으로 그 기도에 응답하셔서 하늘에서 불이 내려 제물을 살랐다.

그러자 그동안 바알신이 진짜 하나님인지, 엘리야의 하나님이 진짜 하나님인지 두 사이에서 머뭇거리던 백성들이 엘리야의 편에 서서 바알 신을 섬기는 선지자들 450명을 기손 시내까지 따라가서 모두 죽였다(왕상 18:19-40).

엘리야의 갈멜산 전투에서의 승리는 참 하나님이 누구인지 가려내는 싸움이었다. 이 땅에도 많은 종교인들이 믿는 하나님이 있지만 참 하나님이 누구인지 가려내기란 쉬운 일이 아니다. 엘리야 시대에도 850대 1의 싸움이기에 어느 편에 서야 할지 가려내기가 어려워 백성들이 두 사이에서 머뭇거렸다고 했다.

갈멜산 전투에서 얻을 수 있는 교훈은 오늘날 성도들 다수가 따르는 길이라고 해서 무조건 따를 것이 아니라, 엘리야의 신앙처럼 하늘에서 응답을 받을 수 있는 참 하나님을 분별해서 진실하고 돈독한 신앙인으로서의 길을 걸어야 한다는 것이다.

예수님도 참 신앙의 길은 다수가 따르는 넓은 길에 있지 않고, 소수가 따르는 좁은 길에 있기에 '좁은 문으로 들어가기를 힘쓰라'고 친히 강조하셨다(마 7:13, 눅 13:24).

구약 때 엘리야 선지자로 하여금 갈멜산 전투를 통해서 참 하나님이 누구인지 가려 승리로 이끈 것처럼, 마지막 때에도 엘리야 같은 하나님의 선지자를 보내어 참 하나님이 누구인지 보여주게 된다고 말씀하셨다. 그는 멜기세덱 반차의 산 자의 도맥을 통하여 죽지 않는 몸으로 변화·승천하는 비밀을 선포하여, 하나님의 마음을 자녀들에게 알려주는 참 선지자로 등장할 것이다(말 4:5-6). 마지막 때에도 재림주가 누구인지, 예수인지 멜기세덱인지 가르는 역사가 있을 것이다.

(4) 호렙산 사건

엘리야가 갈멜산 전투에서 이김으로 바알의 선지자들을 다 죽였다는 모든 사실을 알게 된 이세벨이 바알의 이름으로 엘리야를 죽이려고 저주하자 엘리야가 광야 로뎀나무 아래로 가서 죽기를 바라고 '나를 취하소서'라고 했다. 그 때 천사가 등장해서 물과 떡을 주면서 호렙산으로 가라고 하자, 엘리야가 사십 주 사십 야를 걸어 호렙산으로 가서 굴에 기거했다(왕상 19:1-8).

아합 왕의 부인인 이세벨은 시돈 왕 엣바알의 딸이다. 이세벨이 남조와 북조의 민족신인 여호와를 바알로 바꾸려고 바알 선지자 450명과 아세라 선지자 400명에게 바알 신에 관해 가르쳤다. 그들을 왕궁에 불러들여 합숙훈련까지 시킴으로 국고가 텅 빌 지경이었다. 이세벨은 악의 차원에서 종교 혁명을 일으킨 여자다.

하나님의 입장에서는 북조 이스라엘을 완전히 바알 신으로 삼키려고 하는 그를 그대로 방관할 수만은 없었다. 그래서 하나님께서는 그들과 싸워 이길 수 있는 대상으로 엘리야를 보내 연단과 훈련을 시키셨다. 열왕기상 17장에서 엘리야가 이긴 자로서 인간 현실에 뛰어들기 이전에 엘리야는 호렙산에서 구도의 길을 걷고 있었다.

만일 그 시대에 엘리야가 등장하지 않았다면, 풍전등화와 같은 상황에서 북조는 이세벨의 계획대로 바알과 아세라가 민족신이 되어 우상에게 삼켜졌을 것이다.

엘리야가 호렙산으로 도망갈 때, 천사가 주는 숯불에 구운 떡과 한 병의 물을 먹고 호렙산까지 40주야를 걸었다. 엘리야가 40주, 40야를 걸은 의미는 무엇인가? 4수는 동서남북 사방 팔달 수이다. 마귀가 이긴 자로서 40수를 빼앗아 갔기에 엘리야가 40수가 가지고 있는 권세와 능력을 이기려면 구도의 발걸음을 걸어야 한다. 그런데 40일을 밤낮으로 걷는 것이 힘든 일이기에 천사가 나타나서 그에게 기력을 돋우고자 물과 떡을 주었다. 엘리야가 그 떡과 물을 먹음으로 40일 동안 쉬지 않고 잠을 자지 않고 걸을 수 있었다.

엘리야가 이긴 자가 되어 세상에 나와 갈멜산 전투에서 어둠의 권세와 싸워 승리했지만 호렙산으로 돌아가는 길에 다시 한 번 세상에서 묻은 세속적인 때를 다 닦아내야 한다. 다시 말하면 40일은 엘리야가 다시 걸어야 할 광야길이다. 호렙산 굴에서 다시 하나님을 뵙기 위한 구도의 생활 끝에 엘리야가 드디어 하나님을 만나게 되었다.

> 왕상 19:11-12 여호와께서 가라사대 너는 나가서 여호와의 앞에서 산에 섰으라 하시더니 여호와께서 지나가시는데 여호와의 앞에 크고 강한 바람이 산을 가르고 바위를 부수나 바람 가운데 여호와께서 계시지 아니하며 바람 후에 지진이 있으나 지진 가운데도 여호와께서 계시지 아니하며 또 지진 후에 불이 있으나 불 가운데도 여호와께서 계시지 아니하더니 불 후에 세미한 소리가 있는지라

호렙산 굴에서 엘리야가 하나님을 만나는 장면이다. 이 성구는 우리에게 심오한 교훈을 전해 주고 있다. 처음에는 바람, 지진, 불 가운데 하나님이 계시지 않았다. 바람과 불과 지진의 역사는 하나님 자신의 역사가 아니라, 여호와 하나님, 즉 거룩한 천사의 역사다. 천군의 세계에는 바람을 담당하는 천사, 불을 담당하는 천사, 지진을 담당하는 천사, 우박을 담당하는 천사 등이 있다.

산 자의 암호를 갖지 않은 사람들에게는 여호와가 하나님을 대신해서 역사할 수 있지만 산 자의 비밀을 가진 사람에게는 천사가 하나님을 대신해서 역사할 수 없다. 산 자에게는 산 자의 하나님이 직접 나타나서 역사할 수 있다.

그런데 오늘날 교회에서 성도들이 응답받기를 기도하는 내용은 모두 다 바람, 지진, 불이다. 성령의 불, 말씀의 권세를 달라고 요구한다. 여호와의 소리는 바람 같고, 불 같고, 지진 같은 소리다. 그러나 하나님의 소리는 세미한 소리다. 구약은 하나님께서 인간 현실에 자기 영광을 나타낼 수 없는 시대이다. 따라서 하나님과 엘리야의 대화는 변화산의 사건처럼 공개할 수 없는 사건이기 때문에 세미한 소리라고 말씀하셨다.

세미한 소리를 다른 말로 소개하면 다음과 같다. 대제사장의 공문을 가지고 사도 바울이 다메섹으로 가던 중에 해보다 밝은 빛이 둘러 비추어 사도 바울이 낙마했다. 그 때 '사울아, 사울아 왜 나를 핍박하느냐?'(행 9:4) 그 순간의 분위기는 다른 사람도 소리는 들었으나, 빛은 사울 외에는 보지 못했다. 세미한 소리란 그런 의미와 같다.

왕상 19:13-18 엘리야가 듣고 겉옷으로 얼굴을 가리우고 나가 굴 어귀에 서매 소리가 있어 저에게 임하여 가라사대 엘리야야 네가 어찌하여 여기 있느냐 저가 대답하되 내가 만군의 하나님 여호와를 위하여 열심이 특심하오니 이는 이스라엘 자손이 주의 언약을 버리고 주의 단을 헐며 칼로 주의 선지자들을 죽였음이오며 오직 나만 남았거늘 저희가 내 생명을 찾아 취하려 하나이다 여호와께서 저에게 이르시되 너는 네 길을 돌이켜 광야로 말미암아 다메섹에 가서 이르거든 하사엘에게 기름을 부어 아람 왕이 되게 하고 너는 또 님시의 아들 예후에게 기름을 부어 이스라엘 왕이 되게 하고 또 아벨므홀라 사밧의 아들 엘리사에게 기름을 부어 너를 대신

> 하여 선지자가 되게 하라 하사엘의 칼을 피하는 자를 예후가 죽일 것이요 예후의 칼을 피하는 자를 엘리사가 죽이리라 그러나 내가 이스라엘 가운데 칠천 인을 남기리니 다 무릎을 바알에게 꿇지 아니하고 다 그 입을 바알에게 맞추지 아니한 자니라

엘리야에게 새로운 사명을 주고 계시는 장면이다. 죽기를 각오하여 한 고비를 넘긴 엘리야에게 '하사엘에게 기름을 부어 아람 왕이 되게 하고, 님시의 아들 예후에게 기름을 부어 이스라엘 왕이 되게 하고, 아벨므홀라 사밧의 아들 엘리사에게 기름을 부어 너를 대신하여 선지자가 되게 하라'고 하셨다(왕상 19:15-16). 또 엘리야가 '나만 남았나이다'라고 할 때 하나님께서는 세미한 소리로 '나를 위해 바알에게 무릎 꿇지 않은 7천명을 남겼다'(왕상 19:18)라고 하셨다.

호렙산에서 하나님과 엘리야가 대면하는 이 사건은 엘리야 자신이 하나님과 초면의 입장이 아니라, 다시 만나 대면하는 입장이 된다.

그렇다면 왜 하나님은 세미한 소리로서 엘리야에게 다시 한 번 나타날 필요가 있었는가? 엘리야에게 처음부터 세미한 소리로 임재해서 말씀을 하셔도 될텐데, 왜 산 자의 암호를 가진 엘리야에게 바람, 지진, 불을 보여주셨는가? 바람, 지진, 불은 엘리야에게 등장할 수 없는 대상들인데 왜 세 가지가 등장하고 나서 세미한 소리가 나타나야 하는가?

그 이유는 엘리야가 구약 속에 역사하는 사람이지만 구약에

예속되지 않는 실존적인 존재였기 때문이다. 구약을 초월한 사람이지만 그래도 엘리야가 디셉 사람으로 이 땅에 실존적으로 존재한 사람이기에 바람, 불, 지진이라는 구약적 상징의 대상을 소개할 수밖에 없었다.

그것은 엘리야를 두렵게 하기 위함이 아니다. 바람과 지진과 불이 되는 천사들로 하여금 산 자의 암호를 가진 엘리야에게 하나님께서 그들을 소개시키는 입장도 되었다고 말할 수 있다.

즉 엘리야에게 지진과 바람과 불을 보여주고 나서 하나님께서 임재하시는 그 상황을 연출하셨다고 말할 수 있다. 다시 말하면 엘리야도 구약의 사람이지만 신약 마당에 등장할 실존적인 존재였기에 엘리야를 율법을 초월한 사람으로서 하나님께서 예우를 해 주신 것으로 해석할 수 있다.

이상으로 보면 엘리야가 이기는 자로서 권세와 능력의 축복을 받아 인간 현실에 뛰어들기 이전에 이미 호렙산 굴에서 구도의 길을 걸었다는 것을 알 수 있다.

(5) 엘리야의 승천

> 왕하 2:11 두 사람이 행하며 말하더니 홀연히 불수레와 불말들이 두 사람을 격하고 엘리야가 회리 바람을 타고 승천하더라

예수님은 500명이 보는 가운데 승천하셨으나, 엘리야의 승천은 엘리사만 단독으로 보는 가운데 승천하게 하셨다. 왜 하나님께서는 엘리야를 홀연히 승천하게 하셨는가? 엘리야의 생도가 50명, 50명씩 모두 100명이나 있었고(왕하 2:16) 그들이 보는 가운

데 승천을 시켰다면 이 땅에 더욱 승천의 소문이 퍼졌을 텐데 왜 엘리사가 혼자 보는 데에서 승천하게 하셨는가?

원리적인 입장에서 말하면 산 자의 첫 열매가 된 요셉을 죽는 자의 족보에 기록할 수 없어서 요셉을 족보에서 빼냈다. 산 자의 비밀은 죽는 자가 보아서는 안 된다. 아담이 타락한 후 비록 에덴동산에서는 쫓겨났지만 후손들에게 힘써, 애써 에덴동산에서 겪었던 산 자의 도맥을 전함으로 7대손 에녹이 죽음을 보지 않고 하늘로 올라갈 수 있었다.

그러나 아담은 에녹의 승천을 보지 못했다. 에녹이 하나님과 300년 동안 동행하다가 365세에 승천했다. 에녹을 승천할 수 있도록 밑거름이 되어준 사람은 다름 아닌 아담이었다. 그러나 아담은 살았다하는 이름은 있으나 죽은 자이므로, 산 자의 영광을 보아서는 안 되기에 에녹의 승천을 목격하지는 못했다.

마찬가지다. 엘리야의 생도들이 스승을 데려가실 것을 짐작했지만 그 생도들은 산 자의 비의를 받을 수 있는 사람이 아니므로, 오직 산 자의 비의를 이어받을 엘리사에게만 엘리야의 승천을 보여주신 것이다. 다시 말하면 산 자의 비의를 축복받지 못한 사람은 인간이 할 수 있는 어떤 노력과 도전을 통해서도 절대 볼 수 없다.

그런 입장에서 엘리야가 홀연히 승천한 것이다. 오직 엘리야의 승천은 엘리야가 기름 부은 엘리사만이 볼 수 있는 대상이지, 그 외에는 아무도 볼 수 있는 자격이 없었기에 엘리야의 승천은 비공개적일 수밖에 없다. 그런 입장을 '홀연히'라고 표현한 것이다(말 3:1, 마 17:5, 고전 15:51, 살전 5:3).

그 당시 엘리사의 생도들의 신앙은 하나님께서 엘리야를 회리바람으로 들어다 어느 골짜기에 떨어뜨리셨을 것이라고 짐작하는 차원이었다(왕하 2:5, 2:15-18). 그래서 엘리사에게 엘리야의 시신을 찾겠다고 강청함으로 사흘을 찾았으나 발견하지 못했다(왕하 2:17).

그 당시 그들의 사고 의식은 하나님께서 엘리야를 회리바람으로 올려다가 시신은 어느 심산유곡 골짜기에 던지고 영혼만 취해가는 것으로 알았다(왕하 2:16). 엘리야의 제자들은 스승을 통해서도 산 자의 도맥의 비밀을 깨닫지 못했다. 그 이유는 그들이 아무리 산 자의 비밀을 들었다 해도 그들에게는 허락되지 않는 천국의 비밀이며, 영역이었기 때문이다. 다시 말하면 구약 마당에 사는 인생들이 가진 신앙의 개념으로는 산 자의 도맥의 비밀을 알 수가 없다.

그렇다면 생도들이 가지고 있는 신앙의 개념이 오늘날에는 어떻게 전해졌을까?

생도들이 승천한 엘리야의 시신을 찾겠다는 신앙의 중심은 '인간은 살아서 올라갈 수 없다'는 것이다. 인간은 죽어서 영혼만이 천국에 갈 수 있다는 지배적인 신앙관이 그들의 신앙의 중심이 되었다. 그 생각은 오늘까지도 변함없이 이어져 내려오고 있다. 지금까지 살아서 올라간 사람을 본 사람이 아무도 없었기 때문에 사람들은 산 자라는 개념을 갖지 못한다. 오직 죽어서 천당 간다는 개념밖에 갖지 못한다.

그렇기 때문에 산 자의 도맥을 소개하는 사람들이 죽어서 천당을 간다는 개념을 가진 사람에 의해서 핍박받을 수밖에 없다. 죽어서 천당에 간다는 사람들이 신앙의 중심이 되고, 신앙의 주체가 되기 때문에 산 자의 도맥을 증거하는 사람들은 그들에 의해서 당연히 모진 핍박을 받고 있고 저주의 대상이 되는 것이다(갈 4:29).

> 고전 15:51-55 보라 내가 너희에게 비밀을 말하노니 우리가 다 잠잘 것이 아니요 마지막 나팔에 순식간에 홀연히 다 변화하리니 나팔 소리가 나매 죽은 자들이 썩지 아니할 것으로 다시 살고 우리도 변화하리라 이 썩을 것이 불가불 썩지 아니할 것을 입겠고 이 죽을 것이 죽지 아니함을 입으리로다 이 썩을 것이 썩지 아니함을 입고 이 죽을 것이 죽지 아니함을 입을 때에는 사망이 이김의 삼킨 바 되리라고 기록된 말씀이 응하리라 사망아 너의 이기는 것이 어디 있느냐 사망아 너의 쏘는 것이 어디 있느냐

분명히 성경에도 죽지 않고 변화한다는 말씀이 기록되어 있다(고전 15:51). 산 자가 되는 길에는 죽었다 살아나는 부활의 길과, 죽지 않고 살아 변화하는 변화의 길이 있다.

> 요 11:25-26 예수께서 가라사대 나는 부활이요 생명이니 나를 믿는 자는 죽어도 살겠고 무릇 살아서 나를 믿는 자는 영원히 죽지 아니하리니 이것을 네가 믿느냐

예수님도 죽었다 살아나는 부활과, 산 자가 영원히 죽지 않는 변화를 말씀하셨다. 그런데 오늘날 성도들의 고정관념에는 사람

은 태어나서 죽는다는 생각이 지배적이기에 살아 변화하는 변화의 길을 믿지 못한다.

그러나 성경에는 분명히 모세처럼 죽었다 부활하는 길과, 엘리야처럼 살아 승천하는 변화의 길이라는 두 가지 산 자의 맥이 있음을 알아야 한다.

(6) 변화산에 등장한 엘리야

이스라엘의 국교가 우상의 종교로 바뀌려는 위기의 순간에 엘리야를 등장시킨 것은 엘리야가 네 생물 중에서 사자와 같은 사명을 가졌음을 의미한다. 모세와 엘리야의 등장은 내성의 꼴로 말한다면 네 생물 중에서 송아지와 사자가 때를 따라 아름답게 역사하시는 하나님의 섭리의 때를 통해서 이 땅에 등장한 예표의 사람들이었다는 것을 알 수 있다.

그런 그들이 신약의 마당에서 변화산에 등장했다. 물론 등장하기 전에 엘리야는 살아서 불말과 불수레를 타고 승천했다. 그러나 모세는 죽은 사람인데 변화산에 등장한 것을 볼 때, 부활을 받은 것을 알 수 있다. 부활과 변화의 사람인 모세와 엘리야가 예수님의 사후의 문제를 놓고 협의하는 내용이 등장한다(눅 9:31). 그것을 베드로, 요한, 야고보의 세 제자들에게 보여주신 것이다. 보여주었다는 말씀은 그들로 하여금 하늘의 역사의 세계에 동참하게 하셨다는 것이다. 비록 그 순간은 깨닫지 못했지만 그들이 그 후에야 보혜사 성령의 도우심을 통해서 깨달을 수 있었을 것이다.

신약의 마당에서도 모세와 엘리야가 등장을 했듯이, 다시 그들이 재림의 마당에 또 등장을 해야 하는 것이다. 그들이 재림의 마당에 등장함으로써 본래 예표의 사람으로서 하나님께서 주시고자 하셨던 본래의 영광을 마지막 마당에서 입게 되는 것이다.

그렇기 때문에 부활의 사람 모세는 마지막에 변화의 영광을 입고, 변화의 사람이었던 엘리야는 마지막에 부활의 영광을 입음으로써 그들이 다시 재림의 마당에 등장하게 되는 것이다.

'하나님은 시작한 자로 하여금 끝을 마치게 하시는 분이다' 그런 역사의 과정이 이루어져야만 하는 이유가 무엇일까? '하나님의 은사와 부르심에는 후회하심이 없다'(롬 11:29)라고 했다. 하나님의 은사와 부르심을 입은 사람들, 후회함이 없는 사람들을 불러서 일을 맡기셨는데 그들이 잘못한다고 다른 사람으로 바꾸면 하나님의 부르심은 완전하지 못한 부르심이 되는 것이다.

그렇기 때문에 하나님께서 시작한 자로 하여금 끝을 맺게 하시는 것이 당연한 역사의 수순임을 알아야 한다.

이처럼 처음과 끝이 같은 사람을 가리켜서 '예표'라는 표현을 붙인 것임을 알아야 한다. 따라서 그들은 하나님의 씨를 가진 사람들(요일 3:9)이기 때문에 결코 하나님의 뜻을 저버리지 않고 처음과 나중이 똑같은 사람이라는 것이다. 그렇기 때문에 하나님께서 그들을 믿으시고, 나중에 그런 영광을 입을 사람으로 처음부터 인정하시고 역사를 행하게 하셨다고 말할 수 있는 것이다.

결론적으로 정리해본다면 멜기세덱은 굳이 전 창조 시대의 사람이라고 말할 수도 없다는 이런 결론을 도출해 낼 수 있다. 왜냐하면 그는 전 창조의 사람이 아니라 태초의 창조에서부터 하나님 안에서 함께하였던 존재라고도 말할 수 있기 때문이다.

그런 그가 멜기세덱이라는 인격적인 그리스도[40]가 된다는 것은 언제 이루어지는 것인가? 예수님이 세상 끝에 오셔서 하나님 아들로서 이 땅에서 이기신 것처럼 그들도 재림의 마당, 즉 세상 끝에 와서 멜기세덱으로서의 영광을 입게 되는 것이다. 그렇기 때문에 비록 차원과 영광은 다르지만 그들도 '나는 처음과 나중이라'고 말할 수 있는 대상이다.

5. 엘리사

(1) 엘리야에게 영감의 갑절을 받음

호렙산 굴에서 하나님께 새로운 사명을 받은 엘리야는 '하사엘에게 기름을 부어 아람 왕이 되게 하고, 예후에게 기름을 부어 이스라엘 왕이 되게 하고, 사밧의 아들 엘리사에게 기름을 부어 네 대신 선지자가 되게 하라'는 말씀대로(왕상 19:15-17) 엘리사와 만나게 된다.

왕상 19:15-17 여호와께서 저에게 이르시되 너는 네 길을 돌이켜 광야로

---

[40] 그리스도는 '기름 부음을 받은 자'라는 의미로 왕, 제사장, 선지자의 3직을 가진 존재를 일컫는다. 그러므로 그리스도는 반드시 예수님에게만 국한된 호칭은 아니다. 목사, 신부 등 교직자들도 작은 의미에서는 기름 부음을 받은 자들이다.

> 말미암아 다메섹에 가서 이르거든 하사엘에게 기름을 부어 아람 왕이 되게 하고 너는 또 님시의 아들 예후에게 기름을 부어 이스라엘 왕이 되게 하고 또 아벨므홀라 사밧의 아들 엘리사에게 기름을 부어 너를 대신하여 선지자가 되게 하라 하사엘의 칼을 피하는 자를 예후가 죽일 것이요 예후의 칼을 피하는 자를 엘리사가 죽이리라

즉 엘리사는 엘리야의 의지에 의해서 기름 부음을 받은 선지자가 아니라, 하나님께서 친히 임명하신 엘리야의 후계자였다.

> 왕상 19:19-21 엘리야가 거기서 떠나 사밧의 아들 엘리사를 만나니 저가 열두 겨리 소를 앞세우고 밭을 가는데 자기는 열둘째 겨리와 함께 있더라 엘리야가 그리로 건너가서 겉옷을 그의 위에 던졌더니 저가 소를 버리고 엘리야에게로 달려가서 이르되 청컨대 나로 내 부모와 입맞추게 하소서 그리한 후에 내가 당신을 따르리이다 엘리야가 저에게 이르되 돌아가라 내가 네게 어떻게 행하였느냐 하니라 엘리사가 저를 떠나 돌아가서 소 한 겨리를 취하여 잡고 소의 기구를 불살라 그 고기를 삶아 백성에게 주어 먹게 하고 일어나 가서 엘리야를 좇으며 수종들었더라

엘리야와 만난 엘리사는 농사짓는 농사꾼이었다. 그러나 엘리사는 농사꾼이되 평범한 농사꾼이 아니라는 것을 알 수 있다. 엘리사는 12겨리의 소로 쟁기를 끌어 밭을 가는 농부였다. 상식적으로 생각하면 12겨리의 소로 쟁기를 매어 끌면 도리어 밭을 가

는데 방해가 될텐데 엘리사가 12겨리의 소로 밭을 갈았다는 말은, 인간의 심전을 가장 깊이 정확하게 갈아엎을 수 있는 능력의 사람이었다는 것이다. 그렇기 때문에 하나님께서 엘리야에게 엘리사를 한번 만나보기도 전에 '하사엘의 칼을 피하는 자는 예후에게 죽임을 당하고, 예후의 칼을 피하는 자는 엘리사에게 죽이게 하겠다'라고 하셨다. 이 말은 3단계의 과정으로 하나님께서 심판하시는데, 최종 심판자는 엘리사라는 것이다.

여기서 12겨리로 기경한다는 것은 어떤 의미인가? 그 당시 이스라엘 백성들의 심전이 우상에 찌듦으로 12겨리의 소로써만 우상의 심전이 된 그들의 심전을 겨우 갈아엎을 수 있다는 뜻이다. 얼마나 이스라엘 백성들의 심전이 패역하고 강퍅했으면 12겨리의 소로써만 패역한 이스라엘 백성들의 심전을 갈아엎을 수 있다는 것이다.

엘리야는 아직 한 번도 엘리사를 만나지 못했다. 그런데 엘리사가 12겨리의 소를 끌고 있는 장면을 보고 엘리사라는 것을 알아보았다. 12수는 다름 아닌 엘리사의 암호였다. 엘리야가 엘리사를 부르는 순간, 엘리사가 농기구를 불살라 버린 후에 소를 제물로 잡아서 사람들에게 내어주고, 그 즉시 엘리야를 따라 나섬으로 그 순간부터 엘리야의 제자가 되었다.

> 왕하 2:9-10 건너매 엘리야가 엘리사에게 이르되 나를 네게서 취하시기 전에 내가 네게 어떻게 할 것을 구하라 엘리사가 가로되 당신의 영감이 갑절이나 내게 있기를 구하나이다 가로되 네가 어려운 일을 구하는도다 그러나 나를 네게서 취하시는 것을 네가 보면 그 일

제 6장. 멜기세덱을 탄생시키려는 하나님의 구속사역

이 네게 이루려니와 그렇지 않으면 이루지 아니하리라 하고

왕하 2:11 두 사람이 행하며 말하더니 홀연히 불수레와 불말들이 두 사람을 격하고 엘리야가 회리바람을 타고 승천하더라

　엘리야가 승천하기 직전에 엘리사를 분리시키고자 네 번이나 시험했지만, 결국 엘리사가 끝까지 따라옴으로 엘리야가 승천하는 장면을 목격한 유일한 사람이 되었다. 그 엘리야가 승천하기 직전에 엘리사에게 '네가 원하는 것을 구하라'고 하자 스승의 영감의 갑절을 구했다. 엘리사가 '스승의 영감의 갑절'을 구하자 엘리야가 '네가 무리한 요구를 하지만 하나님께서 나를 취하시는 것을 보면 그것이 이루어지리라'고 했다.
　그러자 불말과 불수레가 두 사람을 격하고 엘리야가 승천할 때 엘리사가 '내 아버지여!'라고 소리침으로 영감의 갑절을 받았다. 엘리사가 엘리야에게 '내 아버지여!'라고 한 것이 중요한 비밀이었다.

　여기서 '나를 취하시는 것을 보면'에서 '보면'의 의미가 무엇인가? 단순히 엘리야의 승천을 눈으로 목도한다는 의미인가?
　엘리사는 12겨리의 소를 쟁기에 매어 인간의 심전을 갈 수 있는 능력의 사람이다. 남의 심전을 가는 사람은 자기 심전도 갈 수 있다. 엘리사가 '나를 취하시는 것을 보면 네가 이루리라'는 말씀을 듣는 순간, 그 동안 스승인 엘리야와 동행하며 듣고 간직한 모든 말씀으로 자기의 심전을 갈았다.

마찬가지다. 엘리사는 엘리야가 성경에 기록된 최초의 변화의 열매로서, 변화의 시조, 변화의 아버지라는 사실을 알게 되었다. 따라서 엘리야가 승천하는 순간 '내 아버지여!'라고 한 것은 '당신이 변화의 조상, 변화의 아버지라는 것을 알았습니다. 나도 그 길을 따르겠습니다. 당신의 복음을 받들어 세상에 전하겠습니다. 이제야 당신이 내게 기름을 부으신 의미를 깨달았습니다. 당신이 내게 무엇을 원하시는지 알겠습니다'라는 뜻이다.

다시 말하면, 엘리사가 이 땅의 사람이 어떻게 영육 간에 산 자가 되어 하늘로 올라갈 수 있는지 그 비밀을 알게 됨으로 영감의 갑절을 받았다는 것이다.

이런 의미와도 같다. 아브라함이 성령의 사람이 되어 첫 번째 낳은 사람이 이삭이다. 이삭이 성령의 첫 씨가 되었다. 성령의 씨인 이삭으로 말미암아 에서와 야곱이 등장했고, 야곱을 통해서 요셉이 등장하고 있다. 다시 말하면 엘리야와 엘리사는 혈연관계로는 남남으로 피 한 방울 섞이지 않은 관계지만 아브라함이 이삭을 낳고, 이삭이 야곱을 낳는 관계로서 피보다 영이 진하다는 영맥의 관계를 엘리사가 깨달았기에 아버지라고 부를 수 있었다.

그러나 엘리사가 단순히 엘리야의 승천만으로 그것을 깨달은 것은 아니다. 엘리사는 엘리야가 선택한 사람이 아니라 하나님께서 세미한 소리로 엘리야에게 다음과 같이 명령한 사람이다. '아람 왕 하사엘에게 기름을 붓고, 예후에게 기름을 붓고, 엘리사에게 기름을 부으라'고 하셨다. 엘리사는 하나님께서 친히 지명한 사람이다.

왜 하나님께서 엘리사를 지명하셨을까? 엘리사가 쟁기에 12겨리의 소를 매고 밭을 기경했다. 그것은 우상으로 더럽혀져 바위처럼 굳어진 이스라엘 백성들의 마음을 갈아엎을 수 있는 사람은 엘리사 뿐이라는 말이다. 다시 말해 엘리사는 하나님의 마음에 합한 사람이었다.

나봇 사건, 아하시야 사건 등 표면적으로는 다 엘리야가 역사한 사건이지만 그 때마다 항상 엘리사가 동행하고 있었다. 제자로서 스승의 역사에 동행했기에 이름은 엘리야가 혼자 역사한 것으로 나오지만 내용면으로는 엘리사가 항상 동행하여 스승이 행하는 것을 다 보고 있었다. 이처럼 엘리사가 엘리야의 능력의 역사에 항상 동참해서 보았기에 엘리야가 승천하기 전에 두 배의 능력을 행할 수 있는 영감의 갑절을 달라는 요구를 한 것이다.

또 단순히 보았다고만 해서 모든 것이 이루어지는 것은 아니다. 물론 보았다는 사건을 통해 이루어진 사건도 많이 있다. 그러나 두 가지 양면성이 있다. 육안으로 본 것과 영안으로 본 것은 다르다. 예를 들면 시므온은 아기 예수님을 보면서 '주의 구원을 보았다'고 함으로 구원을 받은 사람이다(눅 2:30). 시므온은 하나님께 기도하면서 오랫 동안 성전을 떠나지 않고 있었기에 아기 예수님을 보게 되었다. 시므온은 성령의 계시를 통해 증거 받았고, 그 구원을 보기 위해서 밤낮으로 성전에서 기도하고 있었기에 아기 예수님을 보는 순간 믿어졌다는 것이다. 즉 시므온의 눈은 구원의 실존의 영광이신 아기 예수님을 성령의 계시를 통해 이미 증거 받았고, 그 구원을 보기 위해 밤낮으로 기도하고 있었기에 보는 순간 믿어진 것이다. 시므온이 아기 예수님을 바라 본 눈은 육안이 아닌 깊은 믿음의 영안이었다.

예수님이 승천하시는 장면을 500명이 보았다. 그러나 그 순간에 모두 깨달은 것은 아니다. 그들도 육안으로 본 것이다. 그러나 주님께서 '아버지의 약속하신 것이 이루리라'는 말씀을 하신대로 마가 다락방에서 성령을 받음으로 육안이 그제야 영안으로 바뀐 것이다.

사도 바울이 공문을 가지고 예수 믿는 자들을 잡으려고 다메섹 도상으로 가다가 해보다 밝은 빛이 둘러 비췸으로 눈이 멀었고, 눈에서 비늘이 떨어진 것은 육안이 영안으로 바뀌는 순간이었다.

엘리사가 엘리야가 승천하는 것을 보는 순간, 육안이 영안으로 바뀌어져 하나님께서 엘리야를 취하시는 영광의 비밀을 순간적으로 깨닫게 되었다.

십자가 밑에 있던 마리아가 그 동안 예수님이 자신에게 증거하신 말씀들을 차곡차곡 담아두었기에 십자가에 달리신 예수님이 부르시는 부르심으로 일순간에 깨닫게 되었다. 그 순간 육안이 영안으로 바뀜으로 십자가에 달린 예수님을 아들로 본 것이 아니라 생명나무이신 하나님으로 봄으로써 생명나무 열매를 취한 것이다(요 19:26).

다시 말하면 성경 전체에서 예수님 이전 시대에 사람이 하늘로 올라가는 것을 목격한 사람은 엘리사뿐이다. 인류 최초로 승천하는 장면을 유일하게 목격한 사람은 엘리사밖에 없다. 따라서 엘리사는 엘리야의 산 자의 도맥을 잇는 변화의 수제자가 되었다.

(2) 산 자의 도맥을 간직한 엘리사

엘리사는 스승인 엘리야의 능력의 갑절을 받았기에 엘리야가 행한 기적보다 더 많은 기사이적을 행할 수 있었다.

수원을 고친 기적(왕하 2:19-22), 물과 피의 기적(왕하 3:1-27), 탕감의 기적(왕하 4:1-7), 잉태의 기적(왕하 4:8-37), 해독의 기적(왕하 4:38-41), 보리떡의 기적(왕하 4:42-44), 문둥병을 고친 기적(왕하 5:1-27), 도끼를 건진 기적(왕하 6:1-7), 아람군을 물리친 기적(왕하 6:8-18), 엘리사의 시체가 일으킨 기적(왕하 13:20-21) 등 대표적으로 10가지 기사이적을 행한 것으로 말할 수 있다. 그 외에도 많은 기사이적을 행했지만 여기서 마지막으로 행한 열 번째 기사이적에 주목할 필요가 있다.

> 왕하 13:20-21 엘리사가 죽으매 장사하였더니 해가 바뀌매 모압 적당이 지경을 범한지라 마침 사람을 장사하는 자들이 그 적당을 보고 그 시체를 엘리사의 묘실에 들이던지매 시체가 엘리사의 뼈에 닿자 곧 회생하여 일어섰더라

엘리사가 죽을 병이 들어 죽었다. 죽을 병이란 그 시대의 의학으로는 병명조차 알 수 없고, 도저히 살릴 수 없는 원인모를 병을 말한다.

왜 죽은 자도 살리고, 문둥이도 고치는 능력을 가진 엘리사가 자신은 죽을 병에 걸려 죽었는가?

그 사건 속에는 산 자의 도맥 속에 들어있는 산 자의 암호를 감

추시기 위한 하나님의 섭리가 개입되어 있다. 또 엘리사에게 죽을 병이 들어 죽게 하신 것은 사단 마귀의 산 자의 비밀에 대한 도전을 막게 하기 위해서 그렇게 죽게 하신 것이다. 엘리사가 죽을 병이 든 것이 바로 하늘의 비밀을 싸는 보자기이다. 영적인 비밀을 싸는 포장이다. 그 말은 그가 왜 죽을 병이 들어 죽었는지 아무도 그 이유를 알 수 없다는 것이다. 주님의 십자가도 구속의 비밀을 싸고 있는 보자기가 되는 것이다.

사단 마귀의 입장에서 보면 엘리사가 산 자의 암호를 가진 자라는 것을 그들도 알고 있었다. 그렇기 때문에 엘리사가 죽음에 직면해 있을 때 사단 마귀의 입장에서 '엘리야가 엘리사에게 산 자의 도맥을 넘겨준 것처럼 엘리사 자신이 또 다른 사람에게 산 자의 도맥, 산 자의 암호를 넘겨주는 것이 아닌가?' 그들의 입장에서는 깊은 관심을 갖지 않을 수 없었다.

그러나 하나님께서는 엘리사를 가장 비참하게 죽게 하심으로써 그런 그들의 도전과 관심을 돌리게 하셨다.

예수님이 십자가에 달리셨을 때 마귀들이 가장 조롱한 것이 "우리가 오병이어의 기적, 회당장 야이로의 딸을 살린 것, 죽은 지 나흘이나 지난 나사로를 살린 것 등을 아는데 왜 너는 다른 사람은 구원시키면서 너 자신을 살리지 못하느냐?" "네가 십자가에서 한번 내려와 봐라, 그러면 우리가 너를 믿어주마"한 것이다.

사단 마귀의 입장에서 보면 예수님도 엘리사처럼 그렇게 죽기를 바랄 수도 있었다. 예수님이 가지고 있는 모든 하늘의 비밀을 그 누구에게도 전해주지 않고 예수님 자신으로서 그 모든 비밀들이 당대에 마감되는 것이 사단 마귀가 예수님께 바라는 입장이었다. 그런데 예수님이 그것을 우리 인류에게 주셨다는 것을 알아야 한다(골 1:27, 2:2).

처음에는 그 비밀을 아무 인간에게도 넘겨주지 않고 예수님이 그냥 죽은 줄 알고 마귀가 박장대소하며 '우리가 이겼다'고 소리쳤을 것이다. 그러나 예수님이 그 비밀을 우리에게 주고 가셨다. 그 비밀은 사단이 몰랐던 비밀이다(고전 2:8). 오직 아버지와 예수님만이 아는 비밀이다(마 24:36).

예수님의 보혈을 타고 이 땅에 태초의 말씀이 임재하심으로, 예수님의 비밀이 하늘로 가지 않고 오늘날 그 말씀이 이 땅에 임재하심으로, 우리가 예수님 안에 있던 하나님의 모든 비밀을 증거받게 되었다.

마찬가지로, 마귀들은 엘리사를 눈여겨 감시할 수밖에 없었다. 엘리사가 가진 산 자의 비밀을 누구에게 줄 것인가? 그런데 엘리사는 주지 못했다. 그 시대에는 산 자의 암호를 계승할 만한 인간이 없었기 때문에 엘리사가 그대로 간직하고 죽었다. 그리고 그 비밀을 뼈 속에 감추었다.

만일 엘리사의 비밀을 피 속에 감추었다면 엘리사의 비밀은 이 땅에 존재할 수 있는가? 피 안에는 생명이 들어있다. 생명이 있다는 것은 살아있는 목숨을 말한다. 인간이 살아있을 때는 생명 안에 말씀을 감출 수도 있지만, 인간이 죽을 때는 생명이 사라진다. 살아있는 생명 안에는 영이 거할 수 있지만 죽은 자에게는 영이 거할 수 없다. 죽는 자에게는 혼이 거한다. 피를 생명 안에 감추는 것은 우리의 생명이 완전한 생명이 아니라, 죄악에 종속된 생명이기 때문에 죽는 순간 우리의 생명은 비밀을 담을 입장이 되지 못한다.

　그것이 예수님의 생명과 우리의 생명과의 차이점이다. 예수님의 생명은 영원한 생명이지만 우리의 생명은 한시적이고, 유한적인 생명으로서 죽는 순간에 생명은 사라진다. 우리에게는 혼만 남는 것이다. 만일 엘리사가 피 속에 비밀을 담았다면 죽는 순간에 생명은 사라지고, 비밀이 혼으로 전환되어 담겨져 하늘로 올라감으로 엘리야가 엘리사에게 맡긴 의미가 없어진다. 엘리야가 엘리사에게 그것을 맡겨놓았을 때에는 분명히 주고받은 비밀이 있다. 그래서 산 자의 암호를 뼈 속에 감추어 둔 것이다.

　본문 말씀대로 시체를 장사하는데 모압 적당이 쳐들어옴으로 시체를 옆에 있는 동굴에 던졌는데 그 안에는 엘리사의 시신이 있었다. 이스라엘의 장례는 땅에 묻는 방법과 미라로 만들어 굴에 안장하는 방법이 있다. 엘리사의 시체는 미라로 잘 보존되어 굴 속에 있었다. 그런데 시체가 뼈에 닿자 살아난 것이다. 즉 엘리사의 뼈 속에 산 자의 도맥이 흘러넘치므로 죽은 시체가 닿자 살아난 증거가 된 것이다. 요셉이 해골을 땅에 묻지 못하게 하고 관에 입관시킨 것처럼, 다시 말하면 엘리사는 엘리야로부터 산 자의 암호를 받은 자로서 뼈 속에 산 자의 암호를 감춘 것이다. 죽는 자는 뼈 속에 산 자의 암호를 감추지 못한다.

　아담의 갈비뼈로 여자를 만든 뼈는 어떤 뼈이기에 생명과 같은 산 자의 뼈를 만들 수 있었는가? 육신의 뼈를 말한 것이 아니다. 그 갈비뼈의 비밀은 지금 엘리사의 뼈의 비밀과 같다.

　세상 말에도 '뼈에 사무치도록 한이 맺혔다'고 한다. 너무 억울

하고 분해서 내 한이 뼈에 사무쳤다고 한다. 그 말도 어떤 의식이 뼈 속에 사무쳤다는 것이다. 뼈 속에서 피가 만들어진다. 뼈에 사무쳤다는 말은 피 속에 사무쳤다, 피 속에 사무쳤다는 것은 생명 속에 사무쳤다, 즉 영혼 속에 남겨졌다는 뜻이다.

엘리사의 혼은 생령의 혼이다. 산 자의 혼이기에 믿음으로 소리친다. 아벨도 혼이지만 믿음으로 소리친 것이다. 생령의 혼은 믿음이 있기에 자기 의지로 자기 영혼을 지키는 자율적인 믿음의 능력을 가졌다. 그래서 이 땅에 스스로 머물러 있는 엘리사의 모습을 알 수 있다. 이처럼 산 자는 뼈 속에 비밀을 간직할 수 있다. 엘리사도 승천하는 엘리야의 산 자의 도맥을 이어받은 제자였기에 산 자의 도맥을 간직한 자였다. 그는 사도 요한처럼 이 땅에 머물러 '올 때까지 기다리라'는 사명을 가지고 있었다(요 21:22).

정리하면, 엘리사는 모세에 버금가는 이적을 행한 빛난 선지자였다. 엘리사의 열 가지 기적 속에서도 예수님의 기적에 대한 그림자로서의 암시적 의미가 담겨 있었다.

만일 마지막 때 엘리사와 같은 사람이 다시 등장한다면 그에게 하늘로 승천하는 엘리야가 '네가 무엇을 구하느냐?'고 할 때, '주여! 당신처럼 하늘로 승천하게 하소서!'라는 것을 구할 것이다. 그는 산 자의 도맥을 가진 자로서 승천하는 비의를 간직한 채 머물러 있는 사람이다.

(3) 엘리사는 재림의 암호인 42수를 간직한 사람이다.

왕하 2:23-24 엘리사가 거기서 벧엘로 올라가더니 길에 행할 때에 젊은 아이들이 성에서 나와서 저를 조롱하여 가로되 대머리여 올라가라 대머리여 올라가라 하는지라 엘리사가 돌이켜 저희를 보고 여호와의 이름으로 저주하매 곧 수풀에서 암콤 둘이 나와서 아이들 중에 사십이 명을 찢었더라

엘리사가 엘리야의 승천을 목도하고 엘리야의 영감의 두 배를 받아가지고 돌아오는 길에 아이들을 만나니 '대머리여 올라가라! 대머리여 올라가라!'고 조롱함으로 엘리사가 하나님의 이름으로 저주하자 즉시 수풀에서 암콤 둘이 나와 조롱하던 아이들 중 42명을 찢어 죽였다는 내용이다.

인간의 지식으로는 이해가 가지 않는 내용이다. 아무리 천진난만한 아이들이 조롱을 했기로서니 하나님의 사람이 하나님의 이름으로 저주하는 것도 그렇거니와, 엘리사의 저주의 말에 즉시 곰 두 마리가 나와 그들을 찢어 죽인 사건도 잘 이해가 되지 않는다. 어린아이들이 무슨 죄가 그리 커서 곰이 찢어 죽일 정도의 잘못을 저지른 것인가? 이 상황을 목도했다면 얼마나 그 장면이 처참할 것인가?

그러나 사람의 생각과 하나님의 생각은 하늘과 땅 차이라고 했다(잠 14:12, 16:25, 사 55:8-9). 인간의 눈에는 천진난만한 아이들로 보였을지 모르나, 그들은 사단 마귀의 밀정이라고 보아야 한다. 왜냐면 하늘로 승천한 엘리야의 영감을 받아 가지고 돌아오는 엘리사 역시 마지막 때까지 산 자의 도맥을 간직하고 있다가 하늘로 승천할 사람이기 때문이다. 그 비밀을 사단 마귀가 이 세상에 폭로한 것이다.

엘리야의 승천은 엘리사 외에는 목도하지 못했지만 그 결과는 이미 공개된 사건이 되었다. 사단 마귀의 입장에서는 마지막 때 또 다시 하늘로 승천하는 사건이 어디에서 누구를 통해서 일어날 것인지 초긴장하지 않을 수 없다. 그 막중한 사명을 엘리사가 간직하고 있는데 그 비밀을 먼저 알아채고 폭로하는 어린아이들이 하나님의 사람의 눈에는 마귀로 보여 저주하게 된 것이다.

또 하나님의 사람이 하는 말에는 권세와 능력이 있어 만물들이 순종하게 되어 있다. 하나님의 사람 엘리사의 말이 떨어지자마자 수풀에서 암콤 둘이 나와서 아이들 중에서 42명을 찢어 죽였다.

왜 하필 42명을 찢어 죽였는가? 42수는 무슨 암호인가?

42수는 재림의 암호가 된다. 예수님이 이 땅에 오실 때에도 아브라함부터 42대 만에 오셨다(마 1:16-17).

또 이스라엘 백성들이 광야에 나와 진을 칠 때에도 42번 진을 쳤다. 민수기 33:1-49에서 41번 진을 쳤고, 길갈에 진을 침으로(수 5:10) 42번 진을 쳤다. 그 진 친 횟수대로 예수께서 아브라함부터 42대 만에 이 땅에 오신 것이다.

> 왕하 10:12-14 예후가 일어나서 사마리아로 가더니 노중에 목자가 양털 깎는 집에 이르러 유다 왕 아하시야의 형제들을 만나 묻되 너희는 누구냐 대답하되 우리는 아하시야의 형제라 이제 왕자들과 태후의 아들들에게 문안하러 내려가노라 가로되 사로

잡으라 하매 곧 사로잡아 목자가 양털 깎는 집 웅덩이 곁에서 죽이니 사십이 인이 하나도 남지 아니하였더라

또 엘리사는 42수와 깊은 관계가 있다.

엘리사가 생도를 통해서 기름 부은 이스라엘 왕 예후가 아하시야의 형제 42명을 아사 왕이 팠던 구덩이에서 모두 죽였다. 예후는 이세벨 일가를 소탕한 사람이다. 엘리야를 죽이려던 이세벨 일가를 예후가 소탕함으로 이세벨의 시대는 막을 내리게 되었다. 엘리사가 기름 부은 왕인 예후가 42명을 죽였다는 그 의미는, 엘리사는 영적으로나 육적으로나 42라는 암호를 가진 사람이라는 것을 알 수 있다.

이처럼 엘리사의 뼈에는 산 자의 암호가 들어있다. 또 엘리야의 능력과 영감의 2배가 들어있고, 재림의 암호가 들어있고, 열두 지파를 주관할 수 있는 암호도 들어 있다.

엘리사는 예수님의 구속사를 위해서 하늘에 올라가지 않고 이 땅에서 많은 도적(道的) 비의(秘意)를 이루어놓은 사람이기 때문에 그는 재림의 암호를 가진 자로서 재림주의 부르심을 기다리는 자가 되었다는 사실을 말씀을 통해서 확인할 수 있다.

6. 다니엘

(1) 총리가 된 다니엘의 믿음

다니엘은 이사야, 예레미야, 에스겔 선지자와 함께 구약의 4대 선지자 중 한 사람이다. 이사야서를 성자의 장으로, 예레미야서를 성부의 장으로, 에스겔서를 성령의 장으로, 다니엘서를 성별된 성도의 장으로 표현한다.

다니엘 선지자는 제 1차 바벨론 포로 때 끌려가서 고레스 3년까지 역사했다. 그는 왕궁에서 왕을 모실만한 소년으로, 세 친구와 함께 바벨론 왕실에서 갈대아 사람의 학문과 방언으로 교육을 받았다. 바벨론의 포로가 된 다니엘은 벨드사살로, 또 다니엘의 세 친구 중 하나냐는 사드락으로, 미사엘은 메삭으로, 아사랴는 아벳느고로 환관장이 이름을 고쳤다(단 1:3-7).

다니엘 선지자는 그 당시 바벨론 제국이 우상을 숭배한 제물인 진미와 포도주를 먹지 않으려고 물과 채식만을 고집하였다. 다니엘이 환관장에게 구하니 처음에는 환관장이 반대했으나, 열흘간 시험한 결과 고기와 포도주를 함께 먹은 다른 소년보다 더 얼굴에서 윤기가 나고 빛이 났으므로, 하나님께서 환관장에게 은혜를 베푸시어 그 뜻을 지키도록 도와주었다. 다니엘 선지자는 한번 정한 뜻을 평생 변함없이 지킨 위대한 믿음의 사람이었다(단 1:8).

더구나 다니엘은 바벨론에서 세 번의 총리를 지낸 사람이었다. 그 당시 총리로서 많은 연회에 참석해야 함에도 불구하고 끝까지 우상의 제물을 먹지 않으려고 물과 채식만을 고집한 그의 생애는 성도 중의 성도의 표상이다.

다니엘은 다리오 왕 시대에도 뛰어난 총리로서 전국을 다스렸다. 이에 모든 방백들과 총리들이 다니엘을 시기하여 흠을 잡고자 했으나, 아무 틈이나 흠이 없음으로 그를 왕에게 고소하고자 묘안을 냈다.

한 금령을 세웠는데 왕 이외의 신이나 사람에게 구하는 자는 사자굴에 던져 넣기로 한 것이다. 다니엘은 왕의 조서가 내렸음을 알면서도 전에 행하던 대로 예루살렘을 향하여 하루에 세 번씩 무릎을 꿇고 하나님께 감사로써 기도하였다(단 6:1-10).

이에 방백들이 왕의 금령을 어긴 다니엘을 고소하며 사자굴에 던져 넣어야 한다고 참소함으로 다리오 왕이 근심 끝에 다니엘을 사자굴에 넣었다(단 6:11-16). 그러나 하나님께서 다니엘과 함께 하심으로 사자의 입을 봉하사 다니엘을 무사하게 지켜주시고, 그를 참소한 사람들을 처자와 함께 사자굴에 던져 넣으니 사자가 그들의 뼈까지 부숴뜨렸다(단 6:19-24).

이러한 다니엘의 믿음과 지혜로 이방의 왕까지 하나님께 영광을 돌리게 되었다(단 6:25-27).

다니엘은 느부갓네살 왕, 다리오 왕, 고레스 왕의 시대를 거쳐 총리를 지낸 선지자였다.

> 단 1:21 다니엘은 고레스 왕 원년까지 있으니라

다니엘은 실제로는 고레스 3년까지 있었는데(단 10:1), 고레스 원년까지 있었다고 기록되었다(단 1:21). 그 말씀의 의미는 무엇인가?

고레스 원년에 고레스의 마음이 감동되어 이스라엘 백성들에게 예루살렘 전을 건축하라는 명을 내린 사건에 다니엘이 깊이 개입되었음을 강조한 것이다. 즉 고레스 원년에 고레스가 칙령을 내려 이스라엘 백성들이 고국으로 돌아가게 된 배경에는 다니엘이 고레스를 움직이는 원동력이 된 것을 강조한 것이다(대하 36:22-23, 스 1:1-2, 5:13-15).

'다니엘이 다리오 왕의 시대와 바사 사람 고레스 왕의 시대에 형통하였더라'(단 6:28) 다니엘이 고레스를 움직인 원동력은 다리오 왕의 사자굴 사건에서 시작되었다. 실질적으로 다니엘이 고레스 왕과 다리오 왕을 은혜의 세계로 인도하는 사람으로서 쓰임을 받았다.

여기서 다리오 왕과 고레스 왕이 어떤 관계였는지 알아야 한다. 다리오 왕은 고레스 왕을 추대해서 새로운 국호로써 국력을 바로잡아준 사람이다. 벨사살이 다리오에 의해서 죽고, 새로운 국호로써 새로운 나라가 이루어지는 역사가 있었다. 다리오 왕은 고레스의 친인척으로 실제로 고레스 왕을 추대해서 국호를 바꾸고 국력을 온전하게 회복시켰다.

벨사살 왕을 처단할 때에도 다리오 왕이 혼자서 한 것이 아니라 고레스 왕을 움직였을 것이다. 다리오 왕의 조서는 어느 의미에서는 다리오 왕 뿐 아니라 고레스 왕의 의사도 반영된 것이다. 그렇다면 다니엘은 어떻게 고레스 왕의 마음을 움직였을까?

고레스는 이사야 선지자도 예언한 사람이다(사 44:28, 45:1). 그 당시 다리오 왕이 얼마나 다니엘을 신뢰하고 인정하며 사랑하였는지 알 수 있다. 예를 들면, 사자굴에 넣으면서 '너희 하나님이 너를 구해주기를 원하노라'고 하면서 주악을 그치고 침수를 전폐

했다. 그 날 밤에 다리오 왕이 잠을 자지 못하고 나름대로 금식하면서 기도해 주었다(단 6:14, 6:16-27).

다리오 왕이 실질적인 중심세력인 고레스를 추대하는데 다니엘이 영향을 끼쳤다. 그것은 이사야, 예레미야가 예언한 말씀을 근거로 고레스를 추대한 것이다. 태어나기도 전에 하나님께서 이미 고레스 왕을 택하시고 그를 통해서 이런 역사를 하실 것을 예언한 말씀을 통해서 다리오 왕으로 하여금 고레스를 택하게 하신 것이다.

다니엘은 구약 때 유일하게 재림의 사건을 예언한 선지자이다. 다니엘 7장에서 바다에서 네 바람이 불자 등장하는 네 짐승의 사건과 요한계시록 7장의 사건은 내용이 거의 일치하는 예언이다.

다니엘 2장의 큰 신상의 머리는 정금이요, 가슴과 팔은 은이요, 배와 넓적다리는 놋이요, 종아리와 발과 발가락은 철과 진흙으로 이루어졌다. 이 네 부분은 바벨론, 메대 바사, 헬라, 로마 시대가 이어질 것을 예언한 것이다. 즉 다니엘 2장의 신상의 네 부분과 다니엘 7장의 네 짐승의 사건은 동일한 맥락의 사건을 계시로 보여주신 것이다.

구약의 마지막 선지자인 말라기 선지 이후 예수님이 등장하시기까지 400년 동안 이어질 짐승의 나라를 보여준 것이다.

> 마 24:15 그러므로 너희가 선지자 다니엘의 말한 바 멸망의 가증한 것이 거룩한 곳에 선 것을 보거든(읽는 자는 깨달을찐저)

다니엘 선지자가 누구보다 때와 기한에 대한 정확한 예언을 한 선지자이었기에 예수님도 다니엘서를 읽고 마지막 때를 예비하라고 친히 말씀하셨다.

다니엘서는 미말의 성도들에게 때와 기한의 지침서가 되는 귀중한 자료가 된다.

(2) 다니엘의 해몽

느부갓네살 통치 제 2년에 왕이 꿈을 꾸었는데, 꿈 내용을 기억하지 못해 번민함으로 잠을 이루지 못했다(단 2:1-3). 느부갓네살이 모든 갈대아 술객과 박수들에게 꿈의 내용을 알아내게 하고 그 꿈을 해석하게 했지만 아무도 그 꿈을 해석하는 것은 고사하고 꿈 내용조차 알 자가 없었다. 이에 왕이 노하여 그들을 죽이고자 할 때 다니엘이 왕에게 나아가 '기한하여 주시면 그 해석을 보여주겠다'고 약속을 했다(단 2:4-16).

하나님께서는 기도하는 다니엘에게 밤에 이상으로 꿈의 내용과 해석을 알려주심으로(단 2:19-23), 다니엘은 왕에게 그 꿈의 내용과 함께 해석을 해 주었다(단 2:36-45).

왕이 큰 신상을 보았는데, 머리는 정금이요, 가슴과 팔들은 은이요, 배와 넓적다리는 놋이요, 그 종아리는 철이요, 그 발은 얼마는 철이요 얼마는 진흙이었다(단 2:31-33).

그런데 사람의 손으로 하지 아니하고 뜨인 돌이 신상의 철과 진흙의 발을 쳐서 부숴뜨리매, 때에 철과 진흙과 놋과 은과 금이 다 부숴져 여름 타작마당의 겨같이 되어 바람에 불려 간 곳이 없었고, 우상을 친 돌은 태산을 이루어 온 세계에 가득하였다(단

2:34-35).

여기서 정금으로 된 머리는 열왕의 왕으로서의 권세와 능력을 가진 바벨론 나라의 느부갓네살을 가리킨다. 은으로 된 가슴과 팔은 바벨론 후에 일어나지만 그보다 못한 나라인 바사를 가리키며, 놋으로 된 배와 넓적다리는 온 세계를 정복할 헬라를 가리킨다. 강하기가 철같은 넷째 나라는 헬라 이후에 등장하는 로마를 가리킨다.

그런데 그 신상의 발과 발가락이 얼마는 진흙이요 얼마는 철이라는 것은 서로 다른 인종과 섞일 것이나 결국 나누어질 것을 예언한 것이다.

> 단 2:44-45 이 열왕의 때에 하늘의 하나님이 한 나라를 세우시리니 이것은 영원히 망하지도 아니할 것이요 그 국권이 다른 백성에게로 돌아가지도 아니할 것이요 도리어 이 모든 나라를 쳐서 멸하고 영원히 설 것이라 왕이 사람의 손으로 아니하고 산에서 뜨인 돌이 철과 놋과 진흙과 은과 금을 부숴뜨린 것을 보신 것은 크신 하나님이 장래 일을 왕께 알게 하신 것이라 이 꿈이 참되고 이 해석이 확실하니이다

그런데 사람의 손으로 하지 않고 산에서 뜨인 돌이 큰 신상의 금·은·놋·철·진흙을 다 부숴 버리고 그 돌은 태산을 이루어 온 세계에 가득하였다. 뜨인 돌은 예수님을 상징하고 있다. 예수님은 보배로운 산 돌이시며, 시온의 한 돌이시고, 신령한 반석이시다 (벧전 2:4-5, 사 28:16, 고전 10:4).

마찬가지로, 재림의 마당에서도 뜨인 돌 되시는 재림주 멜기

세덱께서 이 땅에 다시 오실 때, 큰 신상 같은 세상 나라들은 멸망하고, 영원히 망하지 않는 하나님의 나라가 이루어질 것이다.

하나님께서 주신 꿈은 하나님의 신을 받은 사람이 아니면 절대 해석할 수 없는 것이다. 다니엘은 이 사건 이후로 '신들의 영을 받은 사람'이라는 칭호가 따르게 된다. 또 다니엘의 청구로 그의 세 친구인 사드락, 메삭, 아벳느고가 등용되어 바벨론 도를 다스리게 되었고, 다니엘은 왕궁에 있었다.

> 단 2:46 이에 느부갓네살 왕이 엎드려 다니엘에게 절하고 명하여 예물과 향품을 그에게 드리게 하니라

어둠의 권세의 상징인 느부갓네살 왕이 포로로 잡혀온 소년 다니엘에게 절을 하며 예물을 바친 사건은 하나님의 위대한 승리가 된다.

> 단 2:47-49 왕이 대답하여 다니엘에게 이르되 너희 하나님은 참으로 모든 신의 신이시요 모든 왕의 주재시로다 네가 능히 이 은밀한 것을 나타내었으니 네 하나님은 또 은밀한 것을 나타내시는 자시로다 왕이 이에 다니엘을 높여 귀한 선물을 많이 주며 세워 바벨론 온 도를 다스리게 하며 또 바벨론 모든 박사의 어른을 삼았으며 왕이 또 다니엘의 청구대로 사드락과 메삭과 아벳느고를 세워 바벨론 도의 일을 다스리게 하였고 다니엘은 왕궁에 있었더라

느부갓네살 왕의 입에서 하나님을 찬양하며 '너희 하나님은

참으로 모든 신의 신이시요, 모든 왕의 주재시로다'라는 최대의 찬사를 보냈다. 이 사건은 하나님께서 창세기의 둘째 날에 궁창을 중심으로 윗물과 아랫물을 나누시고 '보시기에 좋았더라!'하지 못하신 구속사를 회복하신 결과의 모양이 되기도 한다(창 1:6-8).

하나님을 믿지 않고 우상을 섬기는 이방나라 왕으로부터 하나님을 찬양하는 결과를 만들어냄으로 마지막 때 어둠의 권세가 하나님의 구속사 앞에 무릎을 꿇을 수밖에 없는 동기를 다니엘이 마련한 사건이다.

> 겔 28:3 네가 다니엘보다 지혜로와서 은밀한 것을 깨닫지 못할 것이 없다 하고

이 구절은 어둠의 권세의 수장격인 루시퍼 천사장이 다니엘의 지혜를 투기하고 있는 내용이다. 더욱이 자기 수하의 느부갓네살이 엉뚱하게 하나님을 찬양하며 하나님의 선지자 다니엘에게 엎드려 절한 사건은 그의 분노를 자극하기에 충분한 사건이었다.

이 사건을 무마하고, 자기 수장인 루시퍼를 위로하기 위해서 느부갓네살이 두라 평지에 자신의 꿈에 나타난 고가 60규빗이요, 광이 6규빗인 큰 신상을 세운 것이다(단 3:1).

그리고 누구든지 큰 신상에 엎드려 절하지 않는 자는 즉시 극렬하게 타는 풀무불에 던져진다는 왕의 명령이 반포되었으나 다니엘의 세 친구는 끝까지 우상숭배를 거부하였다(단 3:4-12, 3:16-18).

다니엘의 세 친구는 하나님께서 구원해 주실 것을 굳게 믿었고, '그리 아니하실지라도 우상에게는 절하지 않겠다'(단 3:17-18)는

절대 신앙으로 평소보다 7배나 뜨거운 풀무불 속에 들어갔다.

평소보다 7배나 뜨거운 풀무불인지라 그들을 붙든 사람도 타 죽을 정도였다. 그런데 놀랍게도 사드락과 메삭과 아벳느고, 세 사람이 결박된 채 풀무불에 던져졌는데, 결박되지 않은 네 사람이 불 가운데서 다니고 있었고, 전혀 상하지 않았다. 다니엘의 세 친구 외의 한 사람의 모양은 '신의 아들과 같다'(단 3:21-25)고 했다.

느부갓네살이 극렬히 타는 풀무 아구 가까이 다가서서 다니엘의 세 친구들을 불러내었다. 그들은 불에 몸이 상하지 않았고, 머리털도 그슬리지 않았고, 불탄 냄새조차 없었다(단 3:26-27). 이 사건을 계기로 느부갓네살 왕은 사드락과 메삭과 아벳느고의 하나님을 찬송하면서 하나님 외에는 사람을 구원할 다른 신이 없다고 고백하며, 하나님께 설만히 말하는 사람이 있다면 그 몸을 쪼개고 그 집으로 거름터를 삼으라고 명령하였고, 사드락과 메삭과 아벳느고를 바벨론 도에서 더욱 높였다(단 3:28-30).

하나님께서 느부갓네살을 통하여 이런 큰 역사를 두 번씩이나 보이신 것은 무슨 이유인가?

렘 25:9 보라 내가 보내어 북방 모든 족속과 내 종 바벨론 왕 느부갓네살을 불러다가 이 땅과 그 거민과 사방 모든 나라를 쳐서 진멸하여 그들로 놀램과 치소거리가 되게 하며 땅으로 영영한 황무지가 되게 할 것이라

렘 27:6 이제 내가 이 모든 땅을 내 종 바벨론 왕 느부갓네살의 손에 주고 또 들짐승들을 그에게 주어서 부리게 하였나니

하나님께서는 적국의 왕에게 '내 종 바벨론 왕 느부갓네살'(렘 25:9, 27:6)이라는 표현을 사용하셨다. 하나님께서는 선민 이스라엘 백성들이 패역하여 죄를 지을 때 그들을 징계하는 몽둥이로 느부갓네살을 이용하셨다. 그 역사를 이루기 위해서 느부갓네살에게 하나님의 크신 역사를 보여주시고 하나님의 위대하심을 깨닫도록 은혜를 베푸신 것이다.

하지만 느부갓네살 왕이 자신이 심판의 몽둥이로 사용되었다는 사실을 알지 못하고 교만하자, 그를 내던지시고 자기 백성들을 회복시키신 것이다. 참으로 하나님께서는 공의의 하나님이심을 알게 된다.

신(新) 신학자들은 다니엘서를 읽고 신비주의적 성서라고 하면서 비현실적이라고 말한다. 왜냐하면 다니엘이나 다니엘의 세 친구의 사건이 실제로 일어나기에는 너무나 비현실적이라는 것이다. 게다가 바벨론의 포로 귀환자의 명단에 다니엘의 세 친구의 이름이 없기 때문에 다니엘서는 실제 사건을 기록한 책이 아니라, 신비감을 주기 위한 책이라는 것이다.

그러나 하나님의 역사는 결코 불가능이 없다. 예수께서도 38년 된 병자를 말씀 한 마디에 일으켜 세우셨다. 그렇기에 다니엘서는 비현실적인 책이 아니라 실제 사건을 기록한 책으로서 성도 중의 성도, 즉 성별된 성도의 장이다.

(3) 다니엘이 받은 계시들

다니엘이 받은 계시는 땅의 중앙에 있는 큰 나무의 계시(단 4:10-17), 네 짐승의 계시(단 7:2-7), 수양과 수염소의 계시(단

8:3-12), 왕궁 분벽에 쓰인 글자의 계시(단 5:1-6), 70이레의 계시 (단 9:24-27), 큰 전쟁의 계시(단 11:1-45) 등이 있다.

그 중에서 70이레의 계시는 인류 구속사의 청사진을 압축한 때에 관한 계시이므로 결코 간과해서는 안 될 매우 중요한 계시이다.

> 단 9:1-3 메대 족속 아하수에로의 아들 다리오가 갈대아 나라 왕으로 세움을 입던 원년 곧 그 통치 원년에 나 다니엘이 서책으로 말미암아 여호와의 말씀이 선지자 예레미야에게 임하여 고하신 그 년수를 깨달았나니 곧 예루살렘의 황무함이 칠십 년 만에 마치리라 하신 것이니라 내가 금식하며 베옷을 입고 재를 무릅쓰고 주 하나님께 기도하며 간구하기를 결심하고

다니엘은 다리오 통치 원년에 예레미야서를 읽다가 70년 만에 바벨론 포로생활에서 해방된다는 예언의 말씀을 깨닫고 금식하며 민족의 죄를 짊어지고 하나님께 기도했다.

> 단 9:20-23 내가 이같이 말하여 기도하며 내 죄와 및 내 백성 이스라엘의 죄를 자복하고 내 하나님의 거룩한 산을 위하여 내 하나님 여호와 앞에 간구할 때 곧 내가 말하여 기도할 때에 이전 이상 중에 본 그 사람 가브리엘이 빨리 날아서 저녁 제사를 드릴 때 즈음에 내게 이르더니 내게 가르치며 내게 말하여 가로되 다니엘아 내가 이제 네게 지혜와 총명을 주려고 나왔나니 곧 네가 기도를 시작할 즈음에 명령이 내렸으므로 이제 네게 고하러 왔느니라 너는 크게 은총을 입은 자라 그런즉 너는 이 일을 생각하고 그 이상을 깨달을찌니라

겔 36:37 나 주 여호와가 말하노라 그래도 이스라엘 족속이 이와 같이 자기들에게 이루어 주기를 내게 구하여야 할찌라 내가 그들의 인수로 양 떼같이 많아지게 하되

전능하신 하나님께서도 사람들이 기도로써 구하지 않으면 행하실 수 없다. 이스라엘 백성들이 바벨론에서 70년 포로생활을 마쳐야 하는데, 누군가 나라와 민족을 위해 기도해 주어야 한다 (단 9:1-3, 9:20-23, 겔 36:37).

때마침 다니엘이 나라와 민족의 죄를 걸머지고 기도하자, 가브리엘 천사장이 급히 날아와 '큰 은총을 입은 자'라고 부르면서 다니엘이 구하지도 않은 70이레에 대한 계시까지도 주었다.

단 9:24-27 네 백성과 네 거룩한 성을 위하여 칠십 이레로 기한을 정하였나니 허물이 마치며 죄가 끝나며 죄악이 영속되며 영원한 의가 드러나며 이상과 예언이 응하며 또 지극히 거룩한 자가 기름 부음을 받으리라 그러므로 너는 깨달아 알찌니라 예루살렘을 중건하라는 영이 날 때부터 기름 부음을 받은 자 곧 왕이 일어나기까지 일곱 이레와 육십이 이레가 지날 것이요 그 때 곤란한 동안에 성이 중건되어 거리와 해자가 이룰 것이며 육십이 이레 후에 기름 부음을 받은 자가 끊어져 없어질 것이며 장차 한 왕의 백성이 와서 그 성읍과 성소를 훼파하려니와 그의 종말은 홍수에 엄몰됨 같을 것이며 또 끝까지 전쟁이 있으리니 황폐할 것이 작정되었느니라 그가 장차 많은 사람으로 더불어 한 이레 동안의 언약을 굳게 정하겠고 그가 그 이레의 절반에 제사와 예물을 금지할 것이며 또 잔포하여 미운 물건이 날개를 의지하여 설 것

제 6장. 멜기세덱을 탄생시키려는 하나님의 구속사역 | 455

이며 또 이미 정한 종말까지 진노가 황폐케 하는 자에게 쏟아지리라 하였느니라

다니엘이 받은 70이레의 계시는 하나님의 구속사역의 가장 핵심적인 부분이다. 하나님께서 6천년을 통해서 펼치시는 인류 구속사역을 가장 압축한 표현이 70이레가 된다. 이 70이레의 계시의 내용은 크게 세 부분으로 나누어진다.

7이레와 62이레, 그리고 한 이레로 나누어지는데 62이레는 율법을 통해서 장차 메시야가 도래할 것을 예비하는 시대를 말한다. 7이레는 49년으로 완전성전을 이루시는 초림주, 예수님에 대한 예언을 말한다. 마지막 한 이레는 마지막 때 이루어질 재림에 관한 예언이다.

이 한 이레 역사 후에 성도의 권세가 다 깨어진다고 다니엘 12장에서 예언하고 있다(단 12:6-7).

> 단 12:9-12 그가 가로되 다니엘아 갈찌어다 대저 이 말은 마지막 때까지 간수하고 봉함할 것임이니라 많은 사람이 연단을 받아 스스로 정결케 하며 희게 할 것이나 악한 사람은 악을 행하리니 악한 자는 아무도 깨닫지 못하되 오직 지혜있는 자는 깨달으리라 매일 드리는 제사를 폐하며 멸망케 할 미운 물건을 세울 때부터 일천이백구십 일을 지낼 것이요 기다려서 일천삼백삼십오 일까지 이르는 그 사람은 복이 있으리라

다니엘 12장에는 날짜가 정확하게 명시되어 있다. 1260일은 3년 반이고, 1290일까지 한 달 동안은 짐승이 인치는 기간이다. 그들이 한 달 동안 인을 치지만 끝까지 그들의 인을 받지 않고 남는 자들이 있다. 그 남는 자들을 인치지 못했다고 해서 그들이 쉽게 포기하지 않는다. 그래서 45일을 기다리는 자에게 복이 있다고 한 것이다.

왜 1290일이 지나 1335일을 맞이하는 자가 복이 있는가? 45일 동안 생명록에 기록되지 못한 자는 다 짐승에게 인침을 받는데, 성별된 성도만이 마귀의 인침을 면하고 남는 자가 된다. 그 45일의 환난은 마지막 환난으로 매우 극심한 고통의 기간이다. 마태복음 24장에서 '택한 자라도 그 날을 감하지 않으면 견딜 자가 없다'는 그 날은 바로 45일을 말한다.

> 마 24:22 그날들을 감하지 아니할 것이면 모든 육체가 구원을 얻지 못할 것이나 그러나 택하신 자들을 위하여 그날들을 감하시리라

왕이 백성이 없으면 왕으로서 성립될 수 없듯이 하나님께서도 택한 백성들이 없으면 안 되기에 자기 백성들을 위해서 그 날과 그 때를 감해주신다고 했다. 전능하신 하나님이라고 해서 무조건 감하시는 것이 아니라, 성경에 기록된 날짜의 기준에 의해서 감해주신다.

예를 들면 이스라엘 백성들이 40년 만에 가나안 땅에 들어가는 것이 작정되었으나, 5일 먼저 들어가게 하셨다(민 33:3, 수 4:19). 그런 경우가 날짜를 감해주시는 것이다. 또 날짜만 감해주시는 것이 아니라, 택한 백성들에게는 환난이 지나기까지 잠시 동

안 밀실에 숨을 수 있는 은혜를 베풀어 주신다.

> 사 26:20 내 백성아 갈찌어다 네 밀실에 들어가서 네 문을 닫고 분노가 지나기까지 잠간 숨을찌어다

> 단 12:1 그때에 네 민족을 호위하는 대군 미가엘이 일어날 것이요 또 환난이 있으리니 이는 개국 이래로 그때까지 없던 환난일 것이며 그때에 네 백성 중 무릇 책에 기록된 모든 자가 구원을 얻을 것이라

마지막으로 다니엘 12장에서는 하나님의 백성의 위대한 승리를 선포하고 있다. 전무후무한 환난이 있으나 책에 기록된 모든 자가 구원을 얻을 것이라고 말씀하고 있다.

> 단 12:3 지혜 있는 자는 궁창의 빛과 같이 빛날 것이요 많은 사람을 옳은 데로 돌아오게 한 자는 별과 같이 영원토록 비취리라

그러므로 성도에게 필요한 것은 인류 역사상 최대의 환난이 닥친다 할지라도 끝까지 참고 견디는 믿음이다. 끝까지 참고 견디는 성도들은 평안히 쉬다가 기업을 누리는 축복을 받게 된다.

> 마 24:13 그러나 끝까지 견디는 자는 구원을 얻으리라

> 단 12:11-13 매일 드리는 제사를 폐하며 멸망케 할 미운 물건을 세울 때부터 일천이백구십 일을 지낼 것이요 기다려서 일천삼백삼십오 일까지 이르는 그 사람은 복이 있으리라 너는 가서 마지막을

기다리라 이는 네가 평안히 쉬다가 끝날에는 네 업을 누릴 것임이니라

하나님께서는 다니엘 선지자를 통해 이스라엘 백성들의 성전 재건을 격려하셨다. 뿐만 아니라 말세의 성도들에게 아무리 견디기 힘든 고난과 다시 일어서기 힘든 절망 상태와 신앙의 정조를 지키기 어려운 큰 환난이 닥쳐와도, 모든 역사를 주관하시는 하나님만 의지하고 하나님 나라의 도래를 믿고 간절히 소망하면 최후 승리가 보장되어 있다는 위로의 메시지를 전달하셨다.

세상 끝날 하나님께서 구속역사를 완성하실 때까지 낙심치 않고 하나님의 영원한 언약의 약속을 굳게 붙들고 끝까지 견디는 성도에게는 약속의 기업이 주어지게 된다. 따라서 마지막 때에는 다니엘처럼 안식을 누리다가 자기 때에 와서 하늘의 약속된 기업을 받고자 이 땅에 등장하는 자들이 있는 것이다(단 12:13).

7. 요셉

(1) 총리가 된 요셉

① 요셉이 입은 채색옷의 비밀

야곱이 요셉에게 채색옷을 입힌 것은 단지 노년에 얻은 아들이라서가 아니라 그가 언약의 자식임을 알았기 때문이다(창 37:3-4).

성경을 살펴보면 채색옷은 아버지의 대를 이을 장자가 입는 옷이며, 궁궐에서도 채색옷을 입은 공주는 장자로서 왕의 대를 이을 자격이 있는 공주다(삼하 13:18, 시 45:14). 이스라엘 12아들 중 채색옷을 입은 요셉만이 유일하게 성령을 따라난 언약의 자식이었고, 나머지 11아들은 혈대를 따라난 육신의 자식이었다. 그 채색옷으로 인해 형제들이 요셉을 시기 질투하고 미워하여 급기야는 애굽의 종으로 팔리게 되었다(창 37:18-28).

② 무지개 언약의 성취

하나님께서는 노아 때에 죄악이 관영한 세상을 물로 심판하시고 나서 무지개의 언약을 맺으셨다. 구름 속에서 무지개가 나타나면 다시는 물로 심판하지 않겠다는 언약이시다(창 9:13-16).

그런데 노아 홍수 이후 지금까지 지구촌에는 많은 홍수가 일어나고 있다. 그렇다면 식언치 않으시는 하나님께서(민 23:19) 노아에게 주신 무지개 언약은 무슨 의미인가? 실제로 비가 온 뒤에 뜨는 자연계의 무지개를 말하는 것인가? 아니면 다른 의미가 있는 것인가?

무지개는 하나님의 영광의 형상이라고 했다(겔 1:26-28). 즉 무지개는 하나님의 특별한 영광과 깊은 관계가 있다는 것을 알 수 있다(계 4:3, 10:1).

따라서 인간들에게 주신 언약 중에서 무지개 언약은 가장 큰 언약이라고 보아야 한다. 노아에게 주신 무지개 언약이 아브라함을 통해서 맺은 횃불언약으로 인해 실제로 이루어지며 완성된 것이다.

그렇다면 성경에 등장하는 최초의 무지개의 대상이 되는 주인공은 누구인가? 요셉이 가장 적합한 대상자라고 볼 수 있다. 그래서 요셉이 남자이면서 여자가 입는 채색옷을 입은 것이다. 12형제 중의 요셉은 마치 구름 속에 있는 무지개와 같은 존재이다. 이스라엘 백성들이 출애굽해서 40년 광야길을 걷는 동안에 열 번이나 하나님께 대적하고 우상숭배하고, 간음하고, 하나님을 시험하고, 원망하는 등의 네 가지 죄로 멸망 받을 수밖에 없었으나(고전 10:7-10) 하나님께서 끝까지 구름기둥과 불기둥으로 인도하신 것은 요셉의 해골을 메고 나왔기 때문이다. 하나님은 절대 식언치 않으시는 분이며, 자기의 맹세를 어길 수 없으신 분이다(민 23:19, 렘 33:20-21, 33:25-26). 요셉의 해골이 이스라엘 백성들과 함께 있었기에 '무지개가 있는 동안은 심판하지 않으신다'는 언약을 생각하시고, 하나님께서 그들을 지켜주시고 보호하신 것을 알아야 한다.

따라서 채색옷을 입은 요셉은 노아에게 언약하신 무지개 언약의 주인공이며 무지개의 실존의 인물이었다. 노아에게 약속하신 무지개 언약이 아브라함의 횃불언약을 통해서 실현되었으며 4대인 요셉 때에 이르러 성취된 것이다.

그래서 성경에는 야곱이 아람 들로 도망한 것은 승리자의 아내를 통해서 승리자의 아들을 얻기 위함이라고 기록된 것이다(호 12:12). 그 승리자의 아들은 라헬을 통해서 얻은 요셉을 말하는 것이다.

(2) 요셉을 통한 꿈의 역사

요셉의 생애는 꿈 때문에 수난을 당하고 꿈 때문에 영광을 받은 생애였다. 요셉은 꿈을 통해서 하나님의 섭리를 깨달았고, 또 다른 사람의 꿈을 해몽할 수 있는 지혜를 가졌기에 애굽의 총리대신이 될 수 있었다.

요셉의 꿈은 하나님의 구원섭리를 위한 경륜을 보여주시는 꿈이었다. 요셉이 형제들에게서 미움을 받은 이유는 첫째는 채색옷을 입은 것 때문이고, 둘째는 두 가지 꿈의 내용을 발설했기 때문이다. 두 가지 꿈을 발설한 이상 요셉을 그대로 두면 형제들에 의해서 죽임을 당할 수밖에 없다(창 37:6-11). 그래서 요셉을 애굽에 팔려가게 하신 역사는 하나님께서 요셉을 형제들로부터 보호하시려는 섭리가 숨겨진 은혜의 역사였다(전 3:11).

요셉은 표면적으로는 11번 째 아들이지만 영적으로는 장자였다(대상 5:2). 요셉의 추숫단의 꿈은 요셉이 이 땅에서 장자가 될 것을 예시한 꿈이다. 이 꿈대로 요셉은 애굽의 총리가 되었고, 7년 대기근 때 양식을 구하러 온 형들이 요셉에게 머리를 조아리며 경배함으로 꿈이 성취되었다(창 37:7, 42:6). 당시 요셉은 '만민의 생명을 구원하기 위해 보내신 자'(창 50:20) 라는 만민의 구주였다. 요셉은 함의 장자인 애굽 신민까지도 7년 대기근에서 구원하여 줌으로 그들을 무릎 꿇게 하였다.

또 해와 달과 별들이 요셉에게 절하는 꿈도 야곱이 침상머리에서 경배함으로 표면적으로는 성취되었다(창 37:9-11, 47:30-31). 그러나 해와 달과 별들이 절하는 꿈은 표면적으로는 이루어졌으나 아직 영육 간에 완전히 성취된 것은 아니다. 이것은 마지막 때 실존적인 요셉이 등장함으로 이루어질 미래적 예언의 성취의 결과가 된다.

또 요셉이 감옥에서 떡 맡은 관원장과 술 맡은 관원장의 꿈을 해몽해 줄 수 있었던 것은 떡과 포도주의 비밀을 완전히 알고 있었기 때문이다(창 40:1-19).

멜기세덱이 아브라함에게 축복해 준 떡과 포도주의 비밀이 이삭에게 전수되고, 이삭에게서 야곱에게 전수되어 3대를 통해 전해진 그 도맥이 4대인 요셉에게 와서 완성된 것이다. 그렇기 때문에 그를 통해 하나님께서 인류 구속사를 위한 대 경륜을 펴실 수 있었다. 즉 아브라함·이삭·야곱의 3대를 통해 열매 맺은 요셉은 4대로서 하나님께서 취할 수 있는 산 자의 열매가 된 것이다.

요셉은 떡과 포도주의 꿈을 해석하고, 이 해몽이 계기가 되어 출옥하게 된다. 다시 말하면 '예수의 피와 살'을 올바로 깨달음으로 무덤과 같은 감옥에서 해방 되었다. 즉 죽음과 부활에 대한 비밀, 생명나무의 비밀을 알고 있는 사람은 결코 죽음이 그를 삼킬 수 없다. 요셉은 구약의 입장에서 산 자의 첫 열매였기에 산 자의 암호인 떡과 포도주의 비밀을 완전히 깨달은 존재였다.

그런 요셉의 생애는 '하나님의 말씀이 응할 때까지' 하나님의 계획 속에서, 하나님의 뜻하신 바대로 착고에 매인 삶이었다(시 105:17-19).

하나님께서는 요셉을 영육 간에 장자로 만드시고자 예정하셨으나 단번에 만드시는 것은 아니다. 그 말씀이 응하기까지 요셉을 단련시키시고 채찍질하신다. 그를 장성한 차원의 믿음의 사람으로 만드시기까지 오랜 세월 동안 많은 연단과 훈련을 거치게 하시고 그 과정을 통해 순종의 길을 걷게 하신다는 것을 알아야 한다.

하나님께서 예정하신 사람이라고 해서, 그 사람을 통해서 금방 뜻을 이루시는 것은 아니다. 금방 무엇이 된다고 미혹하는 것은 마귀의 역사일 뿐, 하나님께서는 절대 그렇게 역사하시는 분이 아니다. 그래서 하나님께서는 말씀이 응하기까지 진노를 그치지 않으신다고 하셨다(렘 23:20, 30:24).

(3) 요셉으로 인해 구원받은 야곱의 70가족

아담이 선악나무 열매를 따먹음으로 아담 후예의 인간들은 진 자로서 이긴 자의 종이 되었다(벧후 2:19). 진 자는 이긴 자에게 빚을 갚아야 한다. 성경에는 호리라도 남김없이 갚지 않고는 결단코 그곳에서 나오지 못한다고 했다(눅 12:59).

하나님의 심오한 경륜은 요셉을 통해 7년 대기근에서 애굽 백성들을 살려냄으로 진 자로서 이긴 자에게 영적 빚을 갚게 했다. 즉 원죄의 문제를 해결하였다. 애굽인들이 이스라엘의 사내아이를 나일강에 던진 사건으로 가인이 아벨을 쳐죽임으로 혼을 빼앗겨 발생된 유전죄가 차단되었다. 그리고 이스라엘 백성들이 애굽에서 400년 종살이하여 육적인 빚까지 갚음으로 자범죄가 해결된 것이다. 이제는 영, 혼, 육의 모든 빚을 다 갚았기 때문에 하나님께서는 그제야 그들에게 행했던 애굽의 모든 행위를 심판하실 수 있었다. 애굽의 장자뿐만 아니라 짐승들의 첫 새끼까지 다 죽이고 애굽의 신들까지도 벌하셨다(민 33:4). 자기 백성들의 빚을 다 갚고 나서야 당당하게 애굽의 불법에 대해 심판하신 것이다.

이스라엘 백성들이 출애굽할 때 모세로 하여금 열 가지 기사이적을 행하게 하신 것은 마귀들이 자기 백성을 괴롭힌 내용 그대로 행하신 것이며, 구체적으로 그 내용을 자세히 폭로하신 것이다.

요셉이 바로의 꿈을 해몽한 결과, 바로는 요셉을 애굽의 총리로 세우고 그에게 인장반지를 빼주며 나라의 둘째 치리자로 삼았다(창 41:38-43). 애굽 왕 다음의 권력자로서 등장한 요셉으로 인해 야곱의 70가족은 물론 애굽의 백성들까지도 7년 대기근에서 구원함을 얻게 되었다.

요셉이 애굽에 팔려갔을 때 처음에는 얼마나 분했겠는가? 그러나 장자 므낫세(이름의 뜻: 잊어버리다)를 낳았을 때 하나님께서 왜 자신을 애굽으로 팔려가게 하셨는지 하나님의 모략을 깨닫게 되었다(창 41:51, 50:19-23).

하나님께서 요셉을 땅의 장자로 세우는 과정에서 형제들에 의하여 애굽으로 팔려가게 하신 하나님의 의중, 하나님의 구속사의 비의를 모두 깨닫게 됨으로, 요셉은 형제들에 대한 원통함을 다 잊어버리고, 형제들을 모두 사랑으로 용서하고 형제의 자손들까지 양육해 주었다(창 50:15-23).

요셉이 꿈으로 인해 형제들에게 미움을 받아 애굽에 종으로 팔려간 것은 이러한 구속사적 비의가 숨겨진 하나님의 깊은 모략이셨다. 하나님께서 야곱의 70가족을 살리시기 위해 요셉을 먼저 애굽으로 보내시고 단련시켜 준비하셨고, 야곱의 가족들로 하여금 기근을 피해 애굽으로 들어가게 하셨다. 야곱의 70가족이 이스라엘 나라를 이룩할 근간이 될 씨알들이기 때문에 하나님께서는 그들을 구하고자 요셉을 애굽으로 보내 미리 준비하신 것이다.

야곱의 70가족은 훗날 이스라엘의 나라를 이룩할 터전의 사람들이 되었다. 마지막 때에도 야곱의 70가족과 같은 하나님의 씨알들이 산 자의 공동체로서 탄생할 것이다. 그들로 인해 이 땅에는 실존적인 요셉이 중심이 되어 야곱의 70가족과 같은 산 자의 공동체 와 더불어 천 년 동안 왕노릇하는 신정정국이 세워지게 된다. 그 때 요셉의 땅의 장자권과 하늘의 장자권이 모두 성취되는 것이다.

(4) 영적 장자가 된 요셉

야곱은 창세기 49장에서 12아들의 분량대로 축복을 한다(창 49:1-33). 본래 야곱의 12아들 중에서 장자는 레아의 아들인 르우벤이지만, 서모 빌하와 통간함으로 아비의 하체를 드러낸 죄로 인해 아버지 야곱에게 저주를 받았다(창 35:22, 49:3-4).

따라서 장자권은 자동적으로 둘째 아들인 시므온에게 돌아가게 되는데, 시므온 또한 레위와 더불어 엄청난 대죄를 범하게 된다. 시므온과 레위는 디나의 사건 때 할례를 악용하여 세겜 족의 학살을 감행했으므로 야곱으로부터 저주를 받았다(창 49:5-7).

이처럼 간음과 살인으로 말미암아 르우벤, 시므온, 레위는 차례로 장자권과 그 계승권을 상실하게 되므로, 넷째 아들 유다가 장자권을 인계받게 된다(창 49:3-12).

야곱은 유다를 찬송하고 홀과 치리자가 유다의 혈대 속에서 일어날 것을 예언하고 그를 축복한다(창 49:8-12).

마태 족보를 보아도 유다가 야곱의 장자권을 계승했음을 보여주고 있다(마 1:1). 유다가 육적 장자권을 이어받은 그 배경에는 유다가 요셉의 생명을 지켜주었기에 유다가 육적 장자의 열매를 맺게 되었다(창 37:26-27, 44:18-34). 그러나 영적 장자의 열매는 요셉에게 돌아간다(대상 5:1-2).

왜 유다는 육적 장자권만 받고, 영적 장자권을 계승하지 못했는가?

이미 기술한 바대로 요셉은 아브라함·이삭·야곱의 산 자의 3대를 통해 4대째 열매 맺은 산 자의 첫 열매이다. 따라서 요셉은 영적 장자권을 계승할 수 있는 가장 적합한 사람이다.

그러나 만일 요셉이 영맥을 따라난 자가 아닐 경우라면, 육적 장자권을 받은 유다가 영적 장자권까지 이어받을 수는 없는 것인가? 왜 유다는 영적 장자권까지 이어받지 못하는가? 혹시 유다가 '왜 하나님께서는 저에게 육적 장자권만 주십니까?'라고 묻는다면 이에 대한 정당한 대답이 있어야 할 것이다.

유다는 가나안 사람 수아라 하는 자의 딸에게서 엘, 오난, 셀라라는 세 아들을 낳았으나, 장자 엘이 하나님 보시기에 악하므로 하나님께서 그를 죽이셨다(창 38:2-7). 그러자 유다가 이스라엘의 계대법[41]에 의해 둘째 아들인 오난을 통해 후손을 얻고자 했으나, 오난이 그 씨가 자기 것이 되지 않을 줄 알므로 형수에게 들어갔을 때에 형에게 아들을 얻게 아니하려고 땅에 설정하매, 그 일이 하나님 보시기에 악하므로 그도 죽이셨다(창 38:8-10). 그러자 유다가 장자 엘의 아내, 며느리인 다말이 셋째 아들인 셀라를 요구할 경우, 셀라까지 죽을까 겁이 나서 셀라가 장성하기까지 기다리라는

---

41) 계대법, 계대 결혼법 또는 수혼법 - 한 여인의 남편이 아들이 없이 죽었을 경우에 그 시동생이 형수를 아내로 맞아 죽은 자의 가문이 끊어지지 않게 하는 혼인법을 말한다(신 25:5-10). 이스라엘에서 수혼법이 실시된 이유는 각 지파나 가문에 할당된 재산이 다른 가문으로 넘어가지 않게 하려는 동기와 자식이 없는 과부가 자신의 신변을 보호하려는 희망으로 만들어진 제도적 장치였다.

핑계로 다말을 친정으로 보냈다(창 38:11).

그러던 얼마 후에 유다의 아내 수아의 딸이 죽은지라 그 기회를 타서 다말이 창녀로 변장하여 유다의 씨를 받게 되었다(창 38:12-19). 유다는 알지 못하고 그 일을 행했으나, 다말이 잉태한 씨가 자기의 것임을 다말에게서 듣고 알았을 때, '그는 나보다 옳도다'(창 38:26)라고 고백했다. 그 결과 다말이 베레스와 세라를 낳았으나 베레스가 태중의 싸움에서 세라를 밀어내고 장자로 탄생함으로써, 베레스가 유다의 장자권을 이어받은 것이다(창 38:27-30).

그렇다면 왜 유다의 셋째 아들인 셀라가 유다의 장자권을 계승하지 못하고, 베레스가 유다의 장자권을 계승했는가?(룻 4:18-22) 셀라는 가나안 여인 수아의 딸이 육신으로 낳은 자식이고, 베레스는 유다의 며느리 다말이 간절한 믿음으로 낳은 자식이기 때문이다. 그 당시 다말이 유다의 씨를 잉태한다는 것은 목숨을 내놓고 행한 결과이다. 만일 유다가 자신의 씨가 아니라고 주장한다면 다말은 돌로 쳐 죽임을 당하게 되었을 것이다. 그러나 유다가 다말이 잉태한 씨가 자기의 것임을 다말에게서 듣고 알았을 때, '그는 나보다 옳도다'(창 38:26)라고 고백한 것만 보아도 다말은 육신의 소욕으로 행한 것이 아니라, 믿음으로 행했다는 것을 미루어 짐작할 수 있을 것이다.

그렇다면 왜 유다는 육적 장자권과 영적 장자권을 동시에 받지 못하고, 육적 장자권만 받게 되었는가? 세상의 왕도 적통으로 왕이 되는 입장과 적통이 아닌 대상으로 왕이 되는 입장의 차이가 있듯이, 베레스가 계대법에 의해서 태어난 사람이기 때문에 유다는 육적으로만 장자권을 받은 것이지, 영적 장자권은 받지 못한 것이다.

이처럼 하나님의 구속사역은 철저한 원리, 원칙, 법도에 의해서 진행되며 이루어진 것임을 참고로 알아야 한다.

요셉이 받은 영적 장자권의 내용은 무엇인가?

> 창 48:5-6 내가 애굽으로 와서 네게 이르기 전에 애굽에서 네게 낳은 두 아들 에브라임과 므낫세는 내 것이라 르우벤과 시므온처럼 내 것이 될 것이요 이들 후의 네 소생이 네 것이 될 것이며 그 산업은 그 형의 명의 하에서 함께하리라

요셉은 혈과 육을 따라난 육신의 자녀가 아니므로, 야곱은 요셉을 족보에서 빼어 버리고 요셉의 빈자리를 메우기 위해 요셉이 애굽 여인에게서 낳은 육신의 아들인 에브라임과 므낫세를 빼앗아 자신의 아들의 반열로 올려놓았다. 그리고 이후의 소생이 요셉의 후손이 될 것이라고 했다.

그런데 요셉은 그 이후 후손을 낳지 못했다. 요셉의 장자의 축복은 후손을 통해 이어지지 못한다. 그런데 왜 야곱은 요셉에게 부여조보다 큰 축복을 주었는가? 요셉이 아브라함·이삭·야곱보다 더 축복을 받은 내용이 무엇인가?

아브라함은 하나님의 벗이라고 성경에 세 번 기록되어 있다 (대하 20:7, 사 41:8, 약 2:23). 다시 말하면 믿는 것과 아는 일에 하나가 되어 그리스도의 장성한 분량에 이른 사람으로서 멜기세덱의 벗이 된 사람이다. 아브라함·이삭·야곱이 멜기세덱의 벗의 차원의 사람이라면, 요셉은 멜기세덱의 주인공의 차원이 된 사람이라는 것이다. 그것이 영적 장자가 가진 축복이며, 부여조보다

더 큰 축복의 내용이다.

그렇다면 요셉에게 준 장자의 축복은 어떻게 계승될 것인가?
요셉은 성령을 따라난, 아브라함·이삭·야곱, 3대를 통해 이루어진 산 자의 열매가 되는 사람으로 그를 혈과 육으로 따라난 죽는 자의 족보 속에 넣을 수 없다. 요셉이 빠지면 12아들 중 한 자리가 공백이 되므로 이 자리를 메우기 위해서 육신의 아들인 므낫세와 에브라임을 빼앗아 족보에 올리게 된 것이다. 그러므로 야곱의 아들은 13아들이 됨으로 레위를 장자로 삼고 다시 12아들로 구성이 된다.

(5) 산 자의 첫 열매가 된 요셉

요셉은 두 자식을 빼앗긴 후 육신의 자식을 낳지 못했지만, 영맥을 따라 예수님의 양부가 되므로 예수님이 오시는 길이 되었다(창 49:24).
그러므로 마태족보에서는 야곱 → 요셉 → 예수, 누가족보에서는 헬리 → 요셉 → 예수로 요셉은 항상 예수님이 오시는 길이 되었다(마 1:16, 눅 3:23). 즉 요셉을 통하지 않고는 절대 예수님께 가지 못한다는 뜻이 된다.

> 창 49:10 홀이 유다를 떠나지 아니하며 치리자의 지팡이가 그 발 사이에서 떠나지 아니하시기를 실로가 오시기까지 미치리니 그에게 모든 백성이 복종하리로다

> 창 49:24 요셉의 활이 도리어 견강하며 그의 팔이 힘이 있으니 야곱의 전능자의 손을 힘입음이라 그로부터 이스라엘의 반석인 목자가 나도다

　야곱이 유다에게서 메시야가 오신다고 했고, 요셉에게서 반석이신 목자가 오신다고 두 가지 예언을 한 이유는 메시야가 오시는 길에는 두 가지 길이 있기 때문이다.
　그래서 육신으로는 예수님이 유다 지파에게 소속된 다윗의 자손으로 42대 만에 오셨지만 속사람이신 태초의 말씀은 산 자의 길을 따라서, 아브라함·이삭·야곱·요셉의 후손으로 5대 만에 오셨다.

　노아가 만든 설계도대로 아브라함 가(家)를 통해서 아브라함·이삭·야곱의 3대가 동참하여 완성된 사닥다리가 요셉이다. 즉 요셉은 구름에 닿은 사닥다리이다. 요셉은 천국을 상징하는 가나안으로 가는 사닥다리가 된 것이다. 이처럼 이미 하나님께서 예정하신 사닥다리가 있기에 구름에 닿고자 하는 나무는 어느 나무든지 용서치 않고 베어버리라고 명령하신 것이다(겔 31:10-14).
　이와 같이 요셉이 자신을 통해 이루시려는 하나님의 구속사의 비밀을 알고 있기 때문에 이스라엘 백성들이 출애굽해서 젖과 꿀이 흐르는 가나안 땅으로 향할 때 요셉의 해골을 메고 나가라고 유언한 것이 아닌가?(창 50:24-25).
　젖과 꿀이 흐르는 가나안 땅은 천국을 상징한다. 이스라엘 백성들이 천국을 향해 가는 길에서 첫째는 법궤를 짊어졌고, 둘째는 요셉의 해골을 짊어지고 갔다. 즉 요셉은 천국을 상징하는 젖과 꿀이 흐르는 가나안 땅으로 향하는 길이 되며, 사닥다리가 된 사람이다. 그렇기 때문에 요셉이 인자의 입장으로서는 하늘로 올라가는 최초

의 사닥다리가 된 사람이다.

요셉은 최초로 인자화된 사닥다리의 사람이 되었고, 주 안에서 인자로서 최초로 멜기세덱적 인성과 신성을 이룩한 사람이라고 볼 수 있다.

(6) 마지막 때 다시 등장하는 요셉

요셉이 꾼 두 가지 꿈 중에서, 11 볏단이 절하는 꿈은 요셉이 애굽의 총리가 됨으로써 성취되었다. 즉 땅의 장자권을 이룩한 것이다. 그러나 두 번째 꿈인 해와 달과 별들이 절하는 꿈은 하늘의 장자권을 이루는 꿈인데 아직까지 영적으로 성취한 바가 없다. 그 꿈은 마지막 때 실존적인 요셉으로 인해 하늘의 전쟁을 통해 이루어질 것이다(계 12:7).

마지막 때 실존적인 요셉은 하늘의 장자권을 이루기 위해서 어떻게 이 땅에 등장할 것인가?

> 마 13:24-30 예수께서 그들 앞에 또 비유를 베풀어 가라사대 천국은 좋은 씨를 제 밭에 뿌린 사람과 같으니 사람들이 잘 때에 그 원수가 와서 곡식 가운데 가라지를 덧뿌리고 갔더니 싹이 나고 결실할 때에 가라지도 보이거늘 집 주인의 종들이 와서 말하되 주여 밭에 좋은 씨를 심지 아니하였나이까 그러면 가라지가 어디서 생겼나이까 주인이 가로되 원수가 이렇게 하였구나 종들이 말하되 그러면 우리가 가서 이것을 뽑기를 원하시나이까 주인이 가로되 가만 두어라 가라지를 뽑다가 곡식까지 뽑을까

> 염려하노라 둘 다 추수 때까지 함께 자라게 두어라 추수 때에 내가 추숫군들에게 말하기를 가라지는 먼저 거두어 불사르게 단으로 묶고 곡식은 모아 내 곳간에 넣으라 하리라

마지막 때 천국을 상징하는 제 밭이라는 한 장소에 하나님께서 좋은 씨를 뿌리고, 마귀는 가라지를 뿌리는 두 역사가 등장하게 된다. 이미 산 자의 열매가 된 요셉이 제 밭에 뿌려지는 좋은 씨가 된다. 동일한 범주 안에 두 종류의 씨알들이 등장하나 주인은 가라지를 뽑지 말고 추수 때까지 함께 자라게 두라고 하셨다. 그 이유는 가라지들이 자기들의 생존권을 위해서 제 밭에 뿌려지자마자 얼른 좋은 씨알들에게 뿌리를 감았기 때문이다. 가라지를 뽑다보면 좋은 씨알들까지 뽑히므로 추수 때까지 그냥 두라고 하신 것이다. 그 말은 가라지들이 세상의 자녀들로서 빛의 자녀들보다 지혜로운지라 좋은 씨알들과 재빨리 인연을 맺었다는 것이다.

이 내용을 자세히 살피면 제 밭의 역사는 전 기독교인을 대상으로 역사하는 의미보다는 특별한 한 장소에서 이루어지는 사건임을 알 수 있다. 하나님께서 만세 전에 예정하신 어느 장소에서 하나님의 사람들과 마귀의 사람들과의 치열한 격전이 벌어지는 역사가 있게 된다. 그 때, 산 자의 열매로 하나님께서 수렴하셨던 요셉이 그가 이루지 못한 하늘의 장자권을 이루기 위해 실존의 인물로서 등장할 것이다. 야곱이 치열한 장자권 싸움을 벌인 것처럼 그도 이 땅에서, 또 하늘에서 장자권의 싸움을 통하여 승리하게 된다.

창세기에서 산 자의 열매로 하나님께 수렴된 요셉이 마지막 때 다시 등장하여 하늘의 장자권을 회복함으로 그가 꾼 두 가지 꿈이 모두 완벽하게 성취되는 역사가 이루어지는 것이다.

제 7장

맺음말

맺음말

    예수님은 본래 하나님이시다(요 1:1-4, 1:9-10, 1:14, 행 4:12, 4:24, 고전 1:24, 15:45-47, 엡 1:20-22, 빌 2:6, 2:9-11, 골 1:15-18, 1:20, 1:26-27, 2:2, 딤전 6:15-16, 히 1:2-6, 1:8, 2:7-9, 3:1-6, 5:7-10, 12:2, 13:8, 13:20, 약 1:17, 벧전 2:4-8, 요일 1:1-2, 1:5, 5:20).

    말씀이신 하나님께서 이 땅에 육신으로, 사람으로 오셨지만 그분은 완전한 인성과 신성을 가진 하나님이시다(요 2:24-25).

> 요 1:1-4 태초에 말씀이 계시니라 이 말씀이 하나님과 함께 계셨으니 이 말씀은 곧 하나님이시니라 그가 태초에 하나님과 함께 계셨고 만물이 그로 말미암아 지은 바 되었으니 지은 것이 하나도 그가 없이는 된 것이 없느니라 그 안에 생명이 있었으니 이 생명은 사람들의 빛이라

> 빌 2:9-11 이러므로 하나님이 그를 지극히 높여 모든 이름 위에 뛰어난 이름을 주사 하늘에 있는 자들과 땅에 있는 자들과 땅 아래 있는 자들로 모든 무릎을 예수의 이름에 꿇게 하시고 모든 입으로 예수

그리스도를 주라 시인하여 하나님 아버지께 영광을 돌리게 하셨느니라

골 1:15-18 그는 보이지 아니하시는 하나님의 형상이요 모든 창조물보다 먼저 나신 자니 만물이 그에게 창조되되 하늘과 땅에서 보이는 것들과 보이지 않는 것들과 혹은 보좌들이나 주관들이나 정사들이나 권세들이나 만물이 다 그로 말미암고 그를 위하여 창조되었고 또한 그가 만물보다 먼저 계시고 만물이 그 안에 함께 섰느니라 그는 몸인 교회의 머리라 그가 근본이요 죽은 자들 가운데서 먼저 나신 자니 이는 친히 만물의 으뜸이 되려 하심이요

딤전 6:15-16 기약이 이르면 하나님이 그의 나타나심을 보이시리니 하나님은 복되시고 홀로 한 분이신 능하신 자이며 만왕의 왕이시며 만주의 주시요 오직 그에게만 죽지 아니함이 있고 가까이 가지 못할 빛에 거하시고 아무 사람도 보지 못하였고 또 볼 수 없는 자시니 그에게 존귀와 영원한 능력을 돌릴지어다 아멘

요일 1:1-2 태초부터 있는 생명의 말씀에 관하여는 우리가 들은 바요 눈으로 본 바요 주목하고 우리 손으로 만진 바라 이 생명이 나타내신 바 된지라 이 영원한 생명을 우리가 보았고 증거하여 너희에게 전하노니 이는 아버지와 함께 계시다가 우리에게 나타내신 바 된 자니라

위와 같은 영광을 가지신 분에게 왜 하나님께서는 멜기세덱 반차를 따라 하늘의 대제사장이 되라고 말씀하시는 것인가? 그

렇다면 언제 그런 말씀을 하셨다는 말인가? 그 내용을 깊이 궁구해보면 빛의 역사가 마감되어지는 마지막 순간(요 13:30, 12:35-36), 즉 겟세마네 동산의 기도가 그런 내용을 담은 마지막 기도였다는 것을 알 수 있다. '내 원대로 마시옵고, 아버지의 뜻대로 행하시옵소서'(마 26:39, 막 14:36, 눅 22:42) 라는 말씀 속에는 분명히 예수님이 생각하고 계셨던 것 외에, 또는 알고 계셨던 것 외에 내용이 전혀 다른 아버지의 말씀이 있었다는 것을 의미하고 있지 않은가?

그렇다면 아버지께서 예수님에게 명하시고 계시는 다른 뜻은 무엇이었는가? 아버지께서 요구하시는 그 뜻의 내용을 그 즉시에는 알 수 없었지만, 순수한 입장에서 아버지의 뜻대로 책임 준종하신 결과적인 내용을 통해서 아버지의 뜻이 무엇인지를 알게 되는 것이 아닌가?

과연 예수님은 십자가를 통해서 어떤 아버지의 뜻을 나타내셨는가? 오늘날 성도들이 알지 못하고 있는 아버지의 뜻이 무엇인지 그것을 깊이 파헤쳐보기로 하자.

논리적인 입장으로 예를 들어 말한다면, 30이라는 영광을 가진 사람에게 그가 지금까지 겪어보지 않았던 고난과 아픔과 슬픔과 목숨을 저버리는 길을 걷게 한다면 당연히 본래 가지고 있던 30이라는 영광보다는 더 큰 영광을 주어야 됨이 마땅하지 않은가? 그런데 하나님께서는 왜 예수님으로 하여금 독생하셨던 하나님의 아들의 영광을 더 작은 영광으로 비우고 낮추게 하시면서까지(빌 2:6-8) 멜기세덱 반차를 좇아 하늘의 대제사장이 되게 하셨는가? 사람의 생각으로는 도저히 이해할 수 없는 그 길을 왜 걸으

라고 하셨는가?(사 55:8-9, 잠 14:12, 16:25)

독생하신 하나님의 영광과 멜기세덱의 영광은 비교할 수 없는 차이가 있다. 그런데 하나님께서는 예수님에게 그 길을 걸으라고 말씀하셨고, 아버지의 마음을 아시는 예수님은 그 뜻을 위하여 죽기까지 책임준종하셨던 것이다.

우리가 알고 있는 구속사의 입장으로 말한다면 예수님이 십자가를 지신다는 것은 창세기 3:15와 3:21 말씀을 이루시고 계시는 둘째 아담의 모습임을 바라보게 되지만(고전 15:47), 예수님에게 요구하시는 아버지의 뜻은 그것만이 아니라 우리가 알지 못하고 있었던 또 다른 사명의 십자가를 아울러 짊어지게 하셨다는 것을 새롭게 알게 되는 것이다.

왜 멜기세덱 반차를 따르게 하시고 계시는가? 성경에는 시편 110:4 말씀대로 예수께서 '멜기세덱 반차를 따라 이 땅에 오신다'는 말씀이 예언되어 있고, 히브리서 5-7장에 '멜기세덱 반차를 따라 하늘의 대제사장이 되셨다'는 말씀이 기록되어 있다. 일반적인 신앙의 입장으로는 예수님이 인류를 구원하시기 위한 구속의 십자가를 짊어지시고, 사망의 권세를 깨시고 3일 만에 부활하셔서 이 땅에 40일 동안 계시다가, 사도행전 1:11 말씀처럼 하늘로 승천하셨다고 한다.

그러나 그 말씀만으로 언제, 어디에서, 어떻게 예수님이 멜기세덱 반차를 좇아 하늘의 대제사장이 되셨는지 그 내용의 세계를 찾아보기란 쉽지 않다고 말할 수 있다.

그렇다면 부활 승천하여 우편 보좌에 계시는 예수님이 멜기세덱으로 계신다는 것인가? 로마서 1:4 말씀에서 '사망의 권세를 깨시고 하나님의 아들로 인정받으셨다'는 그 말씀을 통해서 우편 보좌에 계시는 예수님이 멜기세덱으로 계신다면, '아버지의 뜻'이라고 했던 그 말씀의 내용과 너무도 일치되지 않는 점이 있다는 것을 느끼게 된다. 왜냐하면 하나님께서 예수님에게 큰 영광을 버리고, 도리어 더 작은 영광인 멜기세덱 반차를 좇아 하늘의 대제사장, 즉 멜기세덱이 되라고 하셨기 때문이다. 그 말씀대로 예수님 자신이 하늘의 대제사장으로서의 사역과 영광을 이 땅에서 다 마치시고 하늘로 올라가셨기에 오른쪽 보좌에 계시는 예수님을 멜기세덱으로 말할 수는 없는 것이다. 하나님 우편 보좌에 계시는 예수님은 성자 하나님이시다.

그렇다면 왜 영광을 비우고 낮추사(빌 2:7) 멜기세덱 반차를 좇아 하늘의 대제사장 멜기세덱이 되라고 말씀하셨는지, 하나님 뜻의 내용의 세계를 면밀히 살펴보기로 하자.

노아를 통해서 생명나무가 포도나무로 올 수 있는 길과, 포도농사를 지을 수 있는 포도원을 만들게 하시기 위하여 그를 당대의 의인이요, 완전한 자로 만드셨다(창 6:8-9). 야곱이 외삼촌 라반의 집으로 도망가던 중 돌베개를 베고 유숙할 때 꿈 중의 계시를 통해 본 사닥다리처럼(창 28:11-12), 노아로 하여금 산 자들이 죽는 자의 세상에 오는 길을 만들어 놓았기에 신령한 하늘의 사자들은 하늘과 땅이 연결된 그 길을 통해서 역사되어 왔지만, 흙 차원의 인생들 중에는 그 길을 통해서, 그 반차를 통해서 아무도 인 자로서 멜기세덱이 된 존재는 없었다(요 3:13).

비록 멜기세덱이 된 존재는 없었지만, 노아가 만들어놓은 산 자들이 올 수 있는 길을 통해서 산 자의 영광의 세계를 바라보며 그 반차를 통해서 멜기세덱 반차를 이루어 나가는 멜기세덱의 언약적 축복을 받은 사람들은 있었다.

그렇다면 왜 멜기세덱 반차를 이룰 수 있는 인자로서의 권세와 능력과 영광을 받을 수 있는 자들은 나타나지 못한 것일까? 그 이유는 둘째 아담으로 오신 예수님 때까지는 아무도 사망의 권세를 깨고 승리할 수 있는 부활의 능력을 가진 존재가 없었기 때문이다. 그렇기 때문에 오직 유일하게 죽을 수 있는 권세와 살 수 있는 권세를 가지고 계신 예수님께 그 길을 걸으라고 하신 것이다(요 10:18). 오직 그 분만이 그 길을 통해서 부활의 첫 열매를 맺으실 수 있는 유일하신 분이기 때문이다.

이미 로마서 1:4 말씀에서 보여주신 것처럼 독생하신 성자 예수께서 죽으셨다가 3일 만에 사망의 권세를 깨시고 부활의 능력으로 하나님의 아들로 인정받으셨다는 것은 그 분이 십자가상에서 죽으실 때에, 표면적으로는 분명히 하나님 아들로 죽으셨지만, 이면적으로는 하나님 아들이 아닌 다른 모습으로 죽으셨다는 것을 알 수 있게 되는 것이 아닌가? 왜냐하면 멜기세덱 반차를 이루어 완성하기 위해서는 흙, 사람, 생령이라는 산 자의 도맥을 통해서 도전하는 입장이 되어야 하며, 또 그런 대상으로서만 멜기세덱 반차를 걸을 수 있기 때문이다.

분명히 반차, 즉 사닥다리는 야곱이 라반의 집으로 도망가던 중에 본 사닥다리의 내용처럼 하늘에서 만들어져 내려오는 것이 아니라 이 땅에서 만들어지는 것이기 때문이다(창 28:12). 그 사닥다리는 하나님 아들에 의해서 만들어지는 것이 아니라, 이 땅의 사람에 의해서 만들어진다는 것을 의미하는 것이 아닌가? 그러기 위해서 말씀이 육신이 되어 오신 예수님, 아버지의 이름으로 오신 예수님(요 5:43), 또 영광의 주로 오신 예수님(고전 2:8)으로서는 입고 계시는 근본적인 영광, 즉 태초의 말씀을 버리지 않고는 멜기세덱 반차를 따를 수가 없는 것이다.

그러기에 아버지께서 '네 성체를 통해서 흘러내리는 피 속에 창조주이신 하나님, 태초의 말씀을 담아 땅에 떨치라'고 말씀하신 것이다. 머리, 두 팔, 두 다리, 창으로 찔린 허리, 채찍으로 맞은 상처를 통하여 피 한 방울, 물 한 방울 남기지 않으시고 모두 흘리심으로써(요 19:34) 둘째 아담의 원형, 본래의 모습으로 멜기세덱 반차를 따르게 된 것이다. 고린도전서 2:8에서 '영광의 주를 알았더라면 그를 십자가에 못 박지 아니하였으리라'는 말씀을 깊이 새겨본다면, 메시야로 오신 예수님의 정체와 실상과 비밀과 암호를 아는 어둠의 권세들이(막 1:24, 눅 4:34) 이미 에덴동산의 사건을 통하여 창세로부터 알고 있었던 내용이었음에도 불구하고(창 3:15), '영광의 주인 줄 알았더라면' 그 말씀이 주는 뉘앙스가 사뭇 이채롭지 않은가?

즉 다시 말하면 옛 뱀·사단·마귀가 예수님이 하나님의 아들, 메시야로서 십자가를 통하여 죽는다는 것만 알았지, 그 멜기세덱 반차의 길을 통해서 하늘의 대제사장이 된다는 사실을 몰랐다는 의미가 아닌가? 그 뜻을 말씀하신 것이 예수님이 '하늘에 있는 천사들도 모르고, 아들들도 모르고, 아버지만 아신다'(마 24:36) 라고 말씀하신 내용이 아닌가? 그러기에 로마서 1:4 말씀처럼 흙 차원의 사람, 즉 사람의 아들인 인자로서 사망의 권세를 깨시고 3일 만에 부활하신 부활의 능력으로 하나님의 아들로 인정받으신 그 아들이 곧 하늘의 사도이며 대제사장이 될 수 있는 멜기세덱의 탄생의 영광을 드러낸 것이라고 말할 수 있는 것이다.

그러기에 역대 의인이며 완전한 자들이 부활의 첫 열매인 그리스도께서 강림하실 때 진실로 멜기세덱 반차를 따르며, 이루며, 승리할 수 있는 승리의 열매들로 탄생되는 대상들이 아닌가? 그렇기 때문에 에베소서 2:5, 2:8 말씀에 '은혜가 우리에게 구원을 주시는 것이라'고 말씀하고 있다. 은혜가 아니면, 은혜가 함께 해주시고 도와주시지 않으면 그 누가 멜기세덱 반차를 알 수 있으며, 따를 수 있으며, 그 반차를 통하여 멜기세덱적 대상들이 될 수 있겠는가?

그러한 주님께서 부활하신 후 하나님 아들과 방불한 대제사장인 멜기세덱의 영광의 세계를, 즉 산 자의 세계를 하늘의 대제사장으로서 40일 동안 우리들에게 밝히 보여주신 것이다. 죽는 자들이 이 땅에서 대제사장으로서 역사하고 있는 그 때에, 하늘의 대제사장으로서 산 자의 도맥을 따를 수 있는 자녀들에게 40일 동안 10번 나타내주시고 11번째 승천하신 것이다.

그렇다면 재림의 마당에서 누군가 주님께서 이루어놓으신 멜기세덱 반차와 그 영광의 세계를 통하여 또 다시, 피조물인 어느 누군가가 진실로 멜기세덱으로 탄생될 존재가 나타나지 않겠는가? 누가 과연 그 길을 통해서 재림의 마당에 등장할 멜기세덱의 영광을 나타낼 수 있겠는가?

거듭되는 이야기이지만 은혜와 진리로 오신 예수님 안에 임마누엘이 되셨던 태초의 말씀, 십자가의 피를 통하여 이 땅에 떨쳐버린 말씀의 비밀을 아는 자, 그 말씀의 행방을 아는 자가 멜기세덱 반차를 따르기 위하여 등장해야 하는 것이 아닌가? 요한계시록 2:17 말씀에서 '이기는 자가 흰 돌을 받고 돌 위에 쓰인 이름을 안다'고 하신 것처럼, 분명히 창세기 14장에서 아브라함에게 떡과 포도주로 축복해주고, 창세기 15장에서 횃불언약을 주었던 멜기세덱이 인자로서의 영광을 얻기 위하여 재림의 마당에 필연적으로 등장한다는 것이 너무도 자명한 일이 아닌가?

그러기에 예수께서 마태복음 16:27, 25:31, 마가복음 8:38에서 '인자가 거룩한 천사들과 함께 아버지의 영광으로 오신다'고 하셨다. 재림 예수가 아닌 아버지의 영광으로 오신다고 하신 그 아버지의 영광(요 5:43), 태초의 말씀을 입는 말씀의 영광, 즉 하나님의 영광을 말씀하고 계시는 것이 아닌가?

그러기에 재림하시는 분은 재림주 예수가 아니라, 예수님이 만들어내시는 멜기세덱 반차를 통하여 이루어진 하늘의 대제사장이 되는 멜기세덱이 되는 것이다. 그러므로 그 멜기세덱으로 하여금 원수를 무릎 꿇게 만드시고, 그 멜기세덱을 통하여 오른쪽 보좌에 계시는 주님께서 영광을 받으시는 것이라고 말할 수 있다(마 22:44, 막 12:36, 눅 20:43, 고전 15:25).

결론으로 정리하면, 이 땅에서 하늘로 가는 길은 오직 한 길, 멜기세덱 반차뿐이다. 따라서 멜기세덱 반차를 따른다는 말은 자기 십자가를 지고 죽음을 통과해서 가야 하는 것이다. 그렇기 때문에 예수께서 항상 말씀하시기를 '누구든지 내 제자가 되려면, 영생을 얻으려면 각자 십자가를 지고 나를 따르라'(마 10:38, 16:24, 막 8:34, 눅 9:23, 14:27)고 강조하신 내용을 상기해야 한다.

마 10:38 또 자기 십자가를 지고 나를 좇지 않는 자도 내게 합당치 아니하니라

그런데 성도들의 개념 속에는 살아서 멜기세덱 반차를 따르는 것으로 생각하고 있다. 그런 신앙관을 가지고 있기에 '아브라함과 같은 믿음으로 아브라함과 같은 축복을 받게 하소서'(갈 3:6-9)라는 간절한 소망을 가지고 있다.

그러나 십자가는 자기 영혼을 속건제물로 산제사를 드리는 죽는 길이다. 죽음을 통과하지 않고는 절대 흙 차원의 인간이 살아서 영육 간에 하늘로 올라갈 수 없다. 전체적인 생명의 부활이 아닌, 개인적인 첫째 부활의 영광을 받으려면 절대 살아서는 하늘로 올라가지 못한다. 첫째 부활, 의인의 부활은 멜기세덱 반차라는 사닥다리를 한 걸음, 한 걸음 올라가야 하는 것이다. 그렇기 때문에 죽음을 통과하지 않고는 절대 멜기세덱 반차를 따를 수가 없는 것이다.

이런 말씀이기에 히브리서 5:11에서 '멜기세덱에 대해서는 어렵다'고 말씀하였고, 베드로도 '그것을 사람의 생각으로 억지로 풀다가는 멸망한다'(벧후 3:16)라고 말씀하고 있지 않은가?

히 5:11 멜기세덱에 관하여는 우리가 할 말이 많으나 너희의 듣는 것이 둔하므로 해석하기 어려우니라

벧후 3:16 또 그 모든 편지에도 이런 일에 관하여 말하였으되 그 중에 알기 어려운 것이 더러 있으니 무식한 자들과 굳세지 못한 자들이 다른 성경과 같이 그것도 억지로 풀다가 스스로 멸망에 이르느니라

위 성구에서 '멜기세덱에 관하여는 우리가 할 말이 많으나'라는 것은 어느 때인가는 멜기세덱에 관해서 많은 말씀을 할 때가 있다는 암시적인 말씀이다. 꼭 해야 될 말이 있는데, 지금은 너희가 들어도 무슨 말인지 모른다는 것이다.

베드로 사도께서 '억지로 풀다가 스스로 멸망에 이른다'는 것은 다름 아닌 멜기세덱을 말한 것이다. 멜기세덱에 관한 비밀은 인간의 지식으로는 감당하지 못하며, 자의적 해석으로 그것을 풀면 멸망을 자초하게 된다고 경고한 것이다.

'때가 차매' 예수님이 이 땅에 오신 것처럼(갈 4:4), '때가 되면' '아버지에 관해 밝히 이르리라'(요 16:25)는 예언의 말씀대로 멜기세덱에 대한 말씀의 비밀과 정체와 실상이 밝히 드러나는 때가 올 것이다.

필자는 그 말씀을 굳게 믿고 오랜 세월 기도하며 성경을 창세기부터 요한계시록까지 수백 번을 통독한 끝에, 성경 속에 멜기세덱에 대한 영맥이 면면히 흐르고 있음을 발견하게 되었다.

> 히 5:11-14 멜기세덱에 관하여는 우리가 할 말이 많으나 너희의 듣는 것이 둔하므로 해석하기 어려우니라 때가 오래므로 너희가 마땅히 선생이 될 터인데 너희가 다시 하나님의 말씀의 초보가 무엇인지 누구에게 가르침을 받아야 할 것이니 젖이나 먹고 단단한 식물을 못 먹을 자가 되었도다 대저 젖을 먹는 자마다 어린아이니 의의 말씀을 경험하지 못한 자요 단단한 식물은 장성한 자의 것이니 저희는 지각을 사용하므로 연단을 받아 선악을 분변하는 자들이니라

> 히 6:1-3 그러므로 우리가 그리스도 도의 초보를 버리고 죽은 행실을 회개함과 하나님께 대한 신앙과 세례들과 안수와 죽은 자의 부활과 영원한 심판에 관한 교훈의 터를 다시 닦지 말고 완전한데 나아갈찌니라 하나님께서 허락하시면 우리가 이것을 하리라

따라서 멜기세덱을 모르는 자는 젖 먹는 어린아이로서 단단한 말씀을 먹지 못하며, 의의 말씀을 경험하지 못한 자이며, 선악을 분별하지 못하는 자들이다. 다시 말하면 멜기세덱의 말씀이 초보의 신앙과 장성한 자의 신앙을 구별하는 기준이 된다.

오늘날 기독교가 장성한 차원으로 자라지 못한 이유가 무엇인가? 성도들의 의식 속에 하나님을 믿으면 잘 먹고, 잘 살고, 죽어서 천국에 들어간다는 기복신앙이 초보의 신앙으로 안주하게 만드는 이유가 아닌가?

그러므로 이제는 수천 년 되풀이하던 그리스도 도의 초보가 되는 회개, 신앙, 세례, 안수, 부활, 영원한 심판에 관한 교훈의 터를 다시 닦지 말고 완전한 데로 나아가라고 당부하고 계신다(히 6:1-2). 완전한 데로 나아갈 수 있는 방법이 무엇인가? 그것은 오직 인간의 힘과 능력이 아닌 하나님께서 허락하신 자들만이 가능하다고 하셨다(히 6:3). 은혜로 허락된 자들만이 멜기세덱의 말씀, 즉 의의 말씀이며 완전한 말씀을 받을 수 있고, 완전한 데로 나아갈 수 있는 것이다.

결국, 멜기세덱은 하나님의 경륜이고, 하나님의 경륜이 곧 멜기세덱이다. 따라서 멜기세덱을 모르는 자는 하나님의 경륜을 모르는 자이다. 사도 바울이 하나님의 경륜에 대해 5가지를 증거한 바

있다. 때가 찬 경륜(엡 1:9), 은혜의 경륜(엡 3:2), 비밀의 경륜(엡 3:9), 믿음 안에 있는 하나님의 경륜(딤전 1:4), 나를 통해 이루시는 경륜(골 1:25)의 5가지 경륜을 깨달은 바울이기에 갈라디아서 4:15에서 '내가 너희에게 증거하노니 너희가 할 수만 있었더면 너희의 눈이라도 빼어 나를 주었으리라'고 당당하게 외친 것이다.

혹자는 히브리서에 대해 작자가 뚜렷하게 밝혀지지 않음으로 작자 미상이라고 말한다. 그러나 사도 바울이 하나님의 5가지 경륜의 세계를 알고 있기에 히브리서를 통해 최초로 멜기세덱에 대해 공개할 수 있었던 것이 아닌가?

그렇다면 왜 멜기세덱이 하나님의 경륜이 되는가?

아담이 선악나무와 싸워 이겨 생명나무 열매를 따먹었다면 멜기세덱이 되었을 것이다. 다시 말하면 하나님께서 창조하신 만물의 세계는 인간을 위하여 창조되었고, 인간은 하나님을 위하여 창조되었으므로, 완성된 만물의 세계는 완성된 인간이 주관하고, 완전하신 하나님께서는 완성된 인간만을 직접 주관하시도록 창조하신 것이다. 그리하여 하나님께서는 인간만을 직접 주관하시므로 피조세계의 전체를 주관하려 하셨으나, 인간이 완성된 기준까지 성장되기 전에 타락하였으므로 인간은 창조 시에 부여된 만물을 주관할 수 있는 자격을 상실한 것이다.

만일 아담이 멜기세덱이 되었다면 생육하고, 번성하고, 충만시키라는 말씀대로, 만물을 지키고, 다스릴 수 있는 하나님의 경영, 즉 경륜을 가진 사람이 되었을 것이다. 따라서, 멜기세덱은 곧 하나님의 경륜이며, 하나님의 경륜은 곧 멜기세덱을 말하는 것이다.

또 재림의 마당에서의 성도들은 반드시 마지막 때의 주인만이 가지실 수 있는 세 가지 암호를 알아야 한다.

첫째, 노아 때 7일의 비밀을 알아야 한다.

2월 17일 홍수 심판이 시작되기 전, 일주일 앞선 2월 10일에 하나님께서 노아를 방주로 불러들여서 노아를 통해서 이루시고자 하신 새 창조, 새 역사의 구속사의 세계를 가르쳐주셨다. 마치 아브라함에게 소돔과 고모라를 심판할 것을 미리 알려주신 것처럼(암 3:7), 노아에게는 7일 전, 아브라함에게는 7시간 전에 그 비밀을 가르쳐주신 것이다. 노아가 방주에서 비둘기를 내보낼 때 첫째 비둘기를 내보내고, 7일 후에 둘째 비둘기를 내보내고, 또 7일 후에 셋째 비둘기를 내보냈다. 이처럼 노아가 비둘기를 7일 간격으로 세 번 내보낸 것은 7일의 비밀을 알고 있었기 때문이다. 즉 노아는 7수의 암호, 7수의 꼬리표를 가진 사람이다.

초림주 예수께서는 7수의 비밀을 아시는 것뿐만 아니라 7수를 이루실 주인공으로 오신 분이기에 십자가상에서 7언의 말씀을 하실 수 있었다. 재림의 마당에서도 마지막 7수의 의미가 7일인지, 7시간인지, 7분인지는 알 수 없지만, 때의 주인으로 오시는 재림주 멜기세덱께서 그 의미를 알려주실 분이다. 그렇다면 재림의 마당에 주인으로 등장하실 재림주 멜기세덱으로 오시는 분도 7수의 암호를 가지고 오신다는 것은 자명한 사실이 아니겠는가?

둘째, '옛날을 기억하라 역대의 연대를 생각하라 네 아비에게 물으라 그가 네게 설명할 것이요, 네 어른들에게 물으라 그들이 네게 이르리로다'(신 32:7)는 의미를 깨달아야 한다.

신명기 32:7에서 '역대 연대를 아비, 조상들에게 물으라'고 하셨지만 수천 년 전에 죽은 조상에게 어떻게 물을 수 있는가? '물으라'는 것은 기도로써 묻는 것이 아니라, 불러서 묻는 것이다. 불러서 묻는다면 아무나 부를 수 있는가? 이 말씀은 오직 영광의 변화를 받은 때의 주인만이 물을 수 있는 것이다.

예를 들면, 마태복음 17:3에서 해처럼 변형되신 예수님이 변화산에서 부활과 변화의 아비, 조상들인 모세와 엘리야를 부르신 것과 같다. 이처럼 아버지의 왕권을 가지고 등장하신 예수님만이 부활의 도맥의 비의를 간직한 모세, 변화의 비의를 간직한 엘리야를 부르실 수 있는 것이지, 죽는 인간들은 절대 그들을 부르지 못한다.

마찬가지다. 재림의 마당에서도 '역대연대를 네 아비에게 물으라, 네 어른들에게 물으라'고 당당히 소리치실 수 있는 때의 주인이 등장하실 것이다. 오늘날 이 땅에는 레위반차를 따라 죽는 수많은 제사장들이 있다. 과연 그들이 자기의 아비들, 조상들에게 산 자의 비의를 물을 수 있는가? 오직 때의 주인으로 등장하시는 재림주 멜기세덱만이 '역대 연대를 네 아비에게 물으라, 네 어른들에게 물으라'고 당당히 소리치실 것이다.

이 땅의 주와 주 앞에 선 두 감람나무, 두 촛대 그들 또한 이 땅의 주께서 부르신 대상들임을 알아야 한다.

셋째, '주검이 있는 곳에는 독수리들이 모일지니라'(마 24:28)의 암호를 알아야 한다.

예수께서 마태복음 24장의 종말론 장에서 강조하신 내용이다. 스데반이 죽는 순간에 하늘 문이 열리고 우편보좌에 서신 주님을 바라보게 해주신 것은(행 7:55-56), 그 주검이 독수리에게 절대적으로 필요한 주검이며, 독수리와 상관된 주검이며, 독수리와 연관된 주검이기 때문이다.

작은 의미로 말하면 모세가 죽었을 때 모세의 시체를 놓고 대군 미가엘 천사장이 마귀와 싸운 장면도 대군 미가엘 천사장이 독수리의 존재로 온 것이다(유 1:9).

스데반의 죽음을 우편 보좌의 예수께서 하늘 문을 여시고 바라보신 것처럼 순교자의 죽음에는 다 주검이 있는 곳에 독수리가 모이게 되어 있는 것이다. 이것이 독수리와 주검의 절대적인 관계다.

재림의 마당에서도 이 땅의 주와 두 감람나무의 관계를 알아야 한다(계 11:4). 요한계시록 11장에 등장하는 두 감람나무가 마지막 사명을 마치고 죽임을 당한다(계 11:7). 마지막 순교자인 두 감람나무의 죽음은 그에게 만국을 다스릴 수 있는 철장의 권세를 주시고자 하늘 보좌로 올려 보내실 분의 뜻에 의해서 죽는 죽음이기에(계 12:5), 이 땅의 주, 해를 입은 여인이(계 12:1) 그의 죽음에 대한 절대적인 주권을 행사하시는 것이다.

이 땅의 주, 해를 입은 여인이 첫 번째 광야로 도망갈 때는 1260일 동안 하나님의 예비하신 곳에 가서 양육을 받는데(계 12:6), 두 번째 광야로 갈 때는 '큰 독수리의 두 날개를 받아 광야 자기 곳으로 날아가 거기서 그 뱀의 낯을 피하여 한 때와 두 때와 반 때를 양육 받으매'(계 12:14)라고 기록되어 있다.

그렇다면 스데반의 주검이나 모세의 주검에 개입하시듯, 독수리의 큰 두 날개를 받고 두 번째 광야로 날아가 한 때, 두 때, 반 때를 양육 받으시는 이 땅의 주, 재림주 멜기세덱이 두 감람나무의 주검에 개입하시는 것은 너무도 당연한 역사가 아닌가?(계

12:14) 재림주 멜기세덱이 두 감람나무의 주검에 개입하시는 순간이 '주검이 있는 곳에는 독수리들이 모일지니라'(마 24:28)는 말씀이 성취되는 순간임을 알아야 한다.

위의 세 가지가 마지막 재림의 마당에서 가질 수 있는 멜기세덱의 고유적 암호이다. 재림을 기다리는 믿는 성도라면 이 세 가지 암호를 절대적으로 알아야 한다.

참고로 다시 한 번 멜기세덱이 탄생되어야 하는 입장을 강조한다면 하나님이나, 하나님과 같은 존재가 이 땅에 우리와 똑같은 성정을 가진 인간의 모습으로 오시기 위해서, 예수님 자신이 이 땅에서 멜기세덱 반차를 따라 하늘의 제사장이 되신 것이다. 그것이 예수님이 멜기세덱 반차를 따라 하늘의 제사장이 되셔야 하는 이유 중의 하나이다. 그렇게 이루어놓으시지 아니하시면, 누구든지 흙 차원의 인간이 이 땅에서 하나님의 형상과 모양을 닮은 멜기세덱과 같은 존재가 될 수 없기 때문이다.

지존하신 창조주께서 티끌만도 못한 비천한 인생들을 위해 자신을 비우고 낮추사 피조물로 이 땅에 오시고 십자가를 지심으로, 본래의 영광도 아닌 더 낮은 멜기세덱의 영광을 회복하시기까지 인도하여주신 그 은혜, 사랑을 어찌 헤아릴 수 있겠는가?

이제는 대한민국 천만 성도들이 초보의 신앙을 벗어버리고, 장성한 성도로서 하나님의 의중을 밝히 헤아려드리는 참다운 하나님의 자녀가 되어야 할 시기가 되었다고 생각한다.

참고문헌

- 개역한글 성경
- 개역개정 성경
- 공동번역 성경
- 새번역 성경
- 현대인의 성경
- 쉬운 성경
- 구속사 시리즈, 박윤식 저, 도서출판 휘선
- 성경주석, 박윤선 저, 영음사
- 옥스퍼드 원어성경사전, 제자원
- 호크마 종합주석, 강병도 편저, 기독지혜사
- 구약성서주해, 곽철영 편저, 성서교재간행사
- 신약성서주해, 곽철영 편저, 성서교재간행사
- 신구약 강해설교연구대계, 엑셀 편저, 기독지혜사
- 성서주석시리즈, 매튜 헨리 저 서기산 역, 기독교문사
- 비전 성구사전, 하용조 편찬, 두란노
- 성구 대사전, 이성호 편저, 성서연구원
- 기독교 대백과사전, 기독교문사
- 교회용어사전 : 교회일상, 2013, 가스펠서브, 생명의 말씀사
- 한민족기원대탐사, 김성일 저

멜기세덱, 그는 누구인가?
Melchizedek, Who is he?

발 행 일	2016년 12월 25일
재판 발행일	2019년 6월 6일
저 자	조영래
발 행 인	최정옥

펴 낸 곳	도서출판 오색이슬
주 소	27829 충북 진천군 진천읍 문화로 181-18
전 화	043-532-0798
팩 스	043-537-9909
블 로 그	blog.naver.com/osbooks

저자와의 협약 아래 인지는 생략되었습니다.
이 책은 저작권법에 의해 보호를 받는 저작물이므로 저작권자의 허락없이
이 책의 일부 또는 전체를 무단 복제, 전재, 발췌하면 저작권법에 의해 처벌을 받습니다.
저작권 등록번호: C-2016-025267호

ISBN	979-11-959397-0-1
값	20,000원